# 太平天國

# GOD'S CHINESE SON

## The Taiping Heavenly Kingdom of Hong Xiuquan

史景遷
Jonathan D. Spence

朱慶葆等——譯

溫洽溢——審訂

史景遷作品集 4

# 目次

# 編輯說明

名義上，時報出版的譯本（以下簡稱「時報譯本」）使用的是由朱慶葆、計秋楓諸位先生所譯的《洪秀全與太平天國》，由上海遠東出版社所出版（以下簡稱「遠東譯本」），那麼曾經讀過遠東譯本的讀者必定有個疑問：時報譯本與遠東譯本除了字體簡繁有別之外，還有些什麼不同？

其間的不同可分兩方面來講：時報譯本固以遠東譯本為本，但占了後發之便，翻譯更求其正確，行文更求其精練，文氣更求其通暢。讀者兩相比較應不難察覺。

其次，遠東本有多位學者參與，某種程度上，翻譯《太平天國》、還原書中史料的艱鉅工作，應可反映、考驗中國大陸在太平天國研究的整體水準，從書中多處譯註指出史景遷在史料運用上的錯誤，說明了譯者的用心。但是原書的圖說甚詳，遠東譯本則簡而略之；遠東譯本在第五章漏了數千字（但相關註釋卻保留），影響讀者理解，時報本予以補回。其他有甚多處涉及《太平起義記》、《太平天日》、梁發《勸世良言》等太平天國相關史料未還原之處，多賴溫洽溢先生費心查索，予以補全。

「太平天國」本是洪秀全「誤讀」《聖經》所掀起的歷史巨浪。由歷史上的太平天國，而至史景遷著作的撰寫與翻譯為簡繁體中文，史景遷在註釋中指出其他學者的誤讀，大陸譯者又指出史景遷的誤讀，而繁體本的編輯與審訂又發現簡體本的誤讀，在在說明了：訊息在進出不同的文化、進出不同的心智架構（mentality）之間，是多麼容易發生「誤讀」，而往返不同文本，尋索其本源，又是多麼困難。讀者遍目所見的歷史原件，皆是「盡人事，聽天命」的遇合。

此書改版後，已重新編輯校對，如有未竟周全之處，還望方家先進，不吝指正，以使時報譯本精益求精。

... and there shall be
Beautiful things made new, for the surprise
Of the sky-children

Keats, "Hyperion"

乃有奇美新造
天民為之讚嘆

濟慈，〈休佩利恩〉

# 前言

洪秀全和太平天國是中國歷史上最詭奇的事件之一。十九世紀初，洪秀全生於華南一個普通農家，做過村裡的塾師，當時傳入中國的西洋思想讓年輕的洪秀全深為著迷，其中以某些基督教教義影響他的命運最深（有一群新教傳教士和當地信徒專心把《聖經》和一些闡釋教義的文字譯成中文）。洪秀全剛接觸這個宗教不久，但他的內心有一部分與時代的脈動相契合，使得他對基督教裡頭的一些要素作了字面上的理解，深信自己是耶穌的幼弟，天父交付給他特殊的使命，要把神州從滿洲妖族的統治下解救出來，帶領著選民，到他們自己的人間天堂去。

洪秀全懷抱著這種千禧年式的信念，從一八四〇年代末開始糾集一支「拜上帝教」信徒，到了一八五〇年滙成太平天軍。洪秀全帶領這支軍隊，轉戰華南華中，攻無不克，但也生靈塗炭。一八五三年年中，洪秀全麾下的水陸聯軍攻占了長江重鎮南京，把那只存在於經文上、出於想像、紮根於土地的社會，創建為他們的太平聖地，並以此作根據地達十一年之久，直到一八六四年為止——其間有兩千多萬人或戰死、或餓死——洪秀全及其殘兵則死於兵燹饑饉。[1]

洪秀全及其信徒在一種天啟式的靈視（apocalyptic visions）之中步上這場驚心動魄的大浩劫，其根源可追溯到西元前兩世紀。在這種靈視出現之前，許多文明盛行的是不同的信仰模式——在埃及文明、美索不達米亞文明和印度／伊朗文明中尤其明顯。照之前的這種信仰模式來看，宇宙是秩序繁榮與黑暗、混亂、毀滅這兩種力量之間脆弱但又僵持不下的平衡。用《涅菲提提預言書》（*The Prophecies of Nefertiti*，編註[1]）來說，尼羅河的潮漲潮落本身就是這種恆定模式的明證：

> 赤足過對岸；
> 欲求水載舟，
> 奈何河變岸。
> 岸地將變河，
> 水流復變岸。[2]

在當時，死亡被視為沉寂、一種永久的等待，毫無甦醒的希望。雖然當時可能藉著各種厚葬儀式，或是把心力放在生者身上來表達慰藉，但是人死是不可能復生的。在蘇美人的《吉迦美斯史詩》（*Epic of Gilgamesh*，編註[2]）中，死亡把人帶到了終點：

進此屋者永不可出；
入此路者永不可還；
進入此屋永無光亮。[3]

但是約自西元前一千五百年起，被稱為瑣羅亞斯德（Zoroaster，或作Zarathustra。譯註）的波斯先知創立了一種信仰模式，我們稱之為「千年盛世說」，向人許諾了一個止於至善的世界，渾沌消弭，和平萬代，由一位不受挑戰的神靈統治沒有改變的國度。[4]這些信念動人心弦，力量極大，也滲入許多民族的思想意識之中，透過亞利亞／巴勒斯坦各

---

編註1：涅菲提提是西元前十四世紀的埃及皇后，助其夫婿阿肯納頓（Akhenaton）制定新的宗教儀式。

編註2：成於西元前七世紀的亞述王亞述巴尼帕（Ashurbanipal）期間，內容是巴比倫時代的傳說故事。這是有關古代美索不達米亞最重要的文獻資料。

譯註：史景遷與一般的說法有所不同。一般認為瑣羅亞斯德的生卒年約為西元前六二八至五五一年，也有人較含糊地說他活動的期間約在西元前十至前七世紀之間。

部族，又啟發了耶利米、但以理、以西結等人做先知式的預言，這些猶太教先知又影響了拿撒勒的耶穌和〈啟示錄〉的作者。這些經師和先知預見，在新世界實現之前，兩股力量會有一場天啟式的殊死鬥，善的力量歷盡艱難之後，終將勝利，而惡的力量則將自世界消失。

中國後來也出現了類似的轉變，而且就我們所知，這個轉變是獨立衍發的。中國人一直接受物質相生相滅的觀念，成於西元前一千年的《易經》是最有名的說明。照《易經》的說法，創造的力量至多「或躍在淵」。若是發生衝突，「不永所事，小有言，終吉」，而世間事物如火，「焚如，死如，棄如」。[5] 成於西元前五世紀的《老子》影響後世中國人極大，在書中，相生、相剋和天道無常的概念互為補充、相得益彰。老子有言，「反者道之動，弱者道之用」；在所有存在形態中，「萬物負陰而抱陽，沖氣以為和」。[6]

這些觀念看似根深柢固，但也逐漸有所變貌。各個文明都有這個情形。《老子》的經文有歧異，含義也差異很大，到了西元二世紀，「太平道」的觀念伴隨著「天師道」的觀念開始在中國生根，便是應經文的歧異而生。這些宗教運動有其救世的成分，企求一個至高的救世主，解世人於災厄，開創太平世道，結束以往的一切。西元二世紀的一部經文中有「速來從吾！吾徒極眾……吾不爾棄。吾自當改定數。吾於現世選良民。爾毋須自選；爾行善克己，吾自將識爾。」[7]（譯按：此段引文未能找到出處，今從英文回譯。）

在西元三世紀到六世紀之間，隨著道教各種門派和傳入中國的佛教相互補充加強，這些天啟式的想法變得越來越明確而強烈。疫病饑荒四起，君主暴虐無道，洪澇時有所聞，在在說明毀滅之日不遠矣。只有少數人在天上救星及其在世間的代表帶領下，才能躲過這場浩劫。大難結束之後，信徒虔敬的人聚在一起，共組桃花源，過著安詳和諧的生活。[8]

自彼時以降，千年盛世的思想和天啟式的信仰始終活躍，而且中外皆然。無論在中國或歐洲，倡導這些信仰的人將之與激進的政治與平權主張相連結，從窮人中吸收到信徒無數，每隔一段時間就率領他們與國家作武力對抗。在中國，從十到十九世紀這段時期裡，朝廷常將這類起事歸咎於「白蓮教」的教眾，但其實在白蓮教教眾之間並沒有統一的中心教旨，他們只是一群彼此衝突、相互競爭的宣教和反抗群體。[9]

在歐洲，宗教改革之後仍有許多支千年盛世派別挑戰羅馬教廷，而且力道更為猛烈。清教徒的理想轉到北美殖民地的沃土，乍看之下找到了建立各種「新耶路撒冷」和「祈禱之城」的完美環境。雖然那些抨擊過分自由和平等的人仍然在位這個世界的末日提出新的時程，並以「聯邦主義者的千年盛世論」（federalist meilennialism[10]），讓《聖經》中〈但以理書〉和〈啟示錄〉所展現的世界如在眼前，但是這種理想面對十八世紀的現實，勢力已不如從前。這些信仰的力量在十九世紀初透過美國浸禮會傳教士而帶到中國，並強化了原先來自英倫三島和中歐的福音派新教傳教士的訊息。到了一八三〇年代初，這些新勢力在華南紮了根，將與中國固有文化一同爭相影響年輕的洪秀全。本書就是要講述這番因緣際會的結果。

我有幸承簡又文的教誨，接觸到太平天國史的各個層面；簡先生是研究這場奇異起義的大學者之一，恩師芮瑪麗（Mary C. Wright）在六〇年代末邀請簡先生訪問耶魯，以期他能將那部洋洋灑灑的三卷本太平天國史簡寫成一本英文書冊。[11]我當時雖然很迷太平天國史，但是這二十年我壓根沒想過會去寫太平天國。在大陸，除了簡又文之外，還有幾百位歷史學家和編輯人員在從事太平天國研究，這是因為共產黨當局把太平天國看成社會主義者的原型，他們的經驗可作為革命的借鏡，而且太平天國也說明了：如果沒有紀律嚴明的馬列政黨來領導，這類農民起義不可能竟其功。而且，幾乎所有現存已知的太平天國文獻都已譯為英文，不難找到；我以前以為，太平天國的相關研究都已做盡。

不過，在八〇年代末，我獲悉在倫敦大英圖書館發現了兩種太平天國文書，共分三卷，是一八六〇年代初在南京印刷的。這些文書記錄了一系列的顯聖，據稱是耶穌和天父傳給世間的太平天國信徒的。承蒙大英圖書館准許，我得以查閱這些文書的原件並製作複本；後來我去了北京，見到了發現這些文書的王慶成，並就其意義作了充分的討論。[12]我才瞭解到，這些文書的發現確能讓我們對太平天國有新的認識。

當然也可說，新發現的文書所載的這類顯聖算不上是確切的史料。但是這些顯聖的時間地點是如此精確，而且還細述了幾位太平天國首領及其信徒的舉止，在我看來，這的確照見了這場起義。更有甚者，這些記錄編排清楚，讓我們一窺太平天國兩段關鍵時期：其中一組（據說是來自耶穌）集中在太平天國在廣西山區的成形時期；另一組（據說是來自天父）則集中在太平天國治理南京的頭幾年。這些顯聖也與太平天國史上的許多別的事件有關：在記錄耶穌降凡的那兩卷，在當時農村社會這方面，提供了許多全新的資料；而天父顯聖的部分則讓我們對太平天國史上各個事件與洋人訪問天京之間有何關連，提供了重要的資料。不過對我而言，這些新文件的用處主要在於照見了洪秀全這個人，它們也有助於我們瞭解受他感召的信眾，以及洪秀全及其追隨者如何回應那些信眾。我們若想瞭解這些以救世主姿態出現的領袖如何創建一個可供驅策的實踐基礎，那麼這些問題至關重要。[13]

以洪秀全為題寫作，我幾乎馬上就意識到，這既是寫經也是寫人，而且寫的還是經文中的經文——《聖經》。我不是專研《聖經》的專家，也不敢以《聖經》專家自居，前景一片茫茫。但我曾在幾間每天必讀《聖經》的學校裡讀過十幾年書，我能瞭解，洪秀全從《聖經》中得到的力量、靈感和使命感是無可否認的，雖然他對《聖經》的反應是那麼的個人。這有一部分是因為洪秀全讀的是中文的《聖經》，翻譯的人是皈依基督教的中國人，或是住在東南沿海城鎮、略通中文的西方新教傳教士。這些翻譯頗多任意發揮之處，語意含糊、訛誤，原文所無之反意，造就了洪秀全的信念和命定感，卻沒有正式的宗教教育，這讓我倍感興趣。[14]這等於再次說明了在沒有引導的情形下，傳遞這麼一本有爆炸性的書籍，是非常危險的，而且也說明了西方對洪秀全的影響有多大；它也助我瞭解洪秀全最後得到《聖經》時，為何將之據為己有。也因為《聖經》是洪秀全的，所以他想了一段時間之後，覺得可以照自己的意思來進行修改，如此便能以「更純正」的方式把上帝的旨意傳達給信眾。

我無意寫一本太平天國全史，也無意闡述洪秀全宗教信念的各個層面。[15]我當然也無意說洪秀全對中國的社會、宗教，還有他軍事神學的思想都是渾沌一片，不夠完整。本書的用意在於提供一個排比有序的脈絡，來瞭解洪秀全的內心世界，並說明當他內心的想法和外在的脈絡合拍的時候，吾人便能追索他行為的邏輯。

許多問題仍無答案，最關鍵的或許是洪秀全的性格和他挑起的那場天啟運動之間有何關係。一八四〇年代，洪秀全開始向廣西山區一小幫農民和季節性零工傳道時，此時他曾想過由他的信念所啟動的事件，其發展將導致千百萬生靈塗炭，讓中國一流的政治人物集中財力兵力，耗十年歲月來鎮壓嗎？大概不太可能，因為洪秀全以為自己就是上天的力量，慢慢相信自己已經不受世道評判。如果，他真的想過的話，那麼他仔細讀過的〈啟示錄〉已明載，這等浩劫早已被道出了，渾沌懼怖不過就是行將來臨的光榮和平的一部分而已。我心裡頭沒有希望洪秀全實現目標的念頭，但我也不能全然否認他的追尋中有真誠的熱情。本書卷首語引了濟慈的詩，它就是由〈啟示錄〉而來，有些人相信自己身負使命，要讓一切「乃有奇美新造，天民為之讚嘆」，而洪秀全就是其中之一。那些從事這等使命的人極少算計後果，而這就是歷史的一大苦痛。

史景遷

一九九五年五月十五日書於美國康州西港

太平天國玉璽。這一方玉璽為二〇・五公分見方，很可能製於一八六〇年或一八六一年，此時太平天國已近尾聲。璽文有如字謎，故歷來學者對於璽文的行文順序與解釋素無定論。近來最廣為接受的說法係王慶成提出，他認為應從中間的「天父上帝」開始，然後是下半部的璽文，四字一行，右左交替，最後結束在上半部「恩輯和睦」四字：

太平玉璽
天父上帝　天兄基督
天王洪日　主王輿篤
救世幼主　真王貴福
八位萬歲　永錫天祿
永定乾坤　恩輯和睦

---

編按：

「歷來學者」舉其大者，有謝興堯、羅爾綱，簡又文，榮孟源三家說法。謝、羅的讀法是：「太平玉璽；天父上帝，恩和輯睦；天王洪日，天兄基督簡又文的讀法為：「太平玉璽；天父上帝，天兄基督；天王洪日，主王輿篤；救世幼主，真王貴福；八位萬歲，恩和輯睦；永定乾坤，永錫天祿。」

王慶成的讀法，理由有三：一、始於「天父上帝」，終於「恩和輯睦」，首尾呼應；二、天父、天兄、天王三者次序不應混淆；三，「救世幼主」指的應是洪秀全幼子洪天貴福，理應相續。

且基督教以右為尊，〈信經〉（Credo）中即言耶穌升天之後，「坐在全能父上帝的右邊」，亦可證諸此玉璽天父、天兄、天王的排列方式。

玉
恩和
天父
上帝
太
平
璽
輯睦
永定乾坤
八位萬歲
救世幼主
天王洪日
天兄基督
主王輿篤
真王貴福
永錫天祿

# 第一章　城牆

老是待在外頭朝裡望是很難耐的，可是這些洋人別無選擇。他們麇集水邊而居，離廣州城西南角約兩百碼遠，這城牆雖然日漸崩頹，但氣勢仍在。這些洋人常爬到租來的寓所屋頂，隔著城牆眺望櫛比鱗次的街道和庭園幽深的大宅院。他們獲准沿著西牆的外沿閒步，城門警衛森嚴，兵丁成群，洋人走過的時候，對著又長又黑的甬道朝城裡望。如果時局安定，三五洋人會事先約好，在一大清早碰頭，繞著外城牆走上一圈。假如沒人擋路的話，這一趟大概要花上一個時辰。一八三五年年底有場大火，燒了一整夜，燬了逾千戶房舍，有個洋人爬上城牆看火；兵丁先是把他趕走，後來又准他第二天下午來看，還可在城牆上閒逛。但這只是破例施恩，下不為例。有些人得到允許，到城外小山上的廟裡走走，從廟的塔樓上遠眺城牆裡的大千世界，景觀自是不同。還有些人看舊地圖，把城裡的地標安在他們從未走過的街道上。[1]

洋人在鬱悶之中，度量出他們居住地的範圍。從東走到西是兩百七十步，從北到南距離更短。這塊地區南臨珠江，江邊有一條空地，洋人管這叫「廣場」。房子正門離江邊只有五十步之遙，擠滿了房舍，只有三條南北走向的窄巷將房屋稍稍隔開，巷尾的大門到夜裡還要上鎖。一八三六年，這裡住了三百零七人——主要是英、美兩國人，但也有一些帕栖人和印度人、荷蘭人、葡萄牙人、普魯士人、法國人和丹麥人。他們不准帶女眷，二十四個已婚男人必須把妻子留在一百英里外的澳門，乘舢舨走沿岸水路最是安全，但要花三天工夫。在一八三〇年，兩回有些人不守規定，帶了妻子女眷前來。這些婦女頭戴絨帽，披著斗篷怕人識破，鎮日都留在屋裡，到了晚上才出門四處看看（選這個時間是因為店鋪已打烊，街上似乎沒人），結果立刻有人大喊「洋鬼婆娘來了」。當地人打亮了燈籠，把路給堵住，到洋人都退回家裡才罷休。官府以不讓做生意來逼他們把婦女送回澳門，終於是遂了願。[2]

但是生活也並非沒有補償。錢不難賺，而且不管年紀大小都賺得到。如果做的是鴉片買賣，而買主又急著要的話，幾分鐘就能賺到兩千美元；買賣茶葉、生絲、皮毛、藥品、鐘錶、瓷器和傢具，賺的錢較少，但比較穩定。洋人自己印了兩份周報，報導當地新聞以及有關商務和國家政策的衝突和爭論。這裡有個成立未久的商會，還有兩家客棧，每晚花個一美元就可享用帶蚊帳的床，還有熱水可漱洗，可惜沒鏡子。這裡每天都有鮮奶可喝，附近總有洋人養幾頭奶牛，養在當地的牧場，或是在泊於珠江的船上（改裝過的船隻）。

這裡還有座可容納一百個座位的小教堂和「在華實用知識傳播會」（Society for Diffusion of Useful Knowledge，編按：或譯作「中國益知會」）的分會。甚至還有一套新的郵寄設施，往來於廣州洋行和澳門之間，取代了老式郵船。每星期三、六收郵件，信件的郵資五美分，包裹收二十美分。老郵船上的水手脾氣壞，有時把郵包扔到水裡，任其漂浮，如果沒沉下去的話，才把它撈起來。[3]

有十三排房舍被稱為「行」或「商館」，這是從一小幫中國商人手裡租來，他們得了官府特許，可以同洋人做生意。屋子寬敞，通風良好。其中有好幾間毀於一八二二年的大火，但又用花崗岩和當地的磚瓦石材修葺一新，靠河邊一側修成兩層樓，後邊則加成三樓。新屋更能防火，附近就有設計巧妙的水龍。十三間房舍各有套間、儲藏室、寫字間，彼此之間有拱頂過道相連，又保有隱私，長長的走廊和威尼斯式百葉窗擋住夏天烈日。儘管天氣炎熱，但人在硬藤席或竹席床上睡得很香，一點也不懷念家鄉的羽絨被。

每一組房舍是看裡頭哪個國家租的房間最多來命名，所以會有西班牙館、丹麥館、瑞行、英國館、荷蘭館，最近還有美國館。但並不是說裡頭就沒有別國的商人，而十三洋行之間有許多小團體交錯並存。有些房舍裡還有彈子房和圖書室，寬敞的遊廊伸向河邊，陣陣輕柔晚風吹來。華麗的餐室擺著燦亮的燭台，映照在銀盤和光滑無疵的餐具上。山珍海味，每張椅子後頭靜靜站著穿戴正式、神色肅穆的中國僕人。[4] 從一個美國年輕人的財產

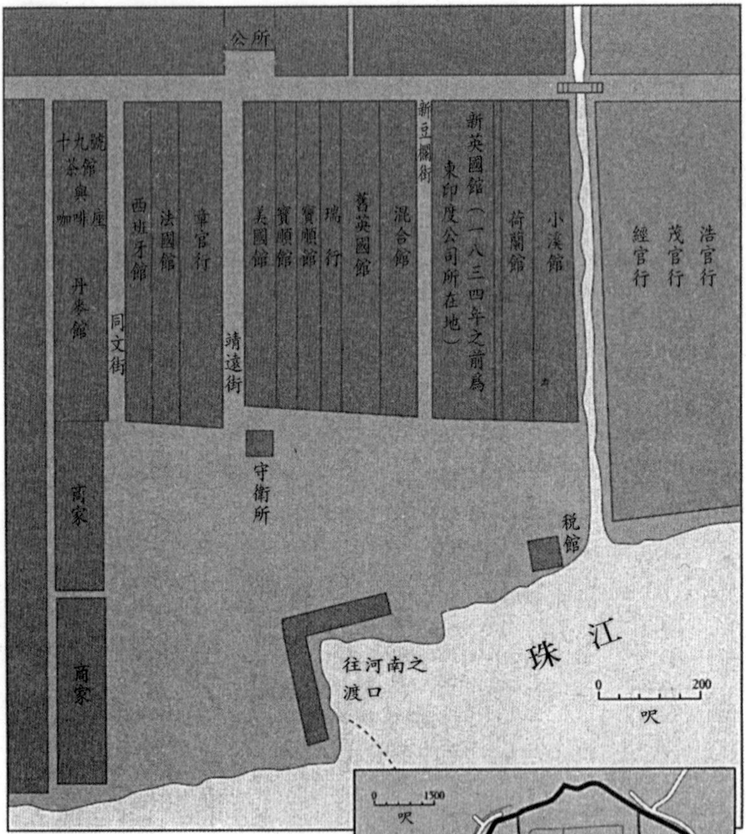


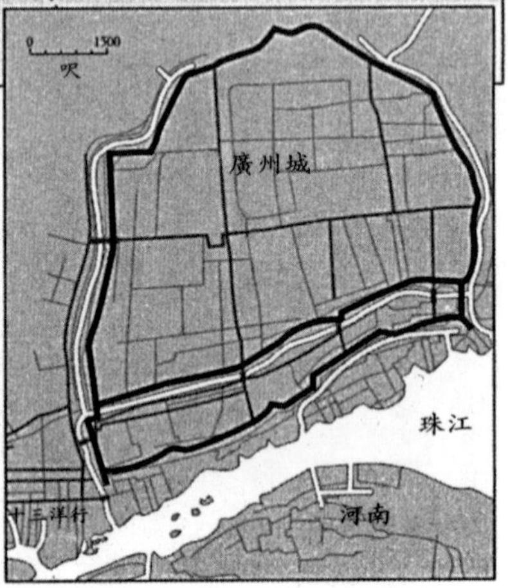


一八三〇年代的
廣州城與十三洋行

清單（由仔細的中國帳房列出來），便可窺見這種生活的模樣：刀叉各三十把，三十只玻璃杯和細頸瓶，一皮箱羊毛衫，剃鬚盒和各式古龍水，鏡子，肥皂和蠟燭，帽子和小望遠鏡，裱了框的畫，一把槍，一柄劍，五十磅方頭雪茄和五百四十二瓶「洋酒」。[5]

洋人之間頗有來往，有時也奏樂助興。來訪船上有紅衣樂手在廣場上演奏，讓洋人聽得興起，但讓一旁的中國人驚詫不已，聽得挺不舒服。[6] 一八三五年的廣州還出現了從未見過的新玩意兒，在蒸汽船上開宴會，還有樂手相伴，沿河而下，航向島嶼密布、風光旖旎的大海。[7] 出了港灣，循小徑登伶仃山頂，在十五個挑夫的簇擁下，找一塊平坦的大石，擺上雞鴨魚肉、美酒糕點，當然也是有樂隊助興。吃飽歇足之後，如果你希望的話，還可順著山坡上厚實乾爽的野草，一路滑到山腳。[8]

語言似乎是個問題，因為放眼廣州城和洋行，沒半個中國人能讀寫英語或其他歐洲語言，只有幾個洋人能勉強寫些粗淺的漢文。但情況也不總是如此——在一八一〇至二〇年代東印度公司的全盛期，有十來個英國年輕人來廣州洋行學習漢語，他們譯了一些中國小說戲曲，甚至還譯了一些中國典章，這樣便能更審慎評估官府規章是否公正。雖然官吏有時把那些教洋人漢語的中國人關起來，甚至還曾處決了一人，使得教漢文的人往往得偷偷躲到學生的寓所。東印度公司的代表奮力抗爭，努力不懈，終於爭得以漢語譯文（而非英文）呈遞商務文書，以及雇中國教員學習中國典籍和廣東方言的權利。雖然公司董事始終沒爭得雇傭中國刻工的權利，但他們還是自己用木版刻刊了一本英漢字典，而且還設法收了四千本書，裡頭還有不少中文書，在宏偉的洋行裡設了圖書館，請公司的資深醫生代為管理圖書館。[9]

隨著英國政府在一八三四年取消東印度公司的對華貿易特權，這段輝煌的歲月也一去不復返。大部分的學生和精通漢文的人被派到其他國家。良師馬禮遜（Robert Morrison）死於壟斷權廢除這年。那所圖書館也撤掉。到了一八三六年，只有三個在公司的花名冊上被列為「學有所成」、可領享年金的年輕人留在廣州，其主要工作是照看公司留下的房屋，督辦撤離事宜。[10] 在劃定給洋人住的區域裡，連一家書鋪也找不到，因為律令明文規定，不准賣中文書給洋人，即使把地方史志給洋人看也屬違法。想找書的話得多走幾步路，道城西的一條小巷（這條小巷兩頭有門，夜裡會上鎖），裡頭有兩家書鋪敢於犯禁，把一些小說、演義和「志怪故事」賣給洋人；有時還代為設法，從城裡的大書鋪買些其他書籍。[11]

但是多年經驗衍生出一種被稱為「廣東洋涇浜」或「皮欽英語」的語言，幾乎所有在洋行間討生活的人都用它。這種語言把借自葡萄牙語、印度語、英語和各地方言的辭彙揉為一體，而後根據漢語來拼讀，在發音時把「r」轉成「l」，把「b」轉成「p」，讓來自五湖四海的人能互相聯繫。「Pidgin」一詞源自英語的「business」（生意），發音誤轉為「pidginess」；而「Deos」（上帝）則成了「joss」，因此「宗教活動」就說成「joss pidgin」。「性」是「lof pidgin」，「竊賊」則是「la-le-loons」，源自「ladrao」，「船隻」說成「junks」，「市場」是「bazaars」，「午餐」是「tiffin」，「信件」是「chit」，「管事的人」（mandar）說成「man-ta-le」或「mandarin」，「文書」說成「chop」，「緊急文書」說成「chop-chop」，「十萬」是「lac」，「勞工」是「coolie」，「會議」是「chin-chin」，「熟人」說成「number one olo flen」。[12]在齒輔音之後會加兩個「e」，這樣「want」就成了「wantee」，「catch」就成了「catchee」。店鋪夥計手頭放有一本手冊，由當地人編纂，當做生意指南。裡頭列著某個事物的中文名稱，再用別的字標明廣東方言的發音。例如「秤」標作「士開了士」，「一月」就標作「葉那裡了」，「西風」標作「威斯溫」，「一、二、三」就標作「溫、吐、特裡」。[13]所以，富商伍浩官知會一個年輕的美國商人，有個大官要來，要一大筆錢，語帶無奈地說：「Man-ta-le sendee one piece chop. He come tomollo, wantee too-lac dollar」，而每個人都會明白這意思。[14]

雖然洋人進不了廣州城，但中國人的生活卻將洋人那一小塊地團團圍住。河岸停滿了形狀大小各異的船隻，幾乎看不到水面。有從上游來的貨船、運送旅客的客船、以船為家的蜑戶、招攬嫖客的花船、浪跡天涯的算命先生、官府的巡艇、剃頭匠的小船、販賣吃食、玩具、布匹或家用雜貨的船隻。[15]這些的吵嚷聲此起彼落，往返於牡驢尖（Jackass

Point）碼頭和河南（指珠江以南）島之間的擺渡船穿梭其間。河南島上有茶園、園林和寺廟，洋人有時可獲准到那兒散心。[16] 此處有八十艘小渡船，每艘可載客八人，每人收兩個銅板，如果不想跟人擠的話可包船，十六個銅板。還有很大的戲舫，沿途賣藝，戲子就在途中排練，戲船上還提供鴉片，出得起錢就有。[17]

這些戲舫的主人滿臉堆笑、點頭哈腰把洋人請上船，固然是想賺點錢，但不能就此一概而論，真誠好客和熱情也是有的。那些幹了一天活的磨坊夥計洗了澡，大口吞著青菜白飯，很歡迎帶人去看看那十一個大磨盤和推磨的老牛。夕陽西下，一夥木匠、泥瓦匠聚在街角遮陽篷下吵鬧著、喫著酒菜，也會招呼路過的洋人坐下來。一群群健壯如牛、或光著腳板或穿著草鞋，身上幾乎不著衣物的苦力，扛著扁擔和空蕩蕩的挑索，在鋪棚和市場間或蹲或站，他們在大太陽底下耐心等候好幾個時辰，圖的就是一份零工，可他們還是會快活地同你打招呼，表現一片善意。[18]

洋人叫得出一些同他們打交道的中國人的名字，或至少用洋腔洋調的變音，其中包括那些有權與洋人做生意的十三行商，他們擁有洋人住的房屋的所有產權，並居間把洋人的請求和抱怨轉呈官憲。伍浩官、梁經官、潘海官等行商的深宅大院和庫房也建在十三行商館東西兩側的珠江岸邊。此外，人人也都識得官府的「通事」，一八三六年的通事有五個：阿唐、阿通、小唐、賴才和阿衡（均為音譯），操著一口洋涇浜英語，挨門挨戶轉達重要消息。[19]

我們知其名的還有上伯駕醫生（Dr. Peter Parker）診療所看病的人，名字仔細地登記在掛號簿上。伯駕的「普愛」（或譯「博愛」）醫院（編註）在一八三五年下半年開辦，設在新豆欄街（Hog Lane）七號「豐泰行」的二樓，房子是伍浩官的，租金一年五百美元。從一八三五年十一月四日到一八三六年三月四日之間，就收治了九百二十五名患有白內障、腫瘤、膿腫、耳聾、偏癱等各式疾病的人，其中有米商阿兆、阿潔姑娘、衙門裡的書吏馬澤敖、兵丁張山、裁縫龐氏（均為音譯）等。[20]

初見新豆欄街，實在不像是個治病救人的地方，但醫院院址位於在這窄巷的北端，遠離河岸，靠近那條劃為洋行商館區北界的通衢大道。伯駕選這地方自有它的考量，「病人來去可不用穿過商館，驚動洋人，本地人也不會因為進了洋人的屋子而遭人物議。」竹簽上頭寫了漢字和英文，由樓下的雜役發給前來問診的人（有些人已等了通宵），然後一一上樓，伯駕治得了的就全力醫治。病人小至六歲，大至七十八歲，有男有女，且人數極多，令伯駕頗感意外，他說：「我以為在診所裡醫治女性病人會有困難，女子走進洋行被視為是犯法的」，但由於多半都有男性親屬陪同，既可照料也省得讓人閒話，「結果沒有

編註：伯駕所開設醫院的名稱英譯是「Hospital of Universal Love」，對音為「Pu Ai I Yuan」。所以，根據其英譯和漢語對音，伯駕醫院的名稱應該是「普愛」或「博愛」。

想像中那麼困難」，女性病人大約占了三分之一。[21]

還有那些叫不上名字的人，讓人對中國人的生活有更完整的印象。兩個瞎了眼的女童，頂多不超過九歲，拿著木碗討飯，相互扶著走到廣場，她們雖然衣衫襤褸，光著腳，滿身蝨子，可她們依然有說有笑。[22] 書販間挑兩筐時興小說，搖著波浪鼓，挨家挨戶向夥計工人賣書，好避開約束書鋪的那套規定。他把手中貨色給前來問貨的洋人瞧，說他心裡對官府的規定並無怨言。他賒帳批來的一千多本書已賣得差不多，只剩下他現在挑著的這三百本軟面裝幀的小薄書。[23]

廣場上有幾排貨攤，賣的東西不同，叫賣聲也互異——賣水果糕點、甜食羹湯、貓狗、各類家禽，還有連著蹄子的大塊馬肉、一串串風乾的鴨舌頭，那鴨舌形如錐，硬如石。[24] 還有人慫恿客人去看那漆得鮮紅的西洋鏡，或是搭座小戲台，搬演木偶戲。上年紀的婦人帶著針線席地而坐，給人縫補衣裳，或是擺些博彩遊戲攤，贏的人可得一雙鞋子；郎中給人拔罐療傷；修補匠坐在鋪棚裡修理掛鎖、煙筒、玻璃陶瓷器皿和金屬容器；玩鳥的人三五成群蹲坐在一起，愛鳥或在籠中，或棲歇在棍棒上，或是讓人捧在手裡撫弄。[25]

三條穿過洋人商館和寓所的街道把行館區的房屋劃分成四塊寬度不等的街區，每塊街區都是店鋪林立。最寬的「靖遠街」（Old Chinese Street）有十二英呎寬，「同文街」（New Chinese Street）和新豆欄街稍窄一些。總的來說，這幾條街窄到幾乎動彈不得，被人擠得暈頭轉向，也可能被抬著四人大轎或挑著重擔的苦工狠狠撞上一下。[26] 道士、尼姑、和尚、捕鼠人用扁擔掛著十幾隻老鼠、算命先生、江湖郎中、換銀兩銅錢的人，從城外山上捉蟈蟈來賣的人——全都擠到這裡。[27] 賣著洋人可能會喜歡的貴重物品的店鋪，用羅馬字母標著店主的名字還用英文來描述一番：象牙雕刻、玳瑁殼、珍珠母貝、各色絲綢、漆器、蟲魚花鳥畫或以著名戰役為題的畫，身穿紅色軍裝、頭戴三角帽的英國人在清兵槍炮猛擊下，直挺挺地列隊坐在地上。每買一件東西，都得從店主處取得文書或讓店主在貨單上蓋章，否則人離開廣州時，東西會被沒收。[28]

一八三五年六月的一個晚上，在通往廣州近郊的一條小巷口處，一具死嬰躺在垃圾堆中的提籃裡，身軀彎曲，微微浮腫的頭顱掛在籃筐邊上。巷口很窄，一個從鄉間散步回來的洋人路過時不得不跨過提籃，他的腿還懸在半空的當兒，看到了籃子裡的東西。他又是驚訝、又是迷惘盯著嬰兒的臉孔，而一群路過的中國人也以同樣迷惘的眼神看著他。[29]

廣州洋行。這些西洋人侷限於廣州西南一隅，自成天地，箇中風貌畢現於英國畫家欽納里（George Chinnery, 1774-1852）筆下。欽納里在一八二五年定居於澳門，在一八二六年畫了廣州的美國館。

欽納里也喜歡速寫在廣州的洋人，一八三二年畫了傳教士郭士立（Karl Gutzlaff）作福建漁民打扮。郭士立精於語言，經常穿著這身打扮在中國東南沿海傳教，操著各地方言，散發宣傳基督教的小冊。郭士立在一八三五年與美國傳教士史蒂文斯（Edwin Stevens）沿岸航行傳教。一八三六年，史蒂文斯給了年輕的洪秀全一套基督教小冊子。

欽納里也訓練了一些中國畫師，其中一名在一八三〇年代畫了這幅十三洋行圖。在欽納里速寫了美國館之後，美國館已有部分重建，而昔日空曠的廣場，如今也有些地方給圍了起來，成了私人花園。圖中所見的商行區在一八四一年的鴉片戰爭中為清兵所占領，並於一八四二年焚毀。

# 第二章　傳經

埃德溫・史蒂文斯牧師（Rev. Edwin Stevens，一譯史第芬）從一八三三年十月之後就在廣州了。此公眼界甚高，他在耶魯學院（Yale College）讀書時正趕上席捲新英格蘭的宗教「覺醒」大潮。他進了紐海文神學院（New Haven Theological Seminary），之後被授為牧師，接受赴廣州擔任「美國海員之友會」（American Seaman's Friend Society）牧師一職。他住在美國館，遵循讀經傳教的嚴格規律，每到禮拜六就坐上願意載他的洋船副艇，沿珠江順流而下，前往黃埔佈道、散發傳單，遠洋船舶主要停泊在此，到禮拜一再返回洋行。史蒂文斯若是找不到外國船可搭，便得雇當地的華人船工送他去傳教。這趟路有十二英里長，租船費是四塊西班牙元，若是碰上漲潮，要費個兩個時辰，路經關卡也還要耗掉一些驗關檢查的功夫。即使這麼短的一趟路也有危險——在這條航道上往返的洋人、水手、官兵若碰上海賊，被洗劫或淪為肉票。史蒂文斯有時會覺得難以說動船長，讓他借用甲板或船艙宣講佈道，因為一些船長覺得他「古板」、「不合群」，他躲避一切「浮華或喧鬧」的事情，全心反對酗酒等惡習，訪慰病人和瀕死的人，為死者安排基督教葬禮。[1]

他所佈道的那些水手在海上已經航行了好幾個月，十幾個人擠在二十英尺長十英尺寬的船艙裡，已是苦悶不堪。這趟航程從費城或利物浦啟程，長途航行之後有三天的休假，興奮之情自是難耐。中國人火上加油，向酒癮難耐的水手兜售所謂「燒鍋」的土酒，這是由酒精、煙汁、蔗糖和砒霜混合而成，如史蒂文斯所述，會導致「比喝任何烈酒的醉狀還猛烈」。新豆欄街裡那些做洋水手生意的店鋪用羅馬字母寫出誘人的招牌：「老傑米店鋪」（Old Jemmy Apoo）、「老好人湯姆，老店」（Old Good Tom）、「小湯姆，銷售各色酒水，豐儉自便」（Young Tom, seller of wines of all kinds and prices）等等；[2] 這燒鍋能把喝的人「理智毀掉」，水手最先只是找樂子，但往往一發而成「無法無天的狂亂境地」。酩酊大醉的水手常被當地地痞搶劫，甚至被剝得一絲不掛，而官府也不斷貼告示，禁止賣酒給洋人。教會的善心人士憂心忡忡，在同文街十九號設了比較安全的茶館和咖啡屋，但是吃過虧的水手不想去，還是照常上新豆欄街冒險。[3]

各色誘惑不可勝數。那些想羅列這類事情的洋人認為在廣州一帶至少有八千名妓女。有些在城裡，洋人接觸不到，但有許多妓女在河南島，水手喜歡管這地方叫「朴茨茅斯角」，有些洋人雇的苦力也聚居在此。逆河而上的水手或傳教士都會看到有些婦人在隨波起伏的「花船」甲板上搔首弄姿，她們或是三寸金蓮，或是赤赤天足，身穿紅襖綠衫，腳著蝴蝶繡鞋，戴著白銀腳鐲叮噹作響。[4]

此外，還有一些小巧玲瓏的「洗衣船」，有三、四名婦人擺弄。這些婦人穿著灰暗褪色的土布衣褲，頭上卻戴著鮮豔的頭巾——這是從葡萄牙人那兒學來的時髦——若有洋船下錨，她們便會把船搖近洋船，除了招攬洗衣生意之外，還用洋涇浜英語開心地向洋人打招呼：「喂，討人喜歡的好兄弟，過得好嗎？打你上次來黃埔後，我就一直念著你呢。」[5]

這類打情罵俏到此也就打住了，因為每艘洋船在港灣停泊期間，名義上都有兩名衙役駐在船上，不過這些規章執行起來馬虎得很。按道理講，是不准把烈酒帶上船的，不過水手想盡辦法帶酒上船，從把酒瓶繫在腰間到用副艇偷運成桶的燒鍋，不一而足。[6]難怪有時做禮拜的人啞口無言。史蒂文斯在日記中寫道：「今天在『光榮號』上佈道，來聽的人約有八十、一百人，宣講內容是『蠢人嘲笑罪過』。我有相當的揮灑空間，聽眾聽得入神；但我看不出他們有絲毫認罪或悔過的跡象。」一個星期之後，史蒂文斯對「水獺塘」號的船員佈道，講解《聖經》中的話語：「凡勞苦擔重擔的人，可以到我這裡來，我就使你們得安息。」（編按：出自《新約聖經》馬太福音第十一章二十八節）這次他發現「沒一個人看上去被打動。」[7]

這種事情一看就知道是挫敗，但史蒂文斯將之視為更大的事功的一部分，正如他們禮拜上對會眾說道：「主的話語已被各個方式加以試煉。歷史考驗過它，並不見它有所不足。它被占星學、地理學、辯駁和嘲弄考驗過。在過去的幾千年來，想考驗它的人就考驗它，隨便用什麼方式；有學識的人想挑它毛病，狂妄之徒和無知之輩考驗它，隨便用什麼方式；有學識的人想挑它毛病，狂妄之徒和無知之輩考驗它；敵、友，信徒，不信的人都考驗過它。它飽經試煉，仍屹立不搖。」[8]

史蒂文斯為了更瞭解在中國傳教的工作，曾與一位來自廣州的華人基督徒梁發長談。（譯按：原文因其俗名被稱為「梁阿發」，今改為通行的「梁發」。）一七八九年，梁發生於貧家，只讀了四年書就得出外張羅生計，最早做毛筆，後來在廣州附近刻字版維生。一八一五年，蘇格蘭新教傳教士米怜（William Milne）和新教同道翻譯一系列宗教小冊和《聖經》節錄，便雇了梁發來刻字版，此時梁發還信佛信得很誠。梁最早刻的是〈申命記〉和〈約書亞記〉的漢譯本，從而知道了《聖經》的一些內容和體例。[9]這些知識不久更是精進，因為米怜要求很多，堅持受雇於他的人都要參加他每天的崇拜儀式，不管他們信不信教。這些當地人聽道時「有人在閒聊，有人嘲笑教義中新鮮的事情，有人叼著煙袋抽煙」，但米怜毫不氣餒。他用漢語佈道，詰難會眾，要他們看出佛教濟世之道的謬誤，從而選擇耶和華、耶穌之道，這條路雖難走，但才是正道。梁發經過內心一番掙扎，終於皈依了基督教，在一八一六年十一月的一個禮拜天，讓米怜為他行了洗禮。[10]

梁發信了教之後開始寫東西。他把他第一本華文小冊子起名為《濟世經注讀本》，在這本三十七頁的小冊子中說了造物主的權威，說了神的「十誡」，還援用保羅使徒書的多處文字，來描述上帝的憤怒和恩典。梁發自己刻版刊印了兩百本，一八一九年春開始在廣州城內外散發，旋即被官府逮捕，囚禁定刑，並遭鞭笞。官府還沒入了梁發的屋子，把他已刻好的刻版付之一炬。梁發不為所動，出獄後勸說妻子入了教，由他給她做了洗禮。不久以後，這對夫婦又讓馬禮遜（Robert Morrison）給他們的兒子行了洗禮。[11]

一八二二年，米怜去世，梁以福音傳道師和和與教習的身分，為「倫敦會」（London Missionary Society）工作，一八二七年被任命為傳教士。在這些年間，他想辦法用漢語編撰一部篇幅更長的著作，充分闡述他關於基督教的思想，並全面介紹他新發現的信仰，他在一八三二年完成這項工作，名之為《勸世良言》，他請懂漢語的西洋傳教士改正了涉及神學的錯誤，同年在廣州刊印了此書。

這本書分成九篇，梁發想把他在洋人身邊跟了十五年所學到的東西都寫在書裡。他從新舊約《聖經》中引了許多段落，長短不一，並從音（而非從義）把《聖經》裡頭那些詰屈聱牙的名字轉成漢字，一如教他的傳教士所用的辦法。他敘述蛇引誘夏娃和亞當吃下禁果，結果被逐出伊甸園。他講述挪亞方舟，還有幾乎毀掉世上一切的大洪水，他還描述所多瑪和蛾摩拉的毀滅。他用以賽亞和耶利米的警句來告誡同胞，用〈詩篇〉第十九篇和第三十三篇的詩句來鼓勵他們。他轉錄了〈馬太福音〉耶穌山上寶訓的全文，還引了聖徒約翰〈啟示錄〉的最後一章，以上帝可怕的話語結束了《聖經》。梁發探索了上帝恩典的奧祕和人的各種墮落，在引經據典的時候抒發了自己的意見，或簡略或詳細；他提出了他對命運和信仰的琢磨體會，並在第六章把他自己性靈追求的歷程與眾人分享。[12]

說到刊印和散發小冊子，梁發是專家。他經常乘船或徒步到廣州城四周的村莊。他選用完好無暇的印版，僱請刻工（還跟他們討價還價），然後把活兒派給他們，再由一位名叫屈昂（編註[1]）的教友將書頁裝訂成冊。這兩人還學會了使用傳教士引入的新式石版印刷術，不久就能印出單張雙面傳單，一面印上插圖，另一面印上一小段文字或長篇的福音。[13]

史蒂文斯在一八三二年見著梁發，此時他已開始在廣州城近郊傳教，離城可達二百五十英里遠，一次傳教可散發七千冊傳教小冊子之多。新教傳教士不顧官府禁令，已經開始由海路入中國沿海，只要能上岸的地方，就會散發一些《聖經》或小冊子。而梁發想出一套新辦法：他同屈昂一道，跟著那些逐縣逐城主持科試的學政，希望藉此把他的小冊子送到趕考生員的手裡——生員雖然不見得有興趣，但是他們卻頗有影響力。[14] 梁發到了一八三〇年代中，又想了更好的辦法，他開始在廣州城的貢院附近散發小冊子，那些考中縣試的生員就是在此參加府試和鄉試。在華東華南一帶，只有在貢院才看得到受過相當教育、對鄉里有所影響的人聚在一塊兒。[15]

史蒂文斯很快就看出用印刷品來傳播基督教教義的好處：

留下《聖經》和書籍，讓一兩千萬人接而觸之，說不定沒有講道也能宣教，這和完全接觸不到是很不相同的。是的，絕不一樣！誰能相信，在這三年來流傳的數千冊書籍會在神的面前無人問津，會「徒然返回」呢（編註[2]）？此刻，那些小冊子或許正在啟迪一些生活在沿海的中國草民；是啊，或許它們正在把來自天國的真正曙光照進失落在異教黑暗中的某些心靈，難道我們不應該做這樣的冀望嗎？[16]

史蒂文斯認為，不應冀望中國會有人揭竿起義，「我們並非說中國人公眾意識日益高漲（一如其他國家），不久就會呼聲四起，要自由，享人權」；但中國人「像可憐的波蘭

---

編註1：史景遷文中的Agong，疑為Kew A-Gong。具史載，Kew A-Gong的中文名字是屈昂，此人是由梁發受洗入教，後即隨梁發到處散發傳教小冊子。

編註2：「徒然返回」（return void）典出《舊約聖經》〈以賽亞書〉第五十五章第十一節：「我口所出的話，也必如此，決不徒然返回，卻要成就我所喜悅的，在我發他去成就的事上必然亨通。」

人一樣聰明又被誤解」，他們天性開放——要不是有朝廷官府的話——會把洋人當朋友，而且可能接受基督教教義。[17]

情形既然如此，那麼洋人在這種情況下能學梁發學到什麼地步呢？一八三五年春秋兩季，史蒂文斯同一些會講漢語的外國傳教士作了兩次長途探險，在這兩次探險中，算是實現了廣發小冊子的夢想。他暫時離開黃埔，乘一艘美國雙桅帆船駛離廣州，沿中國海岸航行，入閩江的狹窄水道和河濱泥灘，探吳淞江寬闊的海口，史蒂文斯終於望見了上海口岸檣桅如林的中國船，最遠北至山東沿岸層巒疊嶂的港灣。史蒂文斯在這兩次航行散發了許多小冊子，見識了秀麗山河，尤其是福建沿海岬角星羅，少有西洋人有緣得見，史蒂文斯大受鼓舞。當這些洋人返航歸去，淡出當地居民的生活時，史蒂文斯可回味他留下「幾百冊書，或可指引救贖之道」，在「眼前喧囂沉寂良久之後」，仍可提醒中國人「洋人的仁慈友善」。[18]

史蒂文斯身邊帶著幾箱中文本基督教書籍，有米怜、梁發、馬禮遜等人精心準備的書，包括耶穌生平事蹟的譯本、有關「十誡」的評注、佈道講稿文集、福音書注釋本、讚美詩集等，他有時乘雙桅帆船的副艇，同一幫印度和馬來水手躺在尾艙油布篷下柴米油鹽等給養物的中間；有時則在人煙稠密的鄉下徒步跋涉。史蒂文斯一夥人第一次航行就發了幾千冊，第二次航行發了兩千多冊。史蒂文斯所乘的帆船多有滿載兵丁的水師船尾隨在後，而史蒂文斯乘副艇探索內河水道時，官府巡艇也緊跟在後，有一次還朝他的船開了炮，炸傷了兩名水手。有時，騎著馬的尉官會前來驅趕村民，穿便衣的捕快混雜在人群中，而當地學塾裡的學生會大聲抗議這些不敬儒道的基督徒。有一次，當地官吏還當著史蒂文斯的面，把從他那兒沒收到的書籍全給撕碎，裝進一只爛草筐，燒了個精光。

雖然諸多不順，但這些書只要能卸下船，一上岸就被索求一空。有時候，發書過程井然有序，民眾心裡雖急切，但還是面帶微笑，相互禮讓；有時則是擠成一團，史蒂文斯只得爬到牆上躲開爭搶，或將書本和小冊子往空中一撒，任人接取。有時，在一些偏僻的村落，他在每戶人家的門坎上放上一本書。有一次還有一大群人站在傾盆大雨中聽史蒂文斯宣講，一動也不動，史蒂文斯也是淋得全身濕透。有一次，圍在他邊上的中國人以指觸嘴，表示官府禁止他們大聲同洋人說話，但他們還是領了書。廟裡的和尚、家裡的文人也會領書。有時，史蒂文斯的船還沒靠岸，就有人涉水前去要書，有如預示了洗禮一般。[19]

史蒂文斯經歷了這些事情，到了一八三六年已在想別的問題：在中國傳播上帝的話語，應該中國化到什麼程度呢？史蒂文斯對於傳教士因時地而制宜略知一二，他有幸與馬禮遜密切往來了兩年，他知道這位傑出的學者型傳教士剛來中國的軼事，其時馬禮遜與漢語教習一道用筷子吃飯，「還著本地服飾，留上長指甲，蓄起辮子，穿著長袍馬褂和厚底靴在公行附近走動」，甚至還「用蹩腳的漢語」做晚禱。[20]

馬禮遜「不久就改掉了他的中國習慣」，但郭士立（Karl Gutzlaff）卻沒這麼做。郭士立是來自波美拉尼亞（Pomerania）的傳教士，他曾在一八三五年與史蒂文斯一起沿岸北行。郭士立在出門時喜歡做福建水手打扮，或穿其他的漢服。有些中國人覺得郭士立同他們一樣，還以為他是生在外國的中國人。郭士立漢語說得極好，更是讓人迷惑：他只要專心學一下，就能分辨各種方言土話之間的細微差別。中國人聽到郭士立講他們的土話時，驚訝之餘還會朝帽子底沿偷瞄，看看他是不是把辮子給藏了起來。[21] 似漢非漢有利有弊，史蒂文斯在一次旅行之後寫道：「如果穿的是中國服飾，一時或可不為人所察覺，但也大大降低人身安全。」——紙終究是包不住火的，而隨之而來的便是嚴加懲處。[22] 非法沿岸航行的消息很快傳到了皇上耳中，頒了一道嚴厲的上諭，斥責這幫人試圖「散發洋書，意在妖言惑眾——其行為怪譎驚詫至極！」云云，並將這些人的行為與早先「私招番婦潛入廣州」一事相提並論。[23]

假若有洋人進了廣州城（無論是否易容改裝），結果會如何呢？城裡當然有些中國人會同情基督教，不過很難說出究竟有多少人。一份名曰《廣州紀錄報》的英文報在一八三四年春，詳細報導了郭士立接手《察世俗每月統計傳》（*Chinese Monthly Magazine*）（編註）的情形，米怜和梁發在大約二十年前創辦了《察世俗每月統計傳》，歷久不衰。每一期「都由洋人以中文寫成」並「在城裡印刷」，然後「從華人印坊送達發送者；由他送到訂戶手上；再由訂戶免費散發」給中國人，如此便「使這份雜誌走進了廣州民眾之中」。後來私人報販接手發行，提高了流通速度。報販「印好部分內容，沿街叫賣」。時有中國人聚在一起，聽人閱讀講解其中內容。編《廣州紀錄報》的人特別著力介紹科學商業新知，這麼一來，中國人懷疑洋人會「控制中國人的心靈」，傳教士怎麼會不去想想，藉此控制中國人的靈魂呢？[24]

到了一八三六年，傳教的機會越來越多，但壓力也越來越大。一方面是由於聖旨斥責未得官府允許的旅行，一方面也由於天主教傳教士在澳門有新的活動，廣東方面的官員感到有必要採取行動。一八三六年初，官府搜查了澳門一家主要的印刷工坊，沒入「八種洋書」。印坊的人入獄，財產遭沒入。官府並限令澳門和廣州地區的居民在六個月內上繳所有教習「亞素」（及耶穌）教或天帝教的洋書，可免究其罪，否則將予以嚴懲。[25]

不過還有一個關鍵因素。就算有人進城散發宗教書籍，但中國人拿書的動機不一，史蒂文斯也很清楚，他在兩次沿岸航行便有記載，善念總有無聊的好奇心與貪婪相隨。有些中國人神色泰然自若，似乎知道這些書籍的目的，還會送上一些小東西作為回報，如幾串白葡萄、幾只梨子、一小袋菸絲、一捧小米或一小把魚乾等等；但有些人卻恰恰相反，他

---

編註：根據新聞史家戈公振的考證，梁發是中國首位傳教士，也是正式服務於報界的第一人。

們拿了一本紅皮面的書，還拚命想拿一本灰皮的書，而這兩本書的內容其實是一樣的；史蒂文斯還沒離開，有些人就把剛領到的書拿到路口去賣掉；有些人死賴著不走，花言巧語就為了要鴉片（史帝文斯搭的帆船上也確實帶著鴉片）或傳教士自備的藥品，這說明他們的動機只是要錢或怕生病，倒不是性靈有所需求。[26]

但總個來說，史蒂文斯在思索在這樣一個國度散發教義所面臨的機遇和挑戰時，他不認為他的權利和目標有所限制：

我們在全世界宣揚福音的權利，勝過中國皇帝的傳位詔書。中國的普天萬民憑什麼被拒於基督教之外？這統治者的權位是篡奪來的，他們剝奪了人民在此生、在永世得喜樂的機會，只是人民無力抵抗；他們累世歷代都崇拜偶像，至今猶然，而且沒有得到他們的同意，就與能讓他們的生活得著福佑的事物無緣。我抗議這種壓制人類良知的精神暴君，抗議這種對天國的背叛；如果我們要承擔官府報復的後果，但又有誰能說我們對什麼人做錯了什麼事呢？[27]

# 第三章　家境

一八三六年春初，洪秀全到廣州參加府試。一個月前，他剛在老家附近的花縣縣城考了縣試，如今他得與來自廣州府所轄十四縣的生員競爭。老城城東的貢院每回總會有幾千名考生，經過嚴酷淘汰之後，只有極少部分能通過。這年出現了一個異兆：廣州下了一場雪。據當地老人說，廣州有四十年沒下過雪了，足足有兩英寸厚，一時間，樹梢屋脊便成銀裝素裹。這種異兆可以作各種解讀。[1]

洪秀全在備考的這些年都與家人同住——上有老父，洪秀全的生母亡故後，父親再婚，但繼母無出，有兩個兄長及嫂子，還有一個姐姐。洪秀全在媒妁之言聘定的妻子夭亡後，新娶了媳婦賴氏。洪秀全是家裡的讀書人，親戚都希望他能出頭，但家裡靠務農為生，供不起他專事攻讀。洪秀全便在私塾裡教書掙些收入——部分是用食物、燈油、鹽和茶來抵付。[2]

按當地風俗，會為考中廣州府試的人舉行慶典，這讓人想起神祉配享的祭祀。雖然龍門之路遙遠，但是高中廣州府試，一償數年寒窗苦讀，在鄉民眼中，這總是一大成就。一發了榜，榜上有名者便頭戴大紅帽，身穿藍長袍，腳蹬黑錦靴，一體乘轎往廣州孔廟而去，恭參孔聖人。之後再去拜見主考官致謝，並接受兩枚金簪、一條紅授帶和一杯喜酒。這才一一離開府衙，在親友簇擁、「鼓樂錦旈」之下榮歸故里，祭祖，拜謝父母。翌日，帶著備好的禮品拜謝業師多年教誨。[3] 凡是年輕人都可懷著這般美夢。

洪秀全住的花縣在廣州以北，從陸路去廣州需走三十英里，走水路則需四十英里。花縣在一六八五年設縣，算是個新縣。此地本名花山，崎嶇多岩、樹木繁茂，由五縣分轄，遂成土匪馬賊盤據之地，他們只要走個幾里路，甚至連巢穴都不用離開，就能在各縣轄區流竄，而五縣會同剿匪的機會又是微乎其微。

一六三〇年代，明朝氣數已盡，兵災四起，清兵從一六四五年到一六八〇年逐步征服南方，兵燹連天，此地幾無人煙。當地士紳籲請官府整頓，被駁回了一次才有回應。將廣州城周圍兩個人口稠密的大縣北部，劃出一塊長四十英里寬三十英里的區域，新設為花縣。花縣有知縣、縣署、縣學、典史衙、巡檢司署、糧倉和養濟院，縣城築有城牆，有城門四處和兵丁四百人。其中一半守衛縣治，另一半散駐四周村莊。經過這番分轄，共有五千二百二十三戶註籍，含男丁一萬七千七百四十三人，婦女六千七百七十五人，耕種約四萬畝耕地。[4]

洪秀全的祖上在一六八〇年代從廣東東北遷徙而來，其時新縣治剛剛設立，定居在縣城西面的官祿㘵，地勢開闊，水源充足，倚山面東。他們初到之時，官祿㘵只有幾家店鋪而已，但過了一百五十年，等到洪秀全赶考時，已是一座頗具規模的村落了；至少有三條土街，村前有一口大水塘，村民絕大多數是洪姓族人。[5]

洪氏家族是客家人，「客家」在廣州方言讀音如「哈卡」，以客家土話則讀音如「甯哈」。客家人與當地人有別。科考還留了兩個特設的考席給客家人，以助其同化。祖上較早定居在此地的廣州人自稱「本地人」，以示優越。[6]

但客家人也不完全是異族，這不同於廣西的苗族人。苗族人有時駕船沿西江到廣州來賣油，換些城裡的東西。苗人的外表便異於漢人，他們有自己的宗教、自己的語言，客家人和廣州人都聽不懂；滿人在一六四五年頒布薙髮令，男子皆須剃光前額的頭髮，辮子紮於後腦，但苗族人則是披頭散髮。[7] 客家人的社會地位並不低，他們可參加科舉考試，也無通婚限制。不准參加科考、不准通婚的規定只限於戲子、剃頭匠或居無定所的「蜑民」——蜑民住在長十二英尺的圓形船上，形如半爿蛋殼，因而得名。他們一輩子在水上飄泊，即使有能力，也不准在岸上置地建屋或結婚。在這個地區，客家人和漢人最大的不同是，客家婦女不裹足，所以客家婦女可以四處走動，同男人一起下田幹活；客家婦女多與客家男人結婚，因為別族的人會覺得她們不迷人。[8]

客家人來自黃河南岸開封一帶的華中平原，從客家人的世代口傳和成文宗譜，可知其數百年來為躲避外族、內戰和經濟掠奪，不斷向南遷徙。對許多廣州附近的人來說，客家話不啻是「外語」，但他們自己卻認為這保留了純正的漢語古音。此說不虛，在洪秀全出生前不久，音韻學者已開始細考客家話詞語句法源頭，來勾勒漢人的歷史。[9]

洪氏的族譜上溯十二世紀宋朝的學者大臣（編按：南宋名臣洪皓），遠至唐朝人物，洪姓最早見於二世紀的東漢。洪氏族人在這幾百年間還有些在科舉考試脫穎而出，甚至還有一人進士及第（編按：洪普），先入翰林院，官至兵部侍郎。[10]（譯按：這指的是明末洪承疇，但原文與史實稍有出入，洪曾官拜兵部尚書。）移居官祿㘵的這支洪氏族人，祖上在宋代遷至靠近福建的粵省東北，主要集中在梅縣（這是客家人的重鎮，至今猶然），不過也有一些族人散居各地。[11]

洪秀全的四世祖遷至花縣這不為人知之地，此舉確是大膽，因為花縣不像梅縣是客家人生活和語言的中心。花縣一帶雖然很繁榮，盛產稻麥、大麻、大豆、各類蔬菜瓜果、酒、蜂蜜、食油、魚蝦家禽等，[12]但洪氏族人即使想來此墾荒，也不太可能找到一整塊地來耕種。所以無法整族遷徙，而必須零星行動。由於土地已有當地人定居，而且客家人風俗有別於漢人，在華南許多地方並不甚受歡迎。但即使客家人受到孤立，也透過方言紐帶繁衍生息，團結一致。若有媳婦從外村嫁過來，操的是其他方言，那也不得不學說她夫家的話，所生的孩子自然也是如此。[13]

從十七世紀洪家南遷，到洪秀全趕考這段期間，花縣的洪氏家族還沒有人中過府試。據洪氏族譜記載，洪秀全的父親很受地方尊敬，排解鄰里糾紛，但他的房舍卻是不勝簡陋。它位於從水塘往後數起第三排屋子的西端，中間是通風良好、頗為寬敞的客堂，客堂前有一小塊空地，兩旁是家人住的廂房，全是泥地土灰牆及板條瓦頂蓋成的平房。[14]

官府制定各項儀典，由花縣知縣領縣民履行。開年歲末、季節更替皆在縣廟舉行祭典，而遠在北京的皇帝、太后、太子也是行禮如儀。康熙皇帝欽頒「聖諭十六條」，地方須定期宣講，中考的舉子會同當地文武眾官，在禮樂聲中奉祭叩拜。[15]「聖諭十六條」經過雍乾兩朝大儒的詮注得以擴充，概括了在各地均應奉行的立身處世之道，宣揚「敦孝弟以重人倫，篤宗族以昭雍睦，和鄉黨以息爭訟，重農桑以足衣食，尚節儉以惜財用，隆學校以端士習，黜異端以崇正學，講法律以儆愚頑，明禮儀以厚風俗，務本業以定民志，訓子弟以禁非為，息誣告以全良善，戒窩逃以免株連，完錢糧以省催科，聯保甲以弭盜賊，解仇忿以重身命」。[16]

在春秋兩季的祭典上，還要供奉龍王爺（雲雨風雷壇）、土神爺（山川社稷壇）和城隍爺，祈求保佑花縣。每尊神靈的祭品各有其規格，以顯其品位：龍王爺配饗酒四爵、帛四端，土神爺配饗酒三爵、帛兩端，城隍爺則配饗酒三爵、帛一端。不過遇到乾旱，卻是先恭祭城隍爺祈雨。城隍爺也主理冥籍。[17]

這些神靈關乎社稷安危，因此祭祀多有繁文縟節。至於普通人家到祖墳祭掃祖先，知縣並不聞問。但是那些死後無人祭祀的「孤魂野鬼」，官府是要管的。善心人士會在中元普渡合祭這些亡靈，給他們燒些紙衣紙褲，供奉果菜酒飯，這叫做「燒路頭」。不過，孤魂野鬼還有可能害人，所以官府會在城北搭建祭壇，由知縣親臨主祭。當地文人曾撰有超度禱文，仍在花縣迴盪：

尚念冥冥之中，無祀鬼神者，昔眾生民，未知何故而歿，其間有遭兵刃而殞命者，有死于水火盜賊者，有被人取財而逼死者，有被人強奪妻妾而死者，有遭刑禍而負屈死者，有天災流行而疫死者，有為猛獸毒蟲所害者，有為饑餓凍死者，有因戰鬥而殞身者，有因危急而自縊者，有因牆屋傾頹而壓死者，有死後無子孫者。[18]

首任花縣知縣在一六八六年將這篇禱文刻於碑上以饗亡魂：「虎狼盡遠竄，盜賊永不生，萬姓畢革面，國賦年年足，民心個個善，從此樂堯天，乾坤萬古奠。」[19]

即便是莊嚴儀典也會因誇張而有損品位，或成了喧鬧場面。一八三五年，久旱不雨，廣東巡撫不由向城隍爺祈雨的祭典，而以重金懸賞「仙人」或「術士」，無論來自何處、信仰為何，只要能施展法術「驅走」緊鎖雲層的「惡龍」招降甘雨就行。百姓公開嘲笑巡撫此舉，寫了詩貼在城牆上。但是有人自告奮勇前來驅趕惡龍時，眾人還是蜂擁而至。這人自稱是四川來的和尚，法杖朝地裡一插，在巡撫衙門裡的祭壇前站了三天，烈日當空，他臉上卻一滴汗也沒有，也沒有疲倦的徵象，祭壇上有一壇清水，旁邊點著長明蠟燭。眾人開始嘲笑起來，突然間，大雨滂沱，眾人才止了笑聲。巡撫為恭謝神靈，令十名婦人在廣州城南門祭宰母豬一頭，燒烤其尾，眾人又訕笑起來。[20] 先旱後澇，不到一個月，疫病四起，百姓將西元二世紀的神醫華佗（譯按：原文作Yingtuo，疑誤）塑像從廣州城正南門的廟中請出，在一群挑選出來的妙齡女子簇擁下，沿街敲鑼打鼓。[21]

在這類祭典歡娛的場合常有人伺機行騙偷搶，因為這類活動所費不貲，人潮擁擠，若想維持秩序，有時還會以意外收場。中元普渡原是最莊嚴的盛會，一八三六年的中元節，在廣州城西郊一處村莊，有當地商人和富戶籌了七千兩銀子之多，在廟前廣場搭建竹席涼棚，施放焰火。知縣下令修了兩條通往廟會的路，彼此平行，一條供男子行走，另一條供婦人行走。結果有兩個年輕人扮成婦人，想走婦人專道行搶，但是扮相露了餡，立遭拘捕，並「迫令示眾」。[22]

一八三六年，二十二歲的洪秀全夾雜在生員之中，走在貢院附近布政使衙署外的大街，有兩個人引起他的注意。一個是廣州人，像是給另外一個漢語講得結結巴巴的洋人做翻譯。這人穿戴奇特，洪秀全後來想起，他穿一件似乎是前明式樣的「寬袖短袍」，頭髮則是「在頭頂結成一束」。此人透過翻譯給旁觀的人「算命」，雖然並沒人要他這麼做。他對洪秀全說道：「你將位居至尊，但傷感致病，須忌之。」[23]

第二天，洪秀全又見到這兩人站在龍藏街上，比他們昨天站的地方還南面一點，但更近貢院。這次他們沒說話，但其中一人遞給洪秀全一本書。洪秀全接了過來。這本書是梁發的《勸世良言》。[24]

洪秀全對這洋人的描述不清不楚，用語也不著邊際。但種種跡象說明這洋人就是史蒂文斯，他剛從那趟路途最長的沿海之行回廣州沒幾個月。一八三六年初春，史蒂文斯除保有海員之友社牧師的正式頭銜之外，又擔任「中國傳教團」牧師的新職。他的友人說「散發《聖經》和小冊子」此時成了史蒂文斯最熱衷的事。[26] 史蒂文斯在中國雖然已有好幾年，但他還是需要翻譯，他覺得漢語實在是太難了。他不久前才寫道，對學習漢語一事有兩種看法，「一種看法認為不可能學通漢語；另一種看法較新，認為學漢語易如學拉丁文或希臘文。吾人不取極端，但吾人承認偏於前者。」史蒂文斯死後，有個在廣州與他很近的人寫道，史蒂文斯雖「在學習漢語方面造詣頗深」，但實情是，「他的進步主要是於準確，而不以速度見長」。只有純粹談語言的時候，這個脈絡才管用。說到用商人和水手的那種洋涇浜英語去傳播上帝福音，幾乎是不可能的。[27]

廣州城城門雄偉，戍守兵丁身穿紅黃相間的上衣，前胸後背寫著大大的「勇」字（譯註），他們看似勇敢，實則懶散，賄賂也是家常便飯。史蒂文斯在廣州城邊上住了很久，對此當然是心知肚明。[28] 而且，他最近從沿海之行對北方人和南方人之間的差異有所體會，他覺得北方人「多疑矜持」，相較之下，他所接觸的南方人「易於結交」，還有點「痞」氣。[29]

洪秀全對那洋人身邊翻譯的描述也是同樣含糊。我們知道，這人不可能是梁發，因為梁發因違禁散發基督教小冊子一度遭官府拘捕，已在一年前離開廣州。雖然廣州的洋人將他保出獄，但他覺得他不能再冒身家性命之險，於是遷到較為安全的麻六甲去了。梁發以前曾與屈昂一道向趕考生員散發過小冊子，但那人也不是屈昂。屈昂的仇家向官府告發他，說他與洋人過從甚密，之後也被迫逃離廣州藏匿。[30] 那人也不可能是梁發或屈昂的兒子，因為梁發的兒子已逃到新加坡，而屈昂的兒子則頂替父親，關在牢裡。我們頂多只能從一個住在廣州的英國人在這年春天寫的一封信來推斷此人身分，他在這封信裡提到，所有曾與梁發在一起的華人基督徒都散了，「只有一人除外，此人有些文學底子，校對了我

譯註：原文似有誤，按清制，當時守戍廣州的應是綠營兵和八旗兵，其號衣上所書應是「兵」而非「勇」。

們付印的許多小冊子，作了些潤色。」[31]如果這個中國人真有膽陪一個洋人進廣州城裡傳播福音，他也未必會將此事形諸文字，公之於世。史蒂文斯也沒有記下此事或與別人談起。一八三六年年底，史蒂文斯在前往新加坡途中，突然頭痛欲裂，高燒不退，群醫束手無策。不到三週便蒙主寵召，得年三十四歲。[32]

就洪秀全記憶所及，他當時沒有細讀梁發這套小冊子，只是「草覽其目錄」。[33]洪秀全到底讀到了什麼？他並未明言。但是小冊的目錄有他的姓。「洪」這個字在小冊子的第四篇第四條裡非常醒目，說「洪」水摧毀了世上一切生靈。這一段不斷重覆這個駭人聽聞的訊息，並說這浩劫是由創造萬物的「爺火華」的意旨。中間這個「火」字又與洪秀全原名「火秀」相同，所以洪秀全與上帝之名有相同之處。小冊子裡有「洪水」，又有「火焰」。而「洪火秀」的名字居然這兩種東西都有。[34]

洪秀全讀到，這位上帝對祂親手所創造之生靈的罪惡極為憤怒。只有一個名叫挪亞的人得上帝恩寵，因在世人中間，只有挪亞一人行義。這個上帝叫挪亞造一艘船，此時挪亞已有六百歲，但他還是馬上照辦。他的三個兒子幫他造船。這艘船很大，有三層樓高，三百英尺長，五十英尺寬。船上有窗戶和大門各一扇，各種走獸都來到船上，或是七公七母，或是兩公兩母，還有各種飛禽走獸。挪亞和妻子、三個兒子及三個兒婦也到了船上。上帝的洪水覆蓋整個大地。上帝毀掉了一切，只有船上的生靈除外。上帝的洪水滅了巨人，所有的飛禽走獸，只有乘船漂到山頂的這一家八口活了下來，還有他們帶在身邊的動物。[35]

小冊子有好幾處也出現了「火」這個字。被稱作「上主」的另一個上帝縱火燒毀兩個名字古怪的城市，就像爺火華放洪水毀掉世人那般。這個神和第一個神一樣憤怒，因為這兩個城市的人恣意聲色狂歡，犯遍了各種罪惡；上帝用火燒了它們，所有的人、所有的房屋蕩然無存，連土地也沒了，這地方成了一個大湖。不過，這一次上帝也選了一家人饒恕，這家的男人叫羅得。羅得有一個妻子和兩個女兒，上帝救出了這四個人；羅得的妻子回頭去看烈燄中的城市，結果變成鹽柱。只有三個人保住性命。[36]

梁發的《勸世良言》沒有提到這兩個故事的結局。挪亞一家八口後來如何？他們身邊的飛禽走獸又如何？他們的方舟就這麼繼續漂流嗎？他們是不是永遠在傾盆大雨中乘著那條大船隨波逐流，茹毛飲血，最後消逝在一片汪洋、枯木和狂風之中？

還有，為什麼是變成鹽柱呢？

洪秀全落了第。他留下了這本書。

# 第四章　天戰

洪秀全自幼在官祿㘵，接觸了各方神明，以各種方式向祭拜神明。一年到頭，節慶不斷，從春節和正月十五的元宵、清明到端午。端午紀念兩千多年前楚國的屈原，他寫完《離騷》之後投汨羅江自盡。每逢端午，廣州一帶人家會在家門口插上艾葉、菖蒲，並以角黍（粽子）祭祖，然後給家人鄰里分而食之，孩童則將香包以五色線繫於腰間，驅魔辟邪。龍舟典雅堂皇，舟手服飾多彩，但為了拔得頭籌，多有尋釁鬥毆的情事，再加上本來就有夙怨過節，更是火上加油。暴力相向時有所聞，以致廣州巡撫在一八三五年下令禁止舉行賽舟，不過遵守禁令的村莊沒幾個。[1]

過了夏至，便日近年關。據傳說，天女在七月初六遣七仙女下凡，所以花縣的婦人也打扮得漂漂亮亮，在這一天的未時聚在一起繡彩球，向下凡的仙女表崇敬之情，並祈求她們指點針線手藝，謂之「乞巧」。桌上會擺上鮮花素果和一些小擺設，並雇一些賣唱的盲童盲女來吟唱民歌童謠。次日便是「七夕」，牛郎織女在這一天借鵲橋在銀河相會。（譯按：原文誤作「借銀河作橋相會」，與一般說法有出入。）七夕恰好與鬼節同日，這習俗據說已有一千一百年的歷史，餓鬼將在這一天由佛陀求情被放離苦海。在中元普渡，會給和尚、尼姑、道士、道姑和乞丐人等備好飯菜供食，但這種儀式並不是一天就完，從初七到初十，這些人是不會餓飯的。[2]

到了九九重陽日，又要上祖墳祭掃，並登高追憶隱士費長房，此人曾讓徒弟攜菊花酒，速與家眷登上高處，以避災厄臨門。徒弟一入家門，發現家中雞犬牛羊悉數暴死在院裡，費長房聞之，曰：「代之矣。」

到了九月底，便是火襖節：整整三天的時間，家家戶戶都祈求火襖保佑，因為火最令人畏懼，多少城鎮村莊都是毀於祝融。在這三天裡，沿街結彩，燈火徹夜通明，有錢的人家和店家搭起戲台，行「祈火」祭典。有時也會發生像端午節賽舟那般情事，正是適得其反——一八三五年，廣州附近一個村子舉行「祈火」祭典，演了五天五夜的戲，還放了煙火爆竹，結果燒著了戲台的布幕，眾人嚇得手足無措，連忙逃命，至少有十來個人被踩死踩傷。一年之後，廣州城外一個村子又有戲台著火，這一次在混亂中竟有兩百名男女喪命。[3]歲末還有兩個慶節，一是冬至，此後白日漸長；另一個是祭灶神，對灶王爺優禮有加，讓祂吃飽喝足，來年便會得保平安。[4]

在花縣，乾旱、饑荒、水澇和疫病時有所聞，那些節慶也就不可或缺。據花縣方志所載，花縣人若有微恙，便會請郎中來，若是病情嚴重，那就要求神拜佛了。大年初一天未明，花縣人便沐以加了香的水，在爆竹聲中飲春酒，從初一到初十二，每日測度雨量，以知來年榮枯。他們也測風向，希望朔風止息暖春回，也祈禱不要刮南風，因為南風會帶來厄運。男女老少會群聚在水牛和牛郎的塑像前祈禱；在街上搬演社戲以酬神，朝地上撒些穀豆以求豐年，還吃些青菜麵餅以防出天花。過了正月十五，家家戶戶在門上掛幾串大蒜，以恭迎黃帝，攘惡袪邪，還用糯米做些大圓餅，在圓餅上插一根針線，說是有助於神靈補天。[5]

到了四月，戶戶團聚吃齋飯。在廟前將佛像灑以香油，並吃用百味藥草煮的甜米餅。有人說這樣能治失心瘋。[6] 在夏至，會煮狗肉以祛瘧疾。到了冬天，家家戶戶分食以肉、桃和芥菜混煮的羹湯（譯註）。在六月底「分龍日」這一天會測雨水風向，其程式比正月還要仔細。當地土諺云：「分龍有雨耕上山，分龍無雨耕下塘。」但還有別的天象也要仔細觀察，如來勢洶洶卻轉眼消逝的暴風，風雷交加的暴雨，或是雨後斷開的彩虹——這是

譯註：原文如此，有誤。按《花縣志》載，「十月朔以羊桃芥菜煮湯啖之」，「羊桃」係指五斂子、獼猴桃之類山果，非指「羊肉」和「桃子」。

颶風的先兆，恐有狂風暴雨將至，毀屋拔樹，連在水上也無法行舟。這都是彭祖所傳下來的。[7]

在花縣，人說要避窮就得在街上燒起大火，恭迎黃帝降臨，並要向司稷神位祭供烤乳豬和美酒。為了確保好運，到了冬至還要吃魚乾。歲末，為了祈求玉皇大帝保佑，會燒化竹屋並徹夜守歲（譯註）；還在門前掛幾串橘子，給門神刻些桃符。為了驅寒，用祭祀用的鼎來煮麵。到了中秋，會準備三種式樣的月餅，分別名為「胖鵝餅」、「硬殼餅」和「軟殼餅」，份量從一二兩到幾斤不等，味道有甜有鹹，餅面上還有人畜形象的彩畫。皎月當空，吃著月餅，必能早配佳偶、兒女滿堂。[8]

飛禽走獸不論出於虛構或真有其物，都與仙界難分難解。龍可使風調雨順，譬如冬至，「潛龍表天氣復歸原位」，龍便代表了東方的陽氣。[9]

老虎和雄雞有多義，也與節氣更替相連，尤以由冬入春為然。自古提到老虎，都會提到一棵長在極東之處的大桃樹，老虎就在這棵樹下。兩位神明將鬼怪縛來給老虎吃。官府由此典故，會在衙門門口畫上桃樹圖案花樣，在門楣上畫了老虎，上頭還掛一些用來縛鬼的草繩。老虎便代表了攘祛冬天、寒冷和陰氣的陽氣。[10]

桃花色紅，能避邪惡。門上的對聯其實代表了桃樹，在驅魔做法時會用到桃樹枝，也是這個道理。即使草筆所就的老虎，也能保佑闔家平安，嬰兒戴上一頂虎頭帽，也是求個保佑。[11]但是白虎卻是不祥——它與兵災危厄有關，孕婦嬰兒亦受其害。能保佑平安的神明換個面貌，也能帶來死亡與毀滅。[12]

雄雞在地方習俗裡也常出現，有時以雞為獻祭，將雞血塗到掛了老虎形象的門楣上，便能保平安。那棵老虎棲息吃食鬼怪的桃樹，傳說雄雞也立在樹梢。「桃都山上一大樹，枝葉蔓蔓三千里；金雞獨立樹梢頂，一唱高歌迎黎明。」[13]雞血雖能祛鬼，但在大年初一不可殺雞，在這一天只有雄雞能抵禦那些逃離虎爪的妖魔。有時會宰殺雄雞（特別是色澤泛紅的雄雞）以祭日，有人說這習俗源自春秋時代的魯國，「鳴雞羽色紅，能令邪不近王」。一般認為，雄雞有如桃樹，「因其陽氣而祛疾，且續補活氣，裨人大益」。[14]

《玉曆至寶鈔》也把整年的節令畫成圖畫，不過方式比較嚇人，畫的是靈魂穿過地獄。《玉曆》開章便說，地藏王菩薩和十殿閻君諸神把《玉曆》呈給玉皇大帝，玉皇大帝將之頒布世間，其意在讓世人明白，在陽間做了壞事，死後在陰間會受什麼樣的苦，而在陽間做了好事，又如何能在陰間免受罪。以這種方式來渲染地獄與死後的亡魂，顯然是有違孔子的「未知生，焉知死」。[15]

---

譯註：原文如此，有誤。按《花縣志》載，應是「是夕燒爆竹，家人闔飲團圓酒，通夜不寐，謂之守歲」，史景遷將該段斷為「是夕燒爆竹家，人闔飲……」，故有「燒化竹屋」之誤。

傳說《玉曆》最初不是傳給儒生，而是給了僧侶，再由佛僧傳給雲遊道士。書中即言，此書成於「太平」年間，宋朝和遼國不謀而合，皆採這個年號，因此學者推斷《玉曆》應成於西元九八二年到一〇三〇年之間（譯註）。只要讀了《玉曆》、並刊印翻印本讓別人也能讀得到的人，不僅難免受的獄中刀山油鍋之刑，後代子孫興旺昌盛，死後還能轉世投胎為人，甚至投胎到好人家——男人投胎到好地界，女人投胎成男人。而那些藐視、損毀或嘲笑《玉曆》者則不會有如此恩遇，死後會被打入地獄，視其在陽間的罪孽受盡十層地獄的酷刑。[16]

《玉曆》中的圖畫讓那些不識字的人看到靈魂如何受審轉世。只有少數能投胎為人，得享平安。有些也還能轉世為人，但是又醜又窮，抑鬱多病；大多以其罪孽而投胎為馬、狗、鳥、魚或其他走獸。[17] 即便「聖諭十六條」上有「黜異端以崇正學」的警誡，但在洪秀全趕考的那幾年，《玉曆》開始廣為流傳，四處都見得到翻印本。[18]

《玉曆》定正月初一應供奉彌勒佛，在各處寺廟多有這個身寬體胖、笑容可掬的未來佛像。虔心禮拜便能求得保佑。正月初八則是拜閻羅王。說來奇怪，《玉曆》說閻羅王已非陰間地位最高的神明。很久以前，祂主掌陰間，對那些死於非命的人太過寬容，准其重返陽間。由於閻羅王過於寬容，被天帝貶到祂現在坐鎮的第五殿地獄，不過祂的名字仍代表了陰間。在閻羅殿的十六誅心小地獄裡，凡是信佛不誠、生前不信因果報應之說、殺生、妄言、施展妖術、咒人死、脅誘無辜、詐騙、致鄰人死、挑唆不和或以其他方式滋生邪念者，牛頭馬面要會將之剖腹掏心。

閻羅王在殿外建了一座「望鄉塔」，面如弓背，朝東西南三向，彎直八十一里，後如弓弦，坐北劍樹為城，台高四十九丈，刀山為坡，砌就六十三級。惡鬼被鬼卒牽到這高處，能看到陽間他們剛剛死別的家人，但家人卻看不見他們。人死後望鄉甚近，均能見能聞，加上閻羅王之助，觀聽兒孫至親如何在棺材前哭得呼天搶地，暗地裡卻在咒罵死者，違背遺願，變賣死者辛苦掙來的家當，還為了遺產搶得你死我活，對簿公堂。[19] 死者看了陽間的這些是非自是痛心疾首，閻羅王將之分派到誅心十六小地獄，裡頭關了匪徒娼妓，閻羅王對這些惡人也不必費心讓他們上塔頂感懷一番。在地牢裡，有罪者坐在鐵板上，用銅鎖鐵鍊銬於鐵柱。鬼卒以鋒利的小刀開膛剖腹，用鉤子把心給掏出來，細細割下，心使蛇食，腸給狗吞。[20]

正月初八是閻王節，隔天的正月初九便是天帝的節日，必須許一些盡忠盡孝的願。天帝亦稱玉帝，或合而稱為「玉皇大帝」，其權柄超越萬物，但其起源不詳。一般傳說玉帝

---

譯註：原文如此，稍有誤差，按宋太宗「太平興國」年間在九七六至九八三年，遼聖宗「太平」年間在一〇二一至一〇三〇年，故籠統的「太平」年間應在九七六至一〇三〇年。

之母奶是王后，夢見老子前來拜訪，之後便懷了玉帝。玉帝生在正月初九午時，降生之時通體光芒四射，普照大地。玉帝自幼尊榮，才智過人，無時不刻不慈愛憐憫，總把金銀珠寶施捨給窮困病殘、孤兒寡母。他在父王死後登基，但將政事託與大臣，自己隱居山林，冥思默想，臻於至善，升天成仙，長生不死。但祂決定三度下凡，走訪兩千四百處，宣揚憐憫濟世之道，救死扶傷，教化眾生。宋真宗在一〇一五年至一〇一七年間屢降聖旨，將之名為「玉皇大天帝」。[21]

地府還有九位像閻羅王這樣的神明，接受玉帝節制，各有其節日。凡人若祝禱得宜，或能免於激怒神明。神君審判凡人行為不當之處，少有能逃過懲罰。掌管第一殿地獄的秦廣王負責初審剛死之人，然後將之發配給其他神君：入殿右側豎立一高台，稱作「孽鏡台」，人到此處都要在鏡子前親眼看一看自己的罪孽。大部分照過鏡子之後，馬上推到其他層地獄，依其罪孽而受刑。但有兩類人會留下來，多受些苦：第一類是那些因細故而自殺的人，這種人並非因為難以承受的苦難或恥辱，僅因一時鬱憤就尋短見，既有違門灶諸神，也辜負了有養育之恩的父母，他們每隔十二天，就會重新體驗那讓他們動念自殺的苦難，直到永遠。另一類是那些不專心念經，或借職務斂財，或欺詐輕信者的佛道僧侶，每一個都單獨禁錮在狹窄的牢房裡念經，牢房裡有一盞燈，只用細線一根燃火，燈油重數十斤，要念到一字無誤才能停止。[22]

成於十九世紀的《玉曆至寶鈔》所繪的地獄的六殿，此書兼蓄民間傳說與佛道色彩，勸人去惡向善，在洪秀全年輕時流行於華南。洪秀全改信基督之後，認為這些書都應予以銷毀。由右圖可見六殿卞城王坐在桌前，一幅對聯分貼兩旁，上聯曰：「陰報陽報遲報速報終須有報」，下聯曰：「天知地知你知我知非謂無知」，橫匾上書：「六殿卞城王」。卞城王右有一人做文人打扮，將亡魂在凡間的行為擇要報告，左有一鬼吏監看刑罰。

《玉曆》列舉了各類用刑，有悶捂、針刺、刀割火烤、折骨拔牙、毒蛇塞鼻、水蛭吸腦、閹割、碎膝、挖舌、拔指甲、挖眼睛。卞城王所掌六殿中有「十六誅心小地獄」，亦各有其刑罰，左圖為其中數種：以釘穿骨、剝皮、鋸身、永跪硃砂。

其他那些活得不乾淨的人也通不過反照鏡的審判，必須到其他各層地獄去受苦受難。其中有罔顧醫德、一意牟利的庸醫，誘姦童男童女的僧侶，吞匿他人字畫卷軸的人，欺瞞真情的媒婆媒公[23]欺騙顧客的夥計，越獄潛逃的囚徒，掘墳盜墓，偷稅漏稅，濫貼布告，拆散婚姻，[24]不給瘸子讓道，偷盜鋪路石板和公屋磚瓦，見死不救，販賣假藥或偷鑿官銀，污穢街面，強占窮人田地建屋的富人，無意或故意縱火焚燒山坡或財物，宰殺飛禽，在水源下毒，毀壞神像，塗毀書籍，著閱淫穢書刊，囤聚穀物，酗酒成性，揮霍無度，恃強凌弱，溺殺女嬰，殺戮僕役，賭徒，冬烘先生，不肖之子等等，皆會得到應有的懲罰。《玉曆》列舉了各類用刑，有悶捂、針刺、刀割火烤、折骨拔牙、毒蛇塞鼻、水蛭吸腦、閹割、碎膝、挖舌、拔指甲、挖眼睛——觸目驚心，不勝枚舉。[25]

不過，廣州城內外常有橫死暴斃之情事，足以考驗十殿閻君的心志，磨損望鄉台的台階，倒是令人氣餒之事。廣州官府每年要處決幾百個罪大惡極的人犯，那些兇手與被害者在陰間閻王殿前將再次面臨審判。[26]有個廣州婦人因謀殺親夫被判凌遲處死，行刑時圍觀者極眾，門庭若市，據說是受她的高傲、殘忍、令人驚艷的美貌和她三寸金蓮的吸引而來的。[27]有個謀殺婆婆的婦人在夫眼前被處決，也是引來人潮圍觀，或去看一個海盜被釘在大十字架上處死——這個海盜所屬的匪幫殺了十二名無辜的洋水手。[28]

廣州城一帶還有一些犯下其他罪行的人，從當時的眼光看來，他們所受的懲罰無論在凡間或陰間的標準，似乎都說得過去。其中有扮成尋常轎夫拐賣賣唱盲眼女的男子，有假借東門外寺廟窩藏盜賊的和尚，還有一些盜墓賊，他們不但偷盜墓中的殉葬品，還偷部分屍骨，好去做些「謀財害命妖術」。[29]

《玉曆》還記載了供祭其他神明的場所時日：大慈大悲的觀音菩薩和佛祖釋迦牟尼各有兩天節日，一天是其誕生日，一天是其涅槃日；灶王爺也有兩個節日，一個是生日，一個是歲末升天回報祂在凡間所見所聞的日子。城隍爺的節日在仲夏時分，土神爺的節日則在仲春時分。孟婆的節日在九月十三。孟婆的作用很重要，因為在亡魂在十殿地獄界內四處遊蕩受苦，其他閻君職司審判和回憶，好讓亡魂受懲，償還一切孽債。但孟婆卻是要亡魂忘掉前事，這樣，轉世投胎時就不會受前世記憶所困或受惠。

孟婆的「醧忘台」隔成一百零八間，台居第十殿，亡魂皆在此聽候轉世投胎。在這些房間裡，孟婆手下的鬼卒擺好一杯杯「似酒非酒」，所有亡魂都得喝，喝完之後，他們過去生活的種種便不復記憶，被扔到地獄最後一條河的紅水中，隨波逐流，沖到一堵紅牆腳下，這堵牆上掛著四條豎幅，上頭寫著：「為人容易做人難，再要為人恐更難，欲生福地無難處，口與心同卻不難。」然後，兩名鬼卒將之拖上岸，再到凡間走一遭。「活無常」頭蓋烏紗，身穿錦袄，手執紙筆，肩插利刀，腰掛刑具，撐圓二目，哈哈大笑。「死有分」垢面流血，身穿白衫，手捧算盤，肩背米袋，胸懸紙錠，愁緊雙眉，聲聲長嘆。[30]

亡魂在十殿地獄中償還孽債之後，便到了孟婆的「醧忘台」，喝下一杯「似酒非酒」之後，忘掉前事，聽候轉世投胎。這段過程由「活無常」（右）和「死有分」（下）負責。

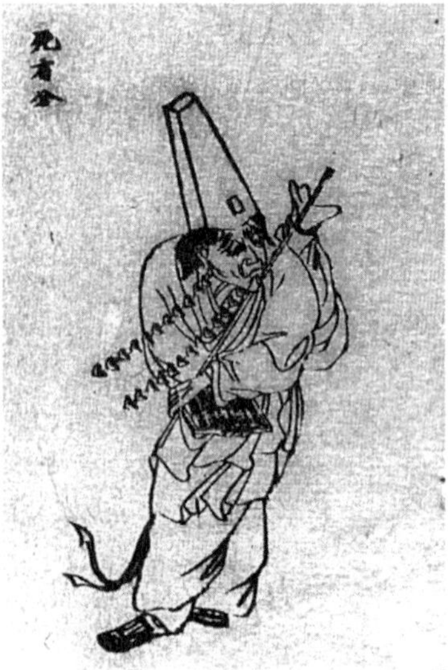


「活無常」頭蓋烏紗，身穿錦袍，手執紙筆，肩插利刀，腰掛刑具，撐圓二目，哈哈大笑。「死有分」垢面流血，身穿白衫，手捧算盤，肩背米袋，胸懸紙錠，愁緊雙眉，聲聲長嘆。（耶魯大學圖書館提供）

《玉曆》上說，有一類亡魂通過了地獄的種種考驗，已準備好轉世投胎，但卻央求再當一段時間的鬼。有時這請求也會獲准。這些亡魂是在前世受男子折磨的女子，她們希望作鬼到陽間報仇。這些女子有些在前世被拋棄，有些遭誘姦，有些說了要納為正房，結果卻發現早有原配。有些寡婦原本答應了要伺候年邁公婆或照顧子女，但因種種原因受辱或遭欺而輕生自盡。如果這些負心男子正要應考，她們也會跟著進考場，昔日玩弄女子，如今則受女子擺佈，思路受擾亂，胡寫一氣，這樣他們就不可能及第。碰上這種事的男子只有一條路可走：在四月十六日掌管陰間第十殿（也是最後一殿）地獄之神君的祭日，如果他們虔心祈求，痛改前非，按《玉曆》行事，那就能中試，擺脫女子的威脅，擺脫官吏敲詐勒索，免去水火之災。[31]

一八三七年新年一過，洪秀全參加了花縣縣試。就像一八三六年一樣，這次也考過了，然後前往廣州趕考府試。這一次，廣州城裡的氣氛比去年更緊張。廣東學政鑑於該地生員作弊之風橫行，表示只要有行賄打點的考生，必遭嚴懲，還把考生尋求特殊關照所用的委婉語記下：「運動費」、「書金」或「開門錢」云云。[32] 與往年不同，這次沒人散發洋人的小冊子，而且廣州有那麼多印工受拘禁，印坊很難在府試開考前印出來。但《玉曆》卻仍在流通，強調遵循書中的德行便是應試及第之道，還舉了很多前朝的例子。[33]

一八三七年陰曆二月底，洪秀全得知，雖然他過了花縣縣考，卻在廣州府試再次失利。他心灰意懶，沒力氣走回家，便雇了兩名轎夫抬他返鄉，於三月初一回到官祿㘵村，這天恰是第二殿地獄神君的誕日，這位神君懲罰妄言好運者。洪秀全累得不能動彈，便上床休息了。[34]在他床前圍了一大群人，喚他去見閻羅王。這是一場夢，但洪秀全覺得這是必死之兆。他把家人喊到床前，他的兩個哥哥扶他坐起來。據他的堂弟回憶，他向家人訣別：「我（在世）的日子短了，我的命不久了。父親母親啊！我不能報答大恩了！我不能一舉成名以顯揚父母了。」[35]洪秀全的妻子也在床邊哭泣，洪對她說：「爾為朕妻，爾不可嫁，爾身懷妊，未知男女，男歟當依兄勿嫁，女歟亦然。」[36]

洪秀全躺回床上，無力氣再開口，家人曉得，他大限已到。洪秀全雙目緊閉，身體一動不動。但他心裡亂哄哄的，人聲嘈雜。忽有一龍一虎並一雄雞走入室內。未幾，又見多人奏樂近前，伴著一些身穿黃袍的童子，來人抬著一華美大轎，請其乘坐，秀全登輿，任人抬向東方。[37]

洪秀全在轎中不勝驚異。不久停在大門前，男女浴在光裡頭迎接他。迎他的人身穿龍袍，頭戴烏紗帽，穿戴不是「活無常」的那套錦裝，也非「死有分」的那種污穢的斑雜土衫。雖然他們也像地獄的妖魔一樣剖開他的肚子，但卻不是折磨他，只是取出他腹中污穢，易以新臟腑，再將傷口復合，回它原貌。他們在他眼前慢慢展開一副卷軸，其上文字清晰可辨，無一模糊，他逐字讀完卷文，了然在心。

他讀完後，一個婦人走來招呼洪秀全。此嫗不是在紅水河邊強迫人喝下忘事酒的「孟婆」，因為她稱他為「兒」，自稱是他的母親。她對洪秀全說，「我子，爾下凡身穢，待為母潔爾於河，然後可去見爾爺爺。」[38]

洪秀全見他的父親身材高大，手按膝蓋，巍然高踞寶座上，身穿烏龍袍，頭戴高沿帽盔。金鬍濃密，長及腹肚，幾不見嘴。洪秀全朝他匍匐膜拜，極其謙恭地站到一邊，而他一見洪秀全即悲憤交加，流下淚來。[39]

父親說：「爾升來麼？朕說爾知，甚矣凡間人多無本心也！凡間人誰非朕所生所養？誰非食朕食，衣朕衣？誰非享朕福？耗費朕所賜之物，以之敬妖魔，好似妖魔生他養他，殊不知妖魔害死他，纏捉他，他反不知，朕甚恨焉憫焉。」[40]

洪秀全被父親的悲哀所動，立時要讓世人識破魔道，但父親攔住他：「難！難！」他讓兒子看到妖魔害人的種種手段。秀全看到父親不忍目睹，黯然轉過頭去。[41]

秀全目睹此慘狀亦是憤憤不已，他問父親：「爺爺，他們如此作怪，如何不誅滅他？」父親答以，因妖魔不僅充塞凡間，甚至還沖進添上的三十三層界內。秀全又問：「爺爺有這樣大權能，要他生即生，要他死即死，緣何容他們闖來？」父親言道：「暫容他們作怪一陣，然後收他，難道他們還走得？」秀全說道，若是聽任妖魔，那他情之所繫的人便只能繼續受苦了。父親答說，如你覺得妖魔容他不得，或可起而行事。[42]

洪秀全細察妖魔，發現領頭的是閻羅王，也即地獄之王，世人稱之「東海龍王」。洪秀全再求父親允他應戰，這次天父許了，還給他兩件寶貝，一個金印與一柄名曰「雲中雪」的寶劍。於是秀全攜印持劍代父出戰。兩人打得難分難解，穿透三十三層天界；洪秀全揮舞寶劍，兄長則站在身後手捧金印，金印發出火光，令妖魔頭眩眼花，落荒而逃。洪秀全手臂酸痛，一停下休息便有天女圍攏來保護，給他吃黃色果子，好恢復體力，歇足以後，他們又投入激戰。閻羅王極是妖邪，最作怪多變——時而為蛇，時而為狗背上的蝨子，時而為群鳥，時而為獅。眾妖魔逐層慢慢退出天界，最後落到地上，秀全與大隊天軍緊追不捨。秀全還抓到閻羅，但父親命他放這妖魔走，免得污了天界，且仍會化成蛇，繼續欺騙世人，噬人靈魂。秀全雖出聲爭辯，但還是聽了父命，饒過這魔王。至於閻羅手下的小鬼，秀全在凡界則可見一個殺一個。[43]

雖然除惡未盡，但洪秀全經過一番鏖戰，回到天上休息。他與妻子「第一月宮」住在天堂的東邊。她待他溫柔體貼，給他生了個兒子，尚未取名。他們的天堂樂聲處處，秀全發現很容易就樂不思蜀，忘卻他原本住的那個世界。父親耐心教導他再讀一些勸善教德的書卷，待他轉心性。但秀全毫無變化，父親便逐字逐句教他，讓他領悟。洪秀全的兄長則無此耐心，對他的愚頑很是惱火。此時秀全的嫂子居間調停，勸撫丈夫並安慰秀全。秀全漸漸視嫂如母了。[44]

洪秀全雖然日子過得快活，潛心研習，但父親卻不讓他忘卻凡間。父親說，秀全必須回人世，妖魔勢力仍強大，世人仍放蕩縱慾。沒有洪秀全，世人怎能點化呢？洪秀全返回人世之前，父親又說他必須改名。「洪火秀」的名字犯了忌諱。父親命他用「全」代替「火」字。父親還告訴他，他可用三種方式來使用新名字。或是隱匿新名，自稱「洪秀」；或是避開原名，自稱「洪全」；也可使用不犯諱的名字，自稱「洪秀全」。父親給洪秀全一個正式頭銜，以體現他所受的權利和威望：「天王大道君王全」。[45]父親又吟了兩首詩，作為臨別贈禮，讓他帶回下界。他說，詩的含義隱晦，但以後就明白了。

秀全帶著禮物辭別妻兒，他們不能與他一道下凡長遊，得與父親、兄長、嫂子及侄女兒留在天上。他們在此平安自得，等洪秀全從塵世凱旋而歸。父親別時祝福洪秀全，安慰他說：「爾勿懼，爾放膽為之，凡有煩難，有朕作主；左來左頂，右來右頂，隨便來隨便頂，爾何懼焉！」[46]

洪秀全半睡半醒、精神恍惚，而家人則日夜守護。他時而沉睡，時而大聲疾呼「斬妖，斬妖」，手到處指著說「這裡有一隻，那裡有一隻」，有如妖魔從他身邊掠過一樣。他時而從床上躍起，滿屋跳躍，手足並舉，作搏鬥狀；時而跌回床上，精疲力竭，默不作聲。他不斷唱著兩句當地的歌謠：「有德青年浪游河海，救其朋友殺其仇人。」[47]有時他自稱皇帝，人有以此尊號稱之者，則欣然色喜。他用朱筆自書了他的新頭銜「天王大道君王全」，並將之貼在他的房門上。洪秀全給大姐洪辛英寫了另一個四字頭銜「太平天子」。若有人來訪，洪秀全則大聲唱他學到的「高天之音」，他公開駁斥父親，否認自己從他所出，他與兄長爭辯。父親、姐姐、兄長、來訪者皆為他的言語刺傷，聽他自稱有評判世事、分辨妖魔善人的責任。他記得他在天戰時所寫的詩歌。其中一首云：

手握乾坤殺伐權，斬邪留正解民懸。
眼通西北江山外，聲震東南日月邊。[48]

又有詩云：

手提三尺定山河，四海民家共飲和。
擒盡妖魔歸地網，搜殘奸宄落天綱。[49]

洪秀全的至親和官祿㘵的村民私下議論，說他必是瘋了。他的兄弟輪流查看他的屋子是否鎖好，以確保他沒逃出屋去。有必要如此謹慎。律令規定，家裡若有人失心瘋，全家人都須為他的暴力行為負責。瘋子若是殺了人，全家人都要受罰。[50]

不過，洪秀全慢慢恢復平靜。家人和朋友也逐漸習慣了他的新名字。妻子賴氏為他生了一個女兒。他回頭讀儒家經典，準備再次應考。他到附近一個村莊重執教鞭。那段夢境無法解釋，因此大家都認為，這個夢毫無意義。[51]

# 第五章　啟惑

洪秀全在一八四三年夏天終於明白，解開問題的鑰匙就在他手裡，這把鑰匙這七年都在那兒。在這些年裡頭，他都給週而復始的祭祀儀典、科考、家庭瑣事給絆住，而那場夢卻是縈繞心頭，歷歷在目，但他自己仍參不透其中奧祕。洪秀全有個遠房親戚，名叫李敬芳，洪秀全曾在他家設過教席。李敬芳有次到洪家，見到一本樣子古怪的書，便借了去看。這本書便是梁發的九章本論集《勸世良言》，洪秀全在一八三六年帶回家來，但既沒讀它、也沒扔掉它。李敬芳著了迷似地讀了，他再上洪家時，力勸洪秀全看一看此書。洪照他的話做了。[1]

《勸世良言》，探討惡的本源和善的意義，在許多方面正合洪秀全的胃口。[2] 此書內容駁離奇詭，它向洪秀全的內心世界發聲，也對廣州一帶在一八三九年至一八四二年的戰火喧囂的世界發聲。

這是一場怪異的戰爭，為了貿易、金錢、威信和鴉片而打打停停，這是一場互相威脅、虛張聲勢與閃躲規避的戰爭。珠江岸邊的洋行世界已經變了樣，英國人被逐出廣州城，失之東隅，卻收之香港。起先在一八三九年，中國人似乎占了上風。英國人在印度監產的鴉片輸入中國，規模不斷增加，令中國人怒不可遏，強令英國人繳出煙土，總計兩萬零兩百八十二箱，每箱含鴉片四十包，每包含三磅精煉的純鴉片粉，用罌粟葉層層包著。[3]官府封鎖了十三行商館區，切斷對外聯繫的水路，才迫使洋人作出讓步。官軍列隊排在公行背後的街道，在公行前的廣場部署，在珠江上用船艦設了三道警備線，從小溪行一直延伸到丹麥行。本地僕役廚師、通事買辦、苦力挑夫共約八百多人，都不准再為洋人做工，否則一律斬首。向來熱鬧的商館區一片沉寂，而這些與外界失了聯繫的洋人自己動手打掃房間，拖地，給油燈上油，擦拭銀器，洗碗盤，做飯，他們的菜色就看存貨和手藝而定了：水煮雞蛋和馬鈴薯，烤麵包和米飯。[4]至於鴉片，官府費了好些天來處理，將鴉片至於鍋中，混以石灰，在向龍王祈求原諒後，將之沖到海裡。英國人呈繳了所有鴉片之後，便獲准離開廣州，其他洋人也是如此。

但英國商人被冒犯，倫敦聞訊大為震怒，派出一支艦隊，將中國的要塞船艦摧毀，清廷在槍口下簽了條約，旋即毀約；英國商人重返公行，但面對中國人的狂怒，害怕被殺而再度撤出。風水輪流轉，到了一八四一年五月，中國百姓衝進空無一人的公行，把豬巷到小溪行之間的物品洗劫一空，鏡子、吊燈、大理石雕像、寒暑儀和鐘錶不是被偷就是被毀，再把剩下的東西悉數燒掉。[5] 英軍在廣州城外的山丘集結——這在中國歷史上還是頭一遭，這些英國人不是昔日隻身踱步或圍觀失火的人，而是在江面炮艦掩護下身著軍服、全副武裝的士兵。

英艦由蒸汽鐵甲艦「復仇女神號」（Nemesis）打頭陣，擊沉了七十多艘中國帆船和炮艇，原先江邊還有些中國人沒放火的地方，這會兒卻遭砲火襲擊。英軍裡有英國和印度士兵，大膽進襲，從廣州城北的江面登岸，繞到城後攻占守衛城池的四處山頂炮台。英國水兵得意洋洋，把中國俘虜的辮子給剪掉，還剝去了一些人的衣服。這些水兵穿起「滿大人」的官袍，戴著頂戴，拖著一條烏黑長辮，博得同胞一陣喝彩。[6]

五月溽熱難當，但廣州城的命運未定，還在談判之中，而英國兵和印度兵在三元里一帶巡邏；此地在英軍營地之北，就在通往花縣的路上。事件頻傳，衝突叢生：軍隊行過結實累累的田地；破門而入，竊取食物，強奪衣物。「徵收」家畜而不付錢。遇良家婦女便上前搭訕，甚至強暴。並以科學探密之名而挖人祖墳，只想一窺中國人如何安葬死者。還把一名纏了小腳的女屍從棺木裡起出。三元里的居民敲鑼召集團練，有些人手持長槍，但大多數最先手裡只拿了鋤頭。西北邊有其他村民加入，有些人還帶了簡陋的洋槍。從北邊來了更多的村民，這些人的家鄉離花縣更近了十哩，有人還受過水戰的訓練。[7]

暑熱灼人，而人也越聚越多：五千人，七千人，七千五百人。雙方打了起來，一片混亂，暴雨突至，雷電交加，四周一切景物皆不可辨，道路泥濘一片，積水處處，浸溼了火槍，徒餘指揮官倉皇找尋士兵。英軍堅守陣地，不過中國村民把放羊用的曲杖綁在竹竿上，朝英軍揮去，有些士兵因此受重傷。英軍裡的印度兵拿頭巾來擦乾火槍，好繼續開火。四散的英軍再度集結：有一人陣亡，十五人受傷。中國人的死傷更多，但其數不詳。[8]

一八四一年五月，兩邊人馬都覺得勝利在握：英軍紀律森嚴，裝備精良，有能力突襲或占領城鎮；而團練如今則有將近兩萬人之多，分別來自一百零三個村莊，能以眾擊寡。而在雙方的對峙方面，則循外交途徑尋求協議：保全廣州城，但清廷須賠款六百萬兩白銀，另解散團練，則英軍撤離山丘。廣州知府佘葆純負責做到這些要求。這些裝備殘缺的鄉勇團練不甘願地解散，但他們看到英軍也撤了，廣州安然無恙，便認為自己大獲全勝。[9]

廣州的試場本是清淨地，但此議達成之後，憤怒的學子擲硯台洩憤。這也是這場戰爭的一部分，中國人自己起了內鬨。戰事如此收場，越來越多人相信，社稷多有逆徒，背叛了祖宗。受此挫敗乃奇恥大辱，憤怒之聲四起。對廣州試場的學子來說，硯台乃是「文房四寶」之一，所用之硯多是精雕細鏤，家傳久遠，他們口出不平之鳴，以手邊僅有的東西擲向主考官佘葆純。他說動三元里的團練解散，當然也保全了廣州城，但在這些飽讀詩書的學子眼裡，佘葆純對洋人太過卑躬屈膝。佘葆純大驚失色，連忙乘轎離去，還有些膽子大的學生想砸毀他的大轎。[10]

有時，則是官府本身策動廣州當地追捕叛徒，找出是誰和洋人做生意，翻譯、傳授中文，替洋人划船——罪無可赦的是領洋人沿珠江航行，在沒有標記的水域，穿過變幻莫測的險灘。若是抓到私通洋人者，有些會將削尖的木棒穿耳而過。木棒的長度過頭，上繫小旗，遊街示眾，以示懲罰。[11] 三元里等地的鄉勇團練四處搜尋與英國人合作的鄉民，因此而死於私刑者逾千。而八旗兵本與這場亂事無關，如今也呼嘯鄉間，覬覦誰家產業，便控之以謀逆。[12]

英國艦隊艦次北上，集結於長江三角洲，刺探杭州灣，攻擊上海，合圍南京，事情至此便有了新的變化。清廷欲在這幾個城市抵禦英軍，但是身為統治階級的旗人也怕漢人趁機起事，便先發制人，一聞英軍行將來到，只要有漢人謀反的風吹草動，便格殺勿論。英軍目睹漢人百姓逃離旗營。也難怪英軍在一八四一年一取得香港，逃過一劫的漢人便急於與英國人合作。

祕密會社成員也聚集到英國人控制的範圍，這些祕密會社歃血為盟，以密語暗號來維繫，誓言推翻異族統治，反清復明；隨著幫會成員的到來，以訛傳訛，而訛言更增恐懼，恐懼又推動了訛言的傳播。雖然會黨分子中有些是向清官府報信的雙重奸細，但許多人利用戰爭的亂局，在英國米字旗的保護下從事搶劫、走私鴉片或其他害人勾當。在有些城鎮，滿州人先殺了自己的家眷子女，然後自焚、自刎或自溺。[13]

無論是儒學經典、地方史志，或是《玉曆》，都不太能解釋這些怪異的浩劫。但洪秀全在梁發《勸世良言》的一篇的中段，卻聽到了新的聲音。這是一個名叫以賽亞的異邦聖哲說的，梁發節錄了一段：

何復責擊爾等，爾將又加背逆也。全新以患疾，全心以疸怯，從腳之底，至首之頂無痊處，乃傷青黑印腐瘡，非被挾被縛，又非被以膏柔之，爾國將被荒野，城將被火燒，爾地方則在眼前遠人呑之，係便荒野，受遠人之限也。[14]（編註[1]）

以賽亞所說的大火不僅毀了廣州江邊一帶，也以嚇人的新方式呑噬了官軍。英國鐵甲艦的火炮擊中官軍艦船上的火藥庫，一些兵丁成了火球飛上天，掉落地上已是殘缺不全。[15]官軍笨手笨腳地弄著新發下來的火繩槍，有時引線會點著掛在腰間的火藥盒，人不是被燒著，就是炸個粉碎。一些兵丁躲在屋裡，屋子著火，兵丁邊脫掉身上著火的號衣，邊光著身子踉蹌衝出來；一些兵丁死命抓住船上的纜繩或舵槳，直到船隻炸翻或是火勢太猛，只得鬆手沉入水中。[16]一八四一年二月二十七日，英國人在黃埔口外擱下九百噸的「吉賽皮克號」（Chesapeake），放把火燒了，發出在珠江三角洲前所未聞的轟天巨響。中國人去年剛從美國人手中買下這艘船，想把它改成戰艦，在主桅上升起水師提督的紅色帥旗，船尾甲板和欄杆上則掛著五顏六色的飄帶，船艙堆滿彈藥軍械。火焰竄到彈藥艙，整艘船像被一把巨斧劈成兩半，著火的碎片漫天飛舞，把遠處的房屋也給燒著，連三十英里外都聽得見爆炸聲。[17]

那個叫以賽亞的人似乎又通過梁發的傳譯預見了這場噩夢，他這樣說道：

又敗壞將並落於悖逆獲罪者之上，又捨棄神爺火華者將被滅矣。且伊等因所欲之栗樹將見羞，又因所擇之園將懷恥也。蓋爾將為似衰葉之栗樹，又似園無水淋者也。且勇力者，將為似麻紕，及其工作，為似火星，致伊兩同燒，而無可滅少者。[18]（編註[2]）

---

編註1：此段引文出自〈以賽亞書〉第一章第五節至第七節，今日香港聖經公會的譯文如下：「你們為什麼屢次悖逆？還要受責打麼？你們已經滿頭疼痛，全心發昏。從腳掌到頭頂，沒有一處完全的，儘是傷口、青腫與新打的傷痕，都沒有收口，沒有纏裹，也沒有用膏滋潤。你們的土地已經荒涼，你們的城邑被火焚毀，你們的田地，在你們眼前為外邦人所侵吞，既被外邦人傾覆，就成為荒涼。」

編註2：此段經文出自〈以賽亞書〉第一章二十八節至三十一節，香港聖經公會的譯本為：「但悖逆的和犯罪的，必一同敗亡，離棄耶和華的必致消滅。那等人必因你們所喜愛的橡樹抱愧，你們必因所選擇的園子蒙羞。因為你們必如葉子枯乾的橡樹，好像無水澆灌的園子。有權勢的必如麻瓤，他的工作，好像火星，都要一同焚毀，無人撲滅。」

梁發在《勸世良言》的一篇開章便講了惡魔及惡魔的創造者。梁發寫道，有一位名為爺火華的神，造化天地人萬物。所創萬物以蛇最為邪惡，緣因此蛇乃罪惡之神，自化為蛇魔。蛇魔誘一婦人吞食知惡果；婦人又讓其夫食之，因此之故，神爺火華斥責此二人並將其逐出其所居樂園（編按：梁發稱亞當為「亞丹」，所居之樂園為「希但之園」）。在此樂園的東邊，神爺火華命「基路伯」在此，手握一把發火的劍時刻警戒，看護生命之源並阻止那對夫婦返回樂土。文人為文講究出處，梁發也這麼做，說這是出自《聖經》的第三章，篇名為「創世篇」。[19] 梁發是這麼寫的，洪秀全也就這麼讀了。洪秀全沒法子知道，所謂伊甸園中的蛇是罪惡之神和蛇魔一說，其實是梁發自己加的解釋。

梁發在第三篇中又把這個故事說了一遍，不過這次的前後脈絡有所不同。蛇仍被說成惡魔，但神爺火華在此處是「神天上帝」。第二篇也論及蛇魔的奸詐，上帝又有別的名號，叫「天地之大王」。到了第六篇的開頭，梁發才釋疑，說這些名號指的都是同一個真神。[20] 不管上帝用什麼名號，蛇魔所造成的破壞是有目共睹的，因為第一對夫婦活在樂園中之時，既無酷暑也無嚴寒，無須男耕女織，無旱澇之災，無疾病死亡。在此初始之時，人性渾然為善，而無惡欲之心。而蛇魔奸計一旦得逞，邪惡便入了世間，而現今世人性惡大於善，正義心純之人少之又少矣。[21]

有關惡的問題，梁發在《勸世良言》第二篇大膽論斷一個難以理解、難以解決的問題。既然天主有力量從虛空中創造世上萬物，如果祂想的話，也可以創造完全不同的生靈。但由於祂愛自己所創造的生靈，有如父母愛子女，便把祂鍾愛的獨子送到凡間並死去，好贖還世人的罪孽。梁發強調，上帝並沒有必要非這麼做不可，這是祂選擇這麼做。[22]所以惡戰時還存在，有上帝的善相隨。

梁發講述了這位「神天上帝」如何派祂的聖子從天降世，祂把孩子的靈魂放進一個無暇的年輕婦女的身體裡，雖然沒人碰過她，卻還是懷孕生子。她在鄉下茅屋裡生下孩子，給他取名為耶穌，意思是「救世主」和「主」。在他降生之時，天空出現了上帝的使者，要眾人無須害怕，因為他帶來喜訊：救世主誕生了。他說話的當口，雲中忽見各神使，有一群天軍讚頌神天上帝曰：「榮歸於神至上者，太平於地，及人恩意矣。」[23]梁發還說，既然這也發生在中國這一塊土地上，或許可以在古代經典中找到這件事情的蛛絲馬跡。這麼想可是大謬不然，因為這些事發生在西漢哀帝年間，而古代經典此時早已寫成。在古書裡可以找到一些「神天上帝」行為的影子，但別想找到上帝之子的行為。[24]

梁發的書也提供了有關年齡與行動之間的關鍵。梁發說耶穌是怎樣一個勤奮刻苦的孩子，在十二歲就露了智慧。但他還是費盡工夫來尋求召命，慢慢開展教誨世人的使命。耶穌到了三十歲（洪秀全讀小冊子時也剛好三十歲）才放棄舊生活，公開宣教，明示神天上帝特差其降世之旨意，勸諭世上之人，務要悔改一切奸邪惡端，丟棄各樣假菩薩之像，轉意歸向崇敬神天上帝為主。[25]

於是耶穌敷教授徒，至三十三歲，已滿救世贖罪之定期，乃假借群凶之手，甘心受難，苦楚之極，釘死在十字架之上，似死去狀。其時日月無光，山崩地裂。三天三夜後，耶穌以其本來自有全能神之性，在家之中，死而復活，仍居住地上四十天之久，指示門徒明知代贖罪救世奧妙之義，宣諭凡有敬信之者獲永福，有罪過不肯信之者，更招永禍。事畢，於眾人之前，乘空直上，升於天堂，無數神使扈從迎接。[26]

耶穌降生之時，天使口中所說的「太平」與梁發另一段解釋「天國」一詞之處相對應。梁發說「天國」兩字有兩種解法：一是天堂永樂之福，係善人肉身死後，其靈魂享受之真福也；二是指地上凡敬信救世主耶穌為人，聚集禮拜神天上帝之公會也。[27]

洪秀全讀聖人書讀了二十年，但是耶穌的話語與他以往聽的都不一樣。梁發抄錄了耶穌的登山寶訓，寫的人名叫「馬竇」，載於第五到第七章。耶穌告諭眾人，對他們的不幸要歡愉，不可哀慟：

因義而接受補害者福矣。蓋天之國數伊等，人將毀謗補害爾，又妄稱爾各樣之惡為我名，爾則福矣。歡喜大樂，蓋在天爾之賞報大矣。蓋前爾之先知，伊等亦是受捕害也。[28]

耶穌還告訴跟從他的人，如何向他們的上帝祈禱：

故此爾等如此祈禱云：我等天父在天者，爾名成聖，爾王就至，爾旨成行於地，如於天焉。賜我等以日用糧，赦我等負債，如我赦負債與我等也。勿由我等入誘惑，乃就我等出兇惡，蓋爾為之國者、權者、榮者，於世世，啞門。[29]

耶穌還告誡，惡無處不在，且也許是人與生俱來的：

爾等謹慎偽先輩至爾，其外飾似羊，心裡似凶狼，爾等可認之所結之果，人由荊而摘葡萄果乎，亦由棘而摘無花果乎。如是各好樹結好果，各惡樹結惡果，好樹不結惡果，又惡樹不能結好果也。各樹若不結好果，則砍下投入火也。故此爾等以伊等所結之果而認之。[30]（編註）

洪秀全沒有參加一八四一年那次筆硯齊飛的科考，不過倒是在一八四三年第四次赴廣州參加科考，結果又是名落孫山，這時他還沒讀到梁發的《勸世良言》。梁發在的一篇就說參加科考毫無意義，根本是蹉跎歲月：

即儒教亦有偏向虛妄也。所以把文昌魁星二像，立之為神而敬之，欲求其保庇睿智廣開，快進才能，考試聯捷高中之意。然中國之人，大率為儒教讀書者，亦必立此二像奉拜之，各人亦都求其保佑中舉，中進士，點翰林，出身做官治民矣。何故各人都係同拜此兩像，而有些自少年讀書考試，乃至七十、八十歲，尚不能進黌門為秀才呢？還講什麼高中乎，難道他不是年年亦拜這兩個神像麼？何故不保佑他高中呵？由此推論之，亦是儒教中人妄想功名之切，遂受惑而拜這兩個神像，而不以虛靈之志，追想尊敬天地之大王，管理全世界富貴榮華之神，乃合正經大道之聖理也。[31]

正如梁發在書中所言，人生如白駒過隙——誰能說得定自己能活到五六十歲？遑論八十或一百歲了。[32] 洪秀全也聽了進去。他從此不再入考場。

正如梁發所言，在某個程度上，其他人被誤導之深，不下儒生及其偶像。易於受惑而不能省察自知之人，都沉湎於祈求保佑，佛道徒眾是如此，士農工商百工之人亦然。古人僅供奉山川社稷神位或忠臣聖賢的神像；而今人則無所不拜：或用泥塑之像，或木雕之像，或石塚之像，或以紅紙寫神銜之字，或以紙畫之像，或三尖之石，或四方之石等。[33]

梁發寫道，四處都可見到這種愚行的例證。行商大戶之人家，內廳堂長奉觀音及財帛星君、招財童子、地主財神、門官土地、五方五土地主之神、井神，朝夕燒香點燈，以三牲酒體，拜跪向各神之位，幾無斷時。[34] 農耕之人則奉拜社稷谷王眾神，求其保護風雨調勻，多賜生長五穀，驅除剿滅鼠耗傷禾之蟲。但都沒人知道去拜那造化生長萬物之真主。[35]

同樣，裁縫之人則言製衣始自軒轅黃帝，故朝夕奉事軒轅之像，望其庇佑發財。又那做木匠之人，言做木料之事，始初係魯班先師教人以規矩，故奉拜魯班先師眾神，若遇神誕之日，則演戲慶賀之，欲神歡欣，保佑同行業人好生意，大發財帛也。[36] 那些行船走海

編註：以上三段聖經經文出自〈馬太福音〉，香港聖經公會的譯文分別為：一、「為義受逼迫的人有福了，因為天國是他們的。人若因我辱罵你們，逼迫你們，捏造各樣壞話譭謗你們，你們就有福了，應當歡喜快樂。因為你們在天上得到的賞賜是大的，在你們以前的先知，人也是這麼逼迫他們。」（〈馬太福音〉第五章，第十至十二節。）二、「所以你們禱告，要這樣說：我們在天上的父，願人都尊你的名為聖，願你的國降臨，願你的旨意行在地上，如同行在天上。我們日用的飲食，今日賜給我們。免我們的債，如同我們免了人的債。不叫我們遇見試探，救我們脫離兇惡。因為國度、權柄、榮耀，全是你的，直到永遠。阿門！」（〈馬太福音〉第六章，第九至十三節。）三、「你們要防備假先知，他們到你們這裡來，外面披著羊皮，裡面卻是殘暴的狼。憑著他們的果子，就可以認出他們來。荊棘上豈能摘葡萄呢？蒺藜裡豈能摘無花果呢？這樣，凡好的樹都結好果子，惟獨壞樹都結壞果子。好樹不能結壞果子，壞樹不能結好果子。凡不結好果子的樹就砍下來，丟在火裡。所以，憑著他們的果子，就可以認出他們來。」（〈馬太福音〉第七章，第十五至二十節。）

面之人，則信其命懸於北帝天后洪聖之手。他們寫了各神之銜，貼於船上，朝夕點燈燒香而拜之，求各神保護船出海往來不受暴風所害，四時行走平安，順利發財。[37] 至於那些婦人多多奉拜觀音菩薩、金花夫人、送生司馬各像眾神。言觀音菩薩本是女人，有慈悲心，知道女人辛苦艱難之事，必恤憐女人。金花夫人多兒女，言其必令女人亦多生嬰孩，無子生者，常拜求之，欲其賜生兒子。送生司馬，言其係傳送嬰兒之神，婦人拜求之，欲其傳送快生，不受產難之苦。[38]

如果儒生滿心虛妄，佛道僧侶也好不到哪裡去。道家自稱知三元、三清知奧祕及天地之神力，但何人又見過彼等成仙升天耶？反見道士在街上討錢乞食，飢寒不堪，被人恥辱。[39] 又那釋家的和尚，朝夕念經拜佛，欲想成道往西天享極樂，然其所奉拜者，豈一早已作古之死人耶？佛祖自顧不暇，焉能護佑他們？是故和尚中「又有衣服清潔穿綢著緞的，又有些飽煖乃思想姦淫邪色的」，還有一些和尚卻在病房之內，睡在床上，受苦不堪，叫喊號哭，或在街上討錢乞食，或「或餓死於山上路中，屍骸稀臭霉爛生虫的」。[40]

梁發說了這些醒世之事，還說了古人今人不敬上帝的事。梁發寫道，上古之時，有一位聖人名摩西，引以色耳眾人出以至比多之國，經過大曠野之地，在西乃山上，神天上帝在山頂降下十條聖誡，授與摩西，令其將十誡之意，教訓以色耳眾人。摩西即接奉十條聖誡，欽遵神天上帝之命，把十條聖誡之旨詳釋其義，教訓當時以色耳之人。蓋那時世代眾人，雖有聖人摩西常時教訓，但伊等耳雖聽之，而心內或遵信，或背逆，總無恆心遵守，故那世代之人漸漸死於曠野之地，不得善終。[41]今日不聽耶穌之言者亦若是。時間之久遠，地方是遠近，也是因素之一，無人能在頃刻間明白一切。然而，正如天色微明，繼而光芒四射，道理也會漸為人所知。如今，真理已傳至廣州，由外邦人乘船攜至。他們竟此事功，貪的不是銀兩，甚至不辭辛勞學習中文，好把聖書譯成中文，把道理傳給中國之人。如今事功已成，譯事已畢，人人皆可親近聖書的內容。[42]

梁發的文字雖成於數年之前，但是他所講述的主題卻很切合廣州一帶的現狀。鴉片戰爭於一八四二年結束，清廷與英皇陛下的代表訂定條約，開放了五個通商口岸（廣州是其中之一），終結了十三洋行的體系，洋人也不用擠在廣州河岸一隅。一八四三年又簽訂《五口通商章程》和《虎門條約》，保證了外國傳教士（不分新教、天主教）的傳教權利，可在五個通商口岸建造教堂，自由傳教。原本避居香港的傳教士受此鼓舞，如今又返回廣州。郭士立又恢復往日活躍，不過他是忙著替英國人做翻譯，甚至還替英國人管理剛擄獲的領土；郭士立的好友羅孝全也很忙；他在三十五歲這一年，從美國田納西州的謝比維爾（Shelbyville）到中國跟郭士立工作。羅孝全是自學而成的傳教人，自幼在充滿宗教氣氛的環境長大，個性獨立，不喜羈絆，不耐規矩束縛，他是第一個回廣州的洋人，在廣州的城牆邊上租了一小間房子。雖然條約已去除外國人不得入城的禁令，但是仇外的氣氛仍濃，洋人是不可能住在城裡頭的。羅孝全做漢人打扮，與一個信了基督的中國人一同工作，操著客家話，在鄉間到處傳教，散發宗教小冊子。[43]

梁發並沒有說神天上帝在西乃山上對摩西說了些什麼，所以這些以色耳人在漸死於曠野之前，到底做到什麼或是沒做到什麼，也是不清楚的。但是梁發在別處說了六樣「大惡之事」：行兇謀殺、反叛大逆、偷盜、拐騙、姦淫邪術、忤逆不孝。[44] 在別處，梁發說了耶穌所不欲的惡事：殺人，私通，偷竊，無孝敬父母，無愛鄰人如愛己。梁發還加上了他自己不欲之事：喫鴉片。此罪之深重，一如他罪。[45]

人人都可看出這是惡事，那麼何以人人見其害，卻仍行惡事？半是由於人之固執，半是因為無視於歷史、真理，而且從俗去敬拜那些建廟、奉拜各樣神佛菩薩之人。[46] 但是那些「做生意為書坊店鋪之人」發賣書籍，售賣四書五經各樣之書，以及諸史百家之典，固是正經生意，但若兼賣那邪淫小說、謊唐小傳與及淫詞艷曲等這樣小書的人，實是教人作惡，誘人學邪，陷害少年子弟不少，雖然不是親口親身教人行惡事，賣個小傳小說之書，邪淫之詞而圖利者，就是「善中之惡事」也。若是送本勸世好書與今世之人觀看，其雖接受，但過目即毀而棄之，不悅觀看；若買得一本淫詞之書，則志意向慕，終日觀之不倦，專心習讀，欲想效法而極行之，猶恐遲之不及。[47] 人分兩類，有人「專心破費錢財而行惡事」，也有人「圖利而為惡事」，這兩類人並無大分別。[48] 至於釋家的和尚妄講佛法無邊，「天上地下，惟佛祖獨尊，所有輪迴因果，皆賴佛祖主持生死之權，」道家的道士「亦妄講玉皇大帝、元始天尊、太上老君，」其誤導人之深，不下於邪淫之詞。[49]

人要如何表明他誠心信服，表明他所信的是對的呢？梁發說了一個名叫保羅的人（他和洪秀全一樣，都改過名字）。這個保羅說服了平素行邪術的，也有許多人把書拿來，堆積在眾人面前焚燒。他反對敬拜偶像，甚至讓那銀匠都害怕自己會失了生計，還把惡鬼從病人身上驅走。保羅告訴外邦的信眾，他們要接受「聖風」（Holy Spirit），不僅要以若翰之名領洗（編按：亦即約翰，天主教譯作「若望」），也要以耶穌基督之名領洗，「若翰果施悔洗，教民必信向於其後而將來者，即耶穌基督也。」保羅「乃置手其上，而聖風臨之，即講異音，預指後情。」[50]

有些段落洪秀全難以領悟，但梁發通篇都沒有談到耶穌生時用水做了什麼，何時用，如何用。但梁發在第六篇談了他與米怜的交往，說米怜交給他的定義：「洗禮者，以清水一些，灑於人頭上或身上，內意是洗去人所有罪惡之汙。可領神聖風感化其心，令其自領洗禮之後，愛善恨惡，改舊樣而為新人之意。」[51]在下一個禮拜日，梁發表明深切的懺悔和對耶穌的愛，於是米怜將水灑在他頭上，他便受了洗。過了不久，梁發自己為其妻用水淨了身，又讓馬禮遜為他們的兒子行了洗禮。[52]

梁發認為，這整個悲慟而又歡欣的故事，其教誨在於兩個不同的層面。很久以前，上帝選了一個祂自己的國家，稱之為以色耳。祂在此頒布誡條，並派了祂的兒子到這裡，拯救世人的靈魂擺脫罪孽。一如在摩西的時代，上帝的誡條無人聞問，耶穌也被釘死在十字架上，門徒四散離去。上帝的報復極是可怕，不僅在以色耳作惡的人死絕，整個國也亡了，「至今亦無此國，雖有些流散於各國之中，亦被人欺壓。」[53]

梁發在的九篇末尾處總結，凡不信上帝的，最後也終會臨到這命運。世人都將面臨「最後的判決」，它將落到所有人的頭上，就如婦女分娩必然痛苦一樣，但這有如黑夜的竊賊一樣隱秘難見。上帝的使者將展開卷軸，人的罪孽都在上頭，萬國萬民都將受審判，就像牧羊人把他的羊同山羊分開一般。信耶穌的人將以耶穌之名得庇佑，得著全能上帝的祝福。而那些其他的人，將在永恆之火中永世受苦，旁邊有魔鬼看守。[54]

在這最後時刻，救世主的寶座將如閃光的火輪，救世主將命祂的千百萬扈從以父的憤怒之火，把一切生靈燒成灰燼。當審判終了時，眾天使吹響上帝的號角，救世主駕雲而下，所有那些信從耶穌之名並為他而死的人將會復生，然後是那些覺悟稍晚但仍及時信耶穌的人。這些得救的人騰雲升天，救世主在天上迎他們，他們的身體重獲活力，得到滌清，他們再無男女之分，而像天使一樣住在天上。[55]

梁發的書很長，裡頭充滿了怪詞怪名，還有許多東西梁發未作解釋。但洪秀全覺得這把鑰匙開啟了他心智。他夢見他為一個長著金鬍鬚的人迎戰妖魔，這便是上帝天父，創造天地的主爺火華。而與洪秀全並肩戰妖、用金印照魔，並嚴厲指責他的那位兄長，便是上帝之子救世主耶穌，祂被釘死在十字架上，又回到了天上。那些迎接洪秀全並在天戰中助他的扈從，便是與上帝住在一起的天使。那在他眼前舒卷，並被逐字講解給他聽的那些話就是梁發書中的內容，或是梁所轉譯歸納的經文。惡魔閻羅就是蛇魔，祂毀掉了那對男女在美麗田園中的幸福生活。洪秀全用以戰妖的那柄寶劍像是守衛天堂東門的劍。上帝不直接對人說話，但祂對洪秀全說話，正如祂在西乃山上對摩西說話一樣。耶穌也在世間生活並辛勞過。那場幾乎毀掉所有生靈的大洪水象徵了洪秀全的命運。而「火秀」一名也犯了天父上帝的名諱。於是改為「秀全」，「全」這個字在聖經從頭到尾屢屢提及。科舉考試百無用處，散播可望不可及的企望，一錯百錯。洋人雖然賣鴉片，雖然有一些人性情暴躁，但他們的心念是好的，或許可救國於危厄。偶像是罪惡，而中國人一年到頭的那些節慶並沒有對最神聖的上帝表達應有的崇敬。罪惡橫行世間，而那些和尚道士、姦淫之徒和寫淫書的人則是助紂為虐。洪秀全在天上剖腹換心的儀式是他受洗禮的預兆。世上仍有妖魔待斬殺，因為罪惡已深入人心。既然耶穌是上帝之子，也是洪秀全的兄長，那麼，洪秀全自然就是上帝在中國的兒子。

# 第六章　出遊

人相信什麼，就會變成什麼樣。洪秀全開始講道。他第一個對象是李敬芳，此人與他一起讀過《勸世良言》。梁發在書中有意不提四福音書中施洗約翰給耶穌施洗，或是耶穌給別人行洗禮，洪李兩人便一起從書中的蛛絲馬跡去揣摩施洗的儀式——洪秀全和李敬芳兩人私底下互相施洗，就像梁發給妻子行洗禮一樣。梁發有言，只有信耶穌並接受洗禮者，才能得永生，而拒不接受耶穌者則苦痛永世。所以兩人相互以水灑頭，對他們的新上帝祈禱，立誓不拜事邪神，不行惡事，恪守天條。他們一道念誦自己發明的禱語：「洗除罪惡，去舊從新。」洪秀全滿心喜樂，乃寫了第一首詩：

吾儕罪惡實滔天，幸賴耶穌代贖全。
勿信邪魔遵聖誡，惟崇上帝力心田。[1]

兩人又說了洪秀全的夢，覺得至少有一部分是參得透的，於是他們叫當地一匠人鑄了兩柄寶劍，各重九斤、長三尺，在劍身上鐫了「斬妖劍」三字，還吟了首詩以誌紀念，詩曰：

手提三尺定山河，四海民家共飲和。
虎嘯龍吟光世界，太平一統樂何如。[2]

洪秀全似乎宣講不輟，話還傳到了外村。有些人以為他又瘋了，就像他以前做那場夢的時候一樣；友人心中焦急，便推了一人來照看洪秀全，結果反教他信了洪秀全的想法。洪秀全也常同兩個親戚談論，他們尤其聽信他的話。其中一個叫洪仁玕，住在官祿㘵，是洪秀全的堂弟；另一個叫馮雲山，是洪秀全繼母的親戚，住在不到一哩遠的村子裡。兩人與洪秀全一樣，都讀過書但未能登第，任鄉村塾師餬口。一八四三年夏，洪秀全也讓這二人信了耶穌。這三人行了兩次禮來紀念——先由洪秀全私底下在馮雲山的私塾中為兩人施洗禮；但之後不想這樣偷偷摸摸，便去附近一條小溪，把全身浸透。自此以後，馮雲山和洪仁玕就成了洪秀全的親信，而李敬芳雖有那柄寶劍，卻淡出了信眾的核心。[3]

洪秀全與這兩位新信徒重讀梁發的書，逐漸悟出了一些他以前沒看透的東西。洪仁玕後來回想起，洪秀全是這麼說的：「如我徒得此書而無前時之病狀，則斷不敢信書中所言而反對世上之陋俗……我曾在上帝之前親自接受其命令，天命歸予。」[4] 洪秀全說誓言不可改，天命不可違，因「神爺火華的話是對的」，其佐證載於〈詩篇〉第十九和第三十三篇，梁發的書中有譯文。這兩首讚美詩（其他的梁發沒有翻譯，故洪秀全無從得知其餘各篇的內容）到處可見洪秀「全」的名字，洪秀全讀到：「聲聞全世」，便將「全世」解為「秀全的世界」。[5] 讀到「全然公義」，便以為「秀全比黃金更可羨慕」，[6] 依此類推，例如「孰能如秀全知過」。[7]

接下來的幾個月，他們潛心研讀梁發的書，探究微言大義，宣講其內容，並試著領會哪個代稱適合哪個人或神。三人慢慢讓自己家裡的人都皈依了新教。洪秀全有兩個住在廣西的遠房表親為了家裡的事來官祿㘵（或是另外有別的事，對此我們沒有文件可稽），也給秀全說動，由他作了洗禮，之後把耶穌的教義帶回老家。[8]

上帝要人不拜偶像，於是三人先從他們最熟悉、朝夕相處的偶像下手，這就是私塾裡頭所尊的孔子牌位。他們一個一個除去這些牌位，理清這被異端神像污染的書塾。這並非易事，牌位各式各樣，形狀大小各異。孔子的牌位上刻有後世所追贈的謚號「大成至聖先師孔子之位」，康熙皇帝在一六八六年御筆親書「萬世師表」四字。根據官府所規定的制式，牌位高二尺三寸七分，寬四寸，厚七分；座高四寸，長七寸，厚三寸，朱底金字。[9]

在孔子牌位的周圍還各按規矩擺放一些尺寸不一的其他牌位。這些牌位都是赤底墨字，分別標著孔子的四大賢徒（譯註）、十哲和兩千多年裡歷朝歷代宣諭加入配祀行列的聖賢名諱。到了洪秀全的年代，這個配祀行列已有百人之多。這些人洪秀全都認得，他在備考時還要熟讀這些人的詩文奏章。[10]

塾生的家裡漸漸得知孔聖人的牌位被摘下，便陸續退了學。書塾收入大減。官祿㘵附近一些中秀才（洪秀全一直在考的就是秀才）的讀書人責難洪秀全的行徑及他傳播的新信仰。有個秀才當洪秀全是個認真的讀書人，才思敏捷，甚至提議通讀梁發的《勸世良言》，向洪秀全逐一批駁書中謬誤。洪秀全大為光火，竟與他絕交。[11] 村中父老還尊洪秀全文才出眾，在一八四四年正月請他應元宵節書寫吉頌詩文，但洪秀全自覺茅塞已開，視此等詩文為「歌頌偶像」，便拒絕了。這時，鄉親父老便寫了一首詩斥責他：

老拙無能望後生，誰知今日不相關。
經綸滿腹由人用，聽信讒言執一般。[12]

洪秀全用了這首詩的末句，回敬了一首詩：

非聽讒言違叔命，只尊上帝教條行。
天堂地獄嚴分路，何敢糊塗過此生。[13]

這些人雖然住在鄉下，而非文風較盛的縣城，但到底還是斷文識字的人。這個衝突看似文雅，然而其間積怨極深。故春天還沒過去，洪秀全和他的堂表兄弟便丟了飯碗。[14]他們應該做什麼呢？照洪秀全的說法，他們要「出遊天下，將此情教導世人」。[15]他們沒什麼積蓄，而洪妻賴氏又剛生下第二個孩子——一個女兒。他們盤算沿途賣筆硯以充旅費。他們計畫五人一起出遊，但還沒出發，洪仁玕就被迫離夥了。他的父母兄長不准他出門。雖然洪仁玕已年屆二十，是個成年人，但父兄還是把他痛打一頓、撕了他的衣衫，以罰他撤去孔子的牌位，他知道自己要聽從父兄的話。因此在一八四四年四月初，只有洪秀全、馮雲山和馮雲山的兩個親戚離開官祿㘵。[16]

他們是想效法耶穌雲遊四方，還是耶穌使徒四處傳教？還是只想求個活路而已？他們沒有說，但他們最初的行蹤透露了心中的猶豫不決，好像想遠走高飛，卻又不想離家太遠。他們先去了廣州，對洪秀全來說，他四次應試在此，這是舊地重遊；公開交戰已經結

譯註：即顏回、曾參、子思、孟軻，所謂「四配」。

束，炮火平息，但廣州城的局勢依然緊張，滿漢對立，百姓仇視英國人，不讓英國人進城，即使條約已對此事作了規定。英國人不想再啟戰火，於是繼續進行交涉，並轉而經營香港。這四人來到珠江口，然後轉向西北，由西門入廣州城，再出東門，沿著東邊的山丘繞了半圈，一路宣講，最後在清遠縣歇腳，此地在官祿㘵北方四十英里處。他們受清遠當地人的歡迎，並給許多李家人行了洗禮（他們可能是最早皈依洪秀全的李敬芳的親戚），此後便堅信基督教。洪秀全一行繼續往北，然後折向西，五月初到了白虎圩歇腳。他們在廣東省境徒步走了三十四天，最後停在離他們出發地一百英里的地方。[17]

在洪秀全力議之下，他們在白虎圩散夥了。洪秀全後來回憶，他希望一個人獨自旅行，但馮雲山堅持要陪他同行，另外二人則回家鄉。[18]洪秀全與馮雲山商定的計劃很是大膽，也充滿了艱險。他們要步行到廣西的桂平縣賜穀村。他們之所以選了這個地方，是因為洪秀全的遠房親戚黃家住在那兒。去年這家有兩人拜訪過洪秀全，回家前還由洪給他們行了洗禮。洪馮兩人對這一帶很不熟，甚至不知道這段兩百五十多英里遠的路程該怎麼走最好，只知沿河道而行，然後翻山越嶺。沿路人煙稀少，或多為苗傜土著，他們對官府和中華文化知之甚少，亦不感興趣。[19]

但這一路上平靜無事。所遇之人時時援手相助。一個住在山裡靠教授苗家孩童為生的漢族塾師對他們的幫助尤多。這位塾師款待洪馮二人，還信了他們的教義。洪馮二人不通

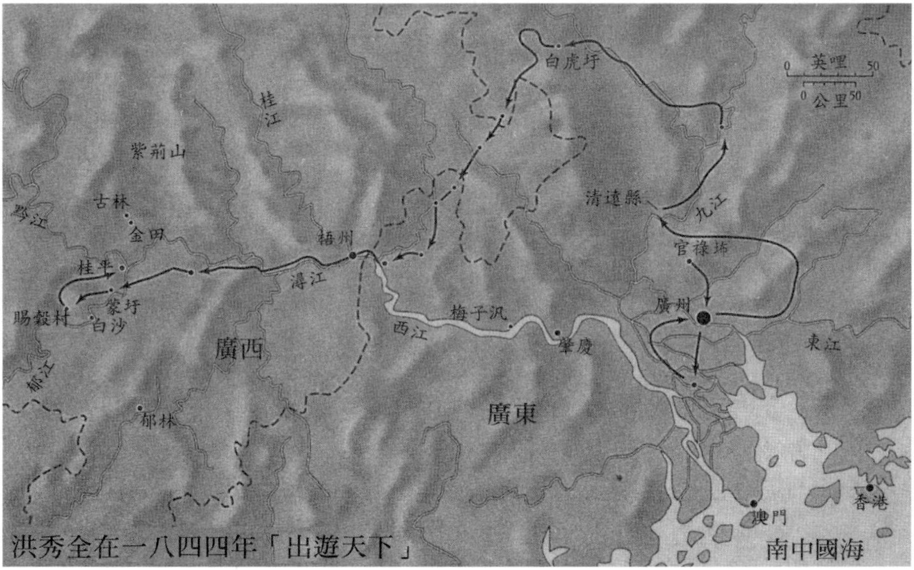

洪秀全在一八四四年「出遊天下」

苗族土話，便委以傳教義予苗人的重任。兩人離去時錄了一些教義要旨給這位塾師，塾師則給他們一些盤纏。他們往往鎮日趕路，只偶爾在路邊村舍小攤打尖充饑。雖然路程艱辛，阮囊羞澀，但他們曉得自己是「在獨一真神的保佑下遊歷」，走了十七天之後，一八四四年五月二十一日，他們到了廣西的蒙圩，平均每天走十四英里。他們又從蒙圩向西走了十五英里，到了賜穀村的黃家，受到那兩名在官祿𡋲受洗的人殷勤招待。兩人輪流在姓黃和姓洪的五個人家住宿。[20]

洪秀全知道，要能勸人皈依，加快宣教的速度，就需要形諸文字，描述這個獨一真神之宗教——這是他從梁發身上學到的。洪秀全在賜穀村一帶逗留期間，開始寫他自己的《原道救世詔》，書名也與梁發的《勸世良言》相呼應。除了詩歌和應試答卷之外，這些「勸訓」是洪秀全最早形諸文字的作品。這幾個月裡他書寫不輟，用的是七言詩的格式，好讓不識字的人也易於記住。[21]

洪秀全全憑心中的素材寫成「勸訓」，這點幾乎是可以肯定的，因為他和馮雲山身邊沒帶多少書，而且在廣西的窮鄉僻壤，家裡又非書香門第，接觸到的圖書大概也不多。對一個在科舉考試裡消磨了二十多年的人來說，四書五經和朝代更替、古聖先賢都已深入心中。吾人雖然無法確知洪秀全這趟旅行有沒有帶著梁發的書，但以他受過的心智訓練，他會把書中要旨牢記在心，運用自如。[22]

洪秀全或許寫了幾篇「勸訓」，但只有一篇完整流傳下來，即《原道救世歌》。洪秀全在跋中所述，昔日天下人共執一信念，如今已偏離之：

天父上帝人人共，天下一家自古傳。
盤古以下至三代，君民一體敬皇天。[23]

在古時，此等信仰與信念是自然的：天人一氣理無二，豈有別神宰其中？即謂上帝須輔助，斷非菩薩贊化工。如果化工賴菩薩，從前未立理難通。……勿拜邪神，須作正人，不正天所惡，能正天所親。（譯註）所以說，洪秀全認為欲持正道須遵六誡：「一為去淫戒色，二為不忤父母，三為勿殺害，四為勿偷盜，五為勿行巫覡，六為勿賭博。」[24]

洪秀全以他讀書多年的學養，來強調道德面。他在解釋第一條訓示時強調，淫能使人變為妖，而「人變為妖天最瞋。淫人自淫同是怪，盍歌麟趾詠振振」。洪秀全相信，只要讀過書的人都知道《詩經》：

譯註：此段譯文錄自「原道救世歌」相應原句，與英著行文稍有出入。

麟之趾，振振公子，於嗟麟兮。
麟之定，振振公姓，於嗟麟兮。
麟之角，振振公族，於嗟麟兮。

麟乃是神話中的母獸，象徵美好的事物，集祥瑞動物的特徵於一身：鹿身、牛尾、馬蹄、獨角、魚鱗。孔子有言，要常記「麟之趾」，因為麟的動作輕柔，不會傷及生靈，連草都不踏壞。麟的角端有肉，說明若是迫於情勢，不得不以角應戰，但是麟更愛和平之道。[25]

洪秀全寫道，孔子對顏回的回答中，可見到類似的論點——顏回問仁，子曰：「克己復禮為仁。」克己復禮有四目，即：非禮莫視，非禮莫聽，非禮莫言，非禮莫動。[26]

洪秀全寫道，第二誡不忤父母乃是不言自明之事，無需例證，甚至鳥獸也都有此天性，故「羊有跪乳鴉反哺」。大賢君舜在歷山腳下耕作時哭聲震天，因為他不明白他一意孝敬父母而父母為何還要恨他。舜的父母有兩次真的想把舜殺死，奪其財產、妻室、牲畜和土地。一次是舜在屋頂工作，父母放火燒屋，要不是舜擎兩笠自杆而下的話，必會葬身火中。還有一次舜在井底，父母下土實井，幸好舜先挖了旁道逃出，才得以免於一死。雖然舜的父母顯然欲置舜於死地，但卻從未動搖舜對父母的孝慈之心。[27]

從各方面來看，第三誡勿殺害也是不言自明的：因為：「普天之下皆兄弟，靈魂同是自天來。上帝視之皆赤子，人自相殘甚惻哀。是以先代不嗜殺，德合天心天眼開。寵綏四方惟克相，故能一統受天培。夏禹泣罪文獻洛，天應人歸無可猜。嗜殺人民為草寇，到處豈能免禍災。白起項羽終自刎，黃巢李闖安在哉。」[28]

在洪秀全看來，第四誡勿偷盜並非社會秩序問題，而是內在道德素質的問題。固然「聚黨橫行天不佑」，但也「君子臨財無苟得」，因此「楊震昏夜尚難欺，管寧割席因歆顧」。楊震為高官時，一個屬吏夜訪楊震，送他十兩黃金，楊震不納。屬吏說：「昏夜已臨，無人知之矣！」楊震答曰：「天知，地知，我知，你知——何謂無人知之！」[29] 儒生管寧曾與密友華歆同席共讀，有極品達官乘軒冕過戶者，管寧讀書如故，而華歆卻廢書出觀。於是管寧與華歆割席分座，曰：「子非吾友也。」[30]

洪秀全為了強調頭四條誡訓，主要是引用典籍和掌故。但在講第五誡「勿行巫覡」時，他不以經典為例，而是援用梁發在書中的語言——不過洪秀全並沒有寫出梁發的名字。「邪術惑眾犯天誅，死生災病皆天定。……自古師巫邪術輩，累世貧窮天不扶」：

鬼人送鬼終惹鬼，地獄門開待逆徒。[31]

洪秀全講第六誡「勿賭博」，又回到儒家典籍歷史。雖然他曾想把孔子的牌位移出他執教的學堂，但他並不反對孔子。洪秀全列舉反對賭博的理由，曾有兩次稱讚孔子及其門徒如命安貧，奮發自強。而賭博則猶如殺人「暗刀」，有為天意，因為富貴乃由天定，非人力可為；賭博使人荒惰，不再滿足於正當收入。洪秀全接著說，從這個方面來看，賭博與飲酒、喫鴉片是一樣的。酒能破家，也能亡國：「請觀桀紂君天下，鐵統江山為酒亡。」喫鴉片使人瘋癲，散盡家財：「如今多少英雄漢，多被菸槍自打傷！」

洪秀全不想再列舉其他危害世界的錯事：

> 其餘不正難枚舉，在人鑒別於微茫。
> 細行不矜終累德，堅冰未至慎履霜。[33]

洪秀全住在賜穀村的頭幾個月裡，聽說當地有個「六洞廟」（又作六窠廟），洪秀全最擔憂的道德淪喪行為似乎盡集於此地。他問到廟中供奉何人，人說是為了一對男女的精魂而建。洪秀全問道，他們是否成婚，當地人的回答令他大為震驚：「非也。當初二人在此山和歌，苟合而死，後人傳聞得道，故立像祭祀。」洪秀全詰問，這對男女通姦同居怎麼還可能成仙呢？上天會懲罰他們，而不是讓他們成仙，而這所謂的神龕供的不過是一對妖魔而已。

於是，洪秀全又作詩一首以表心中憤慨：

舉筆題詩斥六窠，該誅該滅兩妖魔。
滿山人類歸禽獸，到處男歌和女歌。
壞道竟然傳得道，龜婆無怪作家婆。
一朝霹靂遭雷打，天不容時可奈何。[35]

洪秀全就這樣讀書、寫作、教書，在那些好客的客家親戚輪流作客，傳播他的「罪惡、救贖、悔改」的教義。他一次又一次地講述他的夢境及其含意。他在官祿㘵老家發明的簡略宗教儀式，在這西部山區定了形制，一些最初用的做法也放棄了。比如說，上帝的名號不再寫在牌位或金紙上，聖壇上也不再燒香。做禮拜時，桌上擺明燈兩盞、清茶三杯聊作供奉。聚集聽道的人越來越多，客家婦女也來聽講，不過男人和女人是分列而坐的。他們以歌聲頌讚上帝，此地多歌謠，但這些讚美詩頌揚的是上帝的恩典；洪秀全的佈道強調反對偶像崇拜，並強調耶穌是救世主。祈禱時，人人面向照進屋裡的光跪著，因為在山裡，房舍往往多窗以採光。教民們閉著眼睛，輪流大聲念誦禱文：[36]

小子〇〇〇
小女〇〇〇
跪在地下，真心悔罪，祈禱天父皇上帝格外恩憐，赦從前無知，屢犯天條，懇求天父皇上帝開恩，准赦前愆，准改過自新，以得升天。自今真心悔改，不拜邪神，不行邪事，遵守天條。懇求天父皇上帝時賜聖神風化惡心，永不准妖魔迷，時時看顧，永不准妖魔害，祝福有衣有食，無災無難，今世見平安，升天見永福。托救世主天兄耶穌贖罪功勞，轉求天父皇上帝在天聖旨成行，在地如在天焉。俯准所求，心成所願。[37]

不到幾個月的工夫，洪秀全在賜穀村山區勸說大約一百人皈依新教。那些想受洗的人先寫一份懺悔狀，然後朗聲宣讀；如不會寫字就做個口頭懺悔。懺悔狀在神壇上以火焚化，使達上帝神鑒，[38] 隨後宣誓「不拜事邪神，不行惡事，而恪守天條」。接著，洪秀全以水灌於受洗人頭頂，以洗去過去罪孽，口中唸唸有詞：「洗除罪惡，去舊從新。」洗禮完後，新入教者至河中沐浴，又將神壇上的清茶飲下，並以盤中水自洗心胸，以表外體內心都已洗淨。此後每餐進食前皆作簡單祈禱：「天父皇上帝，祝福有衣有食，無災無難，以得升天。」[39]

學問的用途不拘於一。洪秀全雖然沒中秀才，且決意不再參加科考，但他知道官場的應對規矩。洪秀全寄住黃盛均家（此人也是他的信徒），其子因鄰族人舉告而被官府拘押，黃家向洪秀全求助。洪秀全起先要黃家祈求上帝讓那年輕人獲釋，他們照辦了；而洪秀全除了祈求神助之外，又向審理此案的縣衙稟呈了一份文情並茂的申冤狀。這份稟帖起了作用，過了一段時間就把他給放回家了。他回家後不久，也皈依了洪秀全的新教。[40]

但洪秀全在賜穀村也非事事順利。黃家裡頭碰到某些「氏族糾紛」，關係到的或許還不光是致使黃盛均之子被拘押的訴訟。洪秀全離開了黃家一段時間，與密友馮雲山住在山上的草屋裡。在這段期間，有人對他頗有訐謗——或許是不滿於他的宗教、他的道德說教或他對六洞廟的攻擊。不久之後，洪秀全回到黃家，但馮雲山卻去了桂平縣城，結識了幾個新朋友——看管縣城水塘河閘張家人。馮雲山在六七天裡頭，幾乎花光了他的（也許是他和洪秀全共有的？）盤纏。[41]

一八四四年十一月，洪秀全還是決定離開此地。他在廣西已待了五個多月，距他當初離家出遊，宣講上帝福音已歷時近八個月。雖然他托去廣州的親戚捎了一封家書，但他家人一定很擔心。這中間還有一個因素：洪秀全傳教時說，不孝是違背神天上帝的六大罪之一。儒家講孝道，則稱「不孝有三，無後為大」，這是每個學童啟蒙都要熟讀的。而洪秀全到現在也還只有女兒而已。

黃盛均送洪秀全到桂平縣城。他們到張家去尋馮雲山，但沒找到人。張家說是馮雲山已經回官祿㘵了，洪秀全也就信了，便不找馮雲山了。他別過黃盛均，隻身返回官祿㘵。這次他坐船，想來是用那些廣西信徒送他的盤纏付了船資並買食物。船沿潯江下到西江，直抵廣州，一路穩當平安。十二天後，洪秀全回到家鄉，與父母妻女團聚。[42]

# 第七章 紫荊

洪秀全一回家，開口就問：「馮雲山在哪裡？」家人都回說：「我們以為他和你在一起呀！」事情弄得一團糟，就算能說得清楚，也實在是說不過去。洪秀全在桂平縣城找到南門掌塘張考水，問他馮雲山人在哪裡，張回說馮雲山與張的一個侄子說是要回廣東官祿㘵。洪秀全信了張的話，沒再細查便回家了。馮家人為此責備洪秀全，雲山先是入了教，之後又隨洪秀全遠遊，如今洪秀全卻丟下馮雲山不管。[1]

洪秀全也束手無策。他既無盤纏，也無氣力或意願再循原路回廣西。而且，官祿㘵的父老再次提議讓他教書。洪秀全接受了。他以教書所得來養家餬口，一面繼續發展宗教文章的涵蓋面，這是他在廣西賜穀村黃家開始動筆的。[2]

馮雲山沒有洪秀全在身邊，他做了一些對洪馮兩人未來影響至深的舉動。一八四四年十一月，洪秀全來找馮雲山的時候，馮雲山其實人和張永秀一起在桂平縣城裡。洪秀全離開了大約一個月之後，馮張兩人決定離開桂平，但不是順河而下東去廣州，而是北上到桂北山區邊沿一帶。他們先在古林社，張家在此地薄有家產。一八四五年初，他們沿著發源於紫荊山區的河谷向西北前進，到一個與世隔絕的村莊，張家在那裡也有些田地。[3]

這一次，馮雲山始終沒有打算與家人或是回官祿㘵的洪秀全聯繫——或許他也沒這個機會。他不斷宣講從洪秀全那裡學到的救世贖罪之道，述說洪秀全如何與兄長耶穌及獨一真神的天父見面，而且把這夢境講得越來越詳細。一些人跟馮雲山信了教，馮雲山用他從洪秀全那裡學來的方式給他們行洗禮，於是形成了一小撮宗教團體。馮雲山名之為「拜上帝會」。當地一個曾姓人家信了他的教義，且極為熱忱。一八四六年，馮雲山住進曾家，這地方還更北些，深入紫荊山山區。馮在此待到一八四七年。[4]

到底發生了什麼事呢？馮雲山越往山裡走，離官府就越遠，遠離儒家教義和勢力，遠離人煙稠密的城鎮市集，遠離良田與有權有勢的地主，遠離最早開發此地的漢人家族——這些人如今自稱是「本地人」。馮雲山也是客家人，他輕易就與住在丘陵地帶的客家人打成一片，甚至和四周土著交往。他們或許信的是偶像，但他們的心思變動不居，彈性較大。他們的歌謠、傳說、情愛遊戲——就像六洞廟那對男女的故事——也許會招致衛道人士撻伐；但這些人靠著一門手藝或繁重勞動掙口飯吃，有許多人即使不是無立錐之地，也是僅得溫飽而已。梁發在書中曾忠實轉譯了耶穌登山寶訓的內容，登山寶訓就像是說給這些人聽的一樣。

最早參加拜上帝會的人在銀坑（如今仍在紫荊山中可見），或在零星分布的煤礦裡勞作，有木匠、鐵匠、磨坊工人、居無定所的剃頭師傅和算命先生，兜售藥品、鹽巴、鴉片或豆腐的商販、船民、柴夫、燒炭工人、牧人、挑夫，還有那些逐活而生的零工。[5] 一位早年的拜上帝會的人後來談到他早年在這個地區的生活：「吾家困窘，食不果腹，以耕田為生，耕種山坡梯田或外出作雇工，聊以度日，知命認窮。自八至十歲吾隨伯父讀書，然因家貧而輟學。但吾在多所書塾作僕役，故頗認得此等書塾。」這人又說，此種困狀，「實是度日如月，而度月如年，苦不堪言」。[6] 廣西這一帶素有貧脊之名，此時又飽受乾旱之苦，饑荒四起，災民欲求飽實不可得，竟至吞食煤土。[7]

匪患時有所聞，讓日子更加艱難。廣西紫荊山這類地方有如十七世紀洪氏家族遷徙的花縣，適合亡命之徒棲身；盜賊下山來搶劫較富裕的農夫和鎮民，官府若是派兵前來追剿，他們就竄回山上賊窩。洪秀全開始在賜穀村傳教、馮雲山在紫荊山區繼續傳教之時，又出現了一股竄入桂南、桂東谷地的匪徒，讓問題更形複雜棘手。

怪的是，盜匪在桂省流竄，卻是英國人種下的因。英國人對清廷的戰事雖短，但為禍甚烈，結束了限制重重的「廣州體系」（Canton System），開放了五處通商口岸，並為傳教士爭得獨立設教堂、傳福音的權利；英國人開始以蒸汽船和裝備精良的船艦，掃蕩了數代以來一直在南中國海殺人越貨的海盜。[8] 一八〇五年，七大海盜首領曾結盟，將南中國海沿岸水域劃分勢力範圍，自有一套不為人知的招募體系、信號、行為規範和活動區域。各個首領藉著把家中姐妹女兒或劫掠來的女子嫁給其他海盜，以鞏固勢力範圍，或是將可能成為首領的海盜收為義子，透過「家族效忠」來建立「義養血統」；男性首領與俘虜之間的同性戀關係如果發展良好，俘虜也有可能被升為頭目。[9]

這個海盜幫派由一個名叫史洋的女人統管，她曾在廣州附近賣笑維生，後來做了一個海盜首領的夫人，生了兩個兒子；丈夫死後，她又嫁給了丈夫以前的面首，也同他生了一個孩子。第二個丈夫死於一八四三年，享年六十八，此後她算是不再過問江湖是非，但還是在城裡開了一家賭場，生意興隆，她孀居廣州附近，頗富貲財。[10]

香港在一八四二年之後發展迅速；英國人以香港為中心來廓清英國的貿易路，這貿易有合法的茶葉、生絲交易，也有非法的、與日俱增的鴉片買賣。英國人想利用海事法中的反海盜條款，在香港周圍清理出一條沒有海盜的海域，英國人有時獨力行動，有時與廣州官府聯手（但合作並不順遂）。海盜若在香港周圍三英里內被抓，將在英國的殖民法庭上受審，被判死刑或流放。在三英里以外被捕的海盜則由英國人審理，或是交由官府處置。[11]一八四三年，新的香港警察署助理監督到任，這個英格蘭人曾任漢語翻譯多年，大為拓展了英國的行事方式，因為他懂得怎麼利用當地的告密者，訊問從香港水域舢板上抓來的水手，獲取海盜動向。殖民政府也施行了新的戶籍登記法令，要稽查住在香港的華人居民，也要稽查在港口遊弋的駁船和渡船上的水手及其家眷，並在其船隻畫上清晰的編號。英國當局有權進入領地「全部或部分由華人居住或駕馭的」房舍及附近水域的船隻；[12]但從國際法的角度來看，英國人能不能這麼做還大可置疑。

英國人慢慢開始將海盜趕出海域，但海盜卻沿著河道往內地避難，尤其是沿著西江，從廣州城深入廣西。根據條約規定，英國人不能進入廣西追剿海盜，而清廷及地方官府的水師數量零星，缺乏訓練且裝備拙劣，對這海盜也無力處置。廣西東部的大小河川只有四艘較大的艦船負責管轄，每船配有十四名兵丁、水手，另外再加上十八艘只配備兩個兵丁和兩個水手的小巡艇。[13]

海盜裝備精良，久經風浪，這點水師根本起不了作用，水師甚至聞之喪膽。海盜抓到官兵之後，手段是出名地殘酷：海盜在俘虜的朋友面前傷害俘虜，好迫使家人出錢來贖身；海盜挖墳盜骨，等族人付了錢才交還；若是官府的巡哨官佐落到海盜手裡，會割下官佐的耳朵或將其活活燒死。[14]海盜若遭包圍，困獸之鬥更是殘忍。水師或英國水手若攀上海盜船，曾有海盜抓起點著的引線奔向火藥艙，寧願同歸於盡，也不願被俘。激戰之後，落水的海盜若是發現水中有清兵或洋水手，還會予以痛毆，欲取其性命，或死死抱住他們，一起沉入水中，葬身海底。[15]

儘管英國人想方設法剿滅海盜，但香港也為海盜提供各種軍火器械等給養。許多海盜喬裝成尋常商人和漁民，利用香港設備良好的船塢來修理船隻。香港有個剃頭匠叫崔阿樸，英國人在清剿海盜時也利用這種人來做密探，此人從英國當局獲得製造火藥的執照，暗地將火藥賣給與他接頭的海盜。[16] 崔阿樸有一些同黨，其中有個穆斯林逃兵尤阿禾，他是一個出生在馬來西亞的混血，父親是中國移民，母親是馬來人，他參加了錫蘭步兵團（Ceylon Rifles），但在駐香港時做了逃兵，躲到村莊裡，賣掉了以維多利亞女王陛下的名義發給他的來福槍，[17] 還出賣專門知識及和他的人脈。葡萄牙人和華人通婚或私通在澳門很普遍，生下的混血有很多做了海盜，其中最出名的「大頭羊」張釗，此人父親是華人，母為西洋人，大頭羊的匪幫後來轉進內陸，盤據桂平一帶。[18]

一個叫阿九的女人做的生意更是複雜，她向華人和洋人掮客或租或買船隻，不但糖、食油和棉花買賣做得有聲有色，也把鴉片和火藥賣給海盜；她的情夫恩迪科特（J. B. Endicott）船長擁有一艘買賣鴉片的美國船「魯帕雷爾號」（Ruparell），[19] 阿九從他那兒得到不少鴉片和火藥。一八四〇年代，她在澳門以每年一百五十美元，向葡萄牙人租了一棟房子，好撫養她和恩迪科特所生的孩子。她以每對一百三十美元的價格，向英國船長賒帳買了六響槍，用低價買了失事的船隻上泡了海水的鴉片。阿九能講幾句英語，她還蒐了一具倫敦考克斯（Cox）公司製的望遠鏡、一只吉瑙・布雷內（Guinaud Brenet）製的銀表、兩架稱錢的天平、一管英式單筒獵槍。[20] 有次阿九在香港港口遇到英國巡捕，說要以走私及唆使搶劫的罪名逮捕她，她便從船上跳到一支等在一旁的舢板，安全脫逃。但若中國人要訛她的話——有人曾扣過兩艘她的船——那她就會威脅說她的「洋朋友」會來報復云云，最後那些人只好賠錢了事。[21]

一八四二年的中英南京條約並未解決鴉片貿易的地位。在名義上，買賣鴉片仍是非法的，但交易數量卻扶搖直上，並沿河道向廣州以外的內地擴散。昔日海盜，今為河匪；在一八四四年洪秀全第一次在廣西傳教時，就可能已有匪徒進入桂平一帶，「保護」鴉片買賣，到了一八四六年馮雲山深入紫荊山區時，這情形已是確實發生了。大多數盜匪對這地方還不熟，所以便以當地的山匪，或脅迫當地村民充作嚮導。[22]

郁江和黔江在桂平縣城交會，之後入潯江，而桂平自然就成了這類活動的中心。每年有幾千人沿潯江回家，洪秀全也是其中之一。從桂平逆流而上，多奇岩激流，小溪曲折通幽。自桂平順流而下，則是百舸爭遊，生意興隆。貨物集散繁忙，自然引起匪徒覬覦，而沿江多島嶼水灣，又為水生水長的劫匪提供了藏匿棲身之所。廣西人對於從販賣鴉片、綁票和收取保護費能得多少錢財心知肚明，所以也會窩藏河匪，提供食物。到了一八四〇年代中期，一些自稱「米飯主」的人成立合股商號，做起收保護費的生意，也來分一杯羹。[23]

許多河匪在當年幹海盜時也是祕密會社的成員，他們把這一套也帶到內河。這些會社其實頗為鬆散，其中最有勢力的是所謂的三合會或天地會，其發端要追溯到一七六〇年代，有一群長於福建東南和廣東的人不滿時局，裡頭有雲遊僧道、拳師、賭徒、糕餅製作匠、江湖郎中等，他們簽了一份血盟，尊其中一人為「師傅」，其餘則按序齒結為「兄弟」，並喝下摻香灰的酒以表「同心合一」。他們的計劃時有變更，但總是包括開設堂口招募新血，劫掠富戶官倉和縣庫，積聚資金以「舉大義」。[24]

朝廷難以用武力壓制天地會的擴散，因為它不光是反賊，也不光是宗教團體，它更是一個根深基廣的「會社」，在動亂年頭保民安良。有個天地會成員被抓，便向官府解釋：

> 天地會之名源於天地乃萬民生存之本，其意只求尊天敬地而已。初起之時，眾人各願入會乃因如遇紅白喜喪可得會眾資助，或如與人爭毆亦可得人相幫。如道遇劫徒，彼等一聽本會切口即不再糾纏；如向會外人顯露己之會民身分，彼等亦將示「敬」。故此，欲入會者為數極多。[25]

這種互助和「保民」的活動很容易變相為「勒索保護費」，從廣東一個姓徐的供詞便可清楚看出這一點。此人販賣酒醇，他從福建一名賴姓店主買了酒醇，然後運回家鄉販售。一天，有五個人搶了他所有的銀兩，他氣急敗壞，趕到姓賴的店鋪。賴直截回以：

「你加入天地會，便能免得日後在路上被劫，而我也可去討回你被搶走的銀子。」徐同意加入天地會，很快就拿回錢財；最重要的是，他知道以後在這地方行走要做些什麼。如果再遇上攔路搶劫，他應馬上豎起大拇指——這個暗號代表「天」，搶劫者會伸出小指，以表示「地」，這樣他就能暢行無阻。[26]

在華東華南一帶，這類暗號很常見，不過也用其他的記號。會上兄弟在茶館喝茶或抽菸袋，會把三根手指並在一起，或是外衣的第二粒鈕扣不扣，或把辮子盤在頭上，辮梢扣於髮盤中心。[27]他們還會選些暗語來確認身分，這些話在旁人聽來並不覺冒昧，但會中兄弟一聽就明白，如「往日無緣相會，今日得以識荊」等等。若在路上有劫匪或生人問他們去哪裡，就要說「從東部來，要去西邊」。若是問到從哪裡來，就回以「我從橋下過來」，指的是入會儀式上穿過刀劍架起的排陣。[28]南方各省的會眾入會時便知「開口不離本，出手不離三」，好教會眾終身難忘。說「開口不離本」時伸手，說「出手不離三」時併攏手指。[29]

他們永世不忘的「本」就是「洪」。「洪」一字意兼指碩大或洪水，亦做姓氏，在天地會之前存在已久，但對成千上萬的天地會眾來說，「洪」卻有特殊的召喚含意。在一七六〇年代到一八四〇年代之間，天地會規模擴大，影響日增，也創造了自己的神話，並使其完備。「洪」這個字其實是一七六〇年代天地會創始人的諸多化名之一，它也是一三六八年明朝開國皇帝朱元璋的年號「洪武」的第一個字，代表天地企盼「反清復明」，天地會還杜撰了一套譜系，溯及十七世紀清兵滅明之時。除此之外，「洪」也見於古代佛教典籍和占卦相面書中，並經常與「太平」年月並用。[30]

但永不忘本並不是要大聲呼號：天地會會眾反將「洪」字拆成幾個數字。左邊三點水即為「三」，右半的「共」為「廿一」和「八」組成，故會眾在說話或相互引見時便用「三八廿一」，或將「八」作「兩點」，與「三點水」相加成「五」，而為「五廿一」。[31]

洪秀全和馮雲山在廣西傳教之時，天地會已深入客家人和本地人之間。天地會在珠江三角洲曾強迫當地農民入會（或以威脅，或殺害不服者），在廣西也是如此，少有人敢不從。[32] 天地會透過在香港等地的關係，也拿到了西洋火器，以船運進內地。比如，香港有個天地會頭目就跟那個錫蘭步兵團的逃兵買了步槍，有會眾以廣州城東門外書院旁一座歸本會會員的房子，做為與香港聯繫的窩點。[33] 他們經常在廣西的大小河川設立「關卡」，向過往貨船行人收買路錢。廣州一帶的賭場曾紅極一時，也有會眾將之遷到桂平附近的城鎮，公然炫耀其勢力。[34] 洪秀全或許因此將禁賭博列為第六誡條，與酗酒和吸鴉片並列，而馮寶山宣講反賭博教義時，也發現聽眾有同感。

對於那些痛恨河匪勢力而又不願加入的人來說，一種辦法就是組織團練，這種地方武裝已有幾百年的歷史。在「三元里事件」中，士紳農民群起對抗占領廣州城外山頭英軍，中外皆知，但是不只是此地有團練，其他地方聚落也都有團練。到了一八四六年，團練的數目劇增；團練由漢族地主控制，按村莊從當地居民中招募團丁，團丁可獲取些許報酬，往往是用全村的稅金來支付，這些稅金抽自客家人。[35]

客家人從廣州城之東北持續向桂平一帶遷徙，已有五十多年，遠早於海盜侵入內地。因社會秩序動盪，遷徙不絕，以致在某些地區，客家人比土著還多，尤其又以山區為然。由於客家人多為天地會成員，故在一八四〇年代，桂東一帶為了爭奪居住地和耕地，紛擾層出不窮，族群摩擦不斷。「找說客家話的人尋仇」成為當地漢人時興的口號之一。[36] 客家人不論男女，到山坡田裡勞作時都帶著器械，若是一有警報，便能聚集上百個肩扛鋤頭、手持長矛的人。土著僮、瑤族的首領受客漢兩方的壓迫，本身又往往頹廢腐敗或負債累累，因此便對客漢之爭作壁上觀。[37]

對於處理如此艱困環境下的客家人來說，洪秀全的救世之道尤其能引起共鳴，而許多人急於皈依馮雲山的拜上帝會，不僅是因其宗教教義，也因其人數與組織意味著團結一致，對付各方的威脅。[38] 一個窮困潦倒的拜上帝會成員說到這種亂哄哄的分裂割據局面和不確定的忠誠感：「匪患年復一年，當鋪時有被搶，村鎮不斷遭劫。鄉民見慣（武裝）幫派，不再懼怕；當彼等見拜上帝會隊伍開來時亦是如此⋯⋯彼等並不逃竄。而團練竟因此壓迫彼等；故彼等惶然入吾輩行列。」[39]

桂平一帶的客家人開始成群加入馮雲山的拜上帝會，這或許也是因為日耳曼傳教士郭士立已在此地為基督教打下基礎。郭士立曾在一八三六年與埃得溫・史蒂文斯一起沿海航行，散發小冊子。從那之後，郭士立不僅發展傳播救世主福音的新方式，也擔任新任英國商務監督的翻譯和漢語秘書，所以他在瞭解打擊海盜和鄉村社會狀況上，便處於絕佳的位置。[40]

郭士立不似那些謹慎的傳教士，他向來認為應該盡其可能去瞭解中國人，好讓他們皈依基督教：「須從彼等之口，知其偏見，目睹其惡行，聽其辯解，方能知彼等⋯⋯。吾人應完全順應中國人之所好。」郭士立還相信「皈依基督教者應獻身推進這份神聖事功，而禮拜會眾之於旁人，則為傳教組織」，因此，他在一八四四年組織中國人成立「漢會（Chinese Union或稱Christian Union，中文又稱「福漢會」）」，與他一同實現共同目標。據稱第一年漢會有會員三十七人，到一八四五年下半年，會員遽增至兩百一十人。隨著會員繼續增加，次年，漢會在廣西設立幾處分會，其中之一在桂平縣；華人傳教者數人同行，從總會前往廣西分會宣講，彙報在廣西「眾多人」陸續成為「拜爺蘇（即耶穌者」，連河盜也來皈依。

郭士立本身是基督教「摩拉維亞兄弟會」（Moravian Brethren）的成員，對傳教的看法極為開放。他相信，即使漢會多由未受過訓練的華人信徒組成，也仍能傳播友愛的思想和共修生活的價值。教派各有著重，但郭士立也相信，這遠非皈依基督的中心要旨，而華人基督徒是否繼續祭祖，或是否供奉上帝也不必太過計較。[43]

郭士立在一八三〇年代就以漢文出版了一些論及宗教、教育和科學的小冊子，在廣州城以及他那次未得官府允許的沿岸航行散發，此時鴉片戰爭還沒爆發。在一八四〇年代，隨著漢會規模漸增、範圍日擴，郭士立大大增加印行的數量，還把歐洲人捐給他作為傳教之用的善款，取了相當一部分付給漢會會員，好向內地（尤其是廣西）散發小冊子。郭士立印的小冊子，開本、分量比梁發印的《勸世良言》都來得小，所以也更好攜帶散發。梁發的書共有九篇，散發時並不總是裝成一冊，而是分成四、五冊，每冊有兩到三篇，有時甚至分成九冊，每冊一篇，這樣固然分量輕了一些，但也更難以通盤領悟了。[44]

郭士立或漢會成員在一八四〇年代撰寫、散發了五十種以上的小冊子，每一冊都只談一個主題。有些小冊子從《新約》摘錄段落，並稍加解釋：「清心的人有福了」，「為義受迫害的人有福了」，「縱欲的人不得上帝的寵愛」，「愛鄰如愛己」。有些冊子說的是基督信仰中的某些特定問題，如懺悔、祈禱、耶穌的愛、復活、永生、上帝對世人罪惡的原宥。有些冊子處理《聖經》中的特定章節，如〈創世紀〉第三章有關亞當和夏娃墮落和被逐一節，〈約翰一書〉第一章有關耶穌給世人帶來光和喜悅：

我們將所看見，所聽見的，傳給你們，使你們與我們相交，我們乃是與父並他兒子耶穌基督相交的。我們將這些話寫給你們，使你們的喜樂充足。

（〈約翰一書〉第一章三至五節）

郭士立還精心選了一些段落，如〈保羅達羅馬人書〉開頭，傳達旅行和傳福音的訊息：「無論是希利尼人、化外人、聰明人、愚拙人，我都欠他們的債，所以情願盡我的力量，將福音也傳給你們在羅馬的人。」[45]

馮雲山慢慢深入廣西山區，此時洪秀全在官祿㘵回復昔日生活。他已倦於居無定所，再次靠教書維生，繼續寫他的文章，並在一八四五年或一八四六年完成了兩篇。洪秀全在一篇文章裡頭引了《禮記》和《易經》，說明中國曾與世界上其他地方的想法相通，以慈悲為懷，無畛域之見，無相互敵對。唐虞三代之時，「天下有無相恤，患難相救」。門不閉戶，道不拾遺，「男女別途」，而舉選尚德。人不獨親其親，不獨子其子，老有所終，壯有所用，幼有所長，鰥寡孤獨廢疾者皆有所養。[46]

大同境界煙消雲散，世間悲劇之一就在於地方意識和特殊利益的擴散。洪秀全用《易經》第十三卦中的兩句卦詞來印證這一點：「同人於野則享。同仁於宗則吝。」[47]洪秀全討論這觀念的方式似乎充斥了他以往的經驗：他與自加人及官祿㘵村民的相處，以及廣西之行在賜穀村及桂平縣黃家、張家碰到的問題。洪秀全寫道，時至今日，世道乖離，人心澆薄，所愛所憎，出於一私：

故以此國而憎彼國，以彼國而憎此國者有之。甚至同國以此省此府此縣而憎彼省彼府彼縣，以彼省彼府彼縣而憎此省此府此縣者有之。更甚至同省府縣，以此鄉此里此姓而憎彼鄉彼里彼姓，以彼鄉彼里彼姓而憎此鄉此里此姓者有之。世道人心至此，安得不相淩相奪相鬥相殺而淪胥以亡乎？[48]

萬國萬姓，實則一家，皇上帝乃天下凡間大共之父也，何得存此疆彼界之私，何可起爾吞我並之念？

幾何乖離澆薄之世，其不一旦變而為公平正直之世也？幾何淩奪鬥殺之世，其不一旦變而為強不犯弱，眾不暴寡，智不詐愚，勇不苦怯之世也？[49]

第二篇文章要長得多，洪秀全繼續用大同不再的觀念，但他主要是從歷史來探討共通美德何以淪喪的原因。洪秀全要找的是過去與現在之間的綿延，凡是否認這種綿延的解釋，在本質上都是錯的。「大凡可通於今不可通於古，可通於近不可通於遠者，偽道也，邪道也，小道也。」[50]閻羅王的權力即是一例。近人有妄說閻羅妖註生死，而閻羅妖實乃欺騙亞當、夏娃的「蛇魔」也，最作怪多變，迷惑纏捉凡間人靈魂，但其力量不可與上帝之力相比。

洪秀全說，此類迷信邪說之滋長可逐代逐君追索，他以他讀過的史書做了這件事。背離敬拜皇上帝之事始自少昊時，九黎初信妖魔，禍延三苗效尤。至秦政出，遂開神仙怪事之厝階，遣人入東海求神仙。嗣後，漢初諸帝求丹砂化黃金，信眾神而祠之；後漢桓帝祠老聃，梁武帝三次捨身入佛門，唐憲宗恭迎佛骨。至宋徽宗改稱皇上帝為昊天金闕玉皇大帝，誠褻瀆皇上帝之甚者也。如此怪誕狂言，因《玉曆至寶鈔》而訛傳於世。[51]

反之，洋人傳來中國的番國書籍說得明白，上帝的計畫是如何擘畫，而中國人偏離敬拜上帝又是多麼錯誤。當挪亞時，皇上帝因世人背逆罪大，連降四十日四十夜大雨，洪水橫流，沉沒世人，此皆鑿鑿可據，奈何狂言東海龍妖發雨所為。皇上帝喚摩西至西乃山上時親口告誡他說，爾凡人切不好設立天上地下各偶像來跪拜。細察之下，妖魔的「真性」蕩然無存，就如豆腐裡頭都是水，故云「豆腐是水，閻羅是鬼」。閻羅此等妖魔焉能稱神乎？救世主耶穌，皇上帝太子也，亦只稱「主」而不稱「帝」，天上地下人間，除其父外，有誰大過耶穌者乎？知道知此，爾等怎還敢「大犯天條，與魔鬼同犯反天之罪」？深可憫哉！良足慨已！[52]

正當洪秀全在教書寫作之時，卻有人在議論他。廣州城裡有些人知他讀了梁發的書，已信了教，還作宣講，且有些朋友同他一起傳教。此事傳到漢會的人和羅孝全（Issachar Roberts）耳中。羅孝全在郭士立的邀請與感召下，從田納西來到中國，他是在鴉片戰爭（一八三九—一八四二年）後第一個返回廣州的洋人。他住在城郊，身著本地服飾，建了一座帶鐘樓的小教堂，還學客家話，聚集了一小群華人信徒。[53]羅孝全是個初出茅廬的西部小夥子，他在美國與一些傳教團體的關係往往不長，但是非頗多。他在一八四〇年代中期參加了郭士立的漢會，以感激之心接受了郭士立給他的一小筆錢。對羅孝全來說，教徒的皈依之心和虔誠之情見於洗禮的儀式，他以抒情的筆調描述了那些新信徒在香港海邊的浪潮中或江河奔騰的激流中行洗禮時，他心中的歡悅。南方襖熱，若值明月當空，羅孝全會把要受洗的人帶到水邊，讓他們「模仿主耶穌的受難和被埋，完全沉浸在空曠的深水之中」，再「模仿耶穌的復活」令其起身。[54]

一八四六年，一個信了基督的人從廣州來到花縣，要洪秀全和洪仁玕堂兄弟倆上羅孝全的教堂聽講道。洪氏兄弟忙於教書，並未前往。但在一八四七年初，羅孝全身邊的信徒、也是漢會成員（審按：朱道興）修書來請洪秀全前去。這次洪秀全接受了，還勸洪仁玕陪他一起去，羅孝全予以熱誠接待，在他的帶領下，這對堂兄弟讀了郭士立譯的《聖經》新舊約全書。洪仁玕沒有留多久，但洪秀全卻堅持下去，還央羅孝全準備給他作正式領洗（三十年前，梁發也如此請求米憐）。羅孝全同意考慮，還派兩名漢會成員去官祿㘵，看看洪秀全在家鄉的名聲。[55]

但是突然之間就出了問題，也沒有什麼明白的解釋，這種事洪秀全以前也碰過。才不過幾天前，洗禮似乎定了下來。洪秀全已給羅孝全寫好誓言和信教目的之聲明，以表明出於宗教感召，並非兒戲，羅孝全也覺得滿意。去官祿㘵的人也沒聽到什麼不利於洪秀全的話。當時的人說洪秀全上了個當，這是其他替羅孝全工作、心懷嫉妒的中國信徒設下的圈套。他們知道羅孝全討厭那些嘴上說要受洗，實則是想找份差使，或從傳教士那裡拿錢的人，他們也擔心羅孝全會雇洪秀全，這麼一來，有人就會丟了飯碗，於是他們要洪秀全去跟羅孝全要求金錢上的保證。洪秀全不明就裡就照做了，結果壞了羅孝全對他的信任和支持。這說法聽起來有點牽強附會，不過，對廣州城一帶的人來說，不管有沒有讀過書，生活確是很艱難，而羅孝全是出了名的火爆脾氣，對洗禮又是極為看重。這件事羅孝全只提了一次，說在他「未得無人滿意於其合格之先」，洪秀全就決定離開了。[56]

不管洪秀全與羅孝全之間到底發生了什麼事，總之，洪秀全沒有受說好要受的洗禮，他在一八四七年七月十二日再次上路。別人以為洪秀全會往北回官祿㘵老家，但他卻是托剛結識的漢會朋友轉告家裡一聲，他要再往西行，去找馮雲山。此時，他身上只有向人借的一些銅錢，僅有的家當背在背上，那柄他珍愛的斬妖劍則插在特別打製的劍鞘中，鞘上刻著他的「全」字。[57]

洪秀全付不起船資，只得沿江徒步西上，路上買些食物充饑。他走到離廣西還超過一半路程的江邊小鎮梅子汛，遇到十數個做緝私巡哨打扮的人擋住去路。洪秀全未加防範，這些人拿出刀槍，向他索要錢財和行李。這種假扮官府的行徑並非新鮮事，但如今越來越多。在洪秀全還是應試童生之時，曾有一幫強人殺死縣令及其僚屬，拿了官印占據縣衙，料理縣政了好幾個月，才有人來抓他們。有時，匪徒乘官轎喬裝官吏，結果卻是入室搶劫、姦淫婦女。[59] 洪秀全還在官祿㘵時，曾有百來個匪徒在廣州城北邊設路障河欄，儼然不受官府懲治，向過往行人勒索錢財，阻礙商貿來往甚大，不管是老實做生意的還是買賣鴉片的商人都只得另外想辦法把貨物往西運。朝廷出使安南的使臣居然要向當地河匪支付「保護費」，才到得了安南。而粵西的考生就算準備得再充分，有時連上廣州城應考都去不成。

要是洪秀全豎起大拇指以表天，解開布衫的第二個鈕扣，伸出三指併攏，按實說他從東邊來，到西邊去，甚至只要喃喃說一段用「洪」這個字編成的暗語，也許他們就會饒了他。但洪秀全對這些奧秘一無所悉，於是這些人搶了他借來的錢、他的寶劍、劍鞘，以及他身上所有的東西，僅留給他一身替換衣服。

洪秀全雖然禍不單行，但他並未回頭。他到離此地最近的肇慶請求官府幫助。但知府稱梅子汎並不受其管轄，所以他對洪秀全的損失也不便負責；但知府對洪秀全的遭遇頗感同情，故他給了洪秀全一串銅錢，值半兩銀子。洪秀全靠這筆錢，只要他一天只吃一頓飯，就還夠他乘船再走幾段路。旁邊有一人注意到洪秀全神情沮喪，說了一句玄秘莫測的話，「弦斷自然可再繫，船一到岸又可見其路，」[62] 堅定了洪秀全的決心。

洪秀全上了往廣西的船，便有機會多認識幾個讀書人。他們同情他被劫的遭遇，欣賞他的才識，津津有味地聽他講講獨一真神。這些讀書人有時邀他吃飯，有時請他喝茶，有時還贈他一點銀錢，或勸船主免他船資。就這樣，不到一個月的功夫，洪秀全到了賜穀村黃家。馮雲山在一年之前到過黃家，告訴黃家他何所住，所以黃家跟洪秀全說，馮雲山現在人在紫荊山。洪秀全立刻向北入山，黃家的小兒子陪他一起前往，它就是一八四四年靠洪秀全幫忙而從牢裡放出來的那個人。[63]

洪秀全似乎並沒有因著旅程的艱苦困厄而感沮喪疲憊，反而感到前所未有的勝利，更確信自己的力量和皇上帝的護佑。他在路邊小廟的牆上題了一首詩，劈頭便用了「朕」，進一步強調他剛找到的榮耀；這是他第一次不用「吾」這個字，而自稱「朕」。他在這首詩又兩次自稱朕，重申這種豪情：

朕在高天作天王，爾等在地為妖怪；

迷惑上帝子女心，腆然敢受人崇拜。
上帝差朕降凡間，妖魔詭計今何在；
朕統天軍不容情，爾等妖魔須走快。[64]

一八四七年八月二十七日，洪秀全到了紫荊山，受到馮雲山和拜上帝會會眾的歡迎。他的上帝帶他回家了。[65]

# 第八章　奇夢

一八四七年秋，洪秀全回到紫荊山，和闊別三年多的馮雲山相聚。頭一個月他們都待在一個性曾的教民家中潛心著書，這家人篤信拜上帝教，資助馮雲山已有一年多了。兩人在曾家把洪秀全一八三七年做的那場怪夢刻畫得更詳細，推敲其中的神聖旨義，還詳盡畫出一八四三年以來的傳教路線，計算這幾年來持續增加的教民人數。由於他們手邊已有一本《聖經》全譯本（雖然有許多內容他們還參不透），於是洪秀全便又修訂了自己在官祿㘵撰寫的《原道救世歌》、《原道醒世訓》及《原道覺世訓》。曾家的長子為他們散發這些小冊子，這小夥子信得比他父母還起勁兒。隨著洪、馮的小冊子傳遍紫荊山區，越來越多人皈依了拜上帝會。[1]

洪秀全對於自己擁有大能重具信心，這從他在一個月前路過武宣東鄉九仙廟，在廟壁上題寫的詩中便可看出。他的使命感仍放在摧毀邪神偶像之上。是年夏天，洪秀全隨羅孝全讀了《聖經》，有兩段文字很能凸顯洪秀全心中情感，闡明了梁發書中那些未作解釋的段落，所以他用得最多，至少剛開始在紫荊山區是如此。

第一段關乎上帝在西乃山將十誡傳給摩西的方式。梁發在《勸世良言》中只說主在西乃山上「降下」十款天條給摩西，並令其「教習」和「解釋」給以色耳的人民。洪秀全讀了郭士立的〈出埃及記〉譯本後才明白，原來是上帝親手繕寫十款天條在石碑上給摩西的，他還親口吩咐摩西：「我乃上主皇上帝，爾凡人切不好設立天上地下各偶像來跪拜也。」[2]

洪秀全常用的第二段文字出自《詩經》第一百一十五篇，直言道出上帝不准崇拜偶像，梁發的解釋反而囉嗦：

明明有至靈至顯之真神，天下凡間大共之天父，求之則得之，尋之則遇著。扣門則開。所當去問，又拜而不拜，而拜無知無識之木石泥團、紙畫。各偶像有口不能言，有鼻不能聞，有耳不能聽，有手不能持，有足不能行之蠢物，抑又愚矣。雖然流之濁，由源之不清，後之差，由前之不從，天下凡間，無人一時一刻不沾皇帝恩典，何至於今榮貢罕有知謝皇上恩典者。[3]（編註）

洪秀全精心修飾這個奇夢時，還加了一些內容，公開攻擊儒家。洪秀全在一八四六年和一八四七年間所著的《天條書》中，仍對儒家有所稱讚，至少是對儒者，以及一些尊奉儒家的君主，在過去的一千多年裡，這些人甘冒天下之不諱，反對慢慢滑入迷信和偶像崇拜的深淵。洪秀全只嘆他們做得還不夠：「之數人者不可謂無特識矣，第其所毀所焚所諫，僅曰淫祠、曰佛、曰建醮，則其所不毀不焚不諫者仍在。」[4]如今，洪秀全讓一八三七年的那場奇夢染上反儒家的色彩，加入一大段對話，說明孔子的愚蠢和可疑。在這加了油、添了醋的夢境中，洪秀全的天父獨一真神皇上帝稱《舊約全書》和《新約全書》所述字字為真，絕無謬誤；反觀儒家典籍，上帝斥之為「甚多差謬」，有「推勘妖魔作怪」之罪。上帝還指責孔子以典籍來混淆天下人視聽，以至世人只知孔子，而不知皇上帝。天兄耶穌亦責備孔子教壞了弟弟洪秀全，孔子起先還「強辯」這些指責，但最後也啞口無言，逃往地界：

編註：這段經文，香港聖經公會的譯本為：「耶和華啊，榮耀不要歸與我們，不要歸與我們。要因你的慈愛和誠實歸在你的名下。何以容異教人說：他們的上帝在哪裡呢？然而，我們的上帝在天上，都隨自己的意旨行事。他們的偶像是金的、銀的、是人手所造的，有口卻不能言，有眼卻不能看，有耳卻不能聽，有鼻卻不能聞，有手卻不能摸，有腳卻不能走，有喉嚨卻不能出聲。造他的要和他一樣：凡靠他的也要如此。」讀者兩相比較，當能看出「梁發的解釋反而囉嗦」之處。

> 孔丘見高天人人歸咎他，他便私逃下天，欲與妖魔頭偕走。天父皇上帝即差主（洪秀全）同眾天使追孔丘，並將孔丘綑綁解見天父上主皇上帝：天父上主皇上帝怒甚，命天使鞭撻他。孔丘跪在天兄基督面前再三討饒，鞭撻甚多，孔丘哀求不已，天父皇上帝乃念他功可補過，准他在天享福，永不准他下凡。[5]

洪秀全有了天上的經歷，也加入了譴責孔子的行列。天地會眾以「洪」為暗語，不過如今透過拆字令洪秀全心生威儀者並非天地會眾，而是上帝本人。在這個經過修飾的夢境中，上帝兩次向兒子洪秀全吟唱。一處是天父皇上帝向洪秀全解釋，他名字裡的這個「全」字是由幾個意旨天下、統治、財富的字所組成。「有個千字少一筆，在爾身尚說話裝」。「千字少一筆」可以有三種寫法，但若少了「一」或少了「丨」都不成字，而少了一撇就是個「十」字，也就是基督釘死在十字架上的「十」字。有一說洪秀全的「全」字指的是「日」。但亦有一說指這些都是無稽之談，應是「一長一短爾名字，有刀無柄又無光」。[6]

天父皇上帝在第二段的吟唱點化洪秀全，讓他對他在凡間會讀到的經書有所領悟，得著真知；但在這之前他還要在黑暗中摸索多年，承受世間各種愚弄、羞辱與惡意詆毀。

一個牛蹄有百五，人眼看見酒中壺。
看爾面上八十丈，有等處所實在孤。[7]

這麼一首詩似乎不像盜匪之間常用的「汝何來何往？」那類切口。對於大字不識幾個人來說，這首詩太過複雜，記不得，但用在說話裡頭又太過深奧。但詩中確是意有所指，暗示洪秀全如今知道了他以前所不知道的祕密，這祕密連《勸世良言》和《聖經》都沒有告訴他。

在紫荊山區，洪秀全、馮雲山一直住在黃泥沖的曾玉珍家中。曾家長子曾雲正也信了拜上帝教，而且信得很虔誠，還嘲諷神明、毀損廟裡的神像。曾雲正也和洪秀全、馮雲山一道敬拜獨一真神皇上帝，祈求皇上帝能賜他們安身立命之地。或許因為洪、馮二人得到啟示，或許因為曾家供養不起他們，一八四七年十月，兩人搬到離黃泥沖一哩半的小山村高坑沖，與拜上帝教徒盧六同住。洪秀全、馮雲山、曾雲正、盧六四人於是商定，要先拿當地最有威勢、最邪惡的甘王凶神開刀，一舉搗毀這個禍害一方的甘王爺廟。[8]

當地人稱「甘王」「甚靈」，紫荊山一帶因敬奉祂而建的甘王廟不下五座。當地所敬拜的神祇多半由來已久，或至少予人這種印象，對甘王的崇拜亦然。洪秀全問到甘王是何來歷、有何靈，人言在紫荊山西北的象州地界，曾有一姓甘之人，篤信風水堪輿之說，為祈求家族平安，他請風水先生為他和子孫看墓地。但風水先生說，為使家族興旺發達，必先「血葬」，於是他便弒了母親，先將她葬在此地，好讓卜卦應驗。據說，這姓甘之人還強迫自己的姐姐與地方的流氓無賴通姦。他喜聽當地男女唱淫蕩歌曲，歌聲引人為非作歹。[9]

當地人還告訴洪秀全，甘王此後便多次展現其力量，說他壞話的人就會無故鬧病遭災，只有將豬牛祭他，才能確保平安無事。象州州官朱某曾路過甘王廟，結果州官被拖下轎，州官送了繡了龍的袍子才放行。連上廟裡燒香、點燈祭祀甘王，也得大聲鳴鑼，以免一不留神衝撞了甘王。[10]

洪秀全以前便將家鄉私塾中的孔子牌位撤去，把家中「灶君、牛豬門戶來龍之妖魔」也一概除去，甚至還在廟牆上題詩，公開蔑視神明。此刻，洪秀全決定採取更激烈的行動。他告訴馮、曾、盧等人，「此（甘王）正是妖魔也，朕先救此一方民」。[11] 於是，他們手持竹竿，走了一天的路，來到象州地界上一座最大的甘王廟。四人在附近休息一夜，翌日一早來到甘王像前。十年前，洪秀全在夢兆中，「獨一真神天父皇上帝」曾授洪秀全寶劍一柄，令其斬除妖魔。甘王正是這種禍害人的妖魔鬼怪。這時，洪秀全以竹竿敲擊身穿龍袍的甘王像，訴說甘王的十大罪狀，大聲呵斥：「朕是真命天子，爾識得朕麼？若識得朕，爾今好速速落地獄矣！」說完便將甘王像推倒在地，踏爛帽子，拔掉鬍子，扯爛龍袍，挖去眼睛，斫斷手腳，還在廟牆上題下幾首搗毀甘王像的詩文，洪秀全在詩文下署名

「太平天王」。次日，四人趕回紫荊山高坑沖。[12]

拜上帝教搗毀甘王像一事，始得洪秀全、馮雲山名聲大振。但是當地人也因此對兩人懷恨在心。地方仕紳發現神像被毀，便開始賞格懸賞。雖然之前迭有抱怨拜上帝教徒惹是生非，但是山間居民之間素有嫌隙，桂平知縣並不想捲入是非之中，所以他按兵不動。然而這卻惹惱了本地一個名叫王作新的士紳。一八四七年十一月，王作新率一隊團練竄到山區，糾集地方保正，抓了馮雲山，並押解送官。盧六聞訊，火速聚集一幫拜上帝教教徒，在途中將馮雲山劫回。王作新不肯罷休，一八四八年一月，他又率團練抓了馮雲山、盧六二人，並將之押送桂平縣，交付桂平知縣投監，進行審判。[13] 此時，洪秀全回賜穀村省親，不在此地，故對此一無所知。

王作新不僅指控馮雲山、盧六兩人聚眾鬧事，還把矛頭指向拜上帝教教眾。拜上帝教教徒「結盟藉拜上帝妖書，踐踏社稷神明，曾玉珍接妖匪至家教習，業經兩載，迷惑鄉民，結盟聚合，約有數千餘人。要從西番舊遺妖書，不從清朝法律，膽敢將左右兩水（紫荊山內水分左右）社稷神明踐踏，香爐破碎」。「某等聞此棄事，邀集鄉民耆老四處觀查，委實不差，」於是「齊集鄉民，捉獲妖匪馮雲山同至廟中，交保正曾祖光領下解官。詎料妖匪曾亞孫、盧六等搶去。遂再次捉拿妖匪馮雲山、盧六解官。」[14]

馮雲山的申辯合理合法。第一，拜上帝教僅為一宗教團體，絕無攪擾地方安寧之意，只想平和祭拜。馮雲山為了證實這一點，向官府提供可查的「御批稿文」和教義文書。他也提醒官府，外國與大清國已簽有條約，兩廣總督也明文公告，取消各府縣對外國傳教的限制，外國傳教士可自由傳教，百姓也可以自由敬拜上帝。[15]

紫荊山區與桂平縣城之間土地肥沃，隨著拜上帝教勢力不斷壯大，像王作新「邀集鄉民耆老」率團練捉拿馮雲山之舉，在此地的富裕人家來說是司空見慣。「鄉民耆老」向來習於保護家園，免受不法之徒侵擾，之前已有天地會和從海上而來的河匪，現在又要對付拜上帝會會眾。[16]

紫荊山一帶許多鄉紳家庭的先人是在一六四〇年代明朝覆亡時，從兵禍連天的華東遷到此地。他們的土地有許多是在地方官府的默許下，以武力從當地傜民手中奪來，或以極低的價格買下。他們雇了大批移民為其種地耕作，吃不完的稻穀就以貨船運到各府州縣賣掉。這批富商有不少客家人，他們的成功也讓他們與生活窮苦的客家人以及希冀讀更多書、更有經濟力量的當地人之間關係緊張。到了十八世紀末，這些客家商人幾乎占地可達數百畝、在城鎮有數十家店鋪，運糧生意也做得大。[17] 這些家族的首領憑藉鉅額財富，得以讓子弟專心攻讀，考上功名，其中也不乏高中進士者；富商子弟若是沒有參加科舉的才智，也可花錢從銀兩短缺的官府捐個功名，或是到鄰省買個一官半職。

按照清朝行政慣例，不可在家鄉做官。不過因為這些客家人的戶籍仍在舊址，因此常能在桂平縣府做官。[18] 這種跨省的家族聯繫特別有好處，即使他們自己不做官，對現任的官員也有影響。而商人出資建祠堂，在各處市集建客棧，以利家族成員經營種種互有牽連的生意，又在祭祖一事上維持相當的排場，這更進一步凝聚了地方的團結與家族的力量。[19]

因為官吏無分大小，總是看商人的錢財辦事——甚至向商人強行借貸，或默許盜匪打劫商家店鋪，或用女色設圈套，總之要讓商人有求於己、從而依附於己——這些富商家族的命運要靠當地官府的支持，當地廟宇所張懸的字幅即是富商感恩戴德的證據。官府之所以願意跟商人同聲氣，是因為糧食能否從廣西順利運到廣東珠江三角洲，在經濟上事關重大。官府的支持能使生意平順、生命安全，做買賣不必擔驚受怕。[20] 商人的影響靠著官吏居中疏通，甚至能上達天聽，若遇歉收，或能得免賦稅。商人自有盤算，錢能使鄉里不受盜匪侵害，這些人若是沒拿到錢，就會劫掠糧食、牲畜，甚至綁架家人。[21]

這些富人家保留自己的方言，還以聯姻的方式來鞏固地方的團結。他們在本地興建水利、築堤圍欄、造橋鋪路、修建宗廟祠堂（有的祠堂高達五層），還興辦學校、書塾，在客家人與非客家人中間提高名望。王作新請來作證指控拜上帝會的所謂「鄉民耆老」就是這些人。[22]

其中最重要的一個人家是在金田；金田坐落在桂平與紫荊山之間的水陸要道，土地肥沃，農產豐饒。這個家族找了七十人來當團練中的「耆老」，其中有不少客家移民。他們以開採鉛礦、開當鋪、農耕而致富。這些身為「耆老」的家族為保家勢盈泰，對族人的開支花費有極為嚴格的規定，從紫荊山腳下古城村一個家族流傳下來的族譜便可清楚看出。家法中禁止族人嫖妓、賭博、酗酒、吸食鴉片等，違者將以「監禁終身」論處，這種嚴格的家法約束與後來洪秀全建立拜上帝會所訂的誡律有頗多相類之處。他們以「金」為計量單位，規定控制家族開支的管理細則，一「金」大致相當於一個窮手工工匠或農民一個月的工錢，而在富裕地主或商人來說，則是微不足道了。

以家族出費而論，娶媳婦不可逾三十金，嫁女兒不可逾二十金。私塾束脩與嫁女兒相當。應試與娶媳婦同。可邀至親朋好友吃飯吃酒，但不收禮，不可邀太多賓客。

就喪葬費用而言，家有老人去世，花費不逾四十金。其他喪事，不逾二十金。喪葬儀式不用器樂，不備祭品，棺槨出門不用佛事。家務事依此原則處理……。每月家儲稻米不逾七百斤（約五十公斤）。柴薪每月不逾一千五百斤。燃燈、食油之用，每月不逾二十斤，鹽不逾十斤。醬油、醋、茶葉不逾兩百個銅錢。每月菜蔬不逾一百個銅錢……。若有人在村中或市場上出頭露面，建廟聚斂錢財，祭祀神靈，就不能為其留名。因其已犯家規。至於建橋、鋪路、做善事，凡有益於眾者，量力相助。[24]

如此的精打細算也更增其在鄉里間的名望，也有餘錢來組建團練和地方規劃。這和紫荊山區的山地村落情形不同，顯然，這並不利於拜上帝會召募成員。[25]

而且，帶領團練的階層還有一種自以為是的神氣，他們以朝廷的名義來施行地方的法律秩序：當上團練的領頭就是當地菁英的一員，是當地的菁英就會來帶領團練。這些人標榜自己「愛民如子，敬官如父」；[26]他們用來辨識、孤立、懲誡天地會會眾的方式，也同樣用在拜上帝會會眾身上；在處理這兩類情形時，其實需要做更仔細的分別，而非只用像是社經地位、教育程度以及科舉功名為依據。

保甲（即村一級的戶籍登記單位）法不分貧富、智愚，將村民混在一起，編成村社組織，所有規則一體適用，無分階級，不論讀書多少。將所有人混在一起，不加區分，就如同將雞鴨飛鳥同一欄，羊狗虎豹共一圈。每個人都可覺察彼此背景各不相同，相互猜忌也是顯而易見。若要將人組織起來，應先將同屬之人相聚，簽下一紙契約，方能同心同德。也就是說，透過這紙契約，他們方能各盡其力，以盡其效。[27]

為讓這套分類更形適切，這村莊這麼定規矩：村民須能分辨誰乃「才智雙全」之士，誰是「愚昧無知、膽小怕事」之人，誰是「犯上作亂」之輩。相關分類又劃分「膽小怕事」、「通曉事理」和「喜歡惹是生非」人等，而所謂的「惹是生非者」則特別指流竄於廣東境內的盜匪。[28]

村子裡的「客人」——這可指客家人，有時也指別地方來的人——查得特別仔細。若是發現他們與盜匪有牽連，就會被趕走。村裡每個人都須按姓名、籍貫、家庭成員、職業、人際關係、婚姻狀況、係本地人或外鄉人等進行登錄。只要為全村所信任者，則嘉以「核定」標簽，門楣上還掛了官府文書。而不值得如此信賴的人，就沒有這種證明，尚待進一步考核。[29] 有些極有錢勢的人家不符合這個標準，像是金田的韋家，他們被這種查核方式排除在外，不得加入團練，所以他們也不願意為當地公益事業捐助，還入了拜上帝會。[30]

官府與地方團練關係密切，雖然帶領團練的人不見得是秀才，但秀才多半在團練裡頭很有分量。而有了功名的人也很少加入拜上帝會。拜上帝會會眾也有許多能識字，但這些人大多是科場失意，或是靠著粗通文墨而在社會邊緣討生活：有些是在官府衙門謀差的小吏，有些憑著粗通律例幫人打官司，有些略通醫理，四處行醫，有些則是當鋪老闆、商店夥計、小業主，甚至還替有些熱中功名又無望中考的人去代考。[31]

馮雲山拘押在桂平縣衙的監獄中，想方設法為自己辯護，此時洪秀全甫抵賜穀村的黃家。馮雲山所受之指控很嚴重，反對他的力量又很大，洪秀全光靠寫篇文情並茂的申冤書上呈官憲（就像一八四四年他第一次到廣西為黃家么子申冤一般）是很難讓馮雲山獲釋的。於是他決定去廣州求見時任兩廣總督的耆英，從還很新鮮的國際法來為馮雲山辯護；巧的是，一八四二年與英國人簽訂南京條約的清廷代表就是耆英。洪秀全必須兼程趕路，因為若是事關異端信仰，官府常加以嚴刑拷打，甚至生病暴斃——盧六已經身亡，或是病死，或是給活活打死。[32]

洪秀全在一八四八年春到了廣州，他發現耆英已被喚到北京御前聽旨，人不在廣州。洪秀全回老家看了看，沒有多留。不到一個月的時間，洪秀全到了紫荊山，帶回營救馮雲山未果的噩耗。此時馮雲山也向桂平縣府申辯，為自己分說，也為拜上帝教辯說，加上當地拜上帝會教徒買通知縣，知縣便把他放了。但是馮雲山被歸為「無業遊民」，由公差押回廣東官祿㘵——這是他的出生地和落籍所在。所以，一八四八年初夏，馮雲山和洪秀全兩人竟在途中錯過了，或許只有幾步路之隔而已。[33] 離家三載之後，現在輪到馮雲山和妻女相見，在家鄉自由傳教。而洪秀全則再次遠離妻兒和年邁多病的父親。

在紫荊山，世仇、爭鬥、審判、馮雲山的獲釋和洪秀全的回歸，在在燃起拜上帝會教徒心中的熱情。紫荊山的村民向來相信巫師道士裝神弄鬼，以前也親眼見過有人被神靈附體，開了天眼。[34] 一八四八年春末，洪、馮兩人都不在紫荊山時，一個名叫楊秀清的客家燒炭工人成了天父皇上帝的代言人。此人出身貧苦，接受拜上帝教的救世思想而加入拜上帝教。天父皇上帝附在楊秀清身上，透過他的聲音傳達旨意。洪秀全回到紫荊山之後，承認這確是皇上帝傳旨。又過了幾個月，到了這年秋天，天兄耶穌又藉一個赤貧而篤信拜上帝教的客家農民蕭朝貴向洪秀全及普天下拜上帝教眾傳達旨意。洪秀全再次予以確認。耶穌附身蕭朝貴可達半個多時辰，其他也有若干男女夢到洪秀全行將登榮，不過為時較短。[35]

天兄耶穌在一八四六年多次下凡，透過蕭朝貴傳諭洪秀全和拜上帝教教眾。蕭朝貴吟唱上帝剛創的新曲，耐心把上帝的讚美詩逐句教給會眾。[36] 有時，他的訊息有關教義，這都不出洪秀全在著作中所言：只有他們的天父才有權享受「帝」的稱號，而天兄耶穌和洪秀全的稱謂則不得超過「主」。[37] 天兄耶穌還告訴洪秀全，大慈大悲的觀世音菩薩也在天上，天父皇上帝不允許觀音再下凡間，因觀音的訊息會被誤解，但天父皇上帝卻知道觀音心腸仁慈，還讓天兄耶穌和洪秀全稱她為姊姊。[38]

天兄耶穌向洪秀全說了自洪秀全十一年前離開天庭之後發生的事。他們談到洪秀全的幼子，在天上出生之後始終沒有起名字，如今和祖母（及上帝的妻子）一起住在天上。他們也談起孩子的母親第一月亮宮人，談起她和姻親耶穌及其妻子如何相安相處，談起她是如何想著夫君回到身邊。第一月亮宮人還曾下凡以客家話傷心地責罵了洪秀全，怪他久不回天上。她告訴洪秀全，天兄耶穌之妻與五個孩子（三男二女）關心她和自己的孩子。耶穌家的男孩子都比洪秀全的孩子大些，分別是十八歲、十五歲和十三歲；耶穌的大女兒十六歲，而小女兒在洪秀全離開天庭之後才出生。這麼一來，洪秀全的兒子至少還有個小玩伴。[39]

紫荊山的神秘氣氛隨著其他的聖人來訪、異夢和預兆等事件更加濃厚。在洪秀全的朋友和熱情支持者所住的賜穀村遭到盜匪侵擾，結果天將下凡將之擊退。有一次妖魔手持火器瞄準洪秀全，幾位身穿黃袍的天使下凡，在千鈞一髮之際救了洪秀全。在紫荊山東邊的思旺村，洪秀全的天妻第一月亮宮人也在天使的協助下，救了洪秀全的性命。[40]

有時人記載，拜上帝會教徒跪拜在通風的教堂裡禱告，不時有人突然仆倒在地，通身大汗，有如神靈附體，在此迷離狀態中講出勸解、責備、預言之類的話語。[41] 這些上天庭的人一如洪秀全在夢中所為，取東路前往，所見之上帝亦如洪秀全所見，威風凜凜，身穿黑色龍袍，頭戴高沿帽，蓄金鬍。[42] 他們也看到群魔之首——方頭，紅眼，知道祂和東海魔王、閻羅妖是同一個凶神。[43] 上帝一如在西奈山上親書「十誡」碑，也用手指向來客指出這魔王。[44] 雅各在雅博渡口與天使角力，而天父也讓蕭朝貴這個天兄耶穌代言人與諸天將摔角，客家人有一招稱作「架鐵手橋」，蕭朝貴以此與天將纏鬥。[45] 天父和天兄則在一旁看著，並不時指點指點。

一八四九年年節過後，洪秀全回到官祿㘵家中，得知父親剛剛病逝，死前囑咐要以拜上帝教的儀式料理喪事。按照儒家傳統，父母死後，子女須守喪三年，不能剪髮；守喪期間不得與配偶交歡，以表對死者的尊重，父母有生養之恩，須以禁欲和悲傷來回報。這段時間來料理後事，照顧墳墓，並潛心反省。在守喪期間不剃髮的規矩，其用意與自省和尊重類似，但是因政治現實卻讓這規矩有所扭曲。大清自一六四四年統治中國以來，下令漢人須從滿俗，薙去前額頭髮，腦後蓄長辮，不從者將以叛逆問斬。但在服喪期間，不論滿漢，不薙前額頭髮並不會受罰，薙髮反而要嚴懲。[46]

兩條規矩洪秀全遵循了一條。他回到官祿㘵後不久，就和妻子同床而眠，但他未薙髮。到了初夏，其妻懷孕已是肉眼可辨，此時洪秀全別過妻子，披著散落在肩膀與前額的濃髮，與馮雲山再次往紫荊山行去。[47]

# 第九章　團聚

一八四九年夏末，洪秀全、馮雲山又回到廣西。拜上帝會在廣西有四個中心，大致在桂平城西、北方，呈半弧形分佈。若以這四塊區域的外緣而計，東西綿延約六十哩，南北約八十哩。其中一處中心在紫荊山，但如今已包括山腳平原一帶富裕的金田村。第二個中心在賜穀村一帶。拜上帝會教徒黃玉珍一家一直幫助洪秀全。另一個中心更偏西北，包括若干山村，此地已是象州地界，洪秀全、馮雲山至象州搗毀甘王像。第四個中心是最近才發展起來的，位於紫荊山東北，沿至鵬化山脈蜿蜒，包括了鵬化和花州諸多小市集。[1]

雖然朝廷官員和廣西一帶的人把拜上帝會當作宗教組織，還不到進行彈壓的地步，但是這一帶已有十多起土匪暴亂，且都與天地會脫不了關係。別的省分也是多事之秋，但廣西已引起朝廷關注，焦慮之情與應對之方在朝廷與南方的封疆大吏之間來來往往。[2]同年，以香港為基地的英國在華艦隊指揮官決定對遊弋於南海的中國海盜發動一次全面總攻，局勢更加混亂。海盜的據點一一被摧毀，船隻被擊沉，糧倉和藏身處被燒毀，殘餘的海盜逆河而上，逃入廣西境內，與幾年前循同樣路線來到此地的海盜接上了頭。[3]

拜上帝會分布的四塊區域，彼此之間有崎嶇的山地相隔。這些地方或由充滿敵意的非客家人控制，或由盜匪，或由地方官府掌控。在這四塊地區之間行走不那麼容易。洪秀全和拜上帝會的其他首領一樣，在半夜三更到五更之間行進。他們手提燈籠，「齊齊同行，莫有先莫有後也」。[4]在初秋的一天，洪秀全違反這些安全程式，在他指定的隨從還未集中時就偷偷騎馬先行，結果又一次路遇強盜，幸運的是他未受傷害便逃脫了。由於這次莽撞行為，洪秀全受到天兄耶穌的公開責備——當然是通過蕭朝貴代言——耶穌責問洪秀全「緣何不遵命」，膽敢壞了上帝設下的規矩？洪秀全立即表示非常痛悔，公開認了錯。[5]

雖說有這些風險，拜上帝會的首領們仍然時常往來各處。由於信徒散居於偏僻的孤村，「真教」常與當地民俗、信仰和迷信摻雜不清，就連已經皈依拜上帝會的教徒也常對自己入教的動機、投入程度及誠心有所懷疑。洪秀全知道地方上各個團體之間有紛爭，他的工作之一就是要細查教徒在意識不清之際所說的預言，依教義真諦來判別下凡附體的神靈，盡量判別何者為真，何者為偽，何者來自上帝，何者來自魔鬼。[6]有些教徒顯然得到奇蹟式的治癒，如果他們的治癒是因為楊秀清替天父代言，蕭朝貴替天兄代言，那他們的靈魂附體便是「虔誠不假」的。但也有反對上帝的話語，「引入歧途」或「受惑於妖魂」。在這類疑難事例中，據時人所言，無人能像洪秀全善於運用權威，對各式各樣的人行使嚴格的教規。[7] 太平天國對洪秀全在這個時期的記載，天兄耶穌「因眾心未盡通道，欲天王等各處散居，愛諭天王、南王、韋正曰：『今信真道各小，敬一半，反草一半，爾們何能識得各草也？』」這些首領雖然回以：「不能完全識得他們！」但他們還是接受天兄耶穌的警告。[8]

在這四個拜上帝會根據地之間持續奔走的另一個原因是錢。吃喝要錢，刊印小冊子要錢，幫助生活貧困的教徒要錢，救助從紫荊山四周鄉村流落此地的受苦者需要錢，製造或購買自保的簡陋武器需要錢，建造急備穀倉以防當地災荒瘟疫也要錢，營救一些被抓的拜上帝會會眾更需要錢。當地士紳如王作新之流認為拜上帝會教徒破壞鄉里風俗，而鄉里乃是傳統道德價值的基礎，因而忿恨不已，在一八四七年至一八四八年間將馮雲山、盧六關進監獄，盧六死於獄中。一八四九年夏天，王作新又將兩名拜上帝會教徒投入監獄，其中一個還是洪秀全五年前投書官府營救出來的那個年輕人。如今雙方積怨日深，投書申冤或以國際條約法來辯護都已起不了作用。拜上帝會的首領為了早日救出兩人而四處籌錢，以耶穌在十字架上受難來指出，苦難能淨化受苦者，凡拜上帝會會眾欲得救贖，皆須堅忍。天兄耶穌借蕭朝貴之口，建議家有儲糧者捐出一半為那兩位教友贖身。[9]

有時，拜上帝會教徒以道義而聚眾，責備他們信仰不堅、吝嗇小氣和不願意捐錢救人而欺騙上帝的人。[10] 他們還鼓勵某些比較有錢的拜上帝教家族（例如住在賜穀村黃家鄰近的石家）捐鉅資救人，說這乃是上帝所願。拜上帝會首領在告誡教徒時，常用「高老」這個怪名來稱呼上帝，如此一來，這事就成了家務事的延伸。[11] 有時，向會眾募捐的呼籲就沒那麼含蓄，用的口氣好似在對不道德的行為進行嚴懲一般。或許是沒能籌到足夠的銀兩，也可能是因為買不通鵬化官府，這兩個入獄的教友已被嚴刑致死，而募捐活動到那個月的月底就中斷了。但不到一個月之後，在當地士紳的慫恿下，又有兩位重要的拜上帝會教徒被官府抓走。於是又得展開募捐。。[12]

這整個慘酷的過程說明了：在一八四九年時，拜上帝會還不夠有錢，突顯了那些加入拜上帝會的富家的重要性。其中之一是石家。這個客家家族不僅捐了許多錢，當時十九歲的石達開還一心追隨洪秀全，後來成了洪秀全麾下最優秀的將領之一。金田村韋家擁有大片稻田，還有好幾家店鋪和當鋪；韋家之所以入拜上帝會，顯然是他們因為在當地官府中做「聽差」或親隨的卑下地位，而且血緣混雜，祖上曾與當地壯族土人通婚，即使頗富貲財，也無法躋身當地士紳階層。還有常常庇護洪秀全的胡家，他們在坪南與桂平縣都擁有不少土地，也在兵營裡做個小官。不過，拜上帝會的首領還不想讓人知道這些家族的慷慨資助，至少在一八五〇年二月初是如此；胡家在二月提議變賣家中所有田產，將所得及其他財產悉數捐給拜上帝會，以竟「天父天兄之偉業」，拜上帝會對他們的虔誠和慷慨表示感謝，但要求他們對捐贈之事暫時保密。[13]

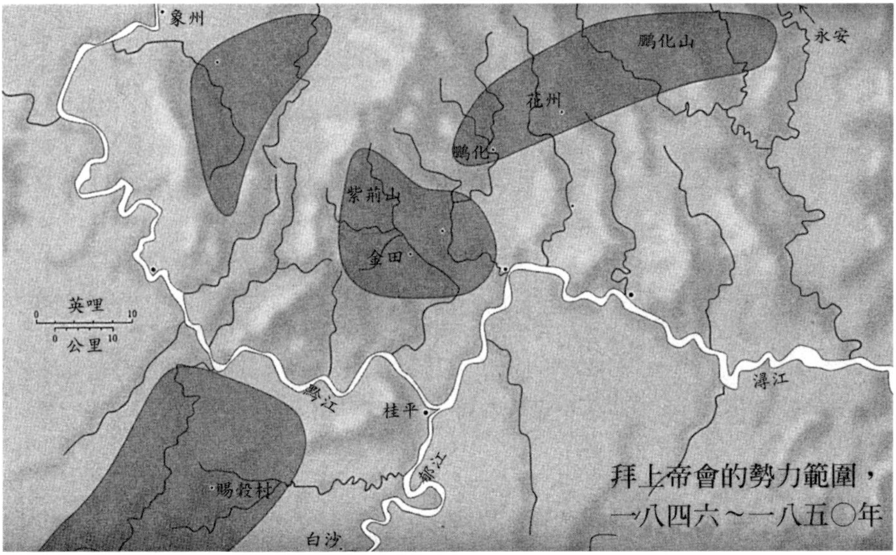

拜上帝會的勢力範圍，
一八四六～一八五〇年

一八四九年營救那兩位入獄教友四處奔走，卻是徒勞無功，或許這是讓拜上帝會首領決定採取反官府立場的因素。洪秀全從一八三七年作了奇夢之後，就一直宣講要對付的妖魔，是閻羅妖爪牙的轉世現形？還是對真理視而不見的迂儒？還是道士佛僧，當地愚民迷信的巫師，破壞洪秀全或上帝誡規的罪人和偶像崇拜者？洪秀全始終沒說清楚。有時，洪秀全下的定義涵蓋極廣，如他在一八四八、四九年初於官祿官祿㘵所書：「凡不信上帝及耶穌之真理者，雖吾之舊交，但非吾友，而卻是魔鬼也。」[14]有時，他的定義則取一端，近乎新教的命定論，如他在此時所寫的一首聖歌：

> 信實上帝便是上帝子女，來何處，從天而降，去何處，向天而升。
> 敬拜妖魔即為妖魔卒奴，生之日，為鬼所迷，死之日，被鬼所捉。[15]

到了一八四九年底或一八五〇年初，洪秀全已將統治中國的滿人及其官府爪牙定為應予消滅的妖魔，而「捏造罪名」拘審拜上帝會會眾的官府則是為「妖官」所把持。[16]有一部分的轉變起自洪秀全的心情。根據記載，洪秀全在此時曾說：「過於忍耐或謙卑，殊不適用於今時。」[17]或許洪秀全真的認為拜上帝會已經太過屈從於地方的敵意與官府的索求了。

如果耐心和屈辱的日子已經結束，如果許多人已成了妖魔的爪牙，那麼就會瞭解到，漢人是受奴役的，而滿人則是妖魔。這種觀念在天地會或三合會等祕密會社中甚為盛行，這些人尊崇明洪武帝，異口同聲要「反清復明」。洪秀全雖表示不接受這些神話，但他的想法卻與之相呼應。他告訴追隨者：「我雖未曾加入三合會，但常聞其宗旨在『反清復明』。此種主張，在康熙（一六六一—一七二二年在位）年間該會初創時，果然不錯的；但如今已過去二百年，我們可以仍說『反清』，但不可再說『復明』了。無論如何，如我們可以恢復漢族江山，當開創新朝。」[18]

洪秀全在一八五〇年寫了一首七言律詩，以漢朝、明朝開國之君，自抒政治抱負和大器晚成：劉邦和朱元璋都出身貧寒，他們揭竿而起，推翻暴政，最後建立國祚綿延達數百年的新王朝。劉朱兩人都以對抗外來的征服者、入侵者而著稱。據民間傳說，劉邦陷入苦戰之時，有風捲疾雲當空而過，劉邦大喜，風雲急行有如漢軍，必可横掃一切，於是立即命人搭祭壇，擺酒設宴，目送疾風遠去，終於西元前二〇二年開國。朱元璋擊敗群雄、建立明朝年已四十，他喜自比為秋季盛開的菊花，百花漸已凋零，正是菊花風華絕美之時。洪秀全的詩云：

近世煙氛大不同，知有天意為英雄。

神州被陷從難陷，上帝當崇畢竟崇。
明主敲詩曾詠菊，漢皇置酒尚歌風。
古來事業由人做，黑霧收殘一鑒中。[19]（編註）

一八五〇年二月，拜上帝會軍事組織的形制似乎有所不同，至少是用語有了變化。從這個月開始，提及拜上帝會有一支往來行進於四處根據地的「隊伍」，這支隊伍需要有擘畫詳盡的計劃、糧食給養以及後勤補給。他們對有所準備的「清妖」據點輪番進攻。除非其中有一、二十人自願繼續作戰，遠道而來的「部隊」須有時間休息；而從鄰近地區來的部隊則可繼續行動幾日。諸將詳盡報告攻擊行動，並送交洪秀全在東北方坪山根據地的臨時住處，洪秀全因腿傷不能騎馬，正在此地養傷。洪秀全的住處有時被稱作「官」，洪秀全則自稱「太平王」。拜上帝會諸首領討論用兵，有時也會因攻退意見不一而場面火爆。糧草供給已盡，卻無知會前方將領，更陷部眾於絕境。[20]

洪秀全臨時住所賜穀村以東數哩，在拜上帝會勢力範圍的南緣有一白沙村；此地發生過衝突，而留下來的記錄便可見到上述諸多因素：暴力愈演愈烈，從口角而威脅而對峙，不時間以武器供養的記載。當地受官府保護的非客家家族，或許是與這些家族結盟的當地匪盜被稱為「妖鬼」，迫使白沙村的百姓加入拜上帝會。但在這份記錄中被稱作「賊」或

「外賊」：

天兄問羅能安白沙村之事如何來歷。

眾小奏曰：「其時，因李得勝寄有耕牛在林鳳祥家牧草。時嶺尾村外賊要勒索李得勝之銀錢，李得勝不允。賊即有兩人往林鳳祥處牽伊之牛。林鳳祥即奪回牛隻，並無打傷其賊。不料賊次日即有四五十人到林鳳祥面前，聲稱叫打，小八人在台食飯，瞥見賊用大炮打來。小五人執軍器跳出趕逐。賊既散，小獲得籐牌二面、紅粉一箱、大炮五把。至二場，賊又起有二百餘人來交戰。小五十八人與他對仗。此場賊又散，隨各紛走無蹤。小獲得籐牌三面、紅粉一箱，獨炭炮二把、貓尾炮一把。至今小起有一百八十餘兄弟，在白沙村。

天兄問羅能安，如何得所缺糧草食？

小奏曰：「李得勝之吳表親出糧谷二千石。」

天兄問：「羅能安，誰入章程吊馬？」

---

編註：朱元璋的原詩為：「百花發時我不發，我一發時都嚇煞。要與西風戰一場，滿身披就黃金甲。」劉邦的原歌：「大風起兮雲飛揚，威加海內今歸故鄉，安得猛士兮手四方。」

小奏曰：「是秦日綱章程。」

天兄一一問明，即吩咐羅能安回去，誓班師，留十人在此就得。

天兄又吩咐曰：「回去放草，萬事有朕高老差使天兵天將。今小十人能打破賊一千，外賊如果再來者，然後吊馬與他交戰不盡。」[21]

白沙村民加入拜上帝會，能提供兩千擔糧草（約合一百多噸），若遭官軍大舉圍攻，這些人將是極寶貴的盟友。然而，把這麼多人召到中央根據地來，拜上帝會的首領怕招來報復，所以仍很謹慎。

拜上帝會的首領對這類信徒忠心難免存有疑惑：有些首領稱新招募來的人為「兄弟」，有些人則稱之為「妖人」。有時由蕭朝貴代言的耶穌被問及有何看法，便說這些新來者是支援太平天國的好人，對太平天國的大業大有裨益。但洪秀全心裡還常有疑慮，認為這些遠道而來的生人「實來破陣也」。[22]

雖有這些疑慮，但這些新來者還是行了洗禮。一八五〇年二月底，一天裡頭有四百人受洗，受洗前先諦聽長篇宣講，並告以他們首領的暗名。至於拜上帝會之首，乃是「誠識得洪秀全拜於高老之前，誠識得馮雲山、楊秀清和蕭朝貴拜於天兄耶穌之前者」。皈依者須真草（心）到底，跑路跑到尾。回家去各教導各妻子，各教導各子女，各練成天堂子女樣，後來自有分斷也。[23]在首領一方，則要善待所有真心入拜上帝會者，有禮物同一體，無禮物同一樣，各個要謹口、靈變，一家有事千家有，一家無事千家無。[24]到了一八五〇年四月初，洪秀全有時還穿上只有皇帝才能穿的黃龍袍，不過他是在所藏身的信徒家中私下穿。[25]

一份太平天國的文獻載有拜上帝會教徒入會受洗的情況。這次儀式於一八五〇年四月九日舉行，地點是在洪秀全在坪山的根據地（也可能是藏身之所），受洗人譚順添，後成為天王的一名大將。其間，天兄耶穌的代言人蕭朝貴向譚順添問話，洪秀全坐在床邊聽。其情形如下：

天兄又諭譚順添曰：「譚順添，現今講話是何人？」

順添奏曰：「是天兄講話。」

天兄曰：「坐在床上是誰人？」

順添奏曰：「是二兄。」

天兄曰：「他是誰人差來？」

順添奏曰：「是天父差來。」

天兄曰：「天父差來，他是何樣人？」

順添奏曰：「天父差來作太平主也。」
天兄曰：「增得星光，便見高老。哪樣說？」
順添奏曰：「是說眾兄弟增得二兄起，便見天父也。」
天兄曰：「禾王是誰人？」
順添奏曰：「是二兄。」
天兄曰：「爾要認得他。天上信實高老，信實高兄，地下信實爾二兄講。不好忤逆，要順從也。」
順添奏曰：「小弟一心敬天父及天兄及順從二兄也。」
天兄曰：「雙星腳起是誰人？」
順添奏曰：「是東王（楊秀清）。」
天兄曰：「禾乃是誰人？」
順添奏曰：「是東王。」
天兄曰：「爾要認得他。高老托他口講。天下萬郭都要過他口也。」
順添奏曰：「知得。」
天兄曰：「順添，苦煉爾，慌不慌？」
順添奏曰：「不慌。」

天兄曰：「爾要認實來。跑路跑到尾，鑽得米篩眼過，後來有分析。太平事是定，但要謹口，根機不可被人識透也。」

順添喜曰：「遵命。」

第二天，譚順添便正式受了洗。[26]

時局動盪，越來越多男女加入拜上帝會，太平天國的首領不但要供養保護這些新教徒，也要維護自身的道德純潔，還要節制底下人互鬥或放縱。洪秀全在創立拜上帝會之初，就曾定下戒律，對行為放蕩多所批評，如今又吸收《聖經》和摩西十誡的內容，規矩更嚴。太平天國的首領在一八五〇年開始頒布告令，以禮儀和公益所需，分男女為男營女營。創立拜上帝會的馮雲山已將妻女留在官祿㘵家中，堪為男行營的表率。一個名為胡九妹的女子——她可能是變賣家產捐給拜上帝會的那個富家胡氏之女——則是女營楷模。天父借天兄耶穌之口送七絕古詩下凡，以諧音誇獎胡姓女子的德性：

婦人看見胡井水，久記清靜止煲茶。
山島大小樹無賤，紅花一朵在人空。[27]

天父之妻也到人間，帶來天父對拜上帝會會眾的諭旨：「眾小，頭一要聽爾天父教導，第二要聽哥教導。總要堅耐遵正，切不可反草也。」[28]

這種道德勸誡背後還有嚴懲犯錯者來支持。一個名叫黃漢青的拜上帝會會徒與婦人私通，結果被人發現，給打了一百四十重棍；那婦人雖然是受黃漢青引誘，也被棍擊一百。[29]這種棍刑能打得人皮開肉綻，一百四十下棍打與死刑無異。

這種神人交織的家庭關係勢必教天意與現實訓令相混雜。例如，蕭朝貴替天兄代言，他自然要稱洪秀全為「二弟」，而在現實生活中，蕭朝貴又娶了洪秀全的御妹（可能是洪秀全的堂妹）為妻，兩人自然成了姻親。如果蕭朝貴想讓妻子更聽話，就能以耶穌的身分要求洪秀全的「御妹」順從丈夫，他也確實常這麼做。[30]那些天降的諭旨就像那些傳給胡九妹的諭旨一樣，也可傳給其他拜上帝會中的顯貴女子，給陳家二女兒「陳二妹」的傳話便是如此。這類諭旨效力有如誡律，一八五〇年一月三十日，天兄降諭陳二妹便是一例：「陳二妹，婦人家要知閃避。男有男行，女有女行，嫂嬸要和。嫂有不是，嬸做著些，嬸有不是，嫂做著些，總不好相爭。」[31]

從這類宣諭發展出太平天國將男女分別編入男營女營的政策，須至天國成功之日，夫妻才能團聚。太平天國發展這項政策，不僅對婦女生活有嚴格約束，也促成了「女軍」的建立，且女性在太平天國的官僚體系中有為官的權利。太平天國的文獻對這一政策的基本精神以這段文字的闡述最為全面：

況內外貴避嫌疑，男女均當分別，故必男有男行，女有女行，方昭嚴肅而免混淆，斷不可男女行中或相從雜，致起姦淫，有犯天條，即有時省視父母，探看妻子，此亦人情之常，原屬在所不禁；然只宜在門首問答，相離數武之地，聲音務要響亮，不得逕進姊妹營中，男女混雜，斯遵條遵令，方得成為天堂子女也。[32]

男女分營的主張適用於參加太平軍的未婚男女，洪秀全還逐漸將之擴及已婚夫婦。這個規定若能嚴格執行，那麼，在太平天國實現目標之前，人口並不會增加。這對一支有著許多平民的大軍來說，是大有裨益的，而且，這也對「不孝有三，無後為大」的儒家觀念給予重擊。一八五〇年一月，洪秀全聽到從官祿㘵飛遞而來的消息，髮妻賴氏（她在洪秀全上次回紫荊山時已懷有身孕）在一八四九年十一月二十三日產下一子，母子均康安。這個消息也許讓洪秀全更傾向於接受劃分男營女營的政策。[33]洪秀全為其子起名為天貴，意為「天之貴子」。

洪秀全接到這個消息之後五個月內，似乎全心放在拜上帝會的世界裡，對家庭似乎並未特別關心。然後，在一八五〇年六月中旬，洪秀全突然將家人召來紫荊山團聚，不顧路途艱險。他自己並未親自前往官祿㘵，而是派了三名親信，都是他最早來廣西活動時就認識的人，其中一人是郎中，他身邊總是帶著藥箱，以避免官府盤查尋事。[34]這三人帶了洪秀全給家人的一封信，雖然現在我們看不到這封信，但我們知道這封信生了效。不到幾天的工夫，洪秀全的近親多已收拾行李，處理家產，踏上從官祿㘵向紫荊山拜上帝會聚集地的漫漫旅程。其中有人年事已高，而洪秀全的幼子還不滿八個月，很可能他們是乘船或坐轎。（馮雲山的兩個兒子也送到馮雲山的身邊，但家中其他人則決定留在家鄉）。[35]

是什麼因素使洪秀全在這個節骨眼做此決定，至今還不完全清楚。他心裡頭或許有好些因素混在一起。其中之一是綁架拜上帝會教徒子女勒索錢財的情事日增，令人不勝恐懼，洪秀全怕家人若留在廣東，恐遭不測。廣東有些地方正在鬧饑荒，包括花縣一帶。而且，洪秀全已經發展出一套天啟宿命觀，他聲稱天父曾在道光十三年（西曆一八五〇年）諭示過他，上帝將「遣大災降世，凡信仰堅定不移者將得救，凡不信者將有瘟疫。過了八個月之後，有田不能耕，有屋沒人住。因此之故，當召汝之家人和親屬至此」。[36]

另外，楊秀清替天父代言已有一年多之久，他自稱凡是真心拜奉上帝的，他都把疾病吸入自己體內以治癒他們，結果他卻在一八五〇年五月染上奇怪而嚇人的惡疾：口啞耳聾，耳朵出膿，眼內流水，痛苦不堪。[37]太平天國後來的文獻稱，楊秀清之病出於二端：一是楊秀清因贖救眾教徒之災而病累不堪，一是天父決定檢驗眾教徒是否真心向教。但那些不知這兩種原因的教徒認為楊秀清因病而衰弱不堪。如果楊秀清一直在利用替天父代言之便，約束洪秀全的話（一直有許多人這麼認為），那麼楊秀清的緊箍咒暫時失效了，他的病痛持續到一八五〇年九月初才突告康復。[38]

在一八五〇年的春夏二季，蕭朝貴也一直沒有代天兄傳言。這年仲夏，傳言他得了潰瘍，周身腐爛，他很少露面，或許已臥病在床。可想而知，楊秀清得病，天父無言，若是楊秀清不能、不願代天父傳言，那蕭朝貴也不願代天兄傳言。[39]這一年的年初年底，天兄傳諭湧湧而來，而這段期間只有兩條天兄傳諭：五月十五日洪秀全問：「天兄，閻羅妖今如何？」天兄曰：「今既他捆倒矣，他罕有作怪矣。爾寬心，寬心。」[40]六月二日，天兄勸洪秀全率手下在一邊：「待等妖對妖相殺盡儩，然後天父及天兄自然有聖旨分發做事也。」[41]這條簡略的諭旨很可能是指在桂平地區周圍官軍終於開始大規模圍剿匪幫一事，這對拜上帝會會眾來說，既是機遇也是危險。

一八五〇年七月二十八日下午，洪秀全全家在桂平附近的一個小村莊團聚了。他終於見到了久別的妻子賴氏、兩個女兒和還未見過的小兒子天貴。洪秀全新寡的繼母、哥哥洪仁達夫婦一家以及妻子賴氏的叔父也都來了。洪秀全大哥洪仁發一家還有幾個堂兄姊妹、孩子還都在路上。住在桂平附近的賴家，來了不少男丁。這些賴家人都喊洪秀全「姐夫」，洪秀全也認了。[42]接回洪秀全家眷的三人（兩男一女）都是洪秀全的親信：桂平人秦日綱，當過兵，做過礦工；陳承榕是附近鎮上的有錢地主，他全家都入了拜上帝會；女的則是經常幫助洪秀全的黃家之女黃七妹。[43]洪秀全派她最先可能是在路上照顧家中女眷的，後來她又把自家宅院讓給了陸續來到的洪家人住。她和家裡以前曾幫助過不少拜上帝會的會眾，如何能養得起這許多人的生活起居？她說，行，有天父天兄相助，他們能擔得起。[44]

蕭朝貴沉默幾個月之後，又開始為天兄代言，為這些新來者分派職責，來保護天王。天兄告訴洪秀全的二哥洪仁達「要信他講」，「千祈不好信人講，被人恐嚇」，要與他（洪秀全）「同打江山，他有一天，爾有一天。他有得食，爾有得食；他有得穿，爾有得穿；在凡間他有得萬國供奉，爾有得萬國供奉。高天之下共用天下給予的榮耀」。[45]繼而，天兄轉諭洪秀全的繼母李氏「要教導媳婦子女，時時救爾仔面，金磚金屋有爾住」。[46]之後，天兄轉諭洪秀全才十二歲的大女兒，「爾要聽爾婆教、媽教、伯教，練得好好也」。洪秀全的其他親戚也都得到天兄的告誡。對洪秀全的妻子賴氏當然更有特殊要求，故擔負特殊任務：「賴小嬸，爾千祈遵天條，爭爾丈夫志氣，救爾丈夫面。爾丈夫不是凡人。爾了太福氣，跟爾這個丈夫。爾比不得別人，爾要練得好好，孝順父母，孝順丈夫，讓嫂教子女，非輕易做天下萬郭太平主之妻也。」[47]

洪秀全的家人住在桂平附近將近一個多月，由曾玉珍來保護，但是他們的處境險惡，吉凶難卜，隨時都有可能被捕或被出賣。韋昌輝的家族富甲一方，已將金田鎮變成拜上帝會會眾的避風港；韋昌輝與其他拜上帝會首領怕會出事，便商議把洪家人帶到北邊來。這不只是在夜裡集合個三五個人，手提燈籠沿山道行進那麼簡單。這要雇用許多轎椅，找尋船隻並安置好停泊在適當的河岸，一切都得避開官軍探子的監視。於是便精心編了說法，事先套好，以便萬一遇到官軍時，所有人關於何來何往的回答都能一致。但他們還是犯了些愚蠢的錯誤，差點前功盡棄，天王為此大發雷霆。不過，他們最後還是於一八五〇年八月二十八日安全渡過桂平附近的寬闊河面，抵達金田。此刻，洪家已準備努力建立太平天國了。[48]

# 第十章　突圍

太平天國與朝廷的關係是在何時從潛在的緊張發展到公開對抗，很難說得確切，但是彼此之間的挑釁在一八五〇年顯然不斷升高，開戰已是勢所難免。一八五〇年二月，洪秀全和僚屬開始用軍事術語對底下的人講話。同年四月，洪秀全穿起黃龍袍。七月末，天兄下凡傳諭洪秀全，要為天國而戰，要他「增起志氣來，頂起江山畀人看，爭起爾天父天兄之綱常」，體會天父所以給他統治太平一國全權的拳拳苦心。耶穌告誡他：「爾作事要想長遠，莫顧眼前也。」[1]八、九月間，各地太平軍首領開始集結並武裝隊伍，往金田地區行去。[2]十月中旬，洪秀全所在的大本營燈火徹夜通明，一旦敵方來攻，立時便可警覺。[3]十月二十九日，洪秀全廣下動員令，命所有信徒整裝待命，不過他仍督令謹口、保密。此刻公開宣布洪秀全為首領或高舉起義大旗還為時過早，但拜上帝會兄弟已受命擬定計劃，「近處團方，現匝駐馬。遠方兄弟，預備多買紅粉。聲信一到，就好團圓也」[4]

「多買」紅粉當然是挑釁，由於非客家人和當地士紳不乏敵視拜上帝會的人，買火藥可能會給人察覺，告到官府。祕密製作武器已進行了好幾個月，尤其是在金田村一帶，像韋昌輝這樣的家族設了作坊，趁著夜色製造簡單軍械，用袋子封起來，沉入到處可見的池塘中。[5] 雖然太平軍此時還沒有分營旗號，但馮雲山和一個朋友已設計出了一套區分不同部隊的號旗系統。

馮雲山的基本策略，是從基層逐步往上組建隊伍，並用標誌和旗幟清楚區分各部隊。伍長底下管四人；以兩司馬管五個伍長及其所屬共二十五人，兩司馬皆有一面兩尺半高的方形號旗。卒長管四個兩司馬，共管一百零四人，有自己的衛旗。依此類推，往上還有旅帥、師帥和軍帥，軍帥管五個師帥，共管一萬三千一百五十五人。[6] 各隊伍還用不同顏色的三角旗來識別，三角旗上用大字標明自己的所在營地。另外，伍長各有徽章，五英寸見方，貼在衣服的背後或前心，表明他所屬的兩和卒；而軍士亦有四英寸見方的徽章，標明他們所屬的伍、兩及各人自己的身分編碼。為了規範作戰命令，每伍的四個軍士都各有編碼，曰「衝鋒」、「破敵」、「制勝」、「奏捷」。夜戰士卒看不到旗幟時，則用鑼鼓聲為號，以不同的鑼鼓組合來區分各支旅、師、軍等大部隊。[7]

馮雲山把《周禮》用到這套組織方法，特別是以清晰有序的節制鏈，將人員編入小單位的做法：《周禮》並非成於一時，據稱詳細記載周公所創的軍事、行政機構。孔子對周公欽佩有加。馮雲山甚至還以《周禮》來命名單位及其官長，各單位兵卒的數量也大致相同——惟一的差別也許只是《周禮》並未明言各單位人數。[8]

其他的拜上帝會將領則認為學古籍實無必要，賣弄學問，楊秀清和蕭朝貴兩人對此明白表示反感，他們一如以往，把這不滿說成天父、天兄的意見。兩人的權力之爭時時浮上台面，抱怨彼此在公眾面前讓自己丟了面子，就像蕭朝貴說到楊秀清「人人要面，木木要皮」。[9] 有些太平天國首領認為需有學問學識，說蕭朝貴和楊秀清「不識得多字墨」；而蕭朝貴之輩則反唇相譏，說那些喜歡吟詩掉文或通天文地理的人，學問用錯了地方，反不如那些「分外曉得道理」的人有實際經驗及用得上的知識。[10]

拜上帝會的部隊為了因應可能發生的衝突，由首領各自率領，集於一處大聲誦讀載於《聖經》中的十誡全文及洪秀全所作的注釋。即使拜上帝會教徒能正確誦讀十誡，但還是有許多人因違背基本教規或嘲弄、藐視上帝旨意而被當眾責打。[11] 十誡已成日常生活的根柢，也是未來希望之所繫，洪秀全以詩來對追隨者解釋，之後還加以評注：

為了切莫起貪心，欲海牽纏禍實深。
西奈山前垂誥誡，天條款款列於今。
回心信實天父皇上帝終有福，
硬頸叛逆天父皇上帝總有哭，

尊天條，拜真神，分手時天堂易上，
泥地俗，信魔鬼，盡頭處地獄難逃。
溺信邪信，即為邪信卒奴，生時惹鬼所纏；
死時被鬼所捉。
敬拜上帝，便是上帝子女，來處從天而降，
去處向天而生。[12]

拜上帝會首領以公開誦讀十誡等方式，對部眾不斷進行試探；由於拜上帝會會眾激增，這種試探也更有其必要。一八五〇年近年底，數千人分兩股來到金田一帶，人口的驟增幾乎控制不了。其中一批包括來自附近四個地區的客家人，他們的情形和白沙村民一樣，因當地非客家人、鄉紳、官府，還有各路盜匪欺淩，且情形越演越烈而到此地尋求庇護。諷刺的是，另一股卻是各路盜匪，根據當時記載，至少有八路人馬因朝廷協同地方進行大規模圍剿而齊聚於金田一帶。[13]至少有兩路盜匪是由女人帶頭，有一路則由大頭羊統領；當年在廣西作亂的就是這個混血的澳門海盜，拜上帝會之所以在一八四〇年代中期壯大，還拜這次亂事所賜。[14]

一八五〇年十二月初，朝廷官軍會同當地團練在坐鎮桂平縣城的統領協調下，開始大舉進攻拜上帝會四處基地中最東北的一處，花州村胡以晃為洪秀全家眷提供的住所就在此地。此時朝廷還沒把洪秀全當成拜上帝會的當家，只得到含糊消息，說鬧事者在此。不過他們險些抓到洪秀全。官軍渡過流經桂平的寬闊河面，自南而北繞過金田，取道思旺村向花州集結。這一帶地形險峻，道路崎嶇——山徑狹窄，一側是懸崖，一側是峭壁，極適合設埋伏。官軍為了顯露本事，切斷了思旺村的對外聯繫，在小徑和旁邊的斜坡釘了數百根帶刺的尖竹樁。洪秀全察覺不妙，派人走山道由西北方突出，然後轉回金田村向其他拜上帝會首領報信。太平軍立即出發，從背後襲擊官軍並將之擊潰，拆掉尖竹樁，將洪秀全一家安全帶回金田村。這次短兵相接相當慘烈，至少五十多名官軍和團練被殺，包括清軍巡檢張鏞。太平軍以天父皇上帝之名，殺了代表統治者的「妖魔」。[15]

金田村湧入大批客家流民、幫匪及當地拜上帝會眾，加上最近才到的新教眾，顯得越發擁擠而混亂。新來的人太多了，就算有白沙村等會眾屯聚的糧源，到了一、二月初，金田村已近饑荒，會眾與盟友每日只能配些稀粥。有些盜匪出身的部隊碰到這種局面就打了退堂鼓，而太平天國的首領則想方設法保持所屬的士氣，他們說匱乏乃是天父天兄的考驗，以「試其心」。[16]

朝廷在損失了一名校尉之後，也難怪要發動第二次進攻，而這次更徹底、規模也更大。一八五〇年十二月三十一日，一支人數更多的官軍在十幾名作戰經驗豐富的校將率領下，連同當地的團練，分三隊從桂平縣出發，向東北大舉進發，穿過潯江的支流，在距金田村僅五哩的地方安營。此時太平軍有新成員和幫匪加入，人數也在一萬人以上，隊伍移到金田以東約一哩處，在官軍營地與金田之間分作三路設防，楊秀清統兵左翼，前出至橫跨紫荊江的蔡村江橋；蕭朝貴率右翼軍，駐於盤古山；洪秀全、馮雲山則統中路。

太平軍採這種防禦態勢，表示他們對自己的備戰和通訊有信心。太平軍的大營都各有標誌旗，顏色由其戰略位置而定：南方豎紅旗，北方豎黑旗，東方豎藍旗，西方豎白旗。大黃旗居中，亦有紅黑藍白四色旗幟。這些大旗為主要的標誌旗，另有較小的三角旗為輔，用以請求增援，即使是激戰正酣、距離遙遠，這些小三角旗也能傳達複雜的命令。太平天國的一本軍冊如此解釋：

> 如東方妖魔作怪，要點西方之兵，即在大青旗之上加一條小三角白旗，傳至中央，中央即傳至西方，西方之官統帶士兵飛赴東方殺妖；或要點南方之兵，即在大青旗上加一條小紅旗，一路傳至南方，南方之官統帶兵士飛赴東方殺妖。[18]

如果清妖從兩線夾擊，這套系統稍作調整，照樣能派上用場。如東方有妖來，南方有妖來，則中央出大青旗一條、大紅旗一條，使西、北兩方俱知東、南方有妖來，各備槍炮，站在營前聽令。[19]

戰鬥次日（一八五一年一月一日）即展開。官軍清江協副將伊克坦布欲率七營之兵，突破太平軍的中央陣地，楊秀清、蕭朝貴互相配合，從兩翼包抄，斷了伊克坦布的後路，將官軍圍於鼇嶺。官軍隨即四散逃遁，大敗而去。官軍有謀將十餘名被斬，三百餘士卒被殲。伊克坦布策馬奔逃，馬匹滑入蔡村江橋下，被太平軍俘獲並處死。次日，桂平總兵所派增援也被擊敗，餘下官軍渡江撤回。[20]

一八五一年一月十一日是洪秀全三十七周歲生日，但沒什麼時間祝壽；太平軍雖然旗開大勝，但部隊卻再度陷入混亂。各路天地會的新成員與太平軍多有衝突，太平軍的紀律過於嚴格，他們不願受其拘束，或許也是覺得無望再行搶劫擄掠之勾當。天王洪秀全為了表明態度，金田之戰一打勝，就將之前頒布的軍紀條令歸納為五條：

一、遵條命；

二、別男行女行；

三、秋毫莫犯；

四、公心和儺，各遵頭目約束；

五、同心合力，不得臨陣退縮。[21]

惱人的消息傳來：大頭羊、女首領邱二嫂和一些祕密會黨的頭目不僅棄太平軍而去，還投了官府，以換取官位和赦免。加上物資不斷減少，於是洪秀全和諸位首領決定放棄金田，將部隊轉移到更易防守的地方去。他們選擇了東邊十五英里的富庶集鎮大湟江口，位在兩河交匯的江汊上，既可控制商貿又便於糧草供應。由於江口是叛匪大頭羊選定的巢穴，又是過去經常騷擾、搗亂拜上帝會的鄉紳團練頭目王作新的家鄉，以此鎮進行報復甚為合適。到了一月中旬，太平軍已撤離金田村，未遇官軍反擊，一月底已占領江口，整理隊伍。太平軍這次得到一位沒有叛逃的天地會大頭目羅大綱之助，他也是虔誠的拜上帝會教徒。此後，羅大綱便成了洪秀全的重要策士之一，太平軍在水戰、航運及補給方面的竅門，獲益於此人甚多。

但是，江口地處要衝，清軍自然不允許太平軍在此生根。這一次，新任廣西提督向榮記取教訓，會同雲、貴兩路總兵率三路大軍從旱路直撲江口，又命兩路水師策應——全部兵力共約一萬餘人。二月中旬，官軍已至江口一帶。太平軍占據這個鎮才三星期，而官軍來勢洶洶。於是，太平軍將領於三月初趁夜突圍，回師原先靠近桂平的基地，駐紮在桂平以西的武宣一帶。倉皇撤退之際，江口被焚為平地，雙方互指對方燒了江口鎮。[23] 到一八五一年春末，偶有戰鬥發生，但狀況慘烈。

就在這一片混亂無序當中，洪秀全宣布正式建立太平天國，時間或許是在一八五一年三月，洪秀全早已提出這個想法，但遲遲未見行動。怪的是，太平天國的建立沒有舉行隆重儀式，也沒有明載哪一天，太平軍也從不慶祝這個日子。這年春天，洪秀全生了病，太平天國的文獻未作解釋，僅稱之為「災病」——這或許更推遲了這個關乎建制的重要日子。但是太平軍定咸豐元年，也就是西曆一八五一年春天為太平天國元年。[24]

太平天國從一八五一年三月三十日起，開始行新的公開儀式，融下達天諭、獎善懲惡於一體。天兄（由蕭朝貴代言）在是日下凡，宣講天國已降臨塵世，力量日益茁壯，漸趨複雜，他尤欲「懲戒不遵天條者」。天兄如此開場之後，更說出他對太平天國的未來深具信心：

各各寬草（心）、放草，盡草理天事，不可頂頸。今日是天做事，不是人做的，是人做就難了。天父天兄在高天自然照得到，作出多多憑據。不用憂，不用慌。從前朕天兄一人都著頂，看爾凡間人多被妖魔迷害，救得一隻，就得一隻。何況今日有多眾小，怕甚麼？如有反草者，總走不得天父天兄手假過。愛爾生就生，愛爾死就死，不得走三日過也。各小各要認真一條路，練得好好，自然有享福之日也。[25]

天兄說完這話，又唸了一長串太平天國首領共計二十三人，祈福並帶他們的靈魂超升天堂。接著天兄又下凡，「調五個將領齊到來」訓諭，依所統隊伍便是前、左軍長，後、右副軍長及翼軍長——換言之，這五人即是洪秀全的左膀右臂楊秀清、馮雲山、蕭朝貴、韋昌輝和石達開。違反軍令即是違抗天父天兄及天王洪秀全的旨諭。為了強調軍紀感，一個喫洋菸的士兵受到當眾審訊，「爾食洋菸食得飽嗎？」並被重打（文獻中稱「重打一千」）。而後，「叫煲糯米飯畀凶食」，食完當眾處決。還有一名卒長因為沒注意底下有人私謀逆反而被重責一百杖。天兄又吩咐各軍官長：「自後有忤逆不遵令者，先斬後奏，多三幾個不為多，少三幾個不為少。」天兄耶穌強調，叛徒決不可輕饒，須加時時防備。[26]

一八五一年四月十五日，天父又透過楊秀清提醒拜上帝教徒要敬畏洪秀全，因為天父差他到人間來統治天下。[27] 四月十九日，太平軍仍在武宣與官軍作生死存亡之鬥，太平軍的首領再次集會，所論事項與三月三十日同，只是次序有異而已：有犯天條者，公開審判，重申教眾對拜上帝會的忠誠及義務，並宣示政策。這一次，犯天條的是原三合會首領、後轉信拜上帝教將領羅大綱的一個家丁，他辜負羅大綱對他的信任，在羅妻神靈附體之際，偷去一只金戒指和一副銀牙籤。其懲罰同於食洋菸者，重責一千，接著「叫人煲糯米飯畀予他食」，然後交給劊子手，斬入地獄。軍帥、師帥、旅帥，滿營眾將都參加這次肅穆儀式。天兄這一次的傳諭不只是當眾宣講，而且還寫入太平天國運動的一份最神聖的文獻中：

眾小弟要守天條，要遵命令，要和儺兄弟。大有不著，小做著些；小有不著，大做著些。切不可因一句話，就記尚書，執仇為恨也。要修好煉正，不得入村搜人家物。打仗不得臨陣退縮。有銀錢須要看得破，不可分爾我。更要同心合力，同打江山，認實天堂路來跑。目下苦楚些，後來自有高封也。自教導之後，爾各人自有犯天條者，尚有不遵令者，尚有忤逆頂頸者，尚有臨陣退縮者，爾莫怪朕高兄發令誅爾也。

自此之後，宗教戒律的預期標準越來越高，凡叫傳各營參加會集不來或遲來者、或應對宗教儀式問題有誤者，都要杖一百或革去軍職，或兩懲俱辦。[30]

從一八五一年春天到盛夏，太平軍在這塊已是熟得不能再熟的地方與官軍展開拉鋸戰。太平軍未能打勝最重要的一次戰役。四月十九日，也就是太平軍審判犯天條者的那一天，在太平軍以南七十哩處，來自第五塊根據地的拜上帝會會眾入廣東，想辦法占領了郁林。帶頭的是廣東人淩十八，天王洪秀全認得這人。一八四八年至一八四九年間，淩十八在坪山一帶四處收購靛青，成了拜上帝教的忠實信徒。他在老家廣東信宜縣和紫荊山區往來活動，說服數百人皈依了拜上帝教，生意也做得很大。一八五〇年初，他賣掉了累積多年的土地——有稻田、荒地及山地——所得三百四十多兩白銀悉數交給太平天國的聖庫。

淩十八比紫荊山區的其他太平軍領袖更早開始祕密製造、貯積火器、彈藥，還為部眾配備紅衣、紅腰帶。一八五〇年夏天，他與洪秀全接觸，要求到金田入夥，洪秀全卻要他伺機而動。淩十八便趁這段期間驅逐當地團練，建立起自己的軍事基地，並攻占官倉，開倉賑糧，以得民意，他還在各村莊四處張貼布告，抨擊貪婪自私的地主和官吏。到了一八五一年年中，淩十八率三百余人占領郁林，準備北上與洪秀全會合。這個時機的確很合適。但官軍知道，淩十八若與洪秀全會師，事情就大大不妙了，於是傾全力攔截淩十八北上，截擊洪秀全的太平軍南下。這兩支拜上帝會軍隊反覆攻擊官軍，但都未能突破。[31]

這次阻止洪秀全、淩十八合流的關鍵人物正是水賊頭領大頭羊，他的河盜不讓洪秀全強渡黔江。一八五一年六月，官軍與地方團練不斷攻擊淩十八，淩十八被迫放棄郁林，向東撤回廣東。太平天國諸首領經此失利，為了提高士氣，六月中呼籲信徒不要懷疑恐懼，不僅要保護新創建的「太平天國」，嚮往天父右手所賜的報償，還要注意即將到來的「人間天堂」或「小天堂」，所有的拜上帝教徒都會得到超乎欲想的封賞。這個心之所嚮的地方在哪裡，洪秀全並未明言，但這是他第一次向太平軍眾將士明示，不久將有永久基地，教眾將與家人過著平和幸福的生活。[32]

官軍持續向太平軍的基地施壓，而太平軍雖有在凡間建立「人間天堂」的遠景，但是士氣還是開始低落。太平軍首領選出女營加以表彰，女營在皇上帝的保佑下，擊退團練大舉進攻。[33]各部統領下達執行士卒點名的命令，則說明了兵員時有損耗：如今各部隊都備有花名冊，登錄營內士卒的姓名。接戰之後「升天」（即戰死）的士卒，便以紅點標記其姓名；生病者則以紅圈標記；傷員以紅三角標記；開小差者則以紅叉標記。如此，按花名冊點名便能即刻知曉兵士數目。[34]洪秀全不斷找太平軍中的叛徒，天兄多次及時下凡警告相助（由蕭朝貴代言），下令處決被抓到的叛逆，並在項頸掛上一木標牌，上面寫著「天兄基督反映出反草通妖之人」。[35]

到了一九五一年八月中旬，洪秀全和太平軍眾首領做了一個艱難的決定。紫荊山對太平天國初創和發展雖是意義非凡，但眼下他們必須突圍而出。突圍要成功，需要計劃周詳，保密到家，故特別下令有關這個決定的討論皆不立文字。即便如此，還可明顯看出了有過激烈的爭執，許多拜上帝會教徒因在突圍離開金田之際，表現出自私和卑鄙而遭到懲罰。洪秀全必須向下屬解釋這個決定，他以宗教與戰略用語為之：

> 各軍各營眾兵將，放膽歡喜踴躍，同頂天父天兄綱常，總不用慌，萬事皆是天父天兄排定，萬難皆是天父天兄試心，各宜真草堅草耐草，對緊天父天兄也。天父前有言曰：越寒天，越退衣，各堅耐，萬不知。重兵將各宜醒醒。近據奏說現無鹽，移營是。又據奏說

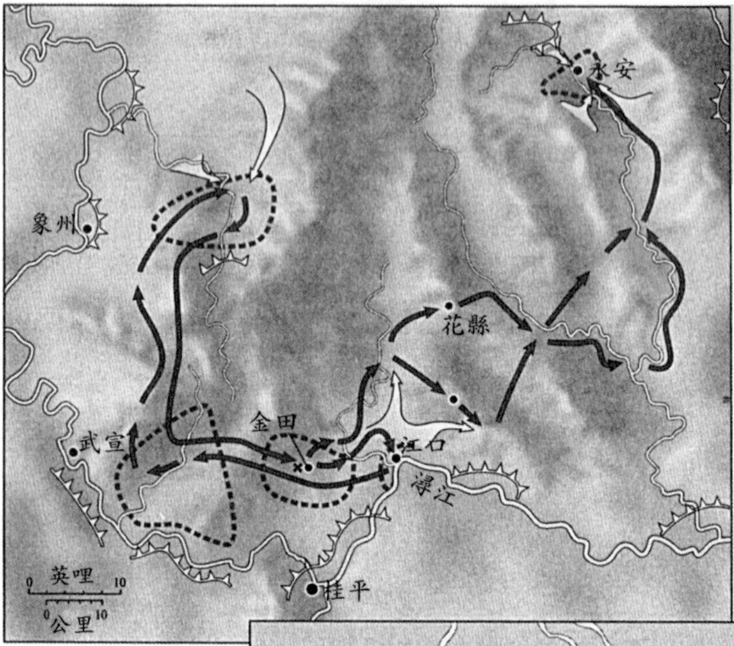


# 金田之戰，一八五一年

太平軍勢力範圍
太平軍防線
太平軍路線
官軍防線
官軍路線
交戰

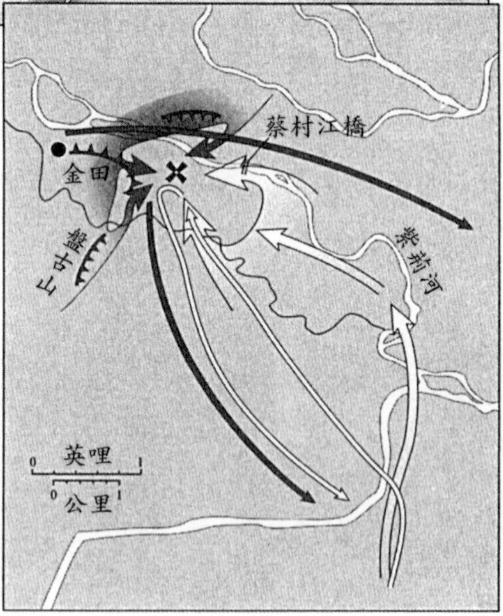

多病傷，護持緊，兄弟姐妹一個不保齊，辱及天父天兄也……。

每行營紮營，各軍各營宜間勻連絡，首尾相應，努力護持老幼男女病傷，總要個個保齊，同見小天堂威風。

這人間天堂到底在哪裡，還是聽不出來。不過因為要朝東北突圍，所以還是有個大致方向可循。就軍事角度來看，突圍極為成功：動作迅速，紀律嚴明，相互協調，官軍相形見絀。但突圍也很無情，拜上帝會教徒準備離開時，須將房舍燒掉，以證明他們對太平天國的忠心。因為每個村莊都得放棄，村落和附近山丘可食之物都被搜刮一空，以備征程所需。[38]太平軍前鋒由蕭朝貴和石達開率領，水軍則由羅大綱領軍，逆驤江而上，直撲距紫荊山東北方約六十哩的永安城。官軍弄不清太平軍突圍是取哪條路線，兵分兩路追擊，一路偏西，一路偏東，結果都沒攔住太平軍。洪秀全及其家眷在楊秀清中路大軍的護衛下，尾隨水軍先遣部隊進發。殿後掩護大隊人馬的艱巨任務，則由馮雲山和韋昌輝負責。

永安城雖然城牆堅固，但太平軍猛撲而來，猝不及防。一八五一年九月二十四日，太平軍的先鋒部隊開到永安城下，故布疑陣，他們馬匹不多，於是讓馬拖著裝有石頭的籃子，繞城飛奔，發出巨大聲響，以誇大來犯人數；他們又在附近找來許多煙花爆竹，徹夜燃放並擲進城去。城中居民被爆炸聲和火光弄得徹夜未眠，暈頭轉向，第二天，太平軍將大炮拖至永安城東門外，派兵攀上城牆——有些人以竹竿架著棺木，舉在頭上，以防備城上守兵擲下火把，有些人從城牆邊未被官軍拆毀的房屋屋頂爬上城牆。到了晚間，已有八百餘名官軍被殲，將領或是被殺，或是自殺。一八五一年九月二十五日，在洪秀全第一次夢見天戰之後十四年，太平軍攻占了一座實實在在的凡間之城。[39]

# 第十一章　永安

永安城池堅固，居民眾多：太平軍沒來之前，此地還是朝廷州治，但如今州官僚屬已是死的死，逃的逃。一八五一年十月一日，太平軍攻克永安七日之後，洪秀全率家眷入城，住進了原知州衙門，占地廣闊，有天井、廳堂、書房，家眷所住之處鑿有小溪池塘，經過了這些年的奔波征戰，此地不啻是天堂。[1]但洪秀全曉得，太平軍飽經激戰，長途跋涉，加上新入教、沒打過仗的部眾，還有以前是祕密會黨的成員，如今攻占永安，已有鬆懈放縱之虞。因此，洪秀全入城之後立即頒布詔令，強調秩序，並勾勒日後遠景：

各軍各營眾兵將，各宜眾公莫為私，總要一條心，對緊天父天兄及朕也。繼自今，其令眾兵將，凡一切殺妖取城，所得金寶、綢帛、寶物等項，不得私藏，盡繳歸天朝聖庫，逆者議罪。[2]

這份詔令當然有助於節制太平軍，對於爭取永安城內居民以及四周鄉民對太平軍的積極擁護也至關重要。這些鄉民有許多是客家人，但對太平軍仍心存畏懼懷疑。太平軍首領傳話下去，他們無意傷害百姓，只想斬邪留正，遵從天父皇上帝的諭旨，還向永安百姓保證，他們無須加入太平軍或接受拜上帝教，只要遵從太平軍的若干規定，並在門前掛上一只竹編小環，以示歡迎太平軍就夠了。永安一帶若有人率鄰里前來向太平軍獻誠，報告「清妖」動向及其士氣，貢獻銀糧或助運輜重，都將特別加賞。但若有人資助妖軍，參加對抗太平軍的團練，或趁亂行姦淫搶掠的勾當，一經發現，格殺勿論。[3]

太平軍為求當地進一步支持，想辦法讓城鎮和鄉間市集如常運作，維持買賣價格。若有地主士紳不想向太平軍效忠而倉皇出逃，太平軍就派兵占其家產，沒收糧倉、家畜、食鹽、食油，甚至連衣物也取走。有一次，約兩千名太平軍男女沒收李、羅兩家財主，花了五天五夜才把家產積蓄核清並搬走。有時，太平軍還去地主的田地裡收割莊稼。所得穀物分一些給當地百姓，其餘則存於永安城太平軍的「聖庫」之中。[4]

將所有物品都存入「聖庫」的想法古有先例，耶穌的「山上寶訓」也這麼說：既然天父皇上帝無所不能，創造萬物，那麼代表他在人間行使職責的人也自然能向他們的所有追隨者提供一切。[5] 但是那些表現出這種無私的人——不管是出自對同胞的愛，還是害怕因不服從而遭到報復——也需要保證他們的勇氣會在這個世界得到獎賞。因此，洪秀全在十一月十七日，於永安發佈第二道詔令，下令軍中所有兩司馬詳細記錄屬下二十五名聖兵和親兵的表現。凡在戰鬥中英勇殺敵、克盡其責者，在其名字旁邊劃一圓圈；怯懦、違規者則在其名後打個叉。每本記錄簿劃滿之後，將逐級上呈加以統計。俟太平軍到「小天堂」後，記錄最優者將被授予高官。不過十一月發佈的這份詔令和洪秀全在六月、八月的許諾一樣，都沒提到這個「小天堂」何時何地才能實現。[6]

洪秀全為了準備擘畫妥當的大事到來，便利用在永安暫作喘息的時機，頒行了馮雲山在三年多前就制定的新曆法。這部「太平天曆」不用朝廷欽天監所定的節氣，它雖採基督教形制，但與西洋曆也不盡相同；洪秀全（或許還有其他的太平天國領袖）應該人還在廣州的時候就熟知西洋曆法。這套曆法轉而參照古籍，再與西洋曆法相結合，將一年定為三百六十六天，分為十二個月和為期七天的禮拜，單月三十一天，雙月三十天。傳統的二十四節氣雖予保留，但新曆法有禮拜日，可說摒棄了舊的迷信成分——此「皆是鬼魔計迷陷世人之伎倆」。新制定的曆書與舊曆相反，「年月日時皆天父排定」，以確保「年年是吉是良，月月是吉是良，日日時時亦總是吉是良」。[7]

一八五一年十二月四日，洪秀全又頒布第三份詔令，所做的許諾更是宏大：若是為「果能立志頂天，（真）忠報國到底」，「上到小天堂後」，就能「累代世襲，龍袍角帶在天朝」。[8]

天王為了使這未來的許諾更形完備，於是給太平天國首領及其妻兒大封官爵，並規定稱謂與禮節。如年僅兩歲的洪秀全之子洪天貴被封作「幼主」，稱「萬歲」。洪秀全日後再有兒子，皆冠以「殿下千歲」。洪秀全的女兒則為「金」。丞相至軍帥皆為「大人」，而師帥和兩司馬則為「善人」。其子為「公子」、「將子」，其女為「玉」、「雪」。女將領皆為「貞人」。大小頭領的妻子是為「貴」，與丈夫的職銜相稱，稱之為「貴嬪」、「貴姒」、「貴姬」或「貴嬙」等。[9]

這份詔令還頒布了拜上帝教會五位首領的尊號，把太平天軍從紫荊山的離析之中帶到永安的就是這些神明的代言人和將帥：洪秀全稱天王，乃萬歲之主；楊秀清封東王，稱九千歲；蕭朝貴封西王，稱八千歲；馮雲山封南王，稱七千歲；韋昌輝封北王，稱六千歲。年僅二十出頭但已屢建戰功的石達開封翼王，稱五千歲。之前幾個月，這些人被稱為「王父」、「王爺」，這些稱號要取消，因為「爺」犯了上帝耶和華的名諱，凡人使用天父皇上帝的名乃為「歪例」，冒犯了天父皇上帝。[10]

同理，洪秀全表示，他自己決不僭稱為「帝」、「上」、「聖」，只能稱「主」，而「王」則只能由這幾位封王使用。為了強調這幾位首領的特殊地位，嗣後在太平天國所有文書中，只要提到古往今來稱「王」之人，便在「王」字左邊加一反犬旁，寫作「狂」。[11]

洪秀全頒此詔令，意在向信徒保證，他們艱苦創業和自我犧牲必將獲得回報，而蕭朝貴和楊秀清兩人則賦予太平軍現下正在進行的戰鬥以合理說法，不過他們是以「太平天國」的「總參謀長」身分，而非天父上帝和天兄耶穌的代言人來發言。楊秀清和蕭朝貴告訴信徒，他們現在所經歷的乃是天父皇上帝第四次顯聖：第一次顯聖是全知全能全在的聖靈之父，天父皇上帝用六天時間創造了天地萬物，卻又用四十天洪水滅世；第二次是祂「降凡救以色列出麥西國（即埃及）」；第三次是祂「遣救世主耶穌降生猶太國，替世人贖罪受苦矣」；第四次則是天父皇上帝遣「天使接天王升天，命誅妖，差天王作主救人。」皇上帝和耶穌為了助洪秀全完成艱巨重任，先後「降凡，顯出無數權能，誅盡幾多魔鬼」，這些妖魔的首領乃是新登基的「胡奴之後滿妖咸豐」及其盟友老蛇妖，此兩妖及其爪牙迷惑了諸多漢人；同屬洪門的三合會和天地會初時雖「同心同力，立下了堅決消滅滿清的契約」，但也降於清妖。[12]

楊蕭兩人為了籠絡太平軍中原為會黨成員者，坦言拜上帝會會眾已不如最初那麼純潔。他們還暗指他們知道內部有變妖者，的確，兩人的威望大部分來自他們以天父天兄的身分識破並懲罰那些為朝廷效命或打算投向官軍陣營的叛徒。至少在半年之前就有這些陰謀，其中牽連到幾百人精心策劃，兩邊效忠，如今這些人冒稱一心支持太平天國，逃出官軍，要進永安為天王「效命」云云。以往有幾次，涉嫌叛變者都遭處決或重刑鞭打——即使在進攻永安打得最艱苦時也是如此——現在又有新的事例被發現，連永安城內也不例外。

永安雖然地方較大，但它是不是比桂平一帶更牢固，還在未定之天。約有兩萬名太平軍守著永安城，其謹慎的程度勝過以往駐守其他基地——太平軍在城牆外一哩處設置防禦工事，在更遠的鄉下設立第二道防線，並在附近的驤江派船隻四下巡邏，以木建成高塔作為望哨或架設弓箭。官軍不給太平軍一絲喘息的機會，部隊不斷湧來，在永安城西南紮下大營，又在西北紮下小營，加上當地官府、團練及叛離太平軍的匪幫的支援，到了一八五一年底，官軍總數超過了四萬六千人。但連官軍也不是都那麼可靠——有的官軍私下與太平軍以物易物，在薄暮和煙霧的掩護下，交換著魚、肉、泡菜——但每隔一陣，官軍會對太平軍發動大規模進攻，以切斷太平軍的南北交通線，或是進攻防線外緣的村落。

一八五一年十二月十日，官軍在廣州副督統烏蘭泰的率領下，對永安城發動了一次最猛烈的反攻。烏蘭泰與太平軍交手已逾一年，毫無斬獲，如今也學了乖，將目標集中在坐落於太平軍週邊防禦防線最南端的水竇村，它是太平軍在驤江上的前哨陣地和糧草貯藏地，也是太平軍陸上部隊和羅大綱水軍船隊聯繫的關節點。官軍至少有五營進攻水竇村，太平軍立即兵分兩路，一支從永安城出發，另一支從第一道防線派出，欲救回這個糧草貯藏地，但都被官軍擋回。結果要塞被毀，糧草焚燒一空。此戰之後，烏蘭泰為了謹慎起見，率軍撤回大營。[16]

在水竇村一役，三年以來一直代天兄傳諭的西王蕭朝貴負了重傷。天兄傳諭見於太平天國一份機密文獻：

辛天元年十月十八日（西曆一八五一年十二月十日）天兄勞心下凡，時在永安。天兄因西王誅妖，受些小傷，不甚要緊，欲安天王及眾等心，爰降聖旨諭眾小曰：「爾眾小，安慰爾二哥寬心安福。貴妹夫受些苦難，不妨也。」

當時東王楊秀清、南王馮雲山、翼王石達開都圍在蕭朝貴身邊聽諭，蕭朝貴也要他們放心。但三人的應答卻露出心中的憂慮和不安：

遵命。我們眾小弟沾的天兄從前代贖罪功勞甚大，今朝貴妹夫八千歲又代世人如此受苦，小弟求天父天兄格外看顧早愈，同頂起天父天兄綱常也。[17]

天兄答以，要他們「合軍眾兵將，各自俱要寬心」，此事並無大礙。眾兵將要「踴躍放膽向前，同心同力，殺滅妖魔」。[18]

兩天之後，即十二月十二日，蕭朝貴不但未見好轉，反而病情轉糟，西王「傷痕未盡痊可」。天兄再次下凡，詔北王韋昌輝到前聽話。韋昌輝在十二月十日的傳諭中不在場。韋昌輝一如其他諸王，跪拜在天兄腳下，求天兄耶穌解蕭朝貴離「重苦」，早些康復。韋昌輝也以「八千歲」尊號稱呼蕭朝貴。但天兄耶穌對韋昌輝說的話卻讓人想不透：「成人不自在，自在不成人。越受苦，越威風。爾放草、寬草。凡有那些妖魔，任他一面飛，一面變，總不能走得朕天父天兄手下過也。」[19]但在太平天國的文獻記載中，天兄除了五個月之後又有一次鼓勵太平軍將士「各放膽寬草」外，再也沒有回天下凡，他的聲音沉寂了。[20]

令人不解的是，根據現存的太平天國材料記載，蕭朝貴是在九個月之後，即一八五二年九月太平軍攻取長沙時才戰死。期間文獻還記載他接受王封，指揮作戰。在一八五二年天王洪秀全頒布的一篇重要檄文《頒行詔書》中，洪秀全提到了天兄耶穌所說的「越受苦，越威風」，但他卻並未把這句話特別與蕭朝貴的傷病及病逝相聯。蕭朝貴是不是在永安之戰中受傷極重，以至於不得不隔離起來，以免影響太平軍士氣或讓人以為天父天兄放棄了太平軍？是不是因為如此，天兄耶穌才不像過去那樣發布讓人鎮定的消息或訓詞，或參與制定太平天國的策略？蕭朝貴在紫荊山的近鄰楊秀清（他和蕭朝貴都是出身最貧窮、讀最少書的太平天國首領）在久病之後，代天父傳言、揭露叛徒更為自信，他是否因此更有權力？蕭朝貴之所以陷於緘默，會不會是因為太平天國內部的政變，而非出於官軍的刀劍槍炮？

如果發生了權力爭鬥的話，那麼贏家就是楊秀清了。十二月十七日，在蕭朝貴受傷七日之後，洪秀全發佈詔令，正式敕封五王，包括封蕭朝貴為「西王」，詔令中完全沒提到蕭朝貴的健康狀況。在詔令的最後，洪秀全授楊秀清以全權，「所封各王，俱歸東王節制」，楊秀清的地位顯然淩駕於眾人之上。[22]

天王洪秀全尚未宣布已實現太平天國的最終目標，故而軍事訓練和道德教誨雙管齊下，更加強組織規範，並化為簡要的規定，營無分男女，或在永安，或在軍營，或在行軍，都需一體遵守。太平軍已有印刷設備，故用大字刊印了易讀易記的營規，其中有下述條目：

要熟識天條讚美，朝晚禮拜，感謝規矩所頒行詔諭。

要別男營女營，不得授受相親。

要不許謊言國法王章，訛傳軍機將令。

令各內外將兵凡十五歲以外，各要佩帶軍裝糧食及碗鍋油鹽，不得有槍無杆。

令內外強健將兵不得僭分千名，坐轎騎馬，及亂拿外小。

令內外官兵各回避道旁呼萬歲萬福千歲，不得雜入御輿宮妃馬轎中間。

令軍兵男婦不得入鄉造飯取食，毀壞民房，擄掠財物及搜索藥材鋪戶並州府縣司衙門。

令不得焚燒民房及出恭在路並民房。

令不得枉殺老弱無力挑夫。[23]

太平軍首領以永安城裡的木版刊刻設備印製了這些營規，以及其他軍事、道德規範。[24]為了簡化宗教訊息，並讓人瞭解那發生在另一個世界的陌生歷史，他們又照著《三字經》作了啟蒙讀本。從風格和內容來看，這應是出自洪秀全之手。《三字經》每句只有三字，俱是精心挑選出來的基礎漢字，詩句押韻簡明，讓人既能識字，又能瞭解倫常。而太平天國的《三字經》讀本，其形式功能與傳統《三字經》相同，但另有宗教的重點。太平天國的《三字經》不提上帝的憤怒，一如洪水氾濫、挪亞方舟與所多瑪之毀等故事所示，而是詳述〈出埃及記〉中以色列人在埃及的事蹟。以色列人出埃及與太平軍突圍求存遙相呼應，必定讓太平天國真正的信徒震撼不已：

說當初，講番國。敬上帝，以色列。十二子，徙麥西。帝眷顧，子孫齊。

埃及人不肯放以色列人，上帝就向埃及降下瘟疫，助摩西率以色列人化險為夷。

日乘雲，夜火柱。皇上帝，親救苦。……令紅海，水兩開。立如牆，可往來。以色列，邁步行。如履旱，得全生。追兵過，車脫輻。水複合，盡淹覆。皇上帝，大權能。以色列，盡保全。行至野，食無糧。皇上帝，諭莫慌。降甜露，人一升。甜如蜜，飽其民。[25]

然後它呼應了一八四五年洪秀全最早在紫荊山寫的宗教史，訴說中土之人原本信仰真主，後來又背離了上帝的律令教諭，直到天兄耶穌和洪秀全先後下凡擊滅妖魔，解救世人於罪惡。

洪秀全為了強化軍紀和道德訓誡，又將上帝在西奈山上交給摩西的「十誡」予以增添。為了維持永安的秩序，洪秀全強調不得奸邪淫亂，提出了他的第七誡：

第七天條：不好奸邪淫亂。

天下多男人，盡是兄弟之輩；天下多女子，盡皆姊妹之群。天堂之女，男有男行，女有女行，不得混雜。凡男人女人姦淫者，名為變怪，最大犯天條，即丟邪眼、起邪心，向人及吹洋菸、唱邪歌，皆是犯天條。

詩曰：

邪淫儘是惡之魁，變怪成妖甚可哀。

欲享天堂真實福，須從克己苦修來。[26]

一八五二年二月底，洪秀全下令軍中眾將士，不論地位高低，男女都須遵從「十誡」天條。東、南、西、北、翼王和眾將官必須經常檢查大營，「時時嚴查軍中有犯第七條天條者，一經查出，立即嚴拿，斬首示眾，決無寬赦」。[27]

洪秀全對太平天國的信眾制定如此嚴格的道德戒律，但他卻毫無愧色地把自己排除在外，他顯然喜歡有女子相伴。他在敕封五王等將領頭銜的詔令中宣諭，將生了兩個女兒和長子天貴的妻子賴氏封為「娘娘」或「王后」。他在同一份詔令又說，其他「貴妃」應稱為「王娘」或「王妃」。太平天國的文獻並無記載這些貴妃的姓名，但天王必定在一八五一年二月從江口撤退的苦戰時已選了第一個王妃。因在這個月，明令太平軍眾首領的「諸嫂」不得嫉妒抱怨天王的行為——違者將被處死。從太平軍眾將帥與耶穌之間建立的那種家庭關聯式結構來看，所謂的「諸嫂」應包括洪秀全的髮妻賴氏。[27]

洪秀全在永安又寫了一本道德小冊《幼學詩》，裡頭也間接提到了嫉妒的問題。《幼學詩》是一部五言長詩，押韻齊整，大體勾勒了太平天國最基本的社會交往方式，包括對天父天兄的尊敬與責任，以及對不同地位的成員所應負的責任和義務——如父道、母道、子道、夫道、妻道、嫂道、嬸道等等。詩句大多平白無奇，或至少可按常理類推，但有關夫道、妻道的詩句，卻道出洪秀全的個人體會：

夫道本於剛，愛妻要有方。
河東獅子吼，切莫膽驚慌。
妻道在三從，無違爾夫主。
牝雞若司晨，自求家道苦。[30]

洪秀全在永安頒布的詔令中也提到了他的諸位「皇岳父」、「皇岳母」，說明他與那幾位元妃子的關係是眾所接受的。洪秀全地位「至尊」，或許他納妃並不違背他要屬下遵從的貞節規範。[31] 但洪秀全並不想讓屬下拿他的私生活閒言碎語。他在翌年頒布詔令，規定凡私下議論天王妃「族名、名諱或出身地位」，或是進出女宮走漏消息者，一律就地斬首。[32]

永安城內訓誥佈道不斷，但是升官授銜與種種許諾都無法掩飾太平軍已是山窮水盡。

官軍的士氣雖然也有問題，但圍困永安的官軍數量持續增加，一次又一次地進攻太平軍的前哨陣地，逐漸消耗太平軍的防禦力量。進攻官軍營地的太平軍正規部隊奮勇作戰，但卻難以取勝，而官軍則逐漸在永安城周圍修築防禦工事，從而切斷了太平軍最後的糧食補給。太平軍被迫從永安城官鹽倉庫的地上，用水煮和濾土的方式獲取鹽分，並用各種方法試驗提煉硫磺和硝石以充軍需，包括將舊建築中的牆磚碾碎、過濾，以提取出硝石成分，把乾燥的狗血、馬糞和燒酒混在一起反覆熬煮，提煉硫磺。[33]

這絕對不可能是人間天堂，但固守永安確有其意義，讓太平天國有時間加強紀律，制定道德訓條。到了一八五二年初春，洪秀全和太平軍諸首領開始籌劃突圍。或是因為他們嚴守突圍祕密，使得藏在太平軍中的官軍密探一無所知，也可能在於楊秀清追查內奸，查出官軍密探，殺人滅口。四月三日，洪秀全以詩的形式向軍中男女將官公布詔令，如今，已熟悉他的措詞用語的人，或許能將之正確地解為號召作一次戰略撤退：

任那妖魔千萬算，難走天父真手段。
江山六日尚造成，各信𤤶爺為好漢。
高天差爾誅妖魔，天父天兄時顧看。
男將女將盡持刀，現身著衣僅替換。

同心放膽同殺妖，金寶包袱在所緩。
脫盡凡情頂高天，金磚金屋光煥煥。
高天享福極威風，最小最卑盡綢緞。
男著龍袍女插花，各作忠誠勞馬漢。[34]

一八五二年四月五日半夜三更到五更，太平軍主力及家眷附屬有條不紊地從永安城東南而出，官軍防守在此最為薄弱，渡過流經城門邊的一條小溪，登上山間小徑向北疾走。太平軍在離城之前以火藥石炭灌入的乾草和棉絮製成地雷。後軍撤離之時，便點燃用草辮繩和絲線製成的道火索，爆炸聲此起彼伏，濃煙和喧鬧聲接踵而至，迷惑了官軍的追兵，一如半年前太平軍利用爆竹的喧鬧和焰火輕易攻下永安。太平軍還在豬狗身上繫上破盆爛鐵，這群嚇壞了的牲畜在硝煙彌漫的大街上東竄西跑，更增混亂喧囂。[35]

太平軍雖採疑兵之計，但仍有近兩千名將士抵擋清軍主力，在撤離途中陷入重圍而全軍覆沒。太平軍主力為了給死難的弟兄報仇雪恨，後軍作前軍，又從山區掉頭，冒著暴雨，在官軍必經的鬆軟土路埋下更多的地雷，並將大石塊裝進竹籠裡，掛在陡峭山坡的樹梢上。官軍大隊人馬擠在那條泥濘的山道，太平軍拉響地雷，扯破掛在樹上的竹籠，數百名官軍或死或傷。太平軍於是開火猛打，徹底擊潰了官軍，留下了將近五千具死屍。倖存的太平軍將士趁機喘息，往深山老林行去，在一片風雨泥濘之中，也不知那片福地究竟是在東南西北。[36]

# 第十二章　追兵

人間天堂並無捷徑可循，在不知這個人間天堂在何處的時候更是如此。神州莽莽，山川市鎮相連到天邊，而妖魔始終跟在腳邊，控制人行進的步伐，卻不去管究竟所為何來。

太平軍撤離永安，深入山嶺，此時人數有四萬多人。太平軍從死傷的清妖身上拿了輜重、服裝、號旗、徽章、包袋等物品，還得了不少火藥（紅粉），至少有十車之多，這對於幾近耗盡的軍火來說至關重要。太平軍就算再有辦法，能從舊的城磚中提取硝，以血液和糞便製作硫磺，但用於行軍打仗，火藥還是不夠的。火槍要用火藥，製造地雷需要火藥，戰船上的火炮需要火藥，摧毀清妖據守的城牆更需要火藥。由於有一千多名經驗豐富的廣西失業礦工在永安加入太平軍，圍起城來應該較為得心應手了。[1]

既然已離開永安，那麼是進是退？這個問題或許無關宏旨。重點是，太平軍得天父之助，再次挺過浩劫。太平軍也得大頭羊之助。此人在金田叛離太平軍，在一八五一年夏天以官軍的身分阻止淩十八與洪秀全會師。到了一八五二年，控制永安以南、潯江一帶的大頭羊瞭解到，太平軍有助於保持自己的優勢，於是他聽由太平軍逆河而上向北進軍，無意以他實力較強的船艦沿江追趕，切斷太平軍前往桂林的路線。[2]

太平軍往桂林行去，半是出於運氣，半是出於策略。桂林是廣西的首府，坐落在一片盛產稻穀的山谷，附近全是典型的科斯特石灰岩的石林。桂林城由重兵把守，牆高城堅，不像永安那樣易攻。但是往桂南的退路已被官軍阻斷，且桂西、桂東的各幾處城鎮也有裝備精良的官軍駐守，所以太平軍最好的策略就是沿著村落穿過桂中，不去攻擊其他市鎮。[3]

羅大綱此時已證明自己是太平軍心思最細、最能出奇制勝的將領之一，他建議太平軍喬裝行事，命令手下幾百名士兵換上在永安從俘虜身上扒下來的官軍軍裝，打著官軍旗號列隊開向桂林，順利騙過了毫無警覺的官軍守衛。桂林城中還沒人知道太平軍已離開永安，但有一名官軍將領看到一支著官軍服裝的部隊，連忙把這消息帶去桂林。他曉得此處不應有、也不可能有官軍，於是策馬疾馳，趕在太平軍之前抵達桂林，警示桂林守軍，並將四門緊閉以防攻城。[4]

太平軍圍攻桂林三十三天，但由於數量不足以圍城，於是兵力集中在南門，但也未能攻克城門，破毀城牆，更無法困死城中守軍。太平軍在湍急的灕江邊紮營，一邊休整部隊，一邊攔捕舟船，以補充在撤離永安時棄於驥江的船隻。太平軍在圍攻桂林期間發展戰略和後勤補給技巧，成了一支水陸兩棲的勁旅。不到幾個星期的工夫，太平軍就擄獲了四十多艘大船，並將貯藏的軍需、糧食、洗劫來的金銀珠寶以及無戰鬥能力的婦孺安置在這些船上。這項安排釋出了那些身強體壯的客家婦女以及若干男性士兵，不用再擔任乏味的守衛任務，而可投入作戰之中，且軍需和部隊附屬人員一旦遇上危險也能迅速移動。[5]太平軍在岸邊部署火炮，以防大頭羊進攻，然而大頭卻無意進攻。其他的官軍水師怕太平軍折回與淩十八及粵西的友軍會合，所以主要還是留在桂林以南。[6]到了五月中旬時，桂林還是沒攻下，於是太平軍出了鉅資收買大頭羊，要他不作追擊，並運用如今更顯嫻熟的戰術，兵分水陸兩路迅速撤離，繼續揮師北上。[7]

選擇撤圍北上至關重大，因為過了桂林，便越過中國戰略和地理的分水嶺，河流從由北向南流轉而為由南向北流。太平軍出桂林，向北行進六十多英里抵達興安，此地的古運河連接灕江和北流的湘江，湘江一路流經湖南腹地入洞庭湖，由此接長江。

讓人驚訝的是，興安居然毫無防備，五月二十三日，太平軍連打都沒打就進了興安。但太平軍亟需北進，且官軍尾隨在後，無暇在此滯留。於是太平軍立即揮師直逼河運樞紐全州，太平軍先遣部隊於次日（五月二十四日）便已進抵全州城下。全州不同於興安，守備堅固，但既然太平軍意不在取全州，水陸兩軍便繞城而過，南王馮雲山安然端坐裝飾華麗的轎輿，夾在行伍之間。全州城上一名官軍炮手向這頂轎輿發炮，不意竟擊中轎輿，打碎轎上的飾物，重傷了馮雲山。[8]

代天兄發言的西王蕭朝貴在永安被清妖擊中之時，太平軍的首領對此大惑不解，並出現意見不一的情形。而此刻在全州，馮雲山受重傷的消息不脛而走，太平軍卻步調一致。太平軍停止前進，包圍全州城，輪番攻城達數日之久，全州附近的官軍將領懾於太平軍的兇猛無敵，按兵不動，即使全州知府寫血書求援，也拒絕增援全州。太平軍於六月三日攻破城門，進城後也不安營，見人就殺。這情形是以往沒有的。不到兩日工夫，全州居民全遭殺戮，只有及時逃離的人得以倖免。[9]

六月五日，太平軍撤離全州廢城繼續北上，顯然是想沿湘江而下，直取長沙。太平軍一如以往，兵分水陸兩路前進，此時陸路沿湘江西岸行進。太平軍的船隻數量又有增加，更多的步卒登船而行。太平軍在全州圍城一役囊括了停泊於全州的大小船隻至少兩百艘之多。[10] 太平軍在全州屠城後頗為疲憊，連忙趕路，沒有照往例，每至生地必先詳加偵察，結果，只出了全州以北八公里，就中了團練首領江忠源在蓑衣渡設下的埋伏。

太平軍勢必要面對新型的對手，而江忠源是最早的典型；比起紫荊山的仕紳財主王作新和拜上帝會的其他敵人，無論在物資、財力、家庭規模還是與官府的淵源，江忠源都更勝一籌。江忠源是湘南的秀才，比洪秀全年長兩歲。他在一八四〇年代後期就有組織地方團練保護家園不受傜民和別的團體侵擾的經驗，此時太平軍還未出現。這些在社會上無所掛搭的人藉著「黑蓮教」或「棍棒社」等祕密結社而有了勢力，這些結社將武藝、佛教信仰和吃素連在一起。[11]這些年來，這類組織的勢力在江忠源老家的湖南越來越大，尤其碰上大旱，地方糧商與贓官聯手哄抬米價，加入祕密結社的人更多。

江忠源招募鄉勇的目的之一是先發制人，以免族人和那些可能造反的組織有所瓜葛。這種有防禦作用的團練，其成員相當複雜，這點和廣西一樣：有豪門大族的代表，有當地農民，有沒活可幹的人，也有半職業化的兵勇，這些兵勇與當地沒有什麼淵源，只是找到能讓他們有固定收入的雇主。到了一八四〇年代末，江忠源的團練人數已達兩千多人。江忠源到外省做官，但團練仍由他的兄弟和一些出身湖南精英的世交掌控。[12]一八五〇年，江忠源按朝廷禮規回湖南老家服父喪時，有些朝廷將領注意到江忠源會帶團練，便召他率部馳援永安圍城和桂林破圍，這雖然已經離鄉甚遠，但江忠源還是加入這兩場會戰，不過為時不長，他對朝廷各路官軍畏縮不前，無法當機立斷、協同作戰而大感沮喪。[13]

江忠源在全州北邊八公里處的湘江蓑衣渡口設下埋伏。湘江至此急轉向東，渡口約有數百碼寬，水流相當淺但湍急異常，河床淺灘縱橫交錯，船隻難以通行。湘江西岸多山丘，草木茂盛，林木延伸至江邊。江忠源在此伐樹塞河，打樁設阻，使船隻根本無法通過。他又將人馬藏在河西的密林之中。[14]

太平軍先頭的船隊順著湍急的江水駛過淺灘，在河曲處轉了個彎，直直衝入巨木束成的障礙。接著炮如雨下，擱淺的船隻起了火，後面的船也停不下來，撞到前面的船上。船越擠越多，場面就越混亂，大火在船隻之間迅速蔓延，陷入重圍的太平軍和沿著湘江西岸行軍的部隊皆倉皇逃到東岸。要是江忠源有更多的人馬，要是他的同僚沒有食言，在蓑衣渡東岸也設下埋伏，那麼太平軍說不定就全軍覆沒了。不過，太平軍受創極重：三百多艘船或燒或沉或被截，約一萬名太平軍或殺或溺，其中有許多是最早的廣西拜上帝會眾，太平天國運動的狂熱與活力正是來自他們。南王馮雲山也在蓑衣渡之戰中身亡。[15]

洪秀全和太平軍拋棄所餘船隻，穿過湘江東岸林木鬱密的山丘，徒步入湖南，欲取下臨河的商業重鎮永州，但官軍已截斷橋樑，並將船隻拖至對岸。太平軍無處可去，便又轉向南進，發現道州守軍因為太平軍突然轉向而無準備，防衛虛設，便於六月十二日占領道州。[16]

太平軍在道州停了一個半月，或在城裡，或是宣教，或是四處劫掠，或在道州一帶搗毀廟宇。太平軍的首領不僅要重整士氣，更要召募兵員以彌補蓑衣渡之戰的重大損失。最有可能投效太平軍的人也是最有問題的人：他們出身不同的社會團體，因種族、經濟、政治或宗教原因轉而反抗朝廷，尋求現成的改善生活之道。太平天國的領袖直接爭取這些人加入太平軍，這裡頭是有風險的，因為這些人會不會成為真正的拜上帝會教徒，會不會關心太平天國還不得而知。

太平軍在湘南以東王楊秀清、西王蕭朝貴的名義頒布若干檄文，這二人在永安時就開始草擬其內容。他們貶抑滿族統治者及其奴才，使用的措詞既猛烈又個人。他們稱今上咸豐皇帝是「滿洲妖」、「狗韃子」、「滿洲胡人」和「漢人的死敵」。他們還提醒天地會會眾，為咸豐賣命不僅是聽命於「老蛇魔」，而且還有損天父榮光，有違自己許下「同心同力以滅清」的血誓。[17] 有些祕密結社仍堅持恢復明朝，蕭朝貴和楊秀清避而不談，力勸他們支持「真聖主」洪秀全建立大業。[18]

太平軍首領最早在廣西桂平一帶招募會眾時就提及「聖庫」以及向聖庫捐款的必要。桂平一帶的祕密結社也以歌謠和打油詩的方式，傳唱自己的號召：

富貴之人欠我錢，不富不窮任休閒。
貧窮之人跟我去，強似租牛耕貧田。

太平軍在紫荊山也有這麼一首相同題材的歌謠：

百萬身家欠我錢，不窮不富任耕田。
無食無穿跟我去，窮餓老天保爾安。[19]

現在，楊秀清和蕭朝貴進一步發展這些觀念，並與朝廷濫權不仁相連接：

> 凡有水旱，略不憐恤，坐視其餓莩流離，暴露如莽，是欲我中國之人稀少也。滿洲又縱貪官汙吏，佈滿天下，使剝民脂膏，士女皆哭泣道路，是欲我中國之人貧窮也。官以賄得，刑以錢免，富兒當權，豪傑絕望。[20]

朝廷的壓迫正是太平軍興兵起義的主因之一：「予興義兵，上為上帝報瞞天之仇，下為中國解下昔之苦，務期肅清胡氛，同享太平之樂。」[21]太平軍頒行的詔書既嘲弄滿洲人，也及於其先祖：

> 予細查滿韃子之始末，其祖宗乃一白狐一赤狗交媾成精，遂為妖人，種類日滋，自相配合，並無人倫風化，乘中國之無人，盜據中夏；妖座之設，野狐升據；蛇窩之內，沐猴而冠。我中國不能犁其窟而鋤其穴，反中其陰謀，受其淩辱，聽其嚇詐，甚至庸惡陋劣，貪圖蛇頭，拜跪於狐群狗黨之中。今有三尺童子，至無知了，指承而使之拜，而灩然怒。[22]

楊秀清和蕭朝貴也把漢人女子為胡妻與社會的屈辱相連：

夫中國有中國之形象，今滿洲悉令削髮，拖一長尾於後，是使中國之人變為禽獸也。中國有中國之衣冠，今滿洲另置頂戴，胡衣猴冠，壞先代之服冕，是使中國之人忘其根本也。中國有中國之人倫，前為妖康熙暗令韃子一人管十家，淫亂中國子女，是欲中國之人盡為胡種也。中國有中國之配偶，今滿洲妖魔悉收中國之美姬為奴為妾，三千粉黛，皆為羯狗所汙；百萬紅顏，竟與騷胡同寢。言之痛心，談之汙舌。[23]

這些檄文還玩弄數字以表意，祕密結社常用這一招，而洪秀全和太平天國諸王也用它來強調自己的特殊地位。太平天國首領言及「三七之妖運告終」，指的是一千八百年前曾有人預言，本朝氣數只有「三七二十一個十年」（即兩百一十年）。大清開國於一六四四年，按此理來推，將亡於一八五三年。屆時「九五之真人」將登基，換句話說，就是洪秀全要登大位。《周易》第一卦，「九五之處意為：飛龍在天，利見大人」，儒家對此解為「同聲相應，同氣相求。水流濕，火就燥，雲從龍，風從虎，聖人作萬物覩。」[24]

太平軍正是以這種尊嚴與解救萬民的精神奮戰，他們知道漢人皆上帝子民，雖然漢人甚至甘願為滿妖賣命。凡是不願接受太平軍者，將會被妖頭鬼頭迷惑纏捉，死了便做妖徒鬼卒，聽受淫汙，患上痲風重病，化為醜陋惡鬼，落入十八重地獄。誠心接受懺悔，願加入太平軍的，將榮耀子孫，享福無疆，永遠威風，永遠尊貴。[25]

在湖南加入太平軍的人，至少有一部分是因為太平天國的信念：據其中一人所稱，蓑衣渡之戰以後，太平軍在一度占領的三個城鎮中，分別招募了兩萬、三萬和幾千人，總計至少增加了五萬新血。[26] 這些新加入的祕密會社成員在湖南已經過多年歷練，他們操著當地方言，能在太平軍之先，喬裝成當地鄉勇或遊商潛入城中，偵察官軍佈署。太平軍就這麼在湘南各個富庶城鎮之間流竄，有時攻占一些城鎮一兩天，有時則繞開城鎮，一旦發現騾馬便將之擒捕，以加快行軍速度。[27]

西王蕭朝貴的傷勢顯然已經恢復，他打破了這種漂蕩奔逸的局面。一八五二年八月下旬，洪秀全和太平軍駐在郴州，蕭朝貴率一支頂多只有兩千人的人馬從陸路橫越湖南，於九月十二日抵長沙城下。他率太平軍自長沙城南門用火炮和炸藥猛攻城門城牆，向城內投射火箭，達六日之久。因為官軍大多部署在別處，長沙守軍的數量並不比蕭朝貴的人馬多，加上其他太平軍並無進攻長沙跡象，蕭朝貴的猛攻可說是出乎意料。但是長沙城高牆堅，守備呼應協調，一時攻它不下。西王身穿官袍，旌旗簇擁，卻是很顯眼的目標。九月十七日，蕭朝貴再次率隊攻城，長沙城上的槍手一槍擊中了蕭朝貴。[28]

七日之後，蕭朝貴戰死的消息傳到洪秀全耳裡，令他震驚萬分，便率全軍北上，重圍長沙。大軍走了十天，於十月初兵臨長沙城下，洪秀全第一次見到了這座堅固的城池，要不是蓑衣渡的慘敗，他早在四個月前就到此處了。[29] 洪秀全的來遲對長沙的防禦至關重要；蕭朝貴猝然猛攻之際，城中只有五千到八千人。蕭朝貴差點攻下長沙，震驚了朝廷，於是火速派兵增援，所以當洪秀全率大軍到來之時，守衛長沙的官軍已增至三萬人以上，一個月後更增至五萬人。新到的援軍彈藥飽足：兩萬磅火藥，還有幾座重炮可架在城牆上。[30]

防禦長沙由湖南巡撫駱秉章協調指揮，駱秉章的府邸就在長沙城中。此人是廣東花縣人，和洪秀全是同鄉，他的境遇樣樣都是洪秀全企盼而未能如願的。駱秉章比洪秀全年長二十歲，熟讀經書，從縣試、府試、鄉試到會試，應試無往不利，一八三二年中進士，列二甲第二十七名，拔得廣東考生的頭籌，之後入翰林院。洪秀全做著異夢、傳教、遊歷，而後開始在紫荊山聚集拜上帝教徒眾之時，駱秉章憑著學識、忠誠和辦事精細，在官場上平步青雲。駱秉章升為湖南巡撫，赴任長沙，此時洪秀全穿上了黃龍袍，在金田打了第一次勝仗。[31] 駱秉章任湖南巡撫，因太平軍在其所轄湘南接連取勝而受咸豐皇帝斥責，但他並未被召回，而是按大清慣例「撤職留任」，巡撫一職另有他任，駱秉章則擔任「長沙防禦協調使」。[32] 太平軍在這兩個月裡想辦法破城而入，殺光駐在城裡的妖魔，駱秉章在城牆上把這一切都看在眼裡。

太平軍圍攻長沙，有一部分也可說是兩股意志的較量：一股是儒家傳統道德的履踐，另一股則是滿懷信心與天父相接。這也是一場技術的較量，太平軍精於建浮橋以集結部隊。太平軍只建了一座浮橋，就成功跨過寬闊湍急的湘江，直抵長沙西城門外。翼王石達開在城西江灣另闢戰場以阻擊官軍，這座浮橋的兩翼便使得圍城的太平軍更容易聯繫，也更易於進出城牆以西的一座狹長小島，太平軍在此紮下營寨，打退任何想從南面增援長沙的船隻。[33]

太平軍在長沙一役中用到礦工的技術，這兩年陸續有廣西礦工加入太平軍，最近還有數千名湖南礦工加入太平軍。太平軍在湘南積蓄了大量的火藥，所以火藥已不再是問題。太平軍令礦工在城牆邊上挖掘坑道，長沙守軍則將大木桶埋到地裡，讓耳朵特別敏銳的盲人細聽遠處挖掘地道的聲音，準確判斷地道挖到何處。雖然太平軍在城牆外不斷擊鼓以擾亂盲人聽覺，但還是成效不彰。每有坑道接近完成，官軍總是用大鐵球將其砸開或壓垮，或是灌水與糞將精疲力竭的太平軍逼走。[34] 太平軍在長沙之戰挖了十個坑道，其中只有三個得以完成。太平軍在坑道中引爆炸藥，炸毀了一段城牆，但還是無法突破防線。到了十一月，官軍兵力已增至五萬人，太平軍的兵力不足以將長沙團團圍住，也無法阻擋大批官軍的到來，這和桂林之戰如出一轍。[35]

到一八五二年十一月底，太平軍仍無望取勝，但已從所控制的碼頭和長沙四周河道奪取了幾千艘船，於是洪秀全下令撤圍。太平軍水陸兩軍移師北上，又用劫來的船搶奪更多的船隻，而隊伍浩浩蕩蕩，也吸引了更多的新成員加入。他們也發展出新的辦法，來協調浮動的水上要塞（即船隻）與陸隊和火炮之間的行動，使陸隊及火炮能在水陸之間迅速移動。[36]

水軍也發展了一套通訊系統，每個水營有自己的艦旗——前隊兵船桅上掛三角紅旗，中隊兵船掛三角黃旗，後隊兵船掛烏旗。聲響信號用於夜間識別：先鋒船擊鼓兩點，大炮船則鳴鑼一點，後船則擊鼓三點。[37]佐將船頂上鳴鑼三陣，各船知是解纜開船；佐將船上鳴鑼四陣，各船則挽船紮夜。挽船要一行還一行，不得架橫十字。有用大炮者，炮口俱要定水面上下。太平兵士乘坐小艇，上下往來巡邏，終夜鳴鑼張燈提防火燭、提防奸細。每一兵士可帶鑼一面，不用帶勝角，恐妖來驚慌，吹角不響，以致有誤。凡行船之時遇有妖來，以勝角宣傳。[38]

探索未知水域既困難又危險，稍有疏忽，就可能大難臨頭，蓑衣渡之敗就是眼前的教訓。雖然不可能事事料到，但太平軍還是將許多細節寫在行軍總要裡頭：

凡水路行軍，江面寬闊，多有旁支小江，岔河小港，一經錯走，關係匪輕，此尤不可不慎也。當出師之時，船上軍裝器械俱已裝載齊備，擇定某日開始，傳令眾兵得知。先要鋪置行船之法，可選擇熟識江路水營兵士多名，帶在佐將身邊，先將江面一帶支河岔港開列清白。如今夜可到某處紮船，有十條岔河，即先發令預定多少小船，每船可坐兄弟五六人，各帶炮殼軍裝，先為前進。如遇岔河，即將二條小艇泊在岔河口門，以待後來船隻，擊梆一下，鳴鑼二點，是來船聽聞，往前直走，即不入此小港。如或夜間不能看見小艇，在小艇上須用三個小紅燈籠並一下梆，兩點鑼以為號令。[39]

太平軍的水軍首領大多來自南方，但被俘的船主和水手卻多是湖南本地人，他們對河川的瞭解是信得過的。陸路各營的頭領及男女戰士也都來自南方，但一如他們自己所言，離了家鄉五十英里，就不辨東西了，只能聽命行動。[40] 新加入太平軍的人是否忠誠可靠還無從證明，詭計和圈套時有發生。陸路一如水軍，也採取種種預防措施：

凡行軍先要將路程算清，譬如欲往某處，攻剿某處城池，相去約計有多少路程，必須訪問明白，即在軍中選擇熟諳路徑之人多名，知得由此去多少路到一市鎮，又有多少路到一村鄉，用紙寫得清清楚楚，使之了如指掌，依樣書寫多張。如自己兵士中一時無識路之人，到一方即先擎拿那一方外小作為引路之人，亦要問得明明白白。他果能識得路途，方可用他，斷不可隨擎一人即叫他引路，須防其中有奸詭之計。如遇途中有三岔路口或二岔岐路，日間固能易知，夜間實恐難認，必須審明此條路是往哪方去的，這條路是正路，即著一隨身兵士手執令旗，站在岔路口，俟聖兵一到，即大聲喊曰：「此是正路，此是岔路。」指引明白以便聖兵前進，庶不致走入岔路。又恐聖兵到，以執旗之人疑為奸細，不肯輕信，必先發給路憑一張，蓋用佐將印信。[41]

行軍有無嚴格紀律也是非常重要。太平軍在永安已制定了大方針，如今又增補了一些細則，兵士無分新舊，皆須一體遵行。每日破曉時分造飯，然後撤營。部隊清早即行，身邊帶著已經做好的午飯。沿途不得生火熱飯，也不得在村民家中避宿或做飯。一直走到晚間五點到七點之間才停歇，然後準備晚餐。[42]

太平軍撤離長沙後，以嫻熟的協調與技術北渡，沿湘江直趨湖北省會武昌，這地方是他們自己也沒想過的。太平軍在一地棄置幾百艘船，攻下一些沿河城鎮，又奪取一千多艘新船。為了阻止或延遲官軍的追擊，太平軍過河拆橋，連船帶人一塊帶走；沒橋的地方就迅速架起浮橋，渡河後便讓浮橋順流而下，以便再次使用。太平軍雖帶有家眷、物資、武器、火藥、軍需、財物、糧食、油鹽，但他們在二十五天連續作戰和行軍，還是行了四百八十三公里路。[43]

太平軍出洞庭湖，到了長江邊，而後順流急轉向東。太平軍沒有立即進攻城堅兵多的武昌城，而是出其不意派兵至長江北岸，攻下漢陽與漢口兩座富裕但守備不堅的城鎮。太平軍有此兩個據點在手，搭了兩座浮橋橫越長江，從武昌城防禦薄弱的北面（即面長江的一面）攻城。湖北巡撫下令守軍將城外屋舍悉數燒掉，空出空地便於進攻，並下令召集城中居民，懸賞捉拿太平軍：擒獲長髮賊（即太平軍老兵）一人，賞銀二十兩，擒獲短髮賊（即太平軍新兵）一人，賞銀十兩。武昌守軍一如長沙守軍，也用土石堵塞城門，在近城隙地掘坑，使聾者更番臥其中，以聞太平軍挖掘之聲。然而，由於官軍拆毀民房，民心怨憤，轉而同情太平軍；官軍防線不久即告崩潰，一八五三年一月十二日，太平軍攻下武昌，這是他們至此攻占的最大一座城池。[44]

太平軍自一八五二年春撤離永安之後，就一直在發展社會政策，而武昌這座大城正可用來試驗這些政策。太平軍收繳了城內官紳人家的財物，置入聖庫儲備，又接收城中各種軍需物資和府庫銀兩，數目之多，令人眩目——總計達白銀一百多萬兩。城中許多有錢人家和商賈走避逃離，其資財被沒收，而那些選擇留在城中的居民則要將財產的十分之一捐入聖庫，無論金銀、錢米、雞鴨還是茶葉均可。太平軍打開牢獄釋放囚徒，官軍士兵則繳了械，而身強體壯的居民則負責守城。

武昌居民可入拜上帝教，按性別分營編制，以二十五人為卒，由兩司馬統領，男有男營，女有女營，凡亂入營者，斬首。男子被徵召守城皆須赴召，婦孺歸女館，老弱者也各歸其所。不論兵士、寡婦或隱居老者，人人每日都能分得配食，包括不到半斛米、一小碟油鹽等。太平軍下令城內不許進行貿易，但為了補充公眾食品配給，兵士及其家族可在城外開鋪，讓當地居民前來做買賣，「肩挑貿易，皆雞鴨、魚蝦、餅餌之屬」。[45]

皇上大為震怒，下旨要懲治敗軍之將——自一年前永安陷落以來，皇上屢次下旨申斥，範圍日漸擴大，語氣也日益嚴峻。一八五三年二月十日，太平軍突然帶著金銀財物和幾萬名男女新兵撤離武昌。[46]他們在武昌附近的湖泊河道上又奪取了至少兩千艘船，並將船家納入其中。戰事緊逼，但太平軍對這些船夫放寬了男女分營的政策，只要他們效忠太平軍，船夫也可帶家小隨船行進。船夫可以留著腦後的辮子，不必像太平軍的戰士一樣披散頭髮。[47]因為，速度就是一切。逝者如斯，不舍晝夜。太平軍的領袖仍未公開宣稱人間天堂到底在哪裡，但是對他們來說，向東九百六十五公里處的南京成了下一階段旅程的目標。南京位居長江下游，地處最為富庶的省分，人文薈萃，大約五百年前的朱元璋曾建都於此。[48]這沿江九百六十五公里，一路儘是官軍要塞、戰艦和忠於朝廷的文武百官。太平軍後有追兵，但太平軍似乎毫不在意，兵分水陸兩路，浩浩蕩蕩順江而下，在沿途投降的城裡稍事休整，並將城裡財寶洗劫一空，若有城池抵死防禦則繞行而走，有時甚至全軍渡江到對岸，以避開幾個大城的官軍，官軍有組織的抵抗可能會阻礙太平軍的滾滾洪流。[49]

太平軍首領總是先派暗探、前哨在大軍之先潛入村鎮，張貼安民榜和救世書。警告凡有趁戰亂打劫妄為者，就地正法。太平軍還令地方士紳移走朝廷給他們立的功德牌坊，但又保證一旦太平軍攻取南京，將舉行新的科考以選賢舉能。只要在家門上寫一個「順」字，就不會受到傷害。佛道僧侶不得住在寺廟道觀之中，違者一經發現，即斬首示眾。凡開設賭場、妓院者，財產一律沒收充公或濟貧。[50] 對於在路上碰到太平軍的人來說，消極接受是上策：

> 天王乃天兄耶穌基督之二弟，從天上下到人間。因世人為妖魔所蠱，天王降臨人世來解救世人。因此，人們稱之為救世主。就像人們得傳染病，那些為妖魔纏身的人也會變成妖魔。進而言之，東王出世，乃為勸誡人行正道、治疾病。故而，人們也稱東王為勸慰師、解人疾患的救世主。太平軍行天道，救人間，不害民。山河一統後，減免天下三年賦稅。富者出資，窮者出力，大業有成後，所有人將受到封賞，世襲官爵。無論太平軍走到何處，都要殺盡清妖將兵，讓人們像平常一樣過上祥和的生活，不受傷害，公買公賣。所入城池，人們只要關門閉戶，太平軍保證不予傷害。但凡助清妖守城者，格殺勿論。[51]

武昌撤圍後三十日，太平軍先頭部隊循水路疾行九百六十五公里，進抵南京城下。南

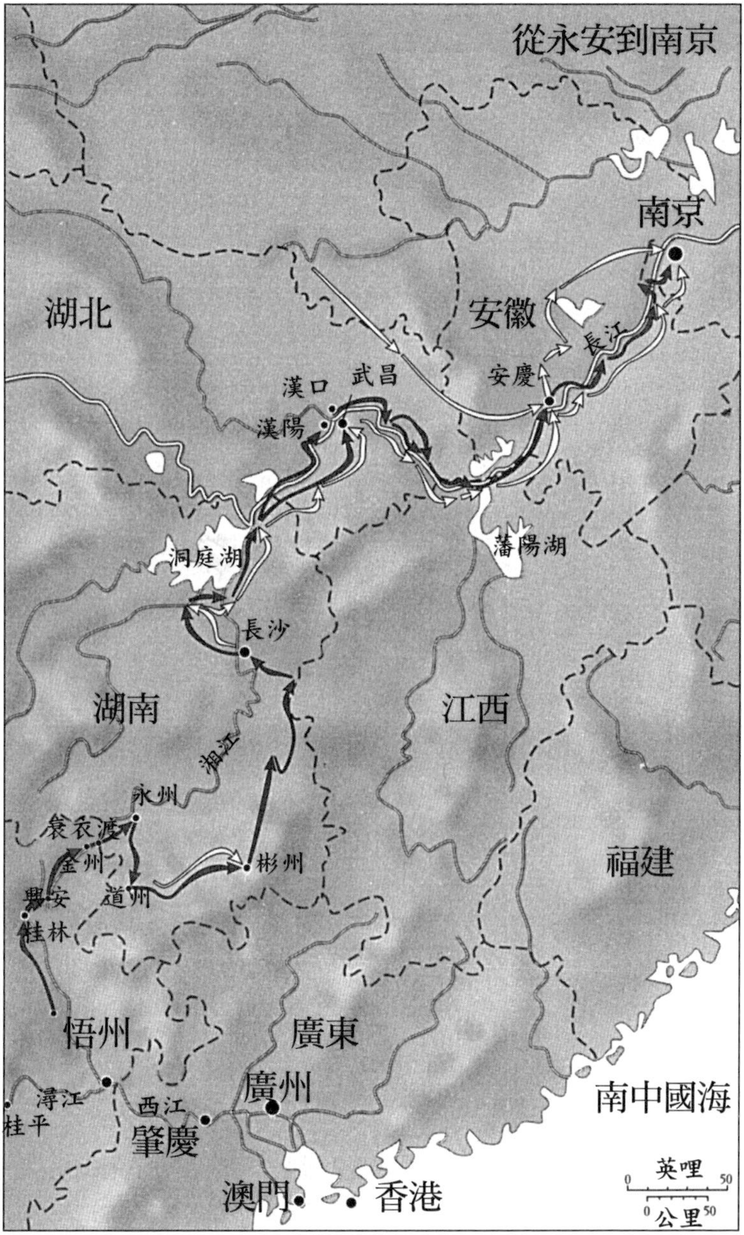
從永安到南京
南京
安徽
湖北
長江
安慶
漢口
武昌
漢陽
洞庭湖
藩陽湖
長沙
湖南
江西
湘江
永州
蓑衣渡
全州
興安
道州
桂林
郴州
福建
悟州
廣東
潯江
桂平
西江
肇慶
廣州
南中國海
澳門
香港
英哩
0
50
公里
0
50

京城城牆堅固，高出河岸達十二米，蜿蜒向東接山丘。城牆周長長達四十公里，正如若干年前鴉片戰爭期間英國人所作的一份報告所述，這座城池太大，無法進行縱深防禦。在英國人看來，靠近長江的西北角城牆似乎是最容易突破的地方，而攻城者只要將火炮彈藥運到山上，就可以令南京內城俯首貼耳。[52]

太平軍的戰略眼光也不遜色，他們也看到了這一點。他們挖地道、圍困、恐嚇、潛入城中，挑起南京居民對滿清統治者的仇恨，鼓動他們不要為清妖賣命。一八五三年三月十九日，在一陣震耳欲聾的爆炸聲之後，太平軍炸開了西北角城牆，第一批軍士衝入城內街道，不過在衝入缺口時，有數百名太平軍戰士被自己的炮火所誤傷。另有一支兵力攀過南城城門及城牆，快速穿過城中熱鬧的區域，擊潰殘存的守城兵。三月二十日，官軍死守內城，太平軍則集結兵力，將內城團團圍住，發動新一輪攻擊。內城約有五萬官軍把守，但訓練有素、有作戰經驗的兵卻很少。內城被攻破時，他們轉回家中，在太平軍殺到之前，燒毀房屋，然後刎頸自殺。城中烽煙四起，太平軍四處搜尋殘餘清妖，屠殺持續了好幾天。

三月二十九日，一切準備就緒，樂聲四起，洪秀全身著黃龍袍，腳蹬黃龍履，坐在金碧輝煌的轎輦上，由十六名轎夫抬入城中，城中百姓夾道拜倒。轎輦上，五隻白鶴像迎風飄擺。得勝之師在前開道，三十二位女官手持黃羅傘，身跨高頭馬，簇擁洪秀全身後。[53]

# 第十三章 天京

「人間天堂」不只是一個地方而已，而是全天下，太平軍所到之處即得民心，除妖魔，如此人人皆可和樂平安，直至升天見天父。

天王洪秀全、東王楊秀清與其他太平軍首領以其在紫荊山、永安、武昌的經驗，發展了南王馮雲山的軍事思想，從而創建自己一套理念。一如太平軍軍制所規定，伍長管四人，兩司馬管五個伍長，共管二十五人。在「人間天堂」中，伍長家應與所轄四家保持聯繫，兩司馬則負責管理二十五個家庭。每一組單位都要建公共糧倉和公共禮拜堂。兩司馬就住在禮拜堂裡。「凡禮拜日，伍長各率男婦至禮拜堂，分別男行女行，講聽道理，頌贊祭奠天父上主皇上帝焉」；「每七七四十九禮拜日，師帥、旅帥、卒長更番至其所統屬，兩司馬禮拜堂，講聖書，教化民，兼察其遵條命，與違條命及勤惰」；每逢單日，「其二十五家中，童子俱日至禮拜堂，兩司馬教讀舊遺詔聖書、新遺詔聖書及真命詔旨書焉」。[1]

日時，人都在田裡幹活。如果時間允許，人人須依己之所長，從事陶工、鐵匠、木匠、泥瓦匠等行業。至於天下的土地，歸於天下人所有：「凡男婦，每一人自十六歲以尚受田，多逾十五歲以下一半」；「凡分田，照人口不論男婦，算其家口多寡，人多則分多，人寡則分寡」；「凡天下田，天下人同耕，此處不足則遷彼處；彼處不足則遷此處」；「凡天下每家，五母雞，二母彘，無失其時。凡當收成時，兩司馬督伍長，除足其二十五家每人所食，可接新穀外，餘則歸國庫。凡麥荳苧麻布帛雞犬各物，及銀錢亦然。……但兩司馬存其錢穀數於簿，上其數於典錢穀，及典出入。」因為：「天下皆是天父上主皇上帝一大家，天下人人不受私，物物歸上主則主有所運用，天下大家，處處平勻，人人保暖矣。此乃天父上主皇上帝特命太平真主救世旨意也。」[2]

「所有婚娶彌月喜事俱用國庫，但有限式，不得多用一錢。如一家有婚娶彌月事，給錢一千，穀一百斤，通天下皆一式。總要用之有節，以備兵荒」；「凡兩司馬辦其二十五家婚娶吉喜等事，總是祭告天父皇上帝，一切舊時歪例盡除」；[3]「凡天下每一夫有妻子女，則出一人為兵，其餘鰥寡孤獨廢疾免役，皆頒國庫以養」；[4]「凡設軍以後，人家添多，添多五家，另設一伍長，添多二十六家，另設一兩司馬。某人果有賢蹟，則列其賢蹟。某人果有惡蹟，則列其惡蹟，註其人，並自己保陞奏貶姓名于軍帥……，一同達於將帥、主將。將帥、主將達六部掌及軍師，軍師直啟天王主斷。凡天下諸官，根據其賢蹟、惡蹟之表現，三歲一升貶。」[5]

儘管這套理想的社會制度不可能一夕實現，但至少可先行條列醞釀、考察準備，俟時機成熟，便可付諸實施。太平軍入南京之初，就展開人口普查，軍隊裡也定期進行人員戶籍登記。[6]從保存至今的一個梁家的家冊可知某個家庭來自何處，忠貞程度如何，何人在營服役。梁立泰，年三十四歲，生於長於廣西桂平，一八五〇年八月加入太平軍，參加金田起事；九月，他被封為前營長、東兩司馬；十月，升前營旅帥；攻陷永安後，又升至後二師帥、後二軍帥。父梁萬鑄在家升天，母胡大妹隨營封為後四軍女軍帥，妻廖大妹在繡錦衙，妹梁晚妹北殿內貴使，子梁小保幼、女梁二妹幼，以上俱隨營。兄梁立漢在武昌打仗升天，弟梁立海、梁立州在家未隨營。[7]

不過，軍冊並不列出每個家中成員，只是載明兵士的年齡、籍貫，便於將領查閱，只需瞅一眼軍冊，就知道兵士的職業、技能。前十三軍前營兩司馬吉添順，年二十六歲，也是桂平人；一八五〇年九月在金田入營，攻克武昌後封為前一軍前營前一東正司馬。副司馬汪萬菁，十八歲，生於武昌，一八五三年太平軍攻陷武昌時加入太平軍；攻取南京時，封為前營前一東副司馬。吉添順屬下有五伍長，年齡分別是十九歲、三十五歲、二十六歲、三十歲、二十三歲不等，他們都來自華中，而非來自廣西。所統管兵士的年齡也在十七歲到五十一歲之間不等。有六個兵士因年幼或年長，被列為尾牌。尾牌中有一人五十九歲。其他五人年幼得多，都在十一歲到十五歲之間。[8]

並不是每個人都急著想加入太平軍。不少家庭不願報上家中人數，一拖就是好幾個星期，有時非到以死相脅，才報上戶口。有些南京居民為了逃避登記，還躲到老家去，或到親戚朋友家中暫避時日。有時還自己躲到院落的夾壁牆中，以避太平軍。有些人乾脆跑到城外荒涼茂密的山林中去住。這種情形相當普遍，連在天國首府南京亦不能免。[9] 有個商人腦筋動得快，特別設了一處手工作坊，專為太平軍首領的女眷製作華麗刺繡和昂貴的胭脂。他手下雇的手工藝匠都另有生活補貼，也能到城外走動，尋找珍貴材料。太平軍對男女分營雖有嚴格的禁欲條令，但太平軍的婦女仍喜歡穿華美衣物，喜歡濃妝豔抹。這商人得了甜頭，膽子變得更大，得了允許帶人到城外砍木柴，用小船運到城中。這樣，很多人趁機跟他溜出城去，逃之夭夭。[10]

在太平軍剛剛占領的地區，當地人對太平軍的情形還不清楚。當地的城鄉居民能選擇自己所屬的伍長、兩司馬和旅帥。他們甚至還領取空白的戶籍簿冊到鄰里間散發，這樣當太平軍進行戶籍核查時，每一家都可以出示戶籍。太平軍若來核查人口籍冊，每家都必須出示太平軍的門牌，門牌上寫明相關狀況，表示接受太平天國的規範。[11]

至於如何處理非拜上帝教的教徒，太平天國領袖採取各不相同的方式。佛教、道教僧道紛紛俯首認罪；南京城中許多道觀、佛寺（其中許多是已有數百年的建築精品）都被太

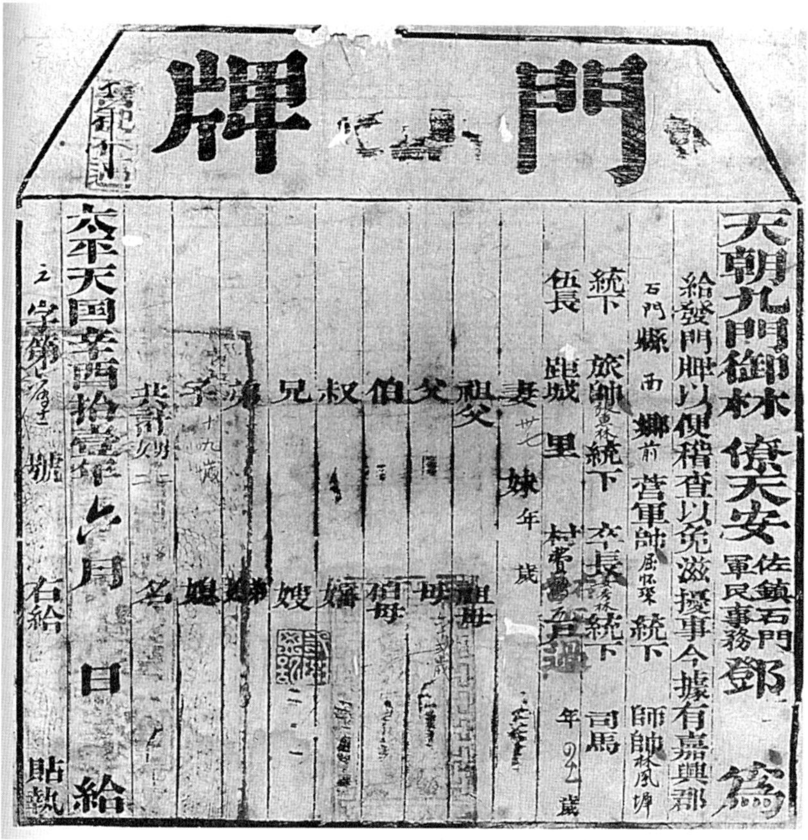


太平天國門牌，太平天國控制一地，便發給所有人家這種門牌，門牌上的資料使得當地的軍事指揮官（名字書於門牌右側）能計算稅額，以及可入伍的人數。圖中門牌係發給「費鶴云」，年四十一，家住石門縣西鄉（在杭州以北八十公里）。費鶴云與妻（三十七歲）、母（六十二歲）、子（十九歲）同住。為了防止擅自篡改資料，另有「共計」一欄，載明費家有二男二女。這枚門牌於太平天國辛酉十一年六月核發（約當西曆一八六一年七月），此時太平天國在沿海地區的勢力達於鼎盛。

平軍焚燒殆盡；佛像石雕被搗毀，許多僧道出家之人被剝去衣裳，甚至被殺掉；必須認同太平天國拜上帝教的教義，才能倖免於難，而太平軍也手持刀劍來宣教。[12] 但是南京的回教徒卻沒有受到這麼野蠻的攻擊，南京城裡的清真寺也獲准保存。[13]

南京城裡還有一群教徒，地位特別曖昧——這些人就是天主教徒。他們的信仰看似接近太平軍，人數在兩百人左右。在太平軍圍攻南京的時候，城裡的天主教徒把金銀細軟存放到居家（音譯）大院，這居家是南京最有錢的天主教人家。然而，南京失守之後，居家被太平軍徵用，成了太平軍大將的住處，居家的財物悉數沒收，並納入聖庫。在太平軍入城的混亂中，至少有三十名天主教教徒被燒死在家中或陳屍街頭。[14]

倖存的天主教徒聚在城裡的天主教教堂前，太平軍在此找到了他們。這群天主教徒不願按拜上帝教的儀式進行禮拜。於是，太平軍給他們三天寬限，逾時違令者，斬。一八五三年的受難日是在三月二十五日，天主教徒對著十字架開始禮拜，太平軍闖入教堂，搗毀十字架，推翻了聖壇，將教堂中七、八十名天主教徒的雙手綁縛背後，推到太平軍臨時設的法庭進行審判，若不遵從拜上帝教的祈禱，就判處死刑。天主教徒斷然拒絕，一心期盼殉教。但太平軍又赦了他們，原因不明。婦孺被趕進教堂，男子仍被綁縛著雙手，拘在教堂附近的地窖裡。教民在此度過復活節。復活節過後一天，開始有二十二名天主教徒誦讀太平天國的禱詞，發現其中並沒有什麼與自己信仰相左之處。其他堅不改信的教徒就送到前線充軍做工，有十人逃脫。[15]

為了印製太平軍必需的簿冊，以及讓每一個兩司馬都有《聖經》及各種條規文件進行誦讀禱告，勢必要整頓南京城裡的印刷工坊。一八五三年四月，太平軍攻下揚州，遷了不少揚州的工匠到南京，其中有精於金屬活字製版者，一些曾駐節廣州的官吏曾把鉛字帶到了北方。太平軍的印刷作坊設在文昌閣，素為儒士所敬重，堪稱十分恰當。[16]

印刷文書簿冊不難，技術的要求並不高，但是傳達《聖經》話語則是另一回事。太平軍一直是用郭士立在香港翻譯的《聖經》，天王洪秀全這些年來隨身攜帶、研讀不輟的也是這個本子。《聖經》還有其他的譯本，而郭士立後來也修訂了另一個版本，太平軍的選擇似乎是機運使然。[17]太平軍印製發行的第一套《聖經》是〈創世記〉第一章至第二十八章，從上帝創造天地到雅各夢見梯子頭頂著天，有上帝使者從梯子上上去下來為止。〈創世記〉共有五十章，但太平天國的領袖卻在第二十八章，上帝對雅各說話處結束了〈創世記〉，因為這些章節對於那些能讀、能聽的拜上帝教教徒來說，有著非凡的力量：

> 夢見有梯置地，其上參天，神之使者陟降于彼。視哉，耶和華立於其上曰：我乃耶和華，爾祖亞伯拉罕之神，以撒之神。今爾所臥之地，我將賜爾及爾後裔。爾裔將如地之塵，爾必廣延至東西南北。天下諸族將由爾及爾裔獲福。視哉，我偕爾，隨在佑爾，後率

爾返此地，蓋我素言於爾者，我於未踐之時，我必不爾遐棄。

雅各寤曰：「耶和華固在此，而我未之知。」

（〈創世記〉第二十八章第十二——十六節）（編註1）

儘管〈創世記〉譯得不是那麼流暢完美——有時甚至還不夠清楚，太平天國的刻工還是受命把郭士立的二十八章譯文逐字抄錄，只去掉了夾在字裡行間的各節序碼。唯一例外的是，太平軍首領發現有些東西竟是不堪入目，這就是〈創世記〉第十九章的最後八節，即羅得在所多瑪和娥摩拉被毀、妻子身亡之後，與兩個女兒逃到瑣耳城的山洞中隱居的一段。洪秀全從儒家經典以及他在紫荊山、官祿㘵的體驗，很能理解延續香火所處的矛盾情境。但這個故事與傳統卻是格格不入的，一如羅得的大女兒對妹妹所言：

長女謂季女曰：「吾父已老，天下無人偶我，以循人道。莫若飲父以酒，後與同室。致由吾父，以存後裔。」是日，以酒飲之，長女與父同室，惟父不覺其寢與。次日，長女謂季女曰：「我昨宵與父同室，今父仍以酒飲之，爾入與同室，致由吾父以存後裔。」是夕亦以酒飲之，季女起而同室，父亦不覺其寢與。於是羅得之二女，由父而孕。

（〈創世記〉第十九章第三一——三八節）（編註2）

太平天國的首領無法解釋這段文字所隱含的道德內涵——尤其是他們自己恪守《太平天條》第七戒條「不可姦淫」——於是就刪去了這段文字，直接從第十九章跳到第二十

編註1：此處譯文理應使用太平天國以馬禮遜譯本所改成之《新遺詔聖書》，遍尋不得，乃以癸亥一八六三年由江蘇滬邑美華書館活字板發行之裨治文譯本代之。裨治文與馬禮遜就「God」一詞的翻譯，一譯為「神」，一譯為「上帝」，反映了《聖經》中譯的一大歧異。太平天國採「上帝」的譯法，不同於裨治文所譯的「神」，須特別說明。中國譯本採用如今通行的《聖經》和合本翻譯：「他夢見一個梯子立在地上，梯子頭頂著天，有上帝的使者在梯子上，上去下來。耶和華站在梯子以上，說：我是耶和華——你祖亞伯拉罕的上帝，也是以撒的上帝，我要將你現在所躺臥之地賜給你的後裔。你的後裔必像地上的塵沙那樣多，必向東南西北開展；地上萬族必因你和你的後裔得福。我也與你同在。你無論往哪裡去，我必保佑你，領你歸回這地，總不離棄你，直到我成全了向你所應許的。雅各睡醒了，說：「耶和華真在這裡，我竟不知道。」

編註2：和合本譯為：

大女兒對小女兒說：「我們的父親老了，地上又無人按世上的常規進到我們這裡。來！我們可以叫父親喝酒，與他同寢。這樣，我們好從他存留後裔。」於是，那夜，她們叫父親喝酒，大女兒就進去和她父親同寢，她幾時躺下，幾時起來，父親都不知道。第二天大女兒對小女兒說：「我昨夜與父親同寢。今夜我們再叫他喝酒，你可以進去與他同寢。這樣，我們要從父親存留後裔。」於是，那夜她們又叫父親喝酒，小女兒起來與父親同寢；她幾時躺下，幾時起來，父親都不知道。這樣羅得兩個女兒都從她父親懷了父親的孩子。

章。從技術角度來說，刪節非常容易。因為這段刺眼的文字剛巧是在第十九章的末尾，而羅得逃至瑣耳到第二十章亞伯拉罕和亞比米勒的故事之間並不會有遺漏之感。[18]

太平軍在南京起用了至少四百名工匠進行《聖經》的抄錄和刻版，印製工作進展得也非常快。到了一八五三年夏天，〈創世記〉後半部和〈出埃及記〉也告出版。到了這年冬天，參與出版印刷的人數增加到六百多人，他們又出版了郭士立譯本的〈利未記〉和〈民數記〉，一些聽起來非常古怪繞舌的名字都保留，一些飲食、祭獻方面的細節也照錄不誤，並未再做刪節，因為沒有什麼駭人聽聞之處。雖然《聖經》提到的軍隊比較老，婦女也不包括在內，但在這些令人眼花繚亂的技術細節當中，仍可找到一些重要佐證來支持太平天國招募組織信徒的規章：

耶和華於西乃野，在會幕諭摩西曰：「爾宜將以色列嗣之會眾，依其諸支，依其名數而計之，即其男子之諸丁。凡屬以色列嗣，自二十歲以上，能臨陣從戰者，爾與亞倫必按其軍旅而核之。偕爾者，必以每支派一人，各為其父家之長。」

（〈民數記〉第一章第一—四節）（編註）

也是在這年冬天，太平天國出版了第一部福音書，即全本的《馬太福音》。[19]

如今，南京已是天京。為了拱衛天京，太平軍一分為三：一路防衛城池；一路西征，沿長江西行，奪取那些在一八五三年春曾繞過、或是占而又棄的城市，並以重兵駐守；第三路則出師北伐，直搗華北腹地，壓迫京畿。[20] 一八五三年十二月或一八五四年一月，南京當地的文人學士應太平軍首領之邀，就建都金陵、太平天國印書出版計劃、更換地名三項洪秀全所作的重大戰略決策發表意見。

文人異口同聲頌讚定都金陵（即南京）乃明智之舉，理由則各不相同：天父天兄的直接干預和支持，自然是建都金陵的重要因素。但不少人則強調世俗的考慮：南京城城堅牆厚，糧儲充足，地理位置十分優越——自古有「虎踞龍蟠」之稱——物產豐隆，人民淳樸，商業繁榮，田園豐美。其他人則盛讚南京河運便利，向有「樂園」之譽，「物財齊聚」，乃天下糧倉；南京街道寬闊，歷史悠久，繁榮昌盛；太平軍出紫荊山，經永安、武昌，止於南京，自應定都於此。

有個來自廣西桂平的文人更提出天王洪秀全統治權的問題，此舉可謂冒險而大膽，此

---

編註：禆治文譯本稱此章為「民數紀略」。此段經文，和合本譯做：耶和華在西奈的曠野，會幕中曉諭摩西說：「你要按以色列全會眾的子女、宗族、家室、人名的數目計算所有的男丁。凡以色列中，從二十歲以外，能出兵打仗的，你和亞倫要照他們的軍隊點數。每支派中必有一個人作本支派的族長。」

人中過秀才，這是洪秀全未能得到的功名。他在文中寫到：天父上帝自造有天地以來，其間竊號流傳，未嘗不代有其人……弒奪頻仍，紛爭不已，以至於今。但洪秀全不會讓舊事重演，他將以仁心將之結束，因為「天王親承帝命，永掌山河，金田起義，用肇方剛之旅；金陵定鼎，平成永固之基。京曰天京——悉准乎，天命國為天國，在悉簡乎帝心。」[21]

這些為太平天國效力的文人讚揚太平天國在南京印製官定出版書目（每部書都需在扉頁上加蓋天王玉璽），又談及天意和洪秀全的威儀，「天降非常之人，必界以非常之任；天定非常之任，必界以非常之珍以佑之」。有些人更明言漢語如今全被滿清「韃子狗」的「妖言蠻語」所玷污，必須加以淨化。[22] 有些文人則讚揚太平天國在書籍上加蓋印璽的做法，因為在天國初創時期，「真偽書籍難以辨別」，尤其這些書籍是在太平軍中流傳，「信仰中不免夾雜疑惑，而妖魔則又無所不用其極」。此外，因為整頓文獻與文化乃是真正領袖再現人間的主要佐證之一，故傳播明令是真的書籍可向遠近偉細各色人等昭示，這等新領袖已來臨。[23] 也有文人說上帝的話語盡現於《舊約全書》、《新約全書》和洪秀全的詔書之中。這三本書以真版流傳，「通上天堂之路就在眼前」，蒙昧時日即將結束；而其他那些孔孟經書及諸子百家書即可「焚燒剔除，任何人都不得買賣，更不許私藏和誦讀」。[24]

文人齊聚南京的第三項任務就是論洪秀全的一份詔諭，該詔諭稱「貶北燕地為妖穴，貶直隸省為『罪隸省』。」洪秀全的用語詭秘而直接，將滿洲統治者所居的地區定為污穢不潔之地。北京坐落於華北直隸省（意為「直接管轄」），是大清國龍座所在。洪秀全詔諭：「是因妖現居穢地，妖有罪地亦因之有罪，故並貶直隸省為罪隸省。」同樣，「貶北燕為妖穴」，不得用其名，因為「京無二，天京而外皆不得僭稱京」，故而，「特詔清胞速行告諭守城出軍所有兵將，共知朕現貶北燕為妖穴，俟滅妖後方復其名。俟此罪隸省知悔罪，敬拜天父上帝，然後更罪隸之名為遷善省。」[25]

這群文人皆稱洪秀全天縱睿智，他們的看法互為補充，多有重覆。言及受滿人統治達兩百多年的北方，則斥之墮落敗壞、無信無義、耽於偶物崇拜、排斥獨一真神、賭博成風、吸食鴉片，且此地漢人奴性十足。他們也意指滿人已是窮途末路，這便是他們最後容身之處：「試思彈丸之地，何能抗拒天兵？」在他們看來，這些滿族胡奴膽敢妄自尊大，稱其妖穴為直隸之名，此舉已「深為天父天兄之所必誅，罪大難容，惡極定滅」，「故此叢集之所為胡巢之穴者，即為天設之牢。」[26]

然而，洪秀全的天王詔旨還更有深意，這關乎語言。人人皆強調改名為「妖穴」和「罪隸省」的重要，稱頌洪秀全天王此舉聖明，但只有一個名叫喬彥才的人更點明何以為此：「天下之惑於妖胡也久矣，是不可不亟滅亡也。故滅其人必先滅其地，滅其地之勢必先滅其名。」[27]喬彥才後來在太平天國舉辦的科舉中獨占魁首。

不僅僅是地名具有這種力量和反響，其他名字也有妖魔在其中。當時在位的咸豐皇帝乃是世間群妖之首，「咸豐」本意「俱各豐裕」，但太平軍加上犬字旁，寫成「狨㺨」，如此一來，人人都能看出狗性。「韃」字原指蠻族，也換上反犬旁，寫成「㺭」，於是所有滿洲人都受到嘲諷。那些滿妖漢民供奉邪神偶像的廟宇也各改了字，新字「廖」表示「其中無一是真」之意。[28]

有些字因所含部首偏旁含義不潔而不再使用，代之以新造的字眼，「魂」、「魄」便屬此類。字中凡有「鬼」字，都不可使用，代之以「人」字。這麼一來，讓人趨向上帝的乃是人性，而非魔性。[29]

有些表示至善力量的字，只要裡頭沒有什麼含有貶義的部分，當然要予以保留，但不准用作他途。「耶」、「火」、「華」這三個字便是一例。那些用在「耶穌」、「基督」譯名的字也不准用作他途，須另創新字以代之，類似的還有「天」、「聖」、「神」、「帝」、「天父」、「天兄」等詞。至於「日」、「月」兩字為洪秀全個人所獨享，所以也須作改動。他自稱為「日」，而他那在天上的妻則被稱為「第一月亮宮人」。太平天國東、南、西、北、翼五王的名諱也不能亂用，無論是已經升天的馮雲山和蕭朝貴，還是仍率太平軍四處征戰的楊秀清、韋昌輝和石達開都是如此。天王洪秀全的「洪」字，他人更是不能用，須以發音相同的字來替代。[30]

不過「洪」可用來造新字，也同樣氣勢輝煌。上帝與挪亞「彩虹之約」的「虹」字讀音同「洪」，也不准使用。但替代「虹」的新創字「雲洪」卻讓人想起在上帝降臨世間時的大災難。其他一些意義含糊或讓拜上帝教教徒用兩廣口音或客家話唸起來像罵人的字，也做了相應的改動。因此而改了三個節氣的名稱。另外還造了一些新字以供太平天國使用。[31]

「漕」字也在新創詞之列，凸顯了一個物資問題。自永安建制起（或甚至更早），太平軍主要靠捐獻——有些是出於拜上帝教教徒的宗教熱情，有些則是被迫繳納——和劫掠來獲得給養，上繳聖庫。南京面積廣大，土地肥沃，農耕精密，糧食供應暫無匱乏之虞。但是這地方官軍太多，太平天國信徒無法建立以五人為伍，由兩司馬管束道德的定式。天京能否萬世永存都還是個問題。如果北伐之師推翻大清國，「妖穴」能否像洪秀全所允諾的那樣擺脫惡名，罪隸省是否要改稱遷善省呢？

為了強調天京與妖穴有別，東王楊秀清告誡太平軍眾教徒，結束男女分營的時機尚未到來。[32]凡有男子強暴婦女者，即使是戰績卓著的廣西舊部，也必須處死。已婚的夫婦不得幽會，一旦抓到，嚴懲不貸。有人會想逃避禁令，上妓院去尋歡作樂，但這也嚴令禁止，且採取連坐處罰；妓女、嫖客一旦查獲，不僅嚴加懲處，還要罪及家人。只要舉報行為不檢，都會另受獎賞。[33]男同性戀亦受嚴懲：十三歲以上協同犯罪者，斬首。如果一人不足十三歲，另一個長於十三歲，則不足十三歲者免死，長於十三歲者斬首。若主犯不滿十三歲，也得同樣受死。[34]甚至男子送衣物到城裡婦人處去洗刷或縫補也須詳查，因有此密切接觸，日久生情恐難免，故一經查實，將予嚴懲。為了不犯此罪，男子須自行清洗、縫補衣物。[35]

太平軍在南京也分男營女營，一如在武昌。在營中，人人按性別和職業分入各「館」，一「館」有二十五人。城鎮生活不同於鄉村生活。在南京，為了讓人人有得吃、有得穿、有得住，只得放棄共同勞動的夢想，走上專業化一途。這些「館」，有的專為磚匠、木匠、飾匠所設，也有專為裁縫和鞋匠所設，有的還專為做牛奶、麵包、醬油、豆腐的人所設。此外還有醫療館、消防館及喪葬館。所有的工匠都是為公益而勞作，從聖庫中領取應得的食物。[36]婦女則集中於女館之中，大多住在南京城新華門一帶，接受女官（多是廣西女兵）的統制：二十五人為一「館」。太平軍攻占南京附近城鎮之後，女軍的數量急速增加。[37]

為了使這些新攻下來的城鎮成為防禦陣地，太平軍在此禁止商貿活動，商旅不得居於城內。婦孺以船送到天京，留下壯丁來戍衛。而離了家園到南京的人，聖庫也照管其生活所需。在受戰火肆虐的城鎮（包括南京在內），為了保障安全，禁止商業貿易。所有交易只准在城門一帶進行，當地農民很快就設攤賣魚賣肉，甚至買賣茶葉。不過太平軍的軍官還是經常進行盤查，強令各攤鋪須按性別進行買賣。有些東西規定只准賣給男性，有些只准賣給女性。所販售的貨物有些是從鄉下買來，有些則是搜奪來的，有的還是私下以物易物換來的。[38]

天京城中居民應對太平天國的新規章，反應各不相同——有些人躲起來，有些人計劃逃跑，有的人則在水中投毒或企圖推翻太平軍，有些人則以不同程度的熱情加入太平軍，希望恢復家庭生活。[39]對於許多人來說，還有額外的工作機會。太平軍的卒長、兩司馬及伍長控制所屬家庭過著簡樸生活，但太平天國又增加不少男官女官，底下的助手和隨從也隨之增加，正如東王代天父傳諭洪秀全所言：「天父天兄降下仁慈，給我們派來二兄下凡作天下萬縣的真主，並建天京，日常的大事宜多而雜，需有人在衙中幫手。」[40]

太平天國官設六部，以《周禮》雅名名之——天官、地官、春官、夏官、秋官、冬官。這些多為虛位，真正任事的是屬下五十多個部門。這些部門機構主要負責監督太平天國聖庫及穀倉的財物供給，管理炮藥庫藏，以供太平軍作戰所需，並負責製造戰船，供給衣袍刺繡予諸王及宮中女官，執行天國法令聖諭。另外還有專人負責採購食油、鹽、木柴等，專設金匠及供給淡水者。[41]

有些東西必須結合好幾種手工藝，如太平天國的首領為自己設計的新帽便有祥瑞圖案與書法。洪秀全冠上有一扇式帽檐，上綴雙龍雙鳳。洪秀全以下諸王則在冠額上繡雙龍單鳳。洪秀全的禮冠上繡「滿天星斗」，下繡「一統山河」，其他三王之禮冠各繡一行字。東王楊秀清冠上為「單鳳棲於雲中」，北王韋昌輝為「單鳳棲於山岡」，翼王石達開冠上為「單鳳棲於牡丹花上」，帽額一邊加繡一蝶，或許是石達開年紀輕一些的緣故。[42]

有些技術總是需要的，大夫就是其中之一。太平軍逼近南京時，許多精於醫道的士人已逃到上海等地避難去了。像南京這麼一個大城市總有疫病之虞，如今又有戰爭所造成的急迫需求，如醫治傷患，照顧與家人失散的婦孺，還有東王楊秀清的眼病耳疾要醫治，他在紫荊山時曾因病而不能掌權。於是北王韋昌輝發佈太平天國詔令，廣徵太平軍所轄地區內能治眼病、小兒痙攣等病症以及專擅婦科之人，向該地太平軍將領申報姓名。嗣後將由專人護送至天京，如果真有本事，則封以高官，另賞一萬兩銀子（每兩二十八克多）。事成之後（期限長短未作規定）再將之平安送回家鄉。[43]

北王韋昌輝對於以往大夫未應太平軍之召而表遺憾，希望高官厚祿能打動人心。「無人應埋才藏能」，因上帝「為利天下人」而賦其才。[44] 太平天國透過種種手段，總算網羅了足夠的大夫，設立幾所病院以治療重病——為了鼓勵病人，稱之為「康復院」，並為天京六十區提供基本的醫療服務。另有大夫被派往天京附近城鎮，醫治戰場傷患。[45]

天京城自應有與諸王地位身份相稱的宮殿。太平天國的藍圖有一部分在此完成，凡有木工、石工、裝飾手藝者，都被召來建宮殿。一萬名工匠花了六個月時間，為天王建起一座雄偉的宮殿，比之前的永安州府衙門宏偉了十倍。天王府的地點選在兩江總督府址，居於內城北區之中。[46]太平軍攻下南京的頭幾天，首領陸續入城，在一片狼藉之中，以一些堪用的古舊建築來裝飾自己的新宮殿。天王殿行將完工，卻在一八五三年底毀於火災。於是從南京及鄰近一帶召來更多的工匠，在原址進行重建，並在宮殿的牆柱飾以五顏六色的鳥獸山水，這似乎是太平天國首領之所好。[47]

除了修建宮室之外，太平天國放了很多精神財力在戍衛天京以及週邊城鎮的防衛上。在天京城內，太平軍清除了官軍為防禦城池而在各個城門設置的路障及沙袋。但是過了不久，在官軍持續反擊之下，太平軍以石塊加強城門防衛，通路也越變越窄，以至於僅容一人通過。太平軍修復城門，並在城門的前或後加上一扇小門，以便在緊急時開關而不危及防禦。每處城門安置兩門火炮，守衛城牆的炮手及士兵另建有營地，四周圍以柵欄。在城內每隔一段距離，豎有高達四十英尺的望樓，在城牆外的營壘亦然。兵卒站在塔上，以各色旗打信號，警示官軍來襲的方向。[48]

附近的小城鎮雖無南京的高牆巨門，但也細心設防，可阻止官軍大規模進攻。太平軍將城牆附近的房屋悉數燒毀、搗毀，凡有可覆蓋之物盡皆移走，大片的空地上佈滿壕溝、木柵、樹幹。整片地區挖滿一個個直徑三十公分、六十公分深的小圓坑，上覆以樹枝草叢，糧草火炮運至此處都無法快速移動。在各壕溝坑洞之間還遍插了高約十公分的竹簽，銳利無比，能穿透鞋底，刺穿腳踝，令人寸步難行。太平軍所控制城鎮的居民製作、削尖了數萬支竹簽，有時太平軍還令之在夜間工作。若是缺少建造城牆的石塊，太平軍便徵用城中民舍磚石，排列門板、木片，以橫木釘而約之，相隔一米五，其中填以沙石磚土。[49]

　　而在太平軍許為人間天堂的天京，進行的卻是欺瞞殘酷的戰爭。清妖發現很難攻破防禦重重的南京城，而太平軍在進取官軍棄守的城鎮時也十分謹慎。太平軍受首領告誡：「妖魔或裝紅粉鉛碼，埋藏地下，用禾杆新土蒲草掩飾者有之；或裝弓弩，令人撞著，其弩即發；或裝三角釘或裝鐵釘，用木板遮蓋，或裝坑陷；或用紅粉鉛碼裝在傘內，令人收檢，將傘一開，傘柄紅粉自發，鉛碼傷人。」「又假作文書，內亦裝載紅粉鉛碼，令人檢得，紅粉即發，或裝弓弩，人若折視其中自響。詭計傷人。此妖之暗計眼不能見者，必須察起間隙，留心提防。」[50]

　　洪秀全身處重重壕牆堡壘之後，四周有在望樓上的衛士警戒，身旁粉玉溫香，安若泰山。他知道普天之下萬事萬物，任其命名，天王御筆無所不容，無所不能。孩童一般讀過《三字經》後便讀《千字文》，好掌握基本的字彙。此後，天王屬下臣民則誦讀洪秀全自己編寫的《御制千字詔》，來學習字的源起用法：

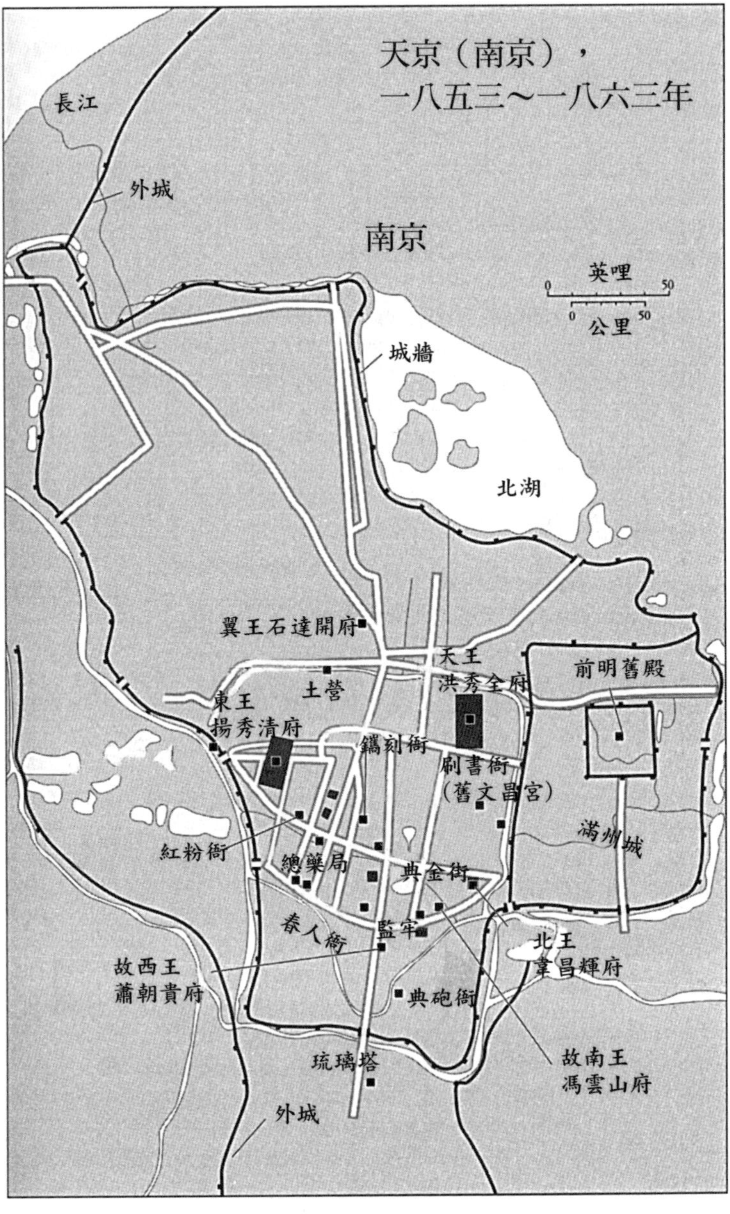
天京（南京），
一八五三～一八六三年
長江
外城
南京
英哩
0
50
0
50
公里
城牆
北湖
翼王石達開府
天王
洪秀全府
前明舊殿
土營
東王
揚秀清府
鐫刻衙
刷書衙
（舊文昌宮）
滿州城
紅粉衙
總藥局
典金衙
春人衙
監牢
北王
韋昌輝府
故西王
蕭朝貴府
典砲衙
琉璃塔
故南王
馮雲山府
外城

維皇上帝　獨一無二　當初顯能　造及天地
萬物齊全　生人在世　分光隔暗　晝夜輪遞
日有蒞照　星辰協治　風偃四方　吹噓猛厲
悠然作雲　雨下空際　洪水退後　悲憫約誓
永不沉滅　虹為號記　誅妖戮鬼　雷轟電掣[51]

既然洪秀全的姓名含在「虹」字裡面，那麼他也就分擔了上帝的憤怒與慈悲，證明就在眼前：

京都鐘阜　殿陛輝鮮　林苑芳菲　蘭桂疊妍
宮禁煥燦　樓閣百層　廷闕瓊瑤　鐘罄鏘鏗
台淩霄漢　壇焚牲畜　蕩滌潔修　齋戒沐浴
禮拜敬虔　讚美雍肅　懇龢居歆　自求茀祿
胡越貢朝　蠻夷率服　任多版圖　總歸隸屬[52]

# 第十四章　三船

天王洪秀全入南京之時，上海外灘停著三艘外國大船：英國船「赫爾墨斯號」（Hermes）、法國船「加西尼號」（Cassini）、美國船「色斯奎哈那號」（Susquehanna）。在南京失守前後幾週，清廷地方官員一直在請求洋人進行干涉，協助維持長江流域的治安，或至少派些可靠的兵力來守衛上海城門，鎮壓長江上的擄掠行徑。這幾艘船的船長由於沒有得到本國政府的指令，只得自行決定是否進行干涉，如果出面干涉，又該到什麼程度。[1] 正如「加西尼號」船長在航海日誌中所寫，在這種情況下，「說不定真能提供協助，但也可能犯下愚蠢的錯誤」。[2]

這幾位船長彼此互邀，共進晚餐，他們同這三國公使經常商談到深夜，揣摩自己的國家打什麼算盤，有何可行方案，是否應從其他城鎮將本國傳教士召到上海，受其槍炮所庇護。[3] 種種有關南京城所發生暴行的謠言四處流傳，把上海的居民嚇得心驚膽跳——一處附近集鎮出現了四個「長毛賊」，便把人嚇得狂奔亂竄，混亂之中有二十七名中國人被踩死。[4] 英國人和美國人保證組建一支自衛團，在居住地區四周的有利位置開挖戰壕並修築槍炮陣地，不過他們對於如何應付這場危機有所歧見：四月初，英國人派了七十名士兵登岸，將之安置在蘇州河邊一座加固的房舍中；而美國人則決定若有事端發生才派兵上岸，不過船上的樂隊卻是例外——樂隊上岸在劇院裡演奏了歡快的《年輕的士兵》（*The Young Reefer*）和《金蓮丑角》（*Harlequin Golden Lily*）；至於法國船長則決定，若是法國領事的生命受到威脅，再派兵上岸。[5]

一八五三年四月底，英國全權公使喬治・文翰爵士（Sir George Bonham）下令「赫爾墨斯號」向南京進發，這令美國船長懊惱不已，因「色斯奎哈那號」才出師就擱淺。[6] 文翰此舉受了一些最有影響的駐滬英國商人所慫恿，他擔心貿易全告中斷，但也受好奇心所驅使。[7] 洋人在這兩年間蒐集到關於太平軍的資訊寥寥無幾，而且還是太平軍攻占永安時期的情況，不但模糊，也自相矛盾，沒把拜上帝教和祕密社會組織分清楚，太平軍首領的名字也搞混了，連他們究竟是不是基督徒也不清楚。[8] 在廣州，羅孝全受洪秀全的勝利所鼓舞，絕口不提他拒絕為洪秀全行洗禮，還在一份當地報紙上撰文，稱他們一起研習《聖經》期間，洪秀全舉止「純潔無瑕」。羅孝全對洪秀全的描述極為清晰，是洋人第一次形容天王外貌：「他外表平凡，身高約五英尺又四、五英寸許，臉龐圓潤，身強力壯，體形勻稱，頗為英俊，中等年紀，舉止優雅。」羅孝全說洪秀全原本會以「破除偶像」而留名，但現在看來他「以先知之能行事」，且似乎在「爭取宗教自由」。[9]

眼前的問題在於太平天國是否比清廷更能維持時局的穩定以及日後商貿往來的擴大，這對英國人尤其重要，因為英國在上海房舍、碼頭和商貿投資總額，據估計已達兩千五百萬英鎊之多。在洪秀全入南京城之際，文翰從上海致函英國外相，稱他眼下決定「不以任何偏袒中國政府的形式進行干涉，因為我確信，我方任何這等干涉只會延長爭鬥」。[11]至少已有一名美國富商把一艘船租給官軍，還有幾個在澳門的葡萄牙人也把船租給官軍，而上海道台也自作主張，收購他能找到的洋船。（譯註）對文翰來說，最重要的就是藉著親自訪問天京，讓太平軍確切知道英國政府的中立立場。[12]

文翰的隨身翻譯密迪樂（T. T. Meadows）想盡辦法蒐集各種太平軍的消息和流言，他也認為外國勢力若站在清廷這一邊出面干涉，「只會收無限期延長戰亂和無政府狀態之效」，如果英國袖手旁觀，則太平軍「極有可能」一統南方各省及長江流域，建立「一個全由漢人統治內聚力強的國家」。[13]同時，密迪樂還親自深入鄉間，到長江岸邊進行實地

---

譯註：清蘇松太道吳健彰曾從外商處購得縱帆船「財政長官號」（Dewan）和三帆船「羚羊號」（Antelope）以裝運軍火、士卒。他又以每月五萬元租金租到有美國駐滬副領事金能亨（E. Cunninghan）為股東的旗昌洋行的一艘船，還租用一小隊武裝的葡萄牙快船。

偵察，把觀察所得與他派的「中國密探」以及漢語教習的報告加以彙整得出結論：太平軍中有三、四萬人是最初的「長毛賊」，八萬至十萬人是後來投效的和「被裹脅來的人」。太平軍皆有「清教徒色彩，甚至走火入魔」，強姦、通姦、吸食鴉片者處以死刑，男女別營，而且「全軍餐前從事祈禱」。[14]

各式報告難斷實情，文翰覺得他非得弄清楚「反賊對待洋人之意向」，才能「甘休」。這項任務很困難，也很危險，因為清朝官員擅自散發布告，稱「夷人之船」皆支持朝廷，英人「對反賊同仇敵愾」，且自願承擔「剿滅」太平軍的費用。[15]

一八五三年四月二十二日，英國蒸汽戰船「赫爾墨斯號」開往南京，只能算是刺探情勢，還很難說會不會成為制定政策的基礎。但是，這趟行動很快就成了尊嚴之爭。文翰爵士身兼數職，頭銜眾多：他是英國在華商務監督、香港總督、英王特命全權駐華公使，而洪秀全是治理天京的天王。地位權力對等的分寸如何拿捏頗須費思量：密迪樂、甚至「赫爾墨斯號」船長費煦班（E. G. Fishbourne）會見太平天國低階官員並無問題，但是文翰就必須與洪秀全本人或其他諸「王」之一會晤，才不失地位。四月二十八日，太平天國對文翰爵士請求會晤高層的答覆令人氣餒：

為通曉禮制，令仰遠方兄弟知照事：

天父皇上帝派遣吾主臨凡，即為天下萬國之真主。天下臣民有願來朝者，對於禮制必須嚴格遵守。彼等必須具文奏明，自為何人，所操何業，來自何處，先行具奏，始終朝見，此諭。[16]

文翰捎了口信給太平軍，其內容可想而知：（太平軍的）這份文書「語氣不當」，「措詞荒謬」，無法接受，「更向其申明，此種性質之公文為英國方面所斷然不能容忍」。[17]

正如密迪樂在談話中對天王妻舅賴漢英詳加說明：

……英國人拜上帝即彼之所謂天父者已九百年，但在地上只能盡忠大英帝國君王一人而已；抑且英國人雖然準備承認中國人自擇或服從之任何人為中國之君主，但他們無論如何決不對任何其他人盡忠。[18]

文翰藉口長江天氣「惡劣」而留在「赫爾墨斯號」上，他雖說願意在船上接見任何太平天國的封王，其實擔心某些「禮儀方面的困難」會引發與太平天國首領的爭執。當洪秀全的妻舅賴漢英被派來時，文翰留在船上，只以書面與他溝通，重申英國面對此衝突的中立立場，也提醒太平天國首領勿忘一八四二年《南京條約》的條款，因為英國也打算遵守。他還重申，如果太平軍攻打上海，英國將決意保護在上海的財產。在這過程中，文翰始終沒踏上南京一步。

不過，密迪樂和費煦班船長卻上了岸，而且受到盛情款待，可進城走動走動。他們還得蒙北王和翼王召見長談，地點在城北的一處宅邸，距「赫爾墨斯號」停泊處不遠。太平軍想先給這兩個洋人來個下馬威——太平軍侍從夾道羅列，兩人穿過其間，被喝令下跪、解下佩劍，然後站著聽訓（而兩位王爺則端坐不動），看著帶他們至此的人當眾受杖。北王問及他們是否敬拜「天父皇上帝」，密迪樂反覆答以「英人行之於茲已八九百年矣」，氣氛頓時為之一變。[19] 密迪樂後來記下他與北王交談的內容：

彼言吾等均是同拜一上帝，同一為上帝之兒女，大家都是兄弟。彼繼文吾言，吾等向來懷抱同一觀念，乃問我知有「天條」否？吾答大概熟悉，雖因名稱不同而未明彼所指為何，但稍加思索後，即問其所言者是否係「十條」？彼欣然回答確係如此。吾遂將十條聖誡中第一條之原文背述之。背述無多，彼急藹然以手加吾肩上而言曰：「同我們的一樣，同我們的一樣！」此時兩人面面相覷，似極滿意，而翼王全神窺察之態度亦已消失矣。至於以前吾所發於彼等對英國人之感情態度之問題，彼始答云：「吾等今後不特彼此相安無事，而且還可以成為親密的朋友。」[20]

在費煦班船長眼裡，他碰到的太平軍看似「精明、堅定、果斷」，且「有禮而幽默」。船長誠心贈以《聖經》（中、英文版本兼備），他們也就收下了，而且認真翻閱了船長給他們的幾本《倫敦新聞畫刊》（*Illustrated London News*）。他說可將畫刊拿去，他們十分高興。費煦班船長有幾次帶太平軍登上「赫爾墨斯號」，告訴他們如何使用望遠鏡，他們看得嘖嘖稱奇，還攀爬船上的帆纜，或仔細察看船上的蒸氣爐和發動機。太平軍看到這些洋人和他們一樣留著長髮，很是高興，有個膽大的年輕人還摘下文翰爵士的高頂禮帽，看看這位全權公使與其他洋人的髮式是否一樣。非正式的貿易很熱絡，太平軍用翡翠和銀子與船員交換雙刃劍，還想拿銀子換八音盆。[21]

雖然太平天國的文書視英國為臣屬，但這些英國人碰到的太平軍將士表現出真誠坦率，似乎讓英國人覺得彼此的瞭解越來越深。他們把時間花在琢磨外交聲明和蒐集太平天國刊印的各類書籍上——總共蒐了十二種書籍。[22]五月二日，天王的妻舅賴漢英親自將回覆送到「赫爾墨斯號」上，這些英國人瞠目結舌，不知何以應對。這封信函以東王楊秀清和西王蕭朝貴的名義簽署（洋人還不知道西王已在八個月前的長沙之戰中陣亡），楊秀清還寫上封號全銜（編註）。密迪樂馬上將此信譯出，呈給文翰：

---

編註：真天命太平天國天朝禾乃師贖病主左輔正軍師東王楊。

諭爾遠來英人知悉：爾等英人久已拜天，今來謁主，特頒諭撫慰，使各安心，請除疑慮。

天父上主皇上帝自始創造天地、海陸、人物於六日中，由是天下為一家，四海之內皆兄弟也。彼此之間，既無差別之處，焉有主從之分？自人類受魔鬼之試誘，深入人心，忘卻天父上帝給予生命，維持生命之恩惠，忽視天兄耶穌代人贖罪之無極功德；將泥土木石為神，淫昏顛倒。胡人滿洲竊取天朝（中國），其禍尤烈。所幸天父天兄降福與爾英人，使爾知奉天父上帝，知敬天兄耶穌，真理賴以宣傳，福音賴以保全……。

爾海外英民不遠千里而來，歸順我朝，不僅天朝將士兵卒踴躍歡迎，即上天之天父天兄當亦嘉汝忠義也。茲特降諭，准爾英酋帶爾人民自由出入，隨意進退，無論協助我天兵殲滅妖敵，或照常經營商業，悉聽其便。深望爾等能隨吾人勤事天王，以立功業而報答天神之深恩。

為此用特示以吾主太平詔命，告諭爾等英人，使凡人皆識崇拜天父天兄，而且得知吾主天王所在之處，凡人當合心朝拜其受命自天也。[23]

文翰在給「革命軍首領」所作的簡短答覆中駁回了這封信函，如他所言，「其中有為吾所不能明白者，尤其是暗指英人隸屬於貴君王一層」。他又寫道，假若太平軍或任何人

「在任何形式對於英僑生命財產有所侵害，英國亦必採取與十年前抵拒各種侵害之手段，施以抵拒；彼時曾將鎮江、南京及附近各城占據」（其實英國人在一八四二年並未占領南京，只以大炮施以威脅，但此處不擬窮究歷史細節）。[24] 文翰命令費煦班起錨升火，全速向上海進發，只用了三十三個小時就靠岸。十日之前，文翰在前往南京途中，太平軍誤信官軍宣傳，曾向「赫爾墨斯號」開火，文翰克制不予回擊。但是返航途中舊事重演，他命令「赫爾墨斯號」開炮還擊。[25]

文翰此時決心已定。學養豐富的傳教士翻譯麥都思（W. H. Medhurst）仔細讀了從南京蒐集來的十二本太平天國書刊，然後向文翰彙報，說太平軍似乎「在某些方面優於」歐洲人，文翰置之不理。正如他向倫敦的報告所稱，在他看來，太平天國宗教是一種「偽造的啟示」，它雖然以《舊約》為基礎，但「摻入迷信及謬誤成分於其中」。[26]

「赫爾墨斯號」帶回上海的這些報告和書刊吹皺一池春水，令洋人大感興趣，又引起新的揣測、備戰和迷惑不解。有個英國富人好像當洪秀全已推翻清朝似的，把他的賽馬重新命名為「匪首新皇帝」（Rebel Chief Emperor），此駒參加五月的賽事還奪了冠軍。[27] 清朝官員也對文翰到過南京「與太平軍共餐」的報告煩惱不已，但文翰致函再三保證，情形並非如此。[28] 在上海頗有勢力的法國很想學英國人赴天京，卻發現難以成行，因為這一帶只有一艘法國蒸汽戰船「加西尼號」。該船船長德•普拉斯（Francois de Plas）不僅是個經驗豐富的軍人，而且剛改信天主教，他向法國政府請願成功，獲撥一艘船，他便可乘船「到天涯海角，遍訪盡心傳播上帝福音的虔誠傳教士」。[29] 一八五一年，德・普拉斯在法國慢慢聚集了一批志同道合的軍官和軍校生，並親赴羅馬獲教皇祝福。「加西尼號」是一艘兩百匹馬力引擎驅動的雙輪機槳船，配備六門火炮，還特別建了一座小教堂，船上共有一百二十名船員；在德・普拉斯看來，它確是一艘上帝之船。[30]

德・普拉斯分身乏術，既想實踐心中夙願，又得保護在上海和寧波灣沿岸的天主教民，到澳門、香港等地巡邏或修船，還要接受法國駐上海領事前後矛盾的指令和要求。[31] 一八五三年九月，祕密結社的成員（譯按：指小刀會）占領了大部分上海老城區——這完全沒和太平軍講好——致使朝廷官員逃離上海或與洋人一起躲到租界，情勢更是複雜。洋人雖然已經開始為這種突發事件預作準備，訓練自衛團隊，挖鑿溝壕，修築聯外道路，但貿易中斷卻使他們心急如焚。[32] 對於法國人來講，還有幾個因素讓情勢更為複雜：第一，法國租界區與祕密社會所占據的老城區毗鄰，免不了會有緊張衝突發生，而和英國人之間也免不了因路障和橋樑防衛設施事宜的管轄而起糾紛。第二，自一八四二年條約簽訂以來，法國人就以在華天主教傳教士的保護者自居，因此，太平軍在南京等地虐待、屠殺皈依華籍天主教徒的消息頻傳，讓德・普拉斯更急於赴天京，看看他能不能在宗教寬容方面，取得比文翰更有效的正式外交協定和承諾。[33]

德・普拉斯船長想把「加西尼號」停在上海外灘也有困難，他想把新建的天主教堂和法國領事館同時置於砲火保護之下，問題是這兩處相隔甚遠，而且中間還有祕密社會船隻與官軍水師不時放個冷槍暗箭。[34] 祕密社會成員向皈依天主教的中國居民強索鉅額贖金——向某些虔誠的富裕人家竟然開價一萬兩銀子——這讓德・普拉斯船長何時、如何介入保護這些教徒的問題變得更複雜。而且，德・普拉斯心裡還有一個盤算，想讓剛喪妻的英國領事阿禮國（Rutherford Alcock）改信天主教，照德・普拉斯看來，阿禮國這位「高尚正直」的人高聲「公開宣布放棄他目前信仰的新教教義為期不遠矣」。[35]

一八五三年九月，德・普拉斯才獲准前往南京進行瞭解，並協助法國外交官會見太平軍首領，此時距英國人返回上海已有半年。同行的不是領事或什麼外交人員，因為法國公使布爾布隆（M. de Bourboulon）決定親自前往，且帶妻子隨行，這讓德・普拉斯心裡有所警覺。公使夫人是信奉新教的英國女子，喜歡否認耶穌的神性，堅持耶穌只不過是個大哲學家而已。這麼一來，一趟本來只是單純、略有風險的旅程就有了微妙的外交與個人因素了。公使安撫德・普拉斯，稱此行的目的僅在於「將法國對天主教徒的保護擴展」到南京而已。[36]

一八五三年十一月三十日，「加西尼號」離開上海，沒幾個小時就在吳淞口陷入濃霧，被迫下錨。即使天氣轉晴之後，這趟路程也需小心從事，因為「加西尼號」吃水較深，官員和船員又不熟悉江中的沙洲暗流，而江中又擠滿平底小舟組成的大船隊——一支船隊約有兩百艘小船，另一支船隊將近有三百艘船——向天京或拜上帝會控制的大運河和長江沿岸城鎮運送貨物，無視於數量甚夥的官軍巡艇就在一旁。這些法國人到一八五三年十二月六日才抵達南京，在城外江面下錨。[37]「加西尼號」上擠滿了太平天國信使，身著紅黃布袍，裹著赤紅頭巾，頭髮散在臉旁，也有人把頭髮塞進掛在頸子上的布兜裡。法國耶穌會士葛必達（Stanislas Clavelin）也在「加西尼號」上協助翻譯，他覺得太平軍「誠實有禮」。太平軍得知法國人有意會見太平天國首領，花了一天的時間決定，但在日落之前送來肯定的答覆。[38]

翌日清晨，太平軍嚮導牽著馬候在岸邊。布爾布隆的秘書、葛必達、協助翻譯的漢語教習以及兩名船上的軍官跟著太平軍上了路。太平軍的旌旗獵獵作響，他們在旌旗簇擁下，騎馬走了將近一個半小時，沿途有鑼聲開道，行經南京外城牆，最後經西門入城，又沿著寬闊的大道走了好幾里路。許多房屋毀於祝融，間雜其中的店鋪也關了門，悄無聲息。婦女三五成群，有些人穿著華麗，背著從河岸邊聖庫中領來的大米前往女營。在葛必達眼裡，他們流露出「平靜的隱忍，無疑有些憂傷，但以他們必須做的各種犧牲而言，他們的不悅之色要比料想輕得多」[39]。一對三十人的少年衣著鮮亮，騎著駿馬擁著這些法國人，他們是太平天國首領的孩子。路上還有一個男子靠近葛必達神父，把掌中的念珠向他一亮，迅速劃了個十字，證明了在南京城拜上帝會會眾裡頭還有天主教徒。[40]

其他一些彰顯太平天國秩序之事也讓這些法國人印象深刻：喫鴉片的人被梟首，掛在城牆上的籠子裡；不斷刊印《舊約聖經》前五卷和〈馬太福音〉，並以這些經文和其他宗教典籍舉行新式考試；婦女在寒冬索求衣物，並從聖庫領取；女營中燈火通宵達旦。在南京城裡根本不可能買到太平軍服飾，因為沒人會拿銀兩買賣這類貨物，說明了太平天國對經濟生活的控制。天王洪秀全每日禱告兩次，各放炮十響。太平天國信眾在禱告禮拜時也都面露誠意，讓這座城市瀰漫著一種神聖的氣氛。[41] 這些法國人終得傳喚入會客大廳，拜見太平天國官員，外頭街道頹敗淒涼，屋內則截然不同，其間對比讓他們一時之間不知如何以對：

火炬照亮大廳，借著火光，我們看到很多人在大廳兩邊站著觀看；在我們面前，大廳另一端是要接見我們的兩位大臣（譯按：指黃玉坤和賴漢英）。他們身著藍緞長袍，袍子上（尤其是胸前）繡著華麗的圖案，色彩絢麗。兩人腳蹬大紅錦靴，頭戴鏤金冠冕，表情嚴肅而高貴，在他們身後還有大批侍從排成一列。總而言之，這些陣勢都使這場會見顯得富麗堂皇……。[42]

會談的氣氛讓人樂觀，太平天國的官員談及他們的宗教信仰，天王及其滌蕩偶像崇拜的使命，並稱法國人為「朋友」「弟兄」。他們答應，布爾布隆不但可與他們最高階的大臣會面，如果他確有「談判誠意」的話，還可以覲見天王本人。[43]

布爾布隆於十二月十日入南京城，他碰到與文翰一樣的外交困境：太平天國的代表是太平軍主將、洪秀全親信秦日綱，他高坐台上，示意法國使團成員坐到底下的一排椅子上。這種輕慢實不可忍。布爾布隆要求台上擺一張與秦日綱所坐一樣的椅子，但為秦日綱所拒。這場會見眼看就要取消，雙方各讓一步——兩人和各自的隨行在隔壁進行「非正式」晤談。布爾布隆詳細問了太平天國的宗教信仰，尋求讓在太平天國治下的中國天主教徒得到善待的承諾，並提醒秦日綱，法國在目前衝突中保持中立，且法國與清廷先前訂立的條約對咸豐皇帝仍具效力。他沒有明確提出要與太平天國締結新的正式協定。[44]

法國人的含蓄，加上稱咸豐為「皇帝」，令太平軍將領勃然大怒——太平天國只以「皇帝」之稱敬奉上帝。狂怒落到葛必達身上，他被召去和太平軍官員進行一場特殊會見，飽受嘲諷謾罵，布爾布隆則逃過一劫。太平軍的道理難以辯駁：既然這些法國人如此尊敬咸豐，他們必定是其友；既然他們是咸豐之友，則必定把太平軍當成逆賊；既然他們視太平軍為逆賊，那他們就與太平軍為敵；由此可推而斷之，「為助汝友，前來探查，探吾之虛實。」[45]

經過幾日杳無音訊，「加西尼號」在十二月十三日收到一封北王親筆書信，好像是為了強調這個更強硬的新立場似的，「命令」法國人拜謁官邸，接受北王「口訓」。布爾布隆不接受太平軍這種用語和口氣，承認此行使命失敗，遂於一八五三年十二月十四日啟錨返回上海。[46]

但是布爾布隆在給法國外交部的最後報告中，他比之前的文翰心情來得輕鬆。布爾布隆承認在宗教、外交兩方面，他不算達到他期望的成果，但卻仍然認為他蒐集到的新情報足以彌補那些挫折：

對我來講，最重要的是我看到這次革命運動的力量，它許諾要在這個依循傳統習俗、一成不變的龐大帝國中，完成一場畢宗教、社會和政治之功於一役的徹底改變。不論對它的成功有何疑問，不論民眾的漠不關心和滿清的力量將給這場叛亂的取勝設下什麼障礙，我心裡很清楚，這場動亂性格與規模宏偉。其領導人可能狂熱或野心勃勃，但他們深信事業必成，他們不僅敢作敢為，而且信念堅定，組織強固，且精通韜略。總之，他們具有一種勝過對手的道德力量……。[47]

至於德．普拉斯，他一回到上海就得知將有另一艘戰船來取代「加西尼號」，他本人則被召回法國：他覺得自己支持天主信仰的使命已完成，而且他也盼望見母親一面，他在一路上幾乎每週都寫家書給母親，令他高興的是，母親的回信也都能尾隨其後，送到他手裡：

母親大人膝下：

「加西尼號」的返航因故略有耽擱，但看來我們在這國度的使命已告完成。

我剛剛陪同布爾布隆公使去了趟南京，公使本人與那兒的官員作了一次會面。那座曾經繁榮一時的城市令我有一種如同參觀龐貝城（Pompeii）廢墟會有的傷感之情。城牆所圈的範圍非常廣，但是我懷疑只有不到三分之一的地方有人居住。防禦工事仍然狀況完好，四周的山丘長滿樹木，不見一絲人煙；這些樹木至少有四、五十英尺高，它們在中國人眼裡或許相當高，但歐洲人不見得這麼認為……。

無可否認，這些廣西人之間的關係中有一種家庭般的氣氛，這顯得他們相互以「弟兄」相稱很貼切。因此，他們共用家舍，衣服食物儲存在「聖庫」中，金銀珠寶也放在「聖庫」。任何人都不得買賣東西。照看屬下各種不同的需要由首領決定。他們的城市在內戰中面對敵軍重重圍困，而上百萬人竟能如此獲得吃穿，這難道不令人肅然起敬嗎？

但現在，人們能利用這種情態獲得些什麼呢？中國會改朝換代，改變宗教嗎？誰也否認不了這些廣西人的反叛是一場極為重大的事件。你可以像別人一樣稱他們為「反賊」或「土匪」，他們已成這個帝國的心腹之患……。只有上帝知道中國的未來是什麼樣子，這個國度的天主教徒將會怎樣。

（一八五三年）十二月二十七日於上海「加西尼號」[48]

德・普拉斯在離開上海時頗有臉面的一件事，是布爾布隆夫人放棄新教信仰，鄭重皈依了天主教。然而阿禮國卻未改宗。[49]

德・普拉斯船長在一八五三年三月剛到上海，曾見過文翰爵士和美國公使馬沙利（Hamphrey Marshall）。他發現馬沙利在和中國人打交道時喜歡「直截了當、行事果斷」，美國船「色斯奎哈那號」打算前往南京一探究竟，馬沙利問德・普拉斯，「加西尼號」能否一同前往，德・普拉斯很是感動。但德・普拉斯考慮到上海防務空虛，覺得他無權做此決定。[50]「色斯奎哈那號」上雖有兩名中國嚮導，但它還是在上海附近擱淺，被迫取消此行。德・普拉斯記載馬沙利對英國人率先前往南京的做法很生氣，發誓只要他有一艘吃水比「色斯奎哈那號」淺的船供他指揮，他就要再想辦法去南京。[51]但美國海軍准將佩里（Perry）隨即要求所有在遠東水域的船隻協助他作著名的日本之行，而且他還選了「色斯奎哈那號」作為臨時旗艦，馬沙利的願望於是破滅。一八五三年八月，佩里從日本返回後與德・普拉斯共進晚餐，詳細描述了這次美國叩關日本的經過。十二月，德・普拉斯記載佩里率「色斯奎哈那號」、「密西西比號」（Mississippi）和「鮑哈頓號」（Powhatan）三艘戰船作第二次航行。[52]

馬沙利儘管行事「直率果斷」，但也頗拘泥於美國在一八四〇年代各條約中承諾保持「中立」的條文，因此他在一八五三年春天就只蒐集了太平天國刊印的書刊，並將之送回美國國務院供其參考。[53]美國浸禮會教士羅孝全在廣州收到洪秀全邀他訪問南京，他立刻向住上海的馬沙利請求准許；羅孝全稱這個機會可與〈使徒行傳〉第十一章第九節中所載保羅的機會相媲美——「夜晚，有靈向保羅顯現，那裡站著一位馬其頓人，向他祈求說『來馬其頓，來救我們。』」但是馬沙利表示不贊成，理由是此行違反美國與清廷之間簽訂的協定條款。羅孝全並未放棄，他從一位同情他的廣州商人那兒籌了盤纏，和已故南王馮雲山的一個兒子和侄子一同來到上海，這兩個孩子之前一直躲在南方。[54]

羅孝全一到上海，就向馬沙利公使提出同樣的請求，馬沙利拿更重的話來嚇他，說他若敢去，就絞死他。但是馬沙利私底下與一位美國朋友交談時卻表示：「這頭蠢驢幹麼不就自己去了呢？何必來問我？我當然得對他說『不』。我的地位使我不得不依條約辦事，他要能去帶回一些我能信得過的有關反賊的報告，我會很高興的。」[55]羅孝全得到費煦班船長和若干當地商人的鼓勵，還是決定冒險，便與通醫道的傳教士戴作士（Charles

Taylor）前往。他們已（出黃浦江）進入長江，但卻被官軍巡艇攔住，令之返回上海。[56]

麥蓮（Robert Mclane）繼任馬沙利為美國駐華公使，他於一八五四年春抵達南京，是最早一組到南京的美國人。麥蓮接任後便宣布他打算成「色斯奎哈那號」前往南京「革命軍」總部。羅孝全立刻問麥蓮能否要帶他去，這位新任公使雖然拒絕了他的請求，卻帶了另兩名新教傳教士。麥蓮仔細研究了此前文翰和布爾布隆使團的各個細節，之後於一八五四年五月二十二日離開上海，五月二十七日到達南京。[57]

美國人與太平軍之間的正式文件往來大多以「色斯奎哈那號」船長布嘉南（Frank Buchanan）的名義送呈。像他們碰到「赫爾墨斯號」和「加西尼號」一樣的問題，太平軍沿江要塞駐軍不熟悉洋船的標誌和國旗，總是疑心官軍可能尾隨洋船或在其保護下前來偷襲，因此當「色斯奎哈那號」駛近時，太平軍便開炮示警。雖然麥蓮稱他已經記取法國人和英國人的教訓，雖然太平軍說他們不曾看過星條旗，但布嘉南卻無意與太平軍在小事爭論：

……閣下：

本船軍官今天將此信送交予您，明晨十一點，我將派船上岸索求答覆。我必須申明，這次答覆必須包含您對今早岸上炮兵貿然開炮示威作充分而令人滿意的道歉。如果回信未作出最充分、最令人滿意的道歉來回應我的要求，那麼我將即刻自南京返航，以抗議您對美國國旗的侮辱。

明午一時，我將啟程前往南京，屆時我會將鎮江府的無禮直稟太平王，因鎮江府對友好國度交流的禮儀和責任如此漠然，對美國國旗應受之尊敬——尤其是來自充分瞭解美國友好中立立場的國度的尊敬——如此麻木，這一點我已在今晨信中聲明。

隨信附上美國國旗圖案，今後切勿再犯。

您忠誠
順從的僕人
布嘉南[58]

雙方的關係在接下來的幾天裡頭並未好轉。太平軍對美國船艦來訪的原因不甚明瞭——太平軍要求再加說明，但布嘉南和麥蓮置之不理，於是便由中級軍官作制式回應，來搪塞布嘉南以麥蓮名義所作的要求。美國人想參觀城南著名的琉璃塔（據葛必達記述，這座寶塔「緊鄰城牆角下用來保衛南京城免遭保皇軍（及官軍）攻擊的工事」，因此被列為禁地），此一請求以有待東王批准為由而石沉大海。[59] 美國人必須證明其中有人「能識字辯言」而能「識天朝制度禮儀」，方能探訪南京城。[60] 有個悶得不耐煩的年輕軍官擅自攀爬城牆探城，把氣氛給弄僵了。[61] 麥蓮要「與楊秀清閣下交流」以申明美國「友好之意」的願望甚至沒有逐級遞呈，理由是布嘉南「擅用照會」，而非以一個「居於海甯」之國應「跪具稟奏」以「遵照禮制」的方式行文。[62]

兩位太平天國高官（譯註）的答覆明確陳述了太平天國的觀點，此信由為麥蓮此行擔任翻譯的美國新教傳教士裨治文（E. C. Bridgman）譯出：

> 我主天王貴為天下萬國太平真主，則天下萬國皆當敬天以主，知所依靠者也。然特恐爾等不識天情，以為有彼國此國之分，而不知真道之無二也。為此特行劄諭爾等，果能敬天識主，我天朝視天下為一家，合萬國為一體，自必念爾等之悃恍，准爾年年進貢，歲歲來朝，方得為天國之居民，永沐天朝之恩澤，安居疆土，坐享榮光，本大臣有厚望焉。[63]

布嘉南認為此信「語氣和體裁都極怪異，令人驚詫」，便附上「一份美利堅合眾國歷史溯憶及一幅美國國旗圖案，本國欽差大臣著令傳知貴國天京大憲，以防貴方再有誤會」。[64]

---

譯註：指太平天國地官右正丞相羅苾芬和地官右副丞相劉承芳。

同日（五月三十日）正午，「色斯奎哈那號」一隊八人未得太平軍許可，離船沿南京西城牆步行。各個城門的太平軍兵士都不准他們入城，他們走得應比英國人和法國人都還要更遠，繞過南城牆到了一片沼澤地，那兒有一座廢棄的堡壘，又穿過一片幾無人跡的荒涼城郊，才到了著名的琉璃塔。[65]

琉璃塔塔身仍完好無缺，琉璃瓦熠熠生光，但塔內通往九層塔頂——從塔頂可居高轟擊或鳥瞰整個南京城——的螺旋樓梯已被摧毀，瓦礫碎片在塔底堆成一堆。無數曾使琉璃塔增輝的佛像——太平軍當它是偶像——已殘破不堪、面目全非，裝飾亦被剝光。一個美國人想股勇爬上去將塔頂的金球揭下來，馬上有人制止他，可是這種企圖妄為一直在太平軍心中縈繞。[66]這趟行程未經批准，結果這八個美國人都被太平軍官員逮捕並嚴加審訊；先是在荒郊進行，後來移到城裡，日夜審訊。太平軍用的那名漢語翻譯被審訊中的威脅嚇得膽戰心驚，竟是身心俱疲，辭不達意，所以審訊最後是以書面進行。這幫美國人經過三位太平軍官佐簽了三套通行證和文書，才從西門帶出返回「色斯奎哈那號」。[67]太平天國在審訊這些人的時候，還送了一份告示到船上，聲明日後若還有此等未經批准的行動，不能保證人員安危。[68]第二天，「色斯奎哈那號」啟程駛離南京。

麥蓮在向國務卿送呈的報告略述事件始末，他側重太平天國信仰和行事的無可理喻，稱他們「對經文真義的理解荒謬之極」，無能以「平等條件」對外交往。[69]但若將清廷與太平天國做個比較，他卻難以判定哪一方值得耕耘：

吾人由是可見這個無知、自負、頑梗的帝政虛弱飄搖的淒慘前景，處處都受到一小撮反賊的攻擊，這些人原本不過是內地的一群強盜而已。現在，他們的力量已足以與官府抗衡……。但是這些人卻配不上文明世界的尊敬，他們的治理或許不出城牆之外。他們鼓動人群對有田產財寶者及太平天國叛徒的憎恨之情，藉之攻城掠地。[70]

對麥蓮而言，唯一的辦法就是擴大美國在中國行使的「權利和責任」，切實履行條約，不讓國旗受侮。透過「凸顯現存條約的保護精神，應能打開內地，將吾人文明的道德力量已及保障我國人民生命財產所必須的物質力量擴及內地，」[71]這種積極政策將使美國能「以真正的基督方向賦予這場運動，這場運動目前雖隱於異教幽暗之終，但畢竟還是建立在《聖經》之上的」，而且也可「讓美國製造商提供一個最有價值的市場，這個市場迄今仍未打開」。[72]

太平天國的領袖如今有機會與西洋三大在華經商傳教國的代表交往。他們信的雖然是同一個教，但是彼此的間隙不但沒有縮小，反而越來越大。太平天國自認得寵於天父，這個想法的重要性與「四海之內皆兄弟」的信念至少是不相上下的。

太平軍北伐（一八五三年～一八五五年）

一八五三年夏天，太平天國定都天京，洪秀全出兵北伐，欲攻下北京，一舉滅清。到了十月，約有三萬太平軍兵臨天津外緣，離北京已不足百里。太平軍在此遭遇官軍，漸次南退，諸鎮相繼失守，最後退到大運河邊的連鎮。太平軍在此被官軍困了八個月，於一八五五年三月被殲滅。

此處所見之圖可能係天津商人為答謝官軍，特請匠人繪成十幅圖，上呈官軍統帥僧格林沁。此處收錄四幅，其中二圖可見官軍火攻太平軍，驅而趕之；第三圖為官軍將太平軍圍在連鎮，四周有土牆炮陣。在第四圖中可見林鳳翔跪在僧格林沁面前，車馬輜重皆落入官軍手中，林鳳翔旋遭斬首。（原件藏於美國哈佛大學燕京圖書館）

# 第十五章　裂痕

時機、命運和天意要如何契合，才能在磐石上建立我們的人間天堂？（編註）無論要求外國來客表現出尊敬，無論怎樣將咸豐皇帝及其爪牙斥為走狗狐魔，都掩蓋不了天國的疆域隨著戰爭而不斷改變的事實，天京必須自力更生。

太平天國的首腦有雄才大略，但未竟全功。一八五三年五月，為了奪取妖穴北京，派了約七千名廣西舊部和新募士兵，組成一支勇於獻身的太平軍北伐。但是上帝沒有保佑這項事功。官軍不斷放出錯誤情報，讓太平軍以為有大隊官軍向南進發，令之猜測不已，官軍主力和地方團練其實卻固守小城鎮，意外延緩了太平軍的推進。太平軍不熟華北地形，加上朝廷委任官員專司置留船隻於黃河北岸，使之無法再現一八五二年初沿長江而下，連戰皆捷的輝煌。[1] 太平軍雖然占領了若干中等大小的城鎮，但官軍守將得令，太平軍一炸

---

編註：史景遷此語典出〈路加福音〉第六章第四十六節：「正如建屋之人，掘深置基磐上，迄洪水溢漲橫流，撞屋不動，因基在磐上，不能動之也。」此處譯文係採《新遺詔聖書》。

開城牆就燒盡糧倉彈藥；雖有人不情願或未及按令行事，但確實執行的官軍的確減少了太平軍休整補給的機會，因而被迫比原計劃更往西北推進，終於渡過了黃河，（譯註1）此時已入冬，而太平軍並未有所準備，以致許多士兵在行軍途中凍傷致殘——「冰封雪地凍雙腿」——因為太平軍是南方人，也沒帶上合適的冬衣。而太平軍也沒有在遼闊的戰區確保補給線從南至北暢通無阻、設點駐防，派來的增援部隊也被地方官軍阻攔或擊退。[2]

令人吃驚的是，一八五三年十月底，一支太平軍勁旅竟推進到天津外緣（離天津不到五公里），他們或能從此打開一條通往北京之路，但卻無法再往前進了。朝廷派兵（包括蒙古騎兵）加上地方武裝前來圍堵。雖然不少當地民眾起初對太平軍所帶來的希望頗為熱衷，一些祕密會社和最近起兵的叛亂組織（如撚匪正與地主、官府陷入激戰）提供了軍事協助，但太平軍卻自毀長城。他們四處搜尋糧食衣物，而屠城的作為又在未至之處掀起恐俱。[3]（譯註2）

太平軍善於接陣打仗，能迅速構建防禦陣地——在一天之內就能建好土木工事，挖好戰壕，佈備縱橫交錯的散坑——但官軍也學著包圍這些環形陣地，從當地鄉村徵來上千名民工，構築了一道環繞太平軍的堅固工事。一八五四年五月，這支太平軍先遣部隊的餘部已被困住，官軍下令開挖長渠，把大運河的水引到太平軍陣地附近一條乾涸河道。這項工程花了一個月，但河水慢慢流至，太平軍營也由泥塘而至湖泊；戰士無法睡覺、無法造飯，火藥浸了水，形同廢物；等到他們爬上屋頂，攀著梯子或浮在自己綁的木筏上時，官軍就來個甕中捉鼈，將之處死。這些苦戰一年多，跋涉三千公里的太平軍戰士就這樣不光彩地丟了性命。[4]（譯註[3]）

要是太平天國傾全力北伐，或許就成功了，而「罪隸」省也就改了名。西征與北伐同時進行，在計劃和執行的規模相似，也是很快就兵分兩路：一路奪取長江北岸的戰略要地安徽；一路逆江而上，再取武昌，並將太平天國的水陸補給線伸展到華南內地。武昌一路又一分為二，此城得而復失、失而復得，另一路則往南進至湖南，欲再取長沙。而湖南戰事又衍生出石達開揮師從南側進攻位於天京西南的江西。

西征戰役勝敗參半：長沙攻不下來，湖南也沒能守住，因為湖南士紳已學會如何招募、訓練和供養團練，其間在籍丁憂的儒吏曾國藩與巡撫駱秉章攜手，整編陸營和水師，逐漸建立起一支強大的武裝力量。[5]不過，武昌還是被太平軍將領陳玉成奪回，陳玉成是

譯註1：太平軍未能在預定地點過黃河，後改在劉家口，也未成；主力部隊最後在汜水口渡河。

譯註2：一八五三年九月二十三日，太平軍攻打河北滄州時，精銳被守城官軍殺傷近四千人，一怒之下殺了滿、漢、回民男女萬餘人。

譯註3：自一八五三年五月八日揮師北上至一八五五年五月三十一日李開芳投書約降，時間應為兩年。而且官軍水攻的是馮官屯，不是連鎮；太平軍最後的據點是馮官屯。

太平軍元老陳承瑢的侄子，當時年僅十八，但已善於謀略。武昌成了太平軍的內陸據點，從天京沿長江上溯便可抵此。[6]

在安徽省，戰事圍繞著戰略重鎮廬州打了好幾年，廬州曾由士紳首領江忠源據守，他在蓑衣渡之戰告捷而獲拔擢為安徽巡撫。太平軍發明了一種挖掘雙層地道的戰術，兩條地道上下交疊，再引爆定時引線將之相連，最後拿下了廬州。第一次爆破之後，防守的官軍蜂擁而上，修補被炸開的大缺口，快要修好時，又再次引爆，炸死修牆的士兵，且再炸開一個大缺口，太平軍由此衝進城內。江忠源自殺。太平軍固守廬州達二十二個月之久，最後在一八五五年十一月因饑餓、被出賣而突圍，遭到官軍猛烈攻擊。[7]（譯註[1]）在江西省，石達開聯合了數萬人的三合會會眾，三合會曾力圖占領廣州城未果，之後沿贛江北竄。石達開聯合了各路人馬，並得當地民眾支持，使得江西幾乎全省成為太平天國的中心之一，提供了充裕的糧食。只有鄱陽湖畔的南昌一帶由從湖南調至此地的曾國藩苦苦支撐。[8]（譯註[2]）

隨著戰事進展，勝負頻仍，太平軍必須不斷找尋兵源給養，天京以東的地區雖然資源豐富，但也無暇顧及。的確，太平軍雖能威脅或據守幾百里外的城市，但官軍卻對天京施以重壓。各地的太平軍頂多只能守住鎮江；鎮江在天京下游不到六十公里，扼京杭大運河和通往天京的樞紐，但官軍卻能在離天京城牆幾公里外的丘陵安寨紮營，而且這些營寨互為犄角，太平軍一直沒時間和資源將之除去。這些官軍距城如此之近，以至還可與城中反對太平天國、擁戴朝廷的人保持暢通的祕密聯繫，維持薙髮的規定。因此，帶著牲畜蔬果到城門外來販賣的當地農民往往還剃光前額，束著長髮。[9]

太平天國猶在人世的幾個封王之中，只有翼王石達開常在前線，親自指揮西征不同階段的戰事。天王洪秀全身為精神領袖，手握生殺予奪大權，仲裁萬事，深居天王府中。北王韋昌輝負責協調天京周圍防務，負責糧食供應。東王楊秀清治理政務，軍事部署均由他來協調。其餘廣西舊部（主要來自紫荊山和桂平）在天京城內皆有宅邸，得享尊位，他們或是效命疆場，或是在天京城內任高官。[10] 太平軍雖然迅速建立了可靠的水陸驛站和聯繫網路——包括十里一驛，另有專司氣象之衙署，以及騎著快馬的信使，他們配著印信，上有飛馬乘雲，路遇清妖巡邏則裝成商人或農民——但是前線形勢變化極為迅速，軍在外必須有權靈活調度。以天京上游約八十公里的長江南岸商業交通樞紐蕪湖為例，光在一八五三年到一八五五年之間就曾八易其手。[11]

一八五三年十二月底，楊秀清改變已經開始奏效的規矩，再次公開代上帝發言，由此

---

譯註1：原文如此。其實當時太平軍屢屢增援廬州，但未成功。後因蕪湖、鎮江危急，楊秀卿決定撤出皖北將士馳援。十一月十日，太平軍撤出廬州，參加援蕪之列。但此戰損失亦不小。

譯註2：當時南昌城三面臨水，曾國藩有水師，太平軍缺乏水師，無力合圍。

生了一連串的事，導致楊秀清和數千名太平軍喪生。這個變化的時機與動機並不清楚。北伐傳來的消息雖糟，但不至於動搖根本，楊秀清已下令大軍增援，從揚州向北進發；西征一時雖陷於僵局，但已大有斬獲；法國人已乘「加西尼號」訪了天京，太平天國雖希望獲得支援，但法國人沒有承諾便離開了。

一天，北王和若干高官與楊秀清論過政事，上帝忽然降凡。其時只有天王府中的四名女官及其僚屬在場，上帝借楊秀清之口對這些女子講話。上帝的旨意是天王洪秀全專橫擅權，苛待宮女，縱容幼主。服侍天王的這四名女官——聖旨都提了名字——不用再服侍天王，即送東王府，其職可由天王府中其他宮女接替。待北王與眾官員趕到時，上帝已返回天庭，於是他們便從在場的四名女官手裡跪接了聖旨。上帝又突然降凡（這次是在洪秀全的金殿中），命天王應受責四十大杖。洪秀全俯伏受杖，上帝饒了他，返回天庭。[12]

楊秀清接著說了洪秀全的蠻橫與縱容：四歲的幼主恣意妄為——他冒著傷身之虞，在雨裡玩耍，這不可再犯，他把別人送的禮物弄壞，這也不可再犯，以免將來虐待子民。[13]洪秀全也有不同的方式苛待婦女：宮女為洪秀全挖了一處水池，他把這當帶兵，令之在雨雪中勞作；妻妾嘲笑責罵女官，不讓她們在宮中做事；女官若是關心修宮室或掃花園之類的小事，天王總是怒斥、妨礙或嚇唬這些替他做事的人；洪秀全在氣頭上還用腳踢或懲罰嬪妃，即使有身孕也不例外。無論妃嬪犯了什麼滔天大錯，孩子沒出生前都不能以暴力相向。[14]

東王楊秀清如此闡釋上帝的話語，兩日之後，他在另一個場合以忠臣的身分（而非上帝降旨）說了自己的意見。顯然楊秀清希望洪秀全回應，好似楊秀清在代上帝發言似的。在太平天國的運作中，最重大的變化是現在楊秀清把審案（包括刑及於死的案件）的決定權歸於自己。楊秀清也會把一些可法外施仁的案件交還給洪秀全，這麼一來，洪秀全「天性嚴厲」和喜「枉殺」的情形就會因楊秀清慎斷「冤獄」而得緩和。其結果便是「天父撫育人生的意向彪炳千秋，溫和平靜的性情流芳百世」。[15]

在這幾次會面中，還有兩件事楊秀清也推翻了洪秀全的決定，這看似無關緊要，但都觸及太平天國信仰禮儀的核心。一是要洪秀全放鬆對太平天國信徒「探家」的嚴格限制，這些女信眾「為國捨家，因公忘私」，如此「一心敬奉」應獲獎勵，讓她們每二、三十天或每個安息日「探家」一次，好照看小孩，孝敬公婆，侍奉丈夫。[16]至於禮儀華飾一節也應作改變，譬如天王急於剷除「邪魔」，乃將龍歸類其中，但是龍乃是帝王威儀榮耀之象徵，應與「邪魔」加以區分。楊秀清表示，龍宮、龍船，龍袍都值得敬拜，不應與害人作孽的東海蛇妖及其屬下妖怪相混淆。[17]

這種有關禮儀的討論——或說衝突——要回溯到紫荊山「拜上帝教」形成期間，甚至可溯及一八三七年洪秀全的異夢。因為天父皇上帝在夢中身穿黑色龍袍，太平天國的書刊皆如此刊載，甚至信徒夢中的天父形象也是如此。[18] 一八四九年，洪秀全最忠誠的追隨者得到允諾，他們若堅持不懈，取得勝利的話，總有一天也會身穿龍袍，腰別角帶；而他們若是行惡，就會死於非命。[19] 在一八五〇年，洪秀全避居鄉間的地方就被稱為「金龍殿」，太平軍的主要將領（包括楊秀清）都去過那裡。[20] 洪秀全對楊秀清辯稱，兄長耶穌早在紫荊山就曾下凡說「龍是妖」，不過，「金龍殿之龍是大寶也，非妖也」，洪秀全取其前者，而略後者。[21]

有一份太平天國的內部文件（該文件並未向所有的太平天國將士散發，但是洪秀全和楊秀清應該知道）引用了一八四八年秋耶穌在平南山的話（譯註），原文如下：

「洪秀全胞弟，星宿說及龍妖，爾還不覺乎？海龍就是妖魔頭，凡間所說閻羅妖正是他，東海龍妖也是他，總是他變身，纏捉凡間人靈魂。爾當前升高天，同天兵天將逐這個四方頭紅眼睛妖魔頭，就是他。爾今就忘記乎？」天王曰：「儆天見說明，小弟幾不覺矣。」[22]

洪秀全按楊秀清所欲的思路解釋這段經文——他隨即溫言表示「今而後，天國天朝所刻之龍盡是寶貝金龍，不用金眼」——其實，洪秀全在有關肖象、肖像解釋及其與偶像崇拜的關係等問題的長期爭論中作了讓步。

如果洪秀全要保持他在太平天國運動中的至高地位，就不得置疑他那次天堂之旅。楊秀清或可代傳上帝旨意，但洪秀全可是親眼見過上帝，和上帝說過話，記住上帝鬍鬚和衣服的顏色，他還見過耶穌，同耶穌說過話。因此，當他讀到一長段經文，大力宣揚基督教的信念，但卻否認上帝有形的說法，洪秀全便仔細改過，然後才把它當作太平天國的聖書散發出去。他對《聖經》作了增刪，刪去「上帝無形、不可見」的說法，卻加上「只有升天的人才有見上帝」。洪秀全還刪了一大段話：「上帝無形、無聲、無味；通過凡身，我們看不到祂的形體，聽不到祂的聲音，感知不到祂的存在。」洪秀全用譬如「上帝能知屋子漏水」之類的通俗比喻來代替，用意在把他見過的上帝人格化。這些文字經過刪增之後，成了太平天國的聖書，在一八五四年刊行於世。[23]

洪秀全正式宣佈，東王坦誠，忠實無畏，甚慰朕心，加封「勸慰師」和「聖神風」，此舉在神學上的意義甚深。是太平天國將「聖靈」（Holy Ghost）譯為「聖神風」。（編註[1]）洪秀全稱，授予此銜意在呼應耶穌的話語，耶穌對門徒說：「來日勸慰師將降臨人間。」洪秀全這裡指的是〈約翰福音〉第十四章，太平天國雖然還未刊印〈約翰福音〉，

---

譯註：《天兄聖旨》、《天父下凡詔書》（二）作平在山。

但在洪秀全幾年前已有郭士立的漢譯本了。據約翰所記，在最後的晚餐結束時，耶穌告訴那些心焦的門徒：「又吾求父，另以勸慰師賜爾，可與爾永居也。」耶穌又講：「勸慰師而聖神，父緣我名而遣者，彼將以萬理教爾，又以我語爾諸言示爾記憶也。」（〈約翰福音〉第十四章第十六、二十六節）（編註[2]）

以聖神風、勸慰師稱楊秀清，始於太平天國癸丑三年（一八五三年）十一月。當時，楊秀清以天父身分杖責洪秀全，事後又以東王身分登朝勸慰。洪秀全欣然稱楊秀清所奏乃金石名言，曰：「前天兄耶穌奉天父七帝命，降生猶太國，曾諭門徒曰：厚日有勸慰師臨世，爾兄觀今日清胞所奏及觀胞所行為，前天兄所說勸慰師、聖神風即是胞也。」

「聖靈」一詞在基督教「三位一體」的教義中極為重要，但郭士立的譯本卻將之淡化。當洪秀全對楊秀清說「前天兄所說勸慰師、聖神風即是胞也」時，他涉險走入一個新的困境，洪秀全很清楚〈約翰福音〉的內容：「天堂有證，三者存在，聖父、福音、聖靈，且三位一體。」[24]

光從洪秀全以「勸慰師」相稱，就可知楊秀清精心擺佈洪秀全，在太平天國之中更上一層樓。因為，在〈約翰福音〉第十六章第七節中，耶穌說道：「然吾實講緣，吾往，爾受益，因吾不往，勸慰師弗就爾，如吾往，則遣之就爾矣。」（編註[3]）

楊秀清志不在小，但一個人若是高升，其他人必要下降。（編註[4]）上帝在一八五三年十二月駕臨了幾次，楊秀清還公開羞辱了洪秀全的兩位心腹。一是北王韋昌輝，另一個是頂天侯秦日綱。兩人早在紫荊山就追隨洪秀全。韋昌輝稍通文墨，拜上帝會眾為他在家鄉出力，他便把家財全捐給了「拜上帝教」。秦日綱在礦坑裡幹活的時候就研習兵法，素養極深。這些年來，兩人都為洪秀全處理軍機要務，秦日綱在健在的諸王中位高權重。

楊秀清藉著為上帝代言而多方羞辱北王韋昌輝。上帝一顯靈，楊秀清的女侍就擊鼓傳喚北王，北王若是來得遲，就由這些女侍從向他轉達上帝聖旨。楊秀清為上帝代言時，韋

---

編註1：在基督教中，聖父（Patre）、聖子（Filius）、聖靈（Spiritus Sanctus）為「聖三位一體」。拉丁文Spiritus係譯自希臘文Pneuma，意為「風、氣、精神」。《聖經》中譯本初譯為「風」，後譯為「精神」，馬禮遜譯本為「聖風」、「聖神風」。太平天國文獻中用「聖神風」一詞，是從梁發《勸世良言》而來。

編註2：此處採裨治文譯本，該譯本之〈約翰福音〉作〈約翰傳福音書〉。《聖經》和合本〈約翰福音〉第十四章第十六節譯為：「我要求父，父就另外賜給你們一位保惠師（或作訓慰師），叫他永遠與你們同在。」第十四章第二十六節：「勸慰師就是父因我的名所要差來的聖靈，他要將一切事指教你們，並且要教你們想起我對你們所說的一切話。」

編註3：係依裨治文所譯。和合本譯做：「我將真相告訴你們，我去是對你們有益的，我若不去，勸慰師就不到你們這裡來；我若去，就差他來。」

編註4：史景遷此語或許意在呼應〈以西結書〉第二十一章二十六節：「要使卑者升為高，使高者降為卑。」

昌輝必須俯伏在楊秀清面前，叩頭聆聽。楊秀清若是在坐轎裡恍惚出神，韋昌輝必須隨侍轎側，不得騎行；甚至連楊秀清的侍從也能讓韋昌輝忙個不停，他們不想打擾主子，便拒絕替韋昌輝去請示東王闡明聖旨，也不去查看東王的出神是否結束。秦日綱也不得不忍受類似的羞辱，甚至還得幫著把東王的轎子抬上宮殿台階。[25]

東王與北王在一八五三年十二月的衝突也說明了兩人如何向洪秀全爭寵邀榮：東王力圖證實自己的道德教化力量，北王則表明他對洪秀全帝王之尊的支持。楊秀清先是向洪秀全建言，天王宮中的錦繡龍袍已足，應加以節儉約束。北王不理楊秀清所言，向天王奏以：「二兄為天下萬國之主，富有四海，袍服雖足，亦要時時縫來。」

這顯然是挑戰了東王的權威，東王答以：「求二兄赦小弟之罪，容小弟直言為奏，袍是不足方要多，若雲既足，緩些再縫，方顯二兄節用愛人之美德，正弟（北王）何為奏要時時縫也？」

眼看著兩造相持不下，天王稱讚楊秀清：「清胞真是古之所謂骨鯁之臣。正胞，爾雖是愛兄之心誠，終不若清胞直言無隱更為可嘉也。自後在爾幼主之世，凡為臣者，當如清胞今日之所言，方盡為臣之道也。」[26]

秦日綱受到的羞辱沒那麼直接，但在天王設宴款待東王、北王及秦日綱，以慶賀上帝駕臨時他們在場，宴畢，洪秀全明言，秦日綱不在洪秀全「同胞」之列，如此尊榮，頗不

易得，一旦洪秀全升天，更不能再得，秦只是「臣」，不是「王」。[27]（譯註[1]）

但疏遠秦日綱，並不意味楊秀清承認韋昌輝具有王者之尊。楊秀清待翼王石達開也是如此，只不過石達開多半在外指揮西征，並未威脅到楊秀清。楊秀清已構建一個由弟兄四人組成的內部「家庭」（而洪秀全顯然也默許），長兄是耶穌，二兄是洪秀全，四弟即楊秀清，而排行第三的或是已故的南王馮雲山，或是給洪秀全年僅四歲的長子洪天貴。[28]（譯註[2]）楊秀清命兩個心腹寫了一本太平天國運動及其信仰的簡史，並在一八五四年下令頒行。此書將楊秀清說成「天父派其下凡，是天國高參，是天國諸眾之首，拯救餓殍，救贖病夫，治萬國之弟妹」。[29]在書中，楊秀清的「神聖」不同於其他諸王的「傑出」，一如勸慰師楊秀清的「仁慈、大度」不同於其他諸王的「寬容」。[30]

一八五四年三月二日，上帝再次降凡借楊秀清之口宣旨。這次的聖旨分為兩部分。一部分把矛頭指向廣西舊部，特別是諸王以下的那些高官。其中三人（興國侯陳承瑢、贊天侯蒙得恩、衛國侯黃玉昆）被鎖銬起來，訓誡了一番才獲釋。另外，秋官又正丞相鎮國侯

---

譯註1：洪秀全曰：「頂天侯，爾今日得在金龍殿內坐宴，是天父大開天恩與爾者也。朕同胞等皆是親承帝命下凡，頂天父天兄綱常者。以理而論，惟朕及胞弟等始可在此金龍殿設宴。若至幼主之後，皆不准人臣在金龍殿食宴。」

譯註2：洪秀全長子初名洪天貴，後改為洪天貴福。

盧賢拔、冬官又正丞相陳宗揚在百官面前遭受斥責，原因是他們曾與妻子同床四、五次，違反了太平天國只有在戰勝妖魔之後才可同床的戒規。盧賢拔（早年曾和洪秀全共同制定十款天條）痛改前非，方得寬恕；陳宗揚則與妻子當眾斬首，因為他們怕事跡洩漏，竟想「誘穢」女侍從。[31] 上帝透過楊秀清大行責罰，提醒太平天國百官，祂能明察秋毫，以往在桂平和永安的危急存亡之際，都能揭發叛徒陰謀。楊秀清連床第之事都能詳察，更說明了上帝無所不見，楊秀清刺探之密，無人能遁形。[32]

在這份聖旨的第二部分中，上帝借楊秀清之口，宣講了中國古籍中所蘊含的基本美德。上帝先以謎一般的對句，隱晦點出其立場：

千節英雄不得除，
流傳全仗笥中書。

太平天國百官費力參悟其中含義，而後上帝又透過楊秀清加以闡釋：

爾可稟奏爾四兄，轉奏爾主天王。前曾貶一切古書為妖書，但四書十三經，其中闡發天情性理者甚多，宣明齊家治國孝親忠君之道，亦復不少。故爾東王奏旨，請留其餘他書。凡有合於正道忠孝者留之，近乎綺靡怪誕者去之。至若歷代史鑑，褒善貶惡，發潛闡幽，啟孝子忠臣之志，誅亂臣賊子之心，勸懲分明，大有關於人心世道。再者，自朕造成天地之後，所遺降忠良俊傑，皆能頂起綱常，不純是妖。所以名載簡編，不與草木同腐，豈可將書毀棄，使之湮沒不彰？今天差爾主天王下凡治世，大整綱常，誅邪留正，正是英雄效命之秋。彼真忠頂天者，亦是欲圖名垂萬古，留為後人效法。爾眾小當細詳爾天父意也。再，「神」字無用諱，前所諱之字無用更諱。以後，天朝所畫之龍，須要五爪，四爪便是妖蛇。丞相亦准用鳳。

女官等跪聆聖旨，一一凜遵。天父詔畢轉天。33

楊秀清如此重申若干以往的核心價值，一直存於儒家經典之中，若是蔑視之，則危及太平天國；洪秀全這些年苦心構建的教義，楊秀清卻直搗核心。洪秀全本是個文人，從他早期的宣教可見儒家道德判斷的痕跡。但是洪秀全不斷演繹一八三七年那次夢境，關於上帝惱怒孔子的細節也越來越多，甚至還有孔子公開受辱。在紫荊山時，耶穌也借蕭朝貴之口來貶斥孔子。從一份記載耶穌在一八四八年冬駕臨太平軍山中據點的文件，便可清楚看出：

天王問天兄云：「孔丘在天如何？」

天兄曰：「爾升高天時，孔丘被天父發令捆綁。他還在天父面前及朕面前跪得少麼？他從前下凡教導人之書，雖亦有合真道，但差錯甚多。到太平時，一概要焚毀矣。孔丘亦是好人，令准他在天享福，永不准他下凡矣。」[34]

一八五二、五三年太平軍與官軍鏖戰之際，為了爭取祕密會社成員加入太平軍，便以洪秀全和楊秀清兩人的名義宣講反滿口號，也傳達了類似的訊息。此時，人口眾多、人文薈萃的南京已是天國之都，楊秀清便開始捍衛永恆的價值，以樹立聲望。他給洪秀全的宣諭也在南京廣為散發，從中不但可見楊秀清為上帝代言的特殊權力，而且也可看到他從儒家經典（尤其是《論語》）中尋章摘句，來充實他昭示德臣賢士的角色。[35]

楊秀清求諸儒家主流價值，說明他曉得許多人（儒士、白丁兼有之）對太平軍的統治極為不悅。鄉勇首領如曾國藩正在建立地方武力，與太平軍相抗，他們知道這也是一場道德價值之爭，也有能力加以駁斥。當時曾國藩有一篇檄文，在華中一帶廣為流傳：

自唐虞三代以來，歷世聖人扶持名教，敦敘人倫，君臣父子，上下尊卑，秩然如冠履之不可倒置。粵匪竊外夷之緒，崇天主之教，自其偽君偽相，下逮兵卒賤役，皆以兄弟稱

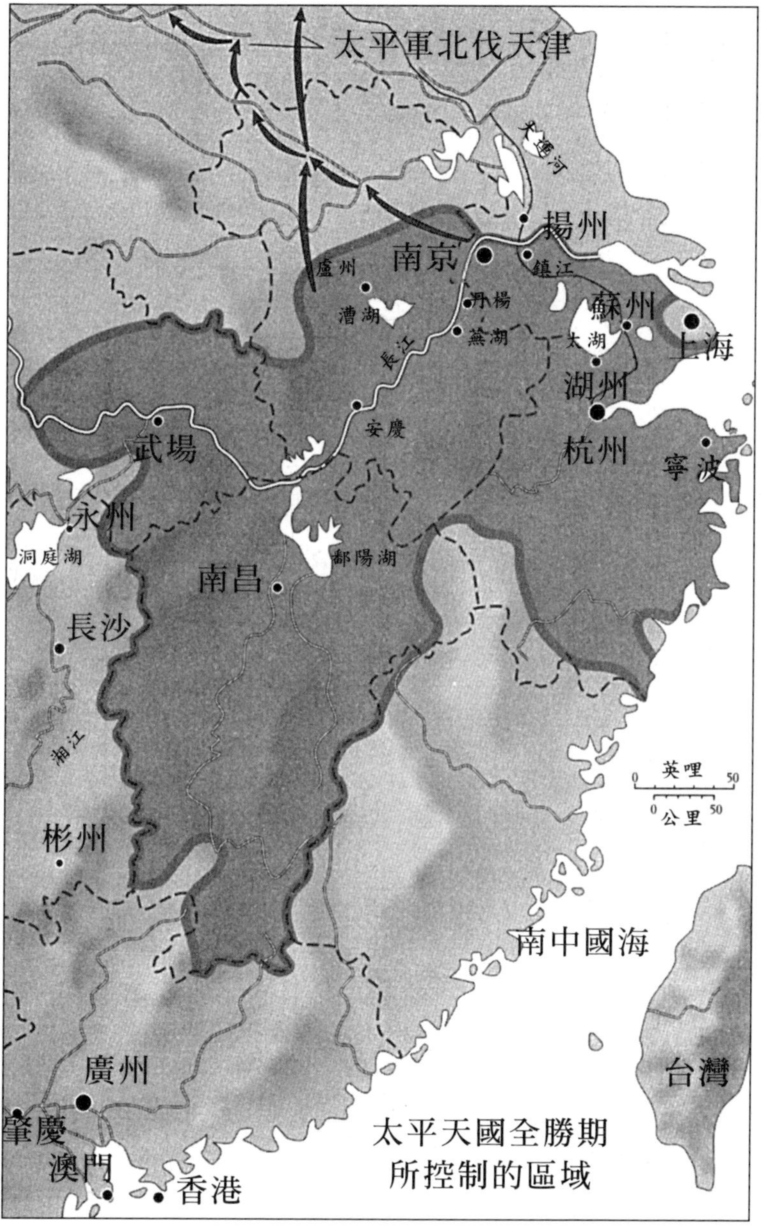


太平天國全勝期
所控制的區域

之。謂惟天可稱父，此外凡民之父皆兄弟也；凡民之母皆姊妹也。農不能自耕以納賦，而謂田皆天王之田；商不能自賈以取息，而謂貨皆天王之貨；士不能誦孔子之經，而別有所謂耶穌之說、《新約》之書，舉中國數千年禮義人倫詩書典則，一旦掃地蕩盡。此豈獨我大清之變，乃開闢以來名教之奇變，我孔子、孟子之所痛哭於九原！凡讀書識字者，又焉可袖手安坐，不思一為之所也！[36]

楊秀清重新肯定某些傳統價值之時，太平軍也揭發欲向天京城外官軍打開城門的陰謀。這項陰謀由張炳垣所謀劃，他是個秀才（洪秀全一直求之而不得），機變多智。他或由己、或從人，糾集了大約六千名心懷不滿的士兵和南京百姓，他密謀在拂曉時打開東城門引官軍入城，不料官軍主將延誤時機，又疑心有詐，事機於一八五四年三月敗露。加上張炳垣係以太平天國曆法訂定起事日期，而官軍則根據大清曆來計算。兩套曆法相差六天。等到發覺時，為時已晚矣。

楊秀清在一八五三年十二月取得對死刑案的最終裁判權，因此張炳垣一案便由楊秀清審理，但是張炳垣的聰明又讓此案橫生枝節。太平軍有人密告張炳垣企圖謀反，張炳垣反而堅稱這告密之人嗜食鴉片，因為怕張炳垣揭發他先發制人。張炳垣是否謀反還未證實，楊秀清即下令以吸鴉片罪處決了告密之人。陰謀大體敗露之後，楊秀清派人審訊張炳垣，張炳垣又亂說一通，稱有三十四名太平軍幹將是同謀。楊秀清立即將這些幹將處死，太平天國諸王這才發現自己受騙了，但就算處決了張炳垣，也不能讓冤死的將領復生。[37]

太平天國的經文和政策之間自相矛盾，已經明顯到難以一筆帶過的地步了。不僅是在儒家思想的脈絡是如此，在《聖經》教義的脈絡底下，矛盾不一、模糊不清的情形也日益浮現。洪秀全是上帝的次子、耶穌最親的弟弟，地位顯然應比「四弟」楊秀清為高。然而，蕭朝貴故世已久，耶穌的聲音不再，楊秀清既為上帝代言，也是「勸慰師」、「聖神風」，他便在「三位一體」之中占了兩位，而洪秀全則始終否認任何力量都不同於上帝。耶穌的地位低於其父，「勸慰師」與「聖神風」也只是上帝顯聖，並不等同於上帝。而且，雖然太平天國諸王也曾夢遊天堂，見過幾次天父、天兄還有這個神聖家庭的成員，但是，只有洪秀全一八三七年的天啟才是關鍵，他在夢中見到蓄著金鬚、身穿玄龍袍的上帝，還親近了耶穌的妻與子，即他的天嫂和其子天貴的堂兄堂姐。太平天國諸王沒有一個受過神學教育，而美國公使在目前的戰事中嚴守中立，禁止羅孝全訪問天京，種種事蹟如此複雜，要如何平衡或量其輕重呢？

天道無窮，楊秀清有了一探深淺的機會。提供這個機會的是英國人。一八五三年，英國人乘「赫爾墨斯號」拜訪天京受挫，之後便不曾派遣正式外交使節前來訪問。但是到了一八五四年六月下旬，英國人再也擋不住心中好奇。謠傳煤炭囤聚在由太平軍時斷時續控制的蕪湖一帶，英國公使包令聲稱，在上海的英國人急需確認太平天國「能否出於公益提供煤炭」，於是派了「響尾蛇號」（Rattler）船長麥勒西（Mellersh）率數人為使團，一探究竟。其中兩名英國低級外交人員還受命查明太平大國的生活及信仰狀況——「其政治觀點和政府形式，其宗教書籍、教義和儀式，其家庭社會習慣以及一切值得注意的相關事項。」[38]

這些英國人於一八五四年六月二十日抵達南京，但他們不准接近城郊一步，也沒有太平軍到他們的船上來。他們感到沮喪之餘，向東王楊秀清呈送了三十項問題，舉凡貿易前景、軍隊數目、法令、關稅、入教儀式、考試、聖庫，男女分營、禁吸鴉片、爵位都在其中，還有兩項頗為敏感的問題：洪秀全自稱為耶穌之弟，此意為何？東王頭銜眾多，何以其中還有「勸慰師」、「聖神風」的稱號？楊秀清很快就予以答覆，文書裝在一只寬三十公分、長約四十六公分的黃色封套中。問題若是涉及洪秀全的身份和他自己頭銜，楊秀清閃爍其詞、模棱兩可，但他算是有問必答。英方立刻將楊秀清的回信譯了出來：

你問：關於本軍師是否及為何接受「勸慰師」、「聖神風」的稱號，以及關於「禾乃師」與「贖病主」稱號的含義。我的回答是：天父下凡聖旨指出，天下萬國人民之病皆是東王所贖，天下萬國人民蒙昧皆是聖神風化醒。今天父指出東王是聖神風，故封東王為

「勸慰師」、「聖神風」、「禾乃師」、「贖病主」，使天下人民得知天父鴻恩，倚靠本軍師……。

你問：你們給予耶穌以天兄稱號，給予天王以次兄稱號，是否是推論出來的，後者實際上是上帝之子抑或反是取譬如此？我的回答是：天王是上帝的第二子，是天父聖旨真命。兼天王親自上過高天一一奉聆天父明命，是天父二子，為天下萬國真主，鑿鑿有據也。[39]

楊秀清也向麥勒西船長提了五十個問題，從頭三十個問題的範圍和性質可看出太平天國對自己這一套主張的困擾。東王如是問：

爾各國拜上帝已咁久，有人識得：

一、上帝有幾高大否？

二、上帝面何樣色否？

三、上帝腹幾大否？

四、上帝生何鬚否？

五、上帝鬚何樣色否？

六、上帝鬍幾長否？
七、上帝戴何樣帽否？
八、上帝著何樣袍否？
九、上帝原配是我們天母，即生天兄這個老媽否？
十、上帝前既生子耶穌，今復生子否？
十一、上帝單生獨子，還是亦同凡人生有好多子否？
十二、上帝會題詩否？
十三、上帝題詩有幾快捷否？
十四、上帝性有幾烈否？
十五、上帝量有幾大否？
十六、耶穌有幾高否？
十七、耶穌面何樣色否？
十八、耶穌生何樣鬚否？
十九、耶穌鬚何樣色否？
二十、耶穌戴何帽著何袍否？
二十一、耶穌元配是我們天嫂否？

二十二、耶穌生有兒子否？
二十三、耶穌長子今年幾歲否？
二十四、耶穌生有幾女否？
二十五、耶穌長女今年幾歲否？
二十六、上帝現共有幾多個男孫否？
二十七、上帝現共有幾多個女孫否？
二十八、天上有幾多重天否？
二十九、天上重重天都一樣高否？
三十、天上頭頂重天是何樣否？[40]

後面的二十個問題涉及若干《新約》段落的詮釋問題、勸慰師的地位、上帝諭命太平軍摧毀滿洲的本質、英國宣稱中立，其意義何在。楊秀清的第五十個問題措詞激烈：「爾還膽敢強瞞天理，詭向天國討取煤炭？」[41]

「響尾蛇號」上的這幾個洋人也沒受過神學教育，麥勒西船長等人為了盡力回答楊秀清的問題，還組織了一個戲稱為「宗教會議」的討論會，搬出《聖經》來逐條查閱，把楊秀清的五十個問題回了個大概。對一至八問的回答是，上帝無高矮，亦無寬窄。對九至十一問的回答是，上帝乃是神，不「婚配」，除耶穌之外，再無他子。對十二至十五問的回答是，上帝向來仁慈和藹，祂無所不能。對十六至二十問的回答是，《新約》並無明言。關於第二十一至二十七問的回答是，「羔羊婚娶」乃是比喻，表示「信者與基督同在」。關於二十八至三十問，回答是「不知」。[42] 這些英國人的「宗教會議」，其回答雖然知無不言、言無不謙，但其結論在楊秀清看來卻是很刺眼：

關於來信結尾的聲明，諸如上帝明令你和你的臣民誅妖——他是上帝親子，是天兄胞弟，他為萬國真主——你，東王，被上帝任命為聖神風、勸慰師等等，吾人認為應當清楚向你說明，我們並不相信你們這種意義的教條，對這些皆不能表示贊同。我們只相信《舊約》、《新約》的啟示，即上帝聖父是造物主和萬物之主——耶穌是祂的獨生子——祂降生於世並現作肉身。祂因替世人贖罪而死在十字架上——三天後祂復活了，然後升入天堂，和上帝始終為一體。為了審判世界，今後祂還會再次降臨，那些信祂的人將得救，那些不信祂的人會迷途。聖靈和上帝是一體，祂已在世人之間出現過，即在我主升天之後不久。那些祈求祂感化之人就會在心裡接受祂，並因此而獲得新生。而聖父、聖子、聖靈三位一體就是真正的上帝。[43]

這些英國人反覆重申，這些解釋若有不明確之處，楊秀清應遵循基督所示：「你們查考聖經，因你們以為內中有永生，給我作見證的就是這經。」[44]（編按：這句經文出自〈約翰福音〉第五章第三十九節。）

這封信在一八五四年六月二十九日送到東王手中。翌日，「響尾蛇號」離開南京前往上海，於七月七日抵滬。太平天國沒讓他們運煤，卻在船上放了一些太平天國印刷坊剛印出的新書，其中有〈利未記〉、〈申命記〉、〈約書亞記〉，這些章節講述了以色列部族在摩西死後，到他們最後抵達「應許之地」之間的事。船上也載了洪秀全修改過的《聖經》，他煞費苦心，論辯那些被「響尾蛇號」的「宗教會議」批駁過的觀點。[45]在「響尾蛇號」返抵上海的這一天，楊秀清在南京再次為上帝代言。意思很簡短，但在太平天國史上卻是未曾見過的：

朕今日下凡，非為別事。只因爾等將番邦存下的舊遺詔書、新遺詔書頒發，其舊遺新遺詔書，多有記訛。爾稟報北王和翼王，稟奏東王，啟奏爾主，此書不用出先。[46]

上帝借楊秀清之口，要求在場的太平眾官員對此議論，他們也說不出什麼。有個太平軍老將說，他不識字，想不出這聖旨究竟有何用處；另一個受過舊教育，領悟到楊秀清究竟要得到什麼答覆，於是說道：「天父天兄聖旨決無差錯。」這顯然是說，由蕭朝貴和楊秀清轉達給世間的聖旨乃是真正的啟示，而成文的太平天國經書則有待質疑。上帝借楊秀清之口說：「且未成文成章，爾等拿去斟酌，改好成文成章也。」[47]

這對洪秀全及其信徒的挑戰非常明顯：他們信奉《聖經》至今，其中的上帝話語現在應由人來修改。但由楊秀清代言的上帝話語則分毫無爽，誰也不能更改。

# 第十六章　殺戮

《聖經》不再刊印，太平天國領袖也開始找出錯誤，想做出一個能把他們的想法與經文內容相調和的版本。北伐步履維艱，終告失敗；西征軍被逐出湖南，東退休整。官軍將三合會（小刀會）逆賊逐出上海，奪回了上海非租界區。大批官軍仍聚集在南京東城牆附近。太平天國的規章仍在城鎮鄉下宣諭，但因戰事頻仍，太平軍也徵不到稅，也難以將百姓集戶入隊。要將男女別營更是困難，一八五五年初，夫婦相聚開始不受限制，不過婚外苟合的男女仍要處決。[1]（譯註）喫鴉片的人只要能表明是邪魔誘之誤入歧途，上帝和楊秀清也免除其死罪，不過天王仍以詩來告誡勿犯愚行：

譯註：男女別營禁令正式廢止應是在一八五五年八月二十四日，楊秀清在此日稱天父於其夢中降旨：「秀清，爾好鋪排爾一班小弟、小妹團聚，排得定定疊疊，我天父字有分排也。」

吹來吹去吹不飽，如何咁蠢變生妖！（編按：「咁」係廣東話，意為「這樣」。）
戒菸病死甚誅死，脫鬼成人到底高。[2]

一八五五年，東王暨勸慰師楊秀清多病，不過他擴權的腳步並未受阻。他若臥病在「龍床」，也照樣下令。有時，上帝托夢，而非當眾宣諭，他便在次日複述夢境，當它做上帝聖訓，也希望人人如此看待。[3] 上帝下凡宣諭，場面越加壯觀。楊秀清把皇親的角色納入儀典，在東王宮內重定其職，令之袍服整齊，分列楊秀清的六抬大轎兩旁，在他出巡時隨侍兩旁，另有「金鑼」、「金鼓」和「聖槍禮炮」齊響致禮。人人跪接東王駕到，即使寒風刺骨，雨雪紛飛，也要在宮外等上幾個時辰，弗敢絲毫怠慢。上帝若是在夜間駕臨，而天王的女侍未能及時開啟威武的天王府門（朝門既多且重，時而無法迅速開啟），上帝便會透過楊秀清大發雷霆。[4] 有時連洪秀全都要出宮門迎接東王，在天王府門口跪接聖旨，而楊秀清則安坐養神。有時楊秀清不克前往天王府，洪秀全還移駕親赴東王府。[5]

楊秀清連洪秀全的日常生活也不放過。楊秀清責怪洪秀全事母不孝，因為洪秀全不許宮女照顧他的母親。[6] 楊秀清從道德立場點出，太平軍忠心舊部的高堂髮妻受了冷落，不得不自己動手做粗活；他從各王府調派宮女去幫忙，或是撿拾柴火，或是耕種花園。[7] 洪秀全的愛子天貴雖已立為太子，也遭楊秀清貶抑。因為楊秀清的兒子獲允在楊秀清與天

父皇上帝交談時介於其中，楊秀清之子在「天阿公」面前匍匐，為其父求情，可見孝心顯著。[8]（譯註）

楊秀清朝綱獨斷已有數年之久。洪秀全想把自桂平就追隨左右的心腹秦日綱和胡以晃封為王，好填補馮雲山、蕭朝貴遺下的空缺。楊秀清先表同意，後來兩人西征一時失利，楊秀清便削去了剛封的王位。[9] 北王韋昌輝不斷被喚來躬聽上帝訓誡，無分晝夜；若是北王膽敢拖延，便有當眾受鞭笞之虞。秦日綱因「不盡職守」而遭上帝責罵，以下獄為奴相脅。[10] 那些被楊判為「大違天規」者，則澆以膏油燒死，謂之「點天燈」。[11]

將領若在南京城街上見到東王府官員而有失禮節，便責以鞭笞；若是不願表示悔過且「心存惡怨」，就會被處死。[12] 楊秀清臥病時，東王府中的官屬若有被楊秀清斥為玩忽職守或聽任宮中有不當言論者，也被當眾處決。[13] 上帝覺得有必要重返人間，透過楊秀清對這些殺戮稍作解釋：「此等逆天又欺禾，不知贖病是伊哥。敢在府門用眼看，詐聾奸草今如何。」[14]

楊秀清在軍事上的角色也是無人能及，即使在臥病在床亦然。楊秀清運籌帷幄，決勝

---

譯註：上帝欲治楊秀清罪，秀清之子放聲大哭，匍匐至天父前跪伏，哭曰：「天阿公開恩，留阿爺理天事，小子願代阿爺罪也。」

百里之外——他可能偶爾也會和洪秀全商量。他派出大軍增援，試圖營救受圍的北伐軍，結果無功而返。他批准收復武昌和進軍湖南的軍事行動，並在一八五三年協調各部進軍安徽和江西兩省。他知道位於南京下游八十公里處長江南岸的鎮江乃扼通往天京和大運河的要衝，至關重要。因此，當官軍傾巢而出，欲奪回鎮江時，楊秀清調集兵力增援，並由身經百戰的將領率軍。太平軍浴血苦戰而大勝，不但解了鎮江之圍，也增強防衛能力。

部隊精神還未養足，正在照護傷患之際，楊秀清斷定，對聚集天京城東側的官軍大營發動攻擊，此其時也。疲憊不堪的將領雖然大為不滿，幾乎要公開抗命，但還是憑著實戰經驗，趁敵之不備，連連直搗官軍大營，結果大獲全勝，一萬多名官軍被殺，徹底毀了官軍大營，敗軍之將狂逃數十裡才保住性命。官軍統帥向榮自五年前的永安戰役、桂平戰役起就窮追太平軍不捨，經此大敗，心力交瘁，一倒不起！[15]

東王認為這些勝利乃是他權力的保證，他的野心也隨之日熾。天王稱「萬歲」，而楊秀清是「九千歲」，這乃天差地別，讓楊秀清心中不平。楊秀清把最忠於天王的將領派以要務，即使軍隊元氣還未完全恢復：石達開被派往西邊的湖北省，秦日綱被派往江蘇丹陽，北王韋昌輝被派往江西南昌。一等眾將領帶兵離開南京，楊秀清便告訴天王，他也想有「萬歲」之銜。天王身邊沒有心腹將領，躊躇難決，便假意答應，建議以此盛事為兩個月之後楊秀清祝壽。一面派出心腹密使暗中躲過楊秀清無所不在的耳目，分赴石達開、秦日綱、韋昌輝等處，命之立即返回天京，瓦解楊秀清的陰謀。[16]

說來也是機運弄人，此事後續發展竟以一個四處飄蕩的愛爾蘭人記載最詳，他幾不會讀寫，我們也不知其名。（編註）一八五六年，這個愛爾蘭人在鎮江、南京待了幾個月之後，向一個名叫雷諾茲（Reyndds）的船員說了他的見聞。雷諾茲此人熟悉中國，相信這個愛爾蘭人講的奇遇乃是真有其事。上海的那些閱歷豐富的傳教士也相信。[17]

一個愛爾蘭人會在一八五六年出現在太平天國的根據地，由此可見時局之混亂。各國使節雖嚴守中立，但一些居無定所之人入太平軍為天王效命，這卻是禁無可禁。早在一八五三年，洋人就一直賣槍炮彈藥給太平軍，也為太平軍賣命。[18] 這些傭兵裡頭有「三名黑人」，可能來自印度，因為記載其為英國臣民，他們到了鎮江參加太平軍。[19] 一些英國人還是冒險從事交易，牟取暴利，向各路反賊販賣違禁品，譬如把火藥粉登記為「中國鼻煙粉」，把艾菲爾德式（Enfield）步槍登記為「傘」。[20] 連頭腦簡單之人也會玩這些花樣，像是被「赫爾墨斯號」大副發現的那個英國人，以其「外貌呆頭呆腦，不可能是戰船

---

編註：據載，參與者應有兩個歐洲人，其中口述者可能為肯能（Canny），此人在鎮江投入太平軍，隨秦日綱參加天京事變，後在安徽離開太平軍返回上海。雷諾茲所記的這份資料於一八五七年一月十五日、二十一日、三十日在香港《中國之友》（*Overland Friend of China*）連載。

上的人」而未受懲罰。[21] 一名叫做「酒鬼」的美國人在廣東招募了一小支外國傭兵，其中多是英國人，後來被英美出面聯手禁止。[22] 對英國的香港總督來講，這些人不過是「一群非法支援外國革命的殺手，被遺棄的英王臣民，他們以加入愛國人士為由，燒殺掠奪，無所不為。」[23]

這種冒險不只吸引了英國人。法國船長德・普拉斯就把一名法國流浪漢關在「加西尼號」的鐵籠裡，他假稱義大利人，說他看到一艘叫「挑戰號」（Challenge）的美國船上有許多流浪漢，數目遠超過中國水手。[24] 有個人稱安東尼（Antonie）或安東尼奧（Antonio）的義大利人早在一八五三年就參加了太平軍。此人力甚大，很讓他得意的是一柄近十公斤的劍——他的絕招是在戰場上倒地裝死，當清兵靠近時跳將起來，取下清兵腦袋。他的洋人身分使他享有特殊待遇，太平軍給他錢「去買他嗜好的鴉片和酒」。[25] 鎮江至少還有五個「馬尼拉人」，留著長髮，身穿中國服飾，以太平軍的方式敬拜上帝。他們當的是劊子手，其中一人專門處死違犯太平律令的女犯。[26]

那愛爾蘭人精通槍械，他並無固定為誰而戰，他曾在上海和三合會反賊並肩作戰，也曾為官軍作戰。後來官軍奪回上海，他決定不留在上海，走陸路到了鎮江。他既不懂漢語，翻譯也少，便以下跪，飯前和安息日參加宗教儀式來向太平軍首領表示忠誠。[27] 安息日將至，則以大旗橫掛街上預告之，即使不識漢文的洋人或是還弄不清楚西曆的中國人都不會錯過。[28]

這個愛爾蘭人和從美國波士頓來的湯普森（Charles Thompson）在一八五六年四月到了鎮江，此時圍城剛告結束。愛爾蘭人先是被派到大運河上去協助監督徵集揚州的米糧。這份差事他做了整整一個月，身著本地服飾，估計有三萬中國男女老少被徵調來幹活。徵完揚州之後，便隨太平軍和一支百來人的騎兵深入鄉間，壘起臨時工事。若到鄉下征糧遇到官軍，便可自保。他估計這種規模龐大的徵糧能讓鎮江的太平軍吃上兩年。南京更是糧豐草足，可頂得了圍城六年。[29]

五月，又有兩個歐洲人加入。這四個洋人被派到秦日綱麾下，連續攻擊鎮江附近殘餘的官軍營寨。太平軍在鎮江擄獲大批軍火和多門大炮，之後又得東王令，回防南京襲擊官軍大營。這些洋人在苦戰之中記下太平軍精妙的作戰技術：太平軍能迅速壘起防禦工事；運用移動靈活的浮橋；在砲火下所展現的勇氣；從官軍營寨周圍的房子收集可燃之物，圍在營寨四周，點火困之，待官軍逃出時將之擊殺。愛爾蘭人還提到太平軍碰到「大型建築」就毀掉它——這些建築應是廟宇、富裕地主的家園或地方官員的衙門——但太平軍對「屬於窮人」的房屋卻秋毫無犯，即使村民「聞軍將至而盡逃」。愛爾蘭人的波士頓朋友湯普森在交戰時胸部受了重傷，雖經三名太平軍醫生救治，還是在十天後去世。湯普森在臨死前「驚恐不安」，他告訴愛爾蘭人，他寧肯在美國監獄中待三年，也不想在太平軍裡再待三個月。[30]

愛爾蘭人證明了他的忠誠和幹練，秦日綱召見了他和另一個新夥伴。秦日綱給他們馬匹供其使用，給了到南京的路條。這表示他們地位有所上升，自是欣然接受，到了天京之後，經過仔細盤查，又等了幾個時辰，才獲准進入南京城。他們在城裡又見了秦日綱及副將胡以晃，兩人曾受洪秀全封「王」，但不久即被楊秀清廢黜。這兩個洋人又上上下下搜了一遍，以防暗藏武器，然後被帶去謁見東王楊秀清。他們不會講漢語，就只能用眼睛看。在場的人都在東王面前下跪，念一段禱辭，而且楊秀清那三歲和七歲的兒子也在屋中時，眾人都要下跪，有時下跪竟達十分鐘之久。[31]

一八五六年夏天，愛爾蘭人找到一個住在南京、會講英語的翻譯，一個「以前在廣州做過木匠」的中國人，因此當楊秀清第二次召見這兩人時，談話的時間增長了。這個愛爾蘭人只以「第二號人物」來稱楊秀清：

翌晨六點鐘左右，我們被召到第二號人物跟前，他問我們是怎樣打仗的，他似乎以為我們只用拳頭打。我們就打給他看，我們可以用劍和火器；他就遞給我們一根棍子，我們盡所能做了攻守動作。我們告訴他用拳打只是在喝醉的時候。我們為了表達我們的意思，就拿起杯子裝作喝醉。他讓我們打了一點拳術，這逗樂了第二號人物，他大笑起來。他們帶來一支英國手槍叫我們打，在距離五十碼外的牆上貼了一張紙，我打到了紙的中央。我在瞄準的時候，第二號人物站在我的後面，我用武器的時候，他似乎有些不安。

他環顧寬大的官殿，問我們，家鄉的君主是否有這等宮殿，我們當然回答：「沒有！」[32]

這愛爾蘭人覺得楊秀清這人不乏魅力，「他早起晚睡，看起來政務繁忙。他長相尊貴，面容可親，態度和藹」。[33]

東王讓他們住在其妻舅家中，相當舒適，距東王府不到二十公尺。這兩個洋人雖很想活動活動，但在接下來的三個月裡卻什麼也不能做。有時他們把自己會唱的歌拿來哼哼，借此消磨時光，楊秀清的妻舅聞之覺得有趣，便給他們酒喝。雖有明令禁止飲酒，但他藏在府中，喜歡小斟一番。但這愛爾蘭人自陳大部分時間都沒事做，只「在城裡走走，視情勢許可自娛」。令他們吃驚的是，婦女似乎可以自由走動，至少在搬磚石、木材、大米這些活的時候可如此。並非所有娛樂都被禁止，他們有兩次看到「有紙龍和百獸排成長列」。[34]

在城裡不准做生意，但這兩個洋人注意到，太平軍似乎很喜歡西洋貨——八音盒、手套、雨傘、鐘錶——這些東西「幾乎每條街」上都有賣。還有賣手槍的，這兩個洋人不但能買到劍，而且能買到「第納阿達姆式手槍」（Deane and Adam's revolver）。[35] 按理說，王府外應該會掛著雕飾，以保護這個貴人的宮殿，但卻是兩件最新式的西洋火器放在門前，這是「兩座威武的銅鑄十二磅炮彈裝平射炮，上面標明一八五五年馬塞諸薩州造，炮架是以美國橡木所製」，兩門炮完好無損，下面安有「古塔膠緩震墊」，炮塞「繫在炮口」。這兩門炮原是官軍購置，用於鎮壓上海三合會的叛亂，後轉交南京城外的官軍大營，如今被拖到天京，安置在這個可敬之地。[36]

這兩個洋人不知哪兒雇到一名能講葡萄牙語和英語的中國「男僕」，這樣他們要上哪兒更方便，對這座城市也更熟。[37] 在這段期間，把這個愛爾蘭人找來的秦日綱等人另有軍務在身，被楊秀清派往外地，所以他對於充斥身旁的陰謀險惡毫無所知。我們是從太平天國的文獻中得知（而非從洋人處得知），東王最後兩次以上帝名義發佈聖旨是在一八五六年八月十五日，內容簡短，用語惱怒，倒是與以前大不相同。第一次是在黎明時分：「秦日綱幫妖，陳承瑢幫妖，放燒燒朕城了矣，未有救矣。」第二次是中午時分：「朝內諸臣不得力，未齊敬拜帝真神。」[38]

這種沮喪的呼號是因秦日綱與陳承瑢大敗而發，還是楊秀清無所不在的密探已獲悉諸將應天王急召，奔赴天京，或只是一種預感，察覺自己的計謀將要敗露，他大劫難逃而發？我們如今已無法斷定，但這愛爾蘭傭兵卻給後人留下一幅圖像，較為溫和卻令人難以忘懷：「我們最後一次看到他（楊秀清），他正在公開訓斥約三千名廣東人……他們全跪在地上。我們聽說他們不願出去打仗。」[39]

一八五六年九月一日午夜，北王韋昌輝率約三千名老兵抵南京，他已把江西戰役的指揮權交給下屬。秦日綱因離天京較近，此時已在城內，他隨身帶著精兵，是從夏天在鎮江和南京城外戰役中大獲全勝的部隊裡精心挑出來的。秦日綱向洪秀全的妹夫賴漢英及胡以晃瞭解了狀況，又和洪秀全稍稍談過之後，決定不等石達開，搶在楊秀清集結城內六千多名忠於他的部隊之前下手。於是，部隊在曾飽受羞辱的北王率領之下突襲東王府，楊秀清還沒來得及逃進為應付緊急事變的「空牆」，便遭斬殺。秦日綱、韋昌輝之前答應洪秀全，只殺楊秀清一人，如今所部不顧於此，見人就殺，無分男女、官位、老幼或職業。楊秀清的首級被割下來，掛在街心的一根木杆上。[40]

凌晨四時許，睡在東王府附近的這名愛爾蘭人和朋友被炮火聲驚醒，兩人馬上奔到臨街的大門口，街上佈滿了秦日綱、韋昌輝的手下，他們不讓這兩個人出門。兩人等到天亮才能前往東王府，發現街上屍體橫陳──「儘是第二號人物的親兵、屬官、樂師、書吏和僕役」──軍隊大肆搜刮楊府，不到幾個時辰就告「洗劫一空」。[41]

對洪秀全來說（對韋昌輝、秦日綱等人亦然），眼前的問題是如何處置六千餘名東王餘黨，其中有許多人都是在紫荊山就入教，遍佈南京各處。他們一直是忠誠的拜上帝會眾，為時至少有五年以上，但是他們到底效忠的是楊秀清，還是洪秀全，這點並不清楚。可以冒險留待日後考察其行止，也可以來個一不做二不休。洪秀全在與北王等將領商量之後，決定不冒這個險。他們的計謀很陰毒，也很有效。天王頒布詔書，用語憤怒，斥責楊府上下趕盡殺絕的血腥行徑，鎖拿北王韋昌輝、秦日綱，令之跪在天王府宮門前。天王府的宮女貼出一份長逾兩米的黃綢，以朱砂書寫，判兩人受五百大杖，這種酷刑當年在紫荊山是用來處置叛徒的。天王府的女官在府門前厲聲宣讀天王旨意，有些人在旁聆聽，但有些東王餘黨則湊上前來看。東王餘黨都被請來看北王受刑，地點設在天王府內，出入東王府向來不得帶兵刃，所以這次人人也把武器留在門外，坐在中庭兩側的長形大廳裡。韋秦兩人跪在天王府的外院，刑杖開始落在他們身上，東王餘黨蜂擁上前，爭相觀看。等到東王餘黨差不多到了，大小院門一齊關閉，杖擊也停止，楊秀清的餘黨落入圈套，有如甕中之鼈。

那兩個西洋傭兵與守衛天王府前門的守衛在一起。這個愛爾蘭人後來敘述：

次日清晨，關押東王餘黨的大廳門窗打開，一些炸藥包扔向被押的人群，而出口則守得滴水不漏。兵丁進了其中一座大廳，把被押者殺光，沒遇到什麼反抗。但在另一座大廳，被押者用廳牆和隔牆上的磚塊拚死抵抗了六個多小時才被殲滅。屠殺者除了用火槍之外，還丟了一枚兩磅重的葡萄彈——這些可憐蟲把上身的衣服扒掉，許多人是力竭而死。最後，第五位和第七位（韋昌輝和秦日綱）為了讓手下與第二號人物的人有所區別，命之挽起右袖，然後衝進去把還活著的人殺掉——過了一會兒，我們走進大廳，天啊！真是慘不忍睹，有些地方屍體堆了五六人高，有的人吊死，有的被扔進來的炸藥包炸焦了——屍體全給搬到一塊空地上，任由曝曬。——之後，全城每戶戶主都得上報，屋裡住著多少男女老少，每個人都領了一枚小牌（刻有印記）戴在胸前，如果發現第二號的人就抓起來——這些人被五人一隊、十人一隊、百人一隊、千人一隊地押到刑場砍頭，婦孺也不能倖免，持續了好幾個星期。所有吃過第二號人物茶飯的人都遭了殃。[42]

韋昌輝和秦日綱殺人殺到這個地步，卻還不滿足，殺戮又持續了三個月，死了好幾千人，其中包括全部五百名東王府從前的宮女和女傭。[43]

翼王石達開從武昌附近趕回南京，路程比韋昌輝和秦日綱遠得多。他在十月初抵達天京，途中就已得知這場匪夷所思的大屠殺。石達開義憤填膺，見了北王韋昌輝，當面指責他誅殺太甚，這等行徑會幫了官軍。韋昌輝大怒，說石達開可能是楊秀清一邊的人，甚或已叛降了朝廷。石達開得友朋警告，說他也可能被暗殺，且城門緊閉，將不利於他，於是石達開在入城當天就縋城而出。當天深夜，韋昌輝和秦日綱包圍了翼王府，破門而入，發現石達開已經逃了，就把他的妻子隨從全數殺掉。[44]

石達開西行溯江而上，召集了忠於他的部隊、心懷不滿的將領所部，還有三合會各路人馬。石達開年紀雖輕，但卻是太平天國諸將之中最得軍心的，有本事號令近十萬大軍。石達開得此大軍為後盾，又有長江交通之便，便重返天京，告訴天王，只有看到韋昌輝和秦日綱的人頭才能讓他稱心。北王韋昌輝得訊便派秦日綱前去阻擊石達開部隊推進，並將古報恩寺炸毀，以防石達開得此制高點，炮轟天京。韋昌輝還圖謀囚禁洪秀全，但計謀還沒得逞，洪秀全就讓親兵殺了韋昌輝，把韋昌輝的人頭送給石達開。不久，秦日綱也被誘騙回城處死。[45]這並不能挽回石達開家人密友的性命，但至少還可堪告慰。一八五六年十二月，石達開再入天京，受到英雄凱旋般的歡迎，場面壯觀莊嚴。

石達開重返天京之時，愛爾蘭人和夥伴決定離開。他們已經看夠了。「我們發現一切都亂七八糟，斬首變成家常便飯，我們想最好還是聽由這些反賊自己去搞吧。」[46]這兩個傭兵著中國服裝，走了十天到達上海，一路上頗為驚險，又是坐手推車，又是徒步，又是租船，當地農民有的幫他們，有的也騙他們。到了上海，他們發現日期居然只是一八五六年十二月二十日，讓他們想糊塗了。他們的經歷扭曲了他們的時間感：「我們完全弄不清楚日期，我們還以為應該是一八五七年二月份了。」[47]

# 第十七章　家黨

楊秀清雖死，但洪秀全無一刻不公開尊他。太平天國發佈的敕令中，還是將楊秀清當作上帝的代言人和勸慰師，也常稱東王封號。楊秀清有個弟弟逃過一劫，如今備受尊榮，位列王侯。楊秀清的兒子都遭殺害，但為了保全楊家香火，洪秀全把次子天佑過繼給東王做養子。洪秀全還指定太子天貴為耶穌的養子，這樣耶穌在天上凡間便都能延續香火。[2]

西王蕭朝貴有兩個兒子還在人世，也身列上帝之孫。由於蕭朝貴娶了天王的堂妹，所以被封為「天甥」。（譯註）因此，蕭朝貴的兒子就成了耶穌和洪秀全的外甥，上帝的孫子。由於蕭朝貴英勇捐軀，所以在洪秀全發佈的正式文告中，這兩個上帝的孫兒名列天家之首。[3]

---

譯註：此處「堂妹」名為「楊宣嬌」，因洪、楊兩人的關係，也被稱為「洪宣嬌」，她本姓黃或王，並非楊秀清的胞妹，至於她何以改姓楊，難以考證。蕭朝貴的封號是「傳救世聖主先師天兄天王天甥開朝第一等聖神雨雹，英忠軍師奉天佐主頂天扶朝綱，忠武西王」。

在一八五六年的腥風血雨之後，浮現了信心與信任危機，洪秀全除了以孩子和死者構建一個由婚姻和上帝後裔所組成的核心親屬圈子之外，也回頭去找家族中的成年人尋求安慰和支援。他覺得最能信得過的是自己的兩個哥哥：洪仁發和洪仁達。一八五〇年，他們攜家帶眷，冒險從官祿㘵來到紫荊山團聚，此後便支持洪秀全，忠心耿耿。當初的五位封王，如今只有石達開一人還活著，洪秀全便再次封王，加封自己的兩個哥哥來填補空缺。洪仁發封為「安王」，洪仁達為「福王」。為了不讓石達開感覺委屈，洪秀全又將石達開從「翼王」升為「義王」——因為「翼王」封號與最早加封的東、西、南、北四王相比，總有些貶意。石達開竟然拒絕受封，令洪秀全頗為為難，於是又想了一種兩全其美的辦法：石達開仍稱「翼王」，但洪秀全又加封他為「聖神風」，地位堪與昔日的楊秀清相比，而洪仁發、洪仁達自成一格，地位僅次於原有諸王之下。

折衷之計，無人歡喜。石達開認為洪仁發、仁達不堪重任卻享有大權，心中不平。而洪仁發、仁達則把石達開當作舊勢力的殘餘而怨之，想盡辦法來削弱他的權力。石達開在一八五七年有近半年的時間算是管著南京一帶，但如此掌權卻是孤獨的，他的家人都已不在，據說他一人獨居，不接受口信，凡事都以文書請示。他在晚上批示，翌晨再由侍從將之張貼在王府外牆上。[5] 李秀成對這段期間南京的情況知之甚詳，他後來回憶：「翼王回京，合朝同舉他提理政務，眾人歡悅，主有不樂心，專用（他的哥哥）安、福兩王。……

主用二人，朝中之人甚不歡悅。此兩人又無才情，又無算計，一味古執，認實天情，與我天王一樣之意見不差。」據李秀成所述，石達開之所以被迫離京出走，就是洪仁發、仁達的「猜忌和挾制」，致使「朝中無人掌管」。[6]

一八五七年夏天，石達開平和離開南京，帶走了最忠於他的部隊。石達開並沒有明言他對洪秀全的兩位兄長有何反感，而他對天王的忠誠似乎也未受這兩人作為所影響。石達開沿途張貼布告，稱他離京乃是想繼續西征，擴展太平天國勢力，以「勉報主恩仁」。石達開對於他離開的真正原因含糊其詞，這看在知道前因後果的人眼裡，自是心裡雪亮，但其他人可就不明就裡了：

真天命太平天國聖神風通軍主將石：

自恨無才智　天國愧荷恩
惟矢忠真志　區區一片心
上可對皇天　下可質古人
去歲遭禍亂　狼狽趕回京
自謂此愚忠　定蒙聖君明
萬事有不然　詔旨降頻仍

重重生疑忌　一筆難盡陳
用是自奮勵　出師再表真
力酬上帝徒　勉報主恩仁[7]

石達開一去不返，洪秀全立陷困頓，用李秀成的話來講，就是：「人心改變，政事不一，各有一心。主上信任不專，因東、北、翼三王弄怕，故未肯信外臣，專信同姓之重。」[8]

然而官軍卻未能利用太平天國的內在缺陷。官軍圍困南京的大營已毀於一八五六年的戰役，士氣低落，糧餉不足，而且又有二事分其心力：一是撚匪在華北勢力滋長，切斷了朝廷與南方的交通線，使得官軍幾乎無法協調進攻天京；一是朝廷因洋商長住廣州，對外國商品的關稅以及外交使節常駐北京等問題，而與英國有再啟戰端之勢。撚匪使朝廷無法仰賴大運河來向北方補給，英國海軍也從海上切斷了南北的交通幹線，使得華南、華中的地方將領只得自定策略，來對付太平天國。[9]

從咸豐內務府的財政記錄來看，朝廷竟然如此困窘，實為不可思議：絲綢瓷器應是皇家榮耀象徵，如今停止訂購；取消給滿洲儲備旗兵及其家庭婚葬事宜的補助；熔化「金鐘」——其成分只有十分之三的金，另有二分之一的銀、五分之一的銅——製成一百四十克至四百二十五克重的小金錠，以之購買糧食和必需供應品；熔化銅製祭器和佛像來鑄銅錢。朝廷還強令官員按爵位和官秩捐助，若干衙門裁減冗員以節省俸祿開支，取消修繕宮廷建築的專案。[10] 到了一八五七年，連一些正黃旗的家庭也近乎挨餓，每月只有幾公斤的救濟糧。皇帝允許旗兵自立錢莊糧倉，想以此庇護這些武將免受物價狂漲的影響。[11] 即使如此，官軍也仍有可能一舉敉平太平軍的，但官軍卻不斷重申，凡是擄獲在廣西時即加入太平軍的老長毛，就地處死，絕不寬宥，那些太平軍將士就算對天王有貳心，也不想坐以待斃。[12]

李秀全心裡覺得被洪秀全「專信」的「族人」不只有洪仁發、洪仁達，洪秀全的妹妹，正宮賴氏的族人，還包括洪秀全大哥的八個兒子和二哥的兩個兒子。洪秀全除了有兩個兒子過繼給耶穌和楊秀清為養子之外，另有兩個年幼的兒子和八個女兒，係由洪秀全各個小妾所生，有些小妾已成婚——不過有幾門婚事是幼時就已訂了，成婚時還未成年，也沒有與丈夫同住。[13] 還有數十名來自官祿㘵及粵桂等地的洪家子侄，其中有不少是在太平天國起事之初，就長途跋涉來到紫荊山的，有些則是後來官軍到洪秀全老家毀洪氏宗祠、祖墳，捉拿、敲詐洪氏族人時被迫出走的。從一八五六、五七年開始，洪秀全新編了《洪氏宗譜》，封之以尊銜。[14]

洪秀全在規定高官所能擁有的妻妾一事，倒是頗為寬宏：東王、西王各可擁有十一名

（這是他們實際擁有，還是死後才有的榮耀則不得而知）；其他封王和洪秀全的兄長可有六個；高官可有三個，中級官員兩個，小吏和一般人一個。有些人可能對這套規定感到失望，洪秀全的解釋是：「別生嫉。天父造亞當，使他與夏娃聯結，一夫一妻，這原本是然。」但之後上帝和耶穌降臨諭世時，「恩准朕多娶妻妾」。夫妻同房禁令在一八五五年撤銷後，對於娶納不合其身分者，亦不溯及既往：「此諭前，多娶不合規定者（或納妾者），朕不往究矣。」[15]

東王對於天王府中事務多所干預，如今東王已死，天王可照自己的意思來管這個由宮女組成的大家庭了。天王府位於南京城中心，自成一體。在紫禁城裡，服侍皇帝妃嬪、處理日常雜務的是太監，沒有去勢的男子嚴禁人宮，只能在外宮署理衙務、戍衛皇宮。太平天國沒有太監，因此，天王內宮全由女性在洪秀全監督下任事。宮中女性近兩千人，主要分為三類：女官、女侍從和洪秀全家中女眷，包括洪秀全的母親、岳母、正宮賴氏以及洪秀全在從紫荊山到天京漫漫途中迎娶的眾多妃嬪。根據天貴的說法，洪秀全在南京的嬪妃有八十八名之多。[16]

一八五七年，按虛歲的演算法，洪秀全的兒子天貴已九歲了，洪秀全認為他已不能住在內宮了，於是就給他娶了四名妻子，將之送到外宮去住，甚至禁止他看望母親和妹妹。有時天貴思母心切，便趁父親朝務繁忙，溜回內宮看望。[17] 洪秀全對子女的舉止立了嚴格規範，要他們牢記在心：男孩四歲就不准與姐姐過於親密；七歲就不能與母親或其他妃嬪同床，必須距離姊妹三米以上；要學會自己洗澡；到了九歲，甚至連祖母、外祖母也不能看望。而姊妹也必須和他們分開：五歲之後就不能再碰弟兄；九歲之後就須終日與女性為伴，連弟弟不能見。[18]

洪秀全把兒子天貴「逐」出伊甸園式的內宮後，又給宮中各個等級的女性定下規章。這些規章瑣碎而細密，散見於五百首洪秀全所作的叨絮詩文之中。[19] 在宮中不准哭泣，不准愁眉苦臉，不准如狗吠一般尖叫怒吼。不准嫉妒。[20] 人人各守其職，便有井然秩序。[21] 未經批准，不得擅自活動，銅鑼一響就要點名應卯。夜裡宮門要上鎖，守夜則四處巡邏。[22] 雖然報時打更須用鑼鼓，但任何巨響或驟起之噪音都會讓洪秀全心神不寧，故他自是不喜鑼鼓。但洪秀全卻喜歡聽管風琴圓潤悠長的聲音，他在南京見到一架，便送進宮中，風琴不用時，他還要上鎖。[23] 洪秀全最喜歡的還是古琴那種柔和哀怨，對他來講，這乃是太平天國景象升平之聲；宮中每至黃昏便奏琴，至午夜方歇，宮女閒暇無事時，都要學著彈琴。[24]

在洪秀全的宮中，事事皆須清爽整潔，以免有火災疫病之虞。宮中曾有過痲瘋，使人「臉腫、變黑、身體腐爛、骯髒不堪」。宮中不得堆積垃圾；每次輪班都要清理痰盂；不得讓飛蟲接近洪秀全，尤其是在晚上。兩個宮女用扇子為他驅趕飛蟲，一個扇頭、一個扇腳；扇子須離洪秀全一個手掌以上，不得碰到他。[25]浴室則是另一個纖塵不染、井然有序之處，女性若非當班，都不得進浴室；若要使用，都得登記，俱道實情，不能隱瞞。[26]

洪秀全入浴時，宮女總是準備四條香氣濃郁的乾淨浴巾，以絲製成，有黃有白，若是天氣寒冷，浴巾還要熱過。他的手帕、汗巾、面巾、鬚罩總是乾乾淨淨，定期更換。[27]一組侍奴負責清理他的上半身，另一組則照顧他的下半身。有給他剪鬍子，有給他梳頭束髮，有給他擦鼻子，有給他整理腳和下體，有的給他細心清洗「肚臍附近」部位。[28]兩個侍女每天清晨負責為他穿衣，可以站在他面前，面對著他，但是目光不能高過他的肩膀，更不能直視他，其他宮女亦然。[29]她們給他穿外袍，想法子套上衣袖，再把繡了花的領子撫平，但是絕不能碰他的脖子。宮女要從背後給他戴上帽子，帽子須端正。[30]

宮中女性一起床就要漱口，以保持清新宜人的氣息，她們還要細心清洗眼圈。[31]她們的手也要保持乾淨。絕不可修拔眉髮，不能穿奇裝異服，不能纏足，但頭髮須梳理整齊，戴正髮髻，衣衫鮮亮整潔，佩帶飾花。[32]一如洪秀全所言，漂亮並不重要，耶穌或天父何時嫌過醜女？梳妝整潔才是要緊。[33]

洪秀全若在御花園走動，無分晝夜，侍女要注意他的衣服夠不夠暖，甚至要攙扶他走穩。洪秀全若想乘車輿遊園，欣賞花鳥，她們就得拉著華麗的御輦，時刻小心顛簸，輕步慢行，保持距離，還要記得車頭向左轉時，同時要拉車尾向右轉。[34]

洪秀全嚴禁宮女和他自己的孩子看儒書。楊秀清死前轉達的上帝旨意沒能動搖洪秀全，他把儒家古籍一概視作「妖孽之言」。[35] 但是宮女每天在當差時或當差後要一起輪流誦讀《聖經》和洪秀全的詩文：一天讀一章《舊約》，然後讀些詩文，第二天讀一章《新約》。讀經時須特別注意人名地名，人名以單線標出，地名以雙線標出。若是念到人名地名，每個人都大聲讀出，以確定發音準確無誤。此外，每個安息日都要誦讀十款天條。不按規定讀經者，就會被告到洪秀全那兒，受到嚴厲處罰。[36] 這些女子在每天的晨會上都要大聲唱誦洪秀全的詩文，熟而記之。她們若是真心欣賞洪秀全的詩，也就不用去避諱。[37]

南京的夜晚長而冷，天王龍體康泰自為眾人所矚。她們仔細鋪地毯、被子，安置火盆讓他保暖，還給他吃人參鹿茸以增強體力；她們還給他按摩頭腳、足踝、胳膊、膝蓋，以解除身體疲勞。[38] 在那最不可與外人道的事情上，洪秀全也不對女侍明言，只是特別讚揚祝福那些「救亮」的妃嬪：（譯註）

真會救亮脫鬼迷，真會救亮是真妻。
真會救亮好心腸，真會救亮識道理。[39]

譯註：之所以稱之為「救亮」是因為洪秀全在詩文中自稱「亮」或「日」，以對應他與上帝共有的「火」字。太平天國為了避諱，以「亮」代「火」，下同。

這些救亮者是女侍中的「最貴」者，是真「娘娘」或「貴妃」，她們可望得到「高封」。[40]

洪秀全在天王府中一言既出，都有無上權威，在女侍眼中，洪秀全永不犯錯，正如上帝不會錯待兒媳，耶穌不會錯待弟媳。天父、天兄、天王威嚴神武，閻羅妖及其爪牙在祂們面前就成了「低頭鑽地龜」。[41] 洪秀全說宮中沒有「暗角暗打人」之事，但這並不意味著在他那些卑躬屈膝的侍從之間沒有恐懼和暴力。宮女知道，如果洪秀全大發脾氣，她們也不能怪他。[42] 一點芝麻小事都會讓他火冒三丈，比如扇子搧錯了地方，熱巾送得遲些等等。[43] 要是有人同樣的錯誤犯了兩次，就會被視為「慣於件逆者」，杖擊是最常見的處罰——挨打的人要面露歡悅，甚至在板杖落下時還要盛讚天王——要是這女子拒絕認錯的話，那麼就會以死刑來懲罰，會先將她帶去焚香沐浴，再帶到後花園的內院用大刀砍死。[44] 正如洪秀全直言：「爾不顧主有人顧。」[45]

洪秀全不僅要照看死者、生者和天父之間的關係，他及其塵世親屬、親屬之間的關係，以及他自己與宮中女性之間的關係，他還要留意他身為上帝次子與《聖經》經文之間的關係。太平天國首領聲稱他們與上帝、耶穌之間有私人關係，麥勒西船長（Captain Mellersh）曾斥為無稽，東王以此而論《聖經》新、舊約多有訛誤，需要修訂；即使宮女日日唱誦《聖經》，但洪秀全仍須把全副心力放在調和通行之經文與東王看法之間的扞格。

要從哪兒著手呢？洪秀全決定從〈創世記〉開始，並將重點放在兩類他能明指並加以糾正的「錯誤」上頭。一類錯誤關乎上帝的降凡；另一類涉及有違太平天國信念的家系成員關係，而這必是妖魔從中作梗之故。[46] 洪秀全曾多次告誡女侍，妖魔膽大妄為，有時竟敢喬裝為天父皇上帝或天兄耶穌，連洪秀全也被騙過，天王的臣屬那就更不用說了。[47]

太平天國的理念融匯了洪秀全、楊秀清和蕭朝貴的想法，三者相互交織，缺一不可。要修改《聖經》中有關上帝下凡降世之處，只消改動詞句，變換強調之處即可。如舊版〈創世記〉第一章第二十六節稱「上帝說，讓我們造人」（編註），經過洪秀全修改之後成了「上帝說，我要造人」。[48] 舊版〈創世記〉第十二章第十三節有亞伯拉罕要求妻子撒萊保護他不受法老之害，洪秀全將之改成了亞伯拉罕要求「吾祖之靈」來保護。舊版〈創世記〉第十九章第一節有「那兩個天使晚上來到所多瑪」，洪秀全的修改更直接，他寫做「真上帝來到瑣頓」，而在第十三節、十五節、十六節，上帝代替了天使，直接駕臨塵世行事。[49] 在一些地方還插進舊版《聖經》所無的「大哥」、「小弟」之類的詞，以加強家庭的親密感。[50] 更大膽的是，耶穌居然以「上帝長子」（為洪秀全作為次子餘留空間）的

編註：〈創世記〉第一章第二十六節，裨治文譯做：「神曰，我儕宜造人。」〈創世記〉第十二章第十三節，裨治文譯為：「日暮，二使至所多馬。」

身分寫進《舊約》之中，且是個劍及履及的人。洪秀全讓耶穌出現在《舊約》中還有一個例子，是在〈出埃及記〉的第四章第二十四節、二十五節，摩西在返回埃及途中，妻子西坡拉給兒子革舜作了割禮。在洪秀全的版本裡頭，耶穌當時也在場。[51]

挪亞和三個兒子的故事，某些情節也頗令洪秀全傷腦筋。洪秀全認為挪亞醉酒一事是問題所在，他不得不作修改。一八四三年，洪秀全讀了梁發所述洪水一節。梁發只說方舟還浮沉於浪濤之中，沒說舟中所載之人畜是否安全著陸。如今，〈創世記〉第九章告訴了急於評注《聖經》的洪秀全有關挪亞的著陸及與上帝立約的下文，且還這麼繼續下去：

（二十節）：挪亞始為農夫，樹葡萄園。
（二十一節）：飲其汁而醉，裸於幕內。
（二十二節）：迦南之父含，見父裸，語二昆弟於外。
（二十三節）：閃與雅弗取衣仔肩，反走於前，蓋父之裸，首不回顧，不見父裸。
（二十四節）：挪亞醉而醒，始知稚子所為。
（二十五節）：曰：「迦南必受詛，必為僕輩之奴，以事其昆弟。」（編註[1]）

關於挪亞做農夫和種葡萄諸事，洪秀全決定保留不做刪節，因為中文譯本中對於田園勞作的敘述似乎並無貶意，但是第二十一節關於醉酒和露身兩處必須修改。洪秀全將之替換成：「累極，挪亞睡時從床上翻落跌地。」這樣，第二十二節就可解釋為挪亞是因從床上掉下來而露體。（編註[2]）上帝所愛的人竟能醉得不省人事，連私處也給三個兒子看到，這在禁絕飲酒、喫鴉片的太平天國裡就被悄然抹去了。洪秀全又將第二十四節「挪亞醉而醒」刪去，代之以「挪亞睡醒了」，修改至此也就沒有破綻了。[52]

洪秀全處理挪亞的故事，其手法與處理羅德一節如出一轍，把《聖經》人物身上那些不道德和行為失當的地方給刪去。羅德的叔叔是亞伯拉罕，亞伯拉罕之子是以撒，以撒之

編註1：此處所引經文為裨治文所譯，《聖經》和合本翻譯如下：

（二十節）：挪亞做起農夫來，栽了一個葡萄園。

（二十一節）：他喝了酒，醉了，在帳篷裡露著身子。

（二十二節）：迦南看見父親露身就到外邊告訴他的兩個弟兄。

（二十三節）：於是閃和雅弗拿件衣服搭在肩上倒退著進去，給他父親蓋上，他們背著臉就看不見父親的露身。

（二十四節）：挪亞醒了酒，知道小兒子所做的事。

（二十五節）：就說：「迦南當受詛咒，必給他弟兄做奴僕的奴僕。」

編註2：這個刪改雖小，但是效果強烈：弟兄兩人蓋住父親身體一事依然說得通，但在太平天國譯本的二十二節，挪亞的兒子所看到的是「露體」；而郭士立在二十一節精心用了「露身」（它的強度和英文裡的exposed himself一樣強）來翻譯「he was uncovered」一詞，就此刪去了。

子是雅各，雅各之子是猶大，洪秀全便進入一個特定的家族世系。因為〈馬太福音〉開章便稱耶穌是這四人的直系後裔。這個世系經耶西、大衛、所羅門傳至約瑟，約瑟是耶穌之母馬利亞的丈夫。洪秀全既是耶穌之弟、幼主天貴之父，顯然需要讓他在《舊約》中的那些祖先成為道德模範。在洪秀全看來，亞伯拉罕和以撒的問題不大，但這兩人也有令洪秀全不安之處，因為他們曾對基拉爾王亞比米勒撒謊，說他們美麗的妻子——撒拉和利百加——其實是他們的姐妹。亞伯拉罕和以撒都怕亞比米勒若想奪其妻，可能會殺死他倆。但是就因為他們撒謊，不僅差點讓妻子失身，還讓上帝對亞比米勒大怒。洪秀全巧手天工，重新編寫了這些情節，讓這兩位祖先脫罪，而把過錯歸於妻子或其他的中間人。[53]

對洪秀全而言，處理雅各更麻煩，上帝曾親賜此人以色列之名。舊版《聖經》寫得清清楚楚，雅各先是不顧手足之情，奪取哥哥以掃的長子名分，後來又得母親之助，欺騙垂死的父親以撒，受了父親原想給以掃的祝福。這個情形太過不道德，洪秀全覺得細微的改動不足以掩飾，乾脆重寫了〈創世記〉第二十五章第三十一至三十四節，以及二十七章的大部分。

經過洪秀全的修改，家庭價值仍予保全，也不見有人撒大謊。雅各沒讓以掃「出賣」長子身份，好換取食物餬口。雅各反而是尊敬兄長，以弟弟的身份說了一小段話，要尊重以掃的長子身份，然後同意與以掃「共享」長子身份，來交換以掃很想吃的粥。[54]

至於雅各背叛他臨終老父的願望一節，洪秀全偷天換日，改成忠孝節義的典範。戲劇性沒了，但卻保住了榮耀。如果還有欺騙之事，那也是雅各母親利百加的錯，因為她慫恿雅各殺掉羊群中的兩隻肥羊羔，做成父親愛吃的菜餚。雅各溫言勸諫：「我兄以掃是我父所愛，長兄受父祝福才正當。」利百加回說，雅各講的是對的，但他必須按她的話行事。她給雅各穿上一件她已塗上沒藥和鮮奶香氣的上好衣服，又讓他把用羊羔做成的美味帶給他父親。

在原本的〈創世記〉裡頭，垂死的以撒問：「吾子為誰？」雅各謊稱：「我乃爾長子以掃。」他存心要訛父親，一開始就穿上以掃的衣服，還把羊羔皮繫在手上和頸項的光滑處，因為以掃「體毛蒙茸」，而雅各「體乃滑澤」。經過洪秀全的修改，繫上羊皮一節沒了，雅各也據實回答父親：「我是你的二子雅各，來向我父致敬，請坐起，吃下這美味，我求我父給我祝福。」以撒深受感動，雅各是主動帶來美味，而以掃卻要人吩咐才會出去打獵；以撒聞到雅各身上的清香，看到兒子跪在面前要求祝福，心裡感動之餘，就把祝福給了小兒子。在洪秀全看來，祝福當然不能喝酒，所以就改成香美的肉湯。同理，以撒也不再祝福雅各此後都有「穀與酒咸豐足」，而是許諾雅各永遠「麥穀豐登」。[55]（編註）

---

編註：此段所用聖經章句為碑治文所譯。

雅各的欺騙行徑最是嚴重，洪秀全解決了之後，再來處理雅各四子猶大的難題。猶大是雅各和利亞所生，在〈馬太福音〉開章所列的父系世譜中位列第四。洪秀全可一筆勾銷羅德酒後亂倫的情節，因為無損《聖經》的主要線索。但是洪秀全對猶大和兒媳他瑪亂倫之事，即使猶大無意為此，也不能置之不理，就此删掉，因為猶大的故事對於《聖經》和以色列十二部落的命運至關重要。猶大和他瑪生下雙胞胎法勒斯和謝拉，其中的法勒斯在〈馬太福音〉中被奉為約瑟的先祖；而且，猶大本人曾經最受父親寵愛，淩駕其他十一位兄弟之上，得到父親臨終非凡的祝福：

猶大，你的弟兄們必讚美你，你手必扼住仇敵的頸項，你父親的兒子必向你下拜。猶大是個小獅子，我兒啊，你抓了食便上去，你屈身下去，臥如公獅，蹲如母獅，誰敢惹你？圭必不離猶大，杖必不離他兩腳之間，直等細羅來到，萬民都必歸順。

（〈創世記〉第四十九章第九——十一節）

猶大和兒媳他瑪的故事不堪入目，但又很長，在〈創世記〉三十八章之中占了整整一章。它也是洪秀全第二次修改涉及三個兄弟的故事。猶大和挪亞一樣，也有三個兒子：珥，俄南和示拉。珥娶他瑪為妻，但他不知何故觸怒了上帝，丟了性命。猶大急於想延續長子的香火，就把他瑪許配給了珥的弟弟俄南。但俄南不願讓自己的子孫成為長兄的後人，「與嫂同室時洩精於地，恐生子以嗣兄」，結果也被上帝殺了。猶大又讓兩度守寡的他瑪與三兒子示拉定婚，當時示拉還是個孩子。他瑪老實在猶大家中，等示拉長大成人，但猶大卻忘記了自己的承諾。當猶大自己的妻子死後，他上亭拿山去看管羊群和剪羊毛的人。他瑪遭到遺棄，仍在谷中守寡。

故事才到這兒，就讓洪秀全憂心起來。他在修改〈馬太福音〉第二十二章第二十四至二十六節時同樣也有不滿，撒都該人巧言盤問耶穌，引了一個相似的例子，稱有弟兄七人相繼娶了同一個女子都無嗣而終。[56] 洪秀全乾脆把「兄弟」都改作「另一男人」。在他瑪一節，洪秀全也略去「弟弟」、「兒媳」之稱，說〈創世記〉所述與中國習俗相符合，弟弟婚後所生之子應過繼給已故的兄長，保證珥和他瑪的香火延續不斷。畢竟洪秀全也這樣處置自己的兒子，把一個兒子過繼給耶穌，一個兒子過繼給楊秀清。但是洪秀全怎麼處理猶大和他瑪的下文呢？〈創世記〉第三十八章第十三節至二十六節是這麼寫的：

或告大馬曰：「爾舅往亭訥剪羊。」大馬見示拉已長，已未嫁之為妻，故去嫠服，以帕蒙面蔽體，坐於亭訥道旁，二泉之處。猶大見之，以其蒙面，意為妓者。遂於道旁就之，曰：「來！請容我與爾同室。」蓋不知為子婦也。對曰：「爾以何予我，致容爾與我同室乎？」曰：「吾於群中取山羊之羔遺爾。」曰：「爾肯予我質以待遺至乎？」曰：「爾欲何質？」曰：「爾印與綬，及手執之杖。」遂予之，而與同室。婦由之懷孕。大馬起而往，去蒙面之帕，仍衣嫠服。猶大托友亞土蘭人，遺山羊之羔，欲由婦手取其所質，而不遇之，詢彼地之人曰：「道旁二泉之處妓者安在？」曰：「於此無妓者。」歸見猶大曰：「我求之不得，土人亦云，於此無妓者。」猶大曰：「任彼自取之，恐貽我羞。視哉，我曾遺羔，而汝不遇彼。」

約略三月，或告猶大曰：「爾媳大馬已為妓，而以苟合懷孕矣。」猶大曰：「曳之出而焚之！」婦被曳出時，遣人謂舅曰：「此物所屬之人，我由之懷孕。」婦又曰：「請爾自辨，此印與綬及杖，悉屬誰乎？」猶大識之曰：「婦義過我、因我不以子示拉予彼也。」後不復同室。（編註）

洪秀全別無他法，只能刪掉整段故事，重寫了一段長度相若的篇章，這麼一來之後的刻版還可使用，頁數也沒有變動。在洪秀全的版本中，猶大看到了一位蒙臉「少婦」（不是妓女）坐在路邊。猶大問了她，她自承是他的兒媳他瑪。他驚訝不已，問她在那兒幹什麼，因為她應該在家服喪。她幽幽地告訴猶大，她這麼做是要讓他記起他讓示拉娶妻的承諾，好讓示拉的長子延續珥的香火。她開始懷疑猶大不想踐約。猶大向她道歉——他的兩個兒子年紀輕輕就死了，出於父愛，他自然不想讓小兒子太早結婚。但是他答應馬上補償。他瑪和猶大回家，他安排示拉娶了一個當地女子。不久，新娘說自己懷了孕。他瑪興奮不已，感謝主上帝。現在，洪秀全可以返回〈創世記〉第三十八章原文繼續這個故事

編註：此處係用神治文的翻譯。《聖經》和合本譯為：

有人告訴他瑪說：「你的公公上亭拿山剪羊毛去了。」他瑪見示拉已長大，還沒有娶她為妻，就脫了她做寡婦的衣裳，用帕子蒙著臉，又遮住身體，坐在亭拿路上的伊拿印城門口。猶大看見她，以為她是妓女，因為她蒙著臉。猶大就轉到她那裡去，說：「來吧！讓我與你同寢。」他原不知道是他的兒婦。他瑪說：「你要與我同寢，把什麼送給我呢？」

猶大說：「我從羊群裡取一隻山羊羔，打發人送來給你。」他瑪說：「在未送之前，你願意給我一個當頭嗎？」他說：「我給你什麼當頭呢？」他瑪說：「你的印、你的帶子和你手裡的杖。」猶大就給了她，與她同寢，她就從猶大懷了孕。他瑪起來走了，除去帕子，仍舊穿上寡婦的衣服。猶大托他的朋友亞杜蘭送一隻山羊羔去，要從那女人手裡取回當頭來，卻找不著她，就問那地方的人說：「伊拿印路邊的妓女在哪裡？」他們說：「這裡並沒有妓女。」他回去見猶大說：「我並沒有找著她，並且那地方人說『這裡沒有妓女』。」猶大說，「我把這山羊羔送去了，你竟找不著她。任憑她拿去吧，免得我們被羞辱。」

約過了三個月，有人告訴猶大說：「你的兒婦他瑪作了妓女，且因行淫有了身孕。」猶大說：「拉她出來，把她燒了！」他瑪被拉出來時就打發人去見她公公，對他說：「這些東西是誰的，我就是從誰懷的孕。請你認一認，這印和帶子並杖都是誰的？」猶大承認說：「她比我更有義，因為我沒有將她給我的兒子示拉。」從此猶大不再與她同寢了。

了：猶大的這個新兒媳給示拉生了對雙胞胎兄弟：

> 產時，其胎惟孿。臨產之際，一嬰出其手；收生者以紅線縛之，曰：「是為首出者。」適子手入，而其弟出。收生者曰：「爾何突如其來也？」此突如歸爾。故名其名曰法勒士。後其兄出，有紅線在手，故其名為錐拉。（編註[1]）

洪秀全剛好還有空間，在這段結尾自己加上一句話：「猶大選法勒斯續長子香火，謝拉為示拉之子。」[57]

洪秀全接著處理〈出埃及記〉，他修改了摩西律令中有關家庭的部分，好讓眼前和將來都好管理。洪秀全發現上帝對摩西講的話，其中有關肉慾的部分太過寬容，不能當作太平天國的道德綱領。根據〈出埃及記〉的原文，摩西所記錄的如下：

> （十六節）：人若引誘沒有受聘的處女，與她行淫，他總要交出聘禮，娶她為妻。
>
> （十七節）：若女子的父親決不將女子給他，他就要按處女的聘禮，交出錢來。（編註[2]）

洪秀全巧妙地重寫這段，開頭與十六節相同，然後筆鋒一轉，讓上帝的話語和洪秀全所規定的第七天條相吻合，洪秀全的第七天條反對姦淫，他已向所有太平天國隨眾宣布，犯此罪將受死刑。洪秀全改成這個模樣：

（十六節）：人若引誘沒有受聘的處女，與她行淫，他犯了天條第七款。

（十七節）：若其父曉此，當將此女與奸者交官，處死；決不容他知情不報，妄圖隱瞞。[58]

這真是一項浩大的工程。《聖經》這麼長，又有許多地方需要修改。但是主要的故事情節已經說得更清楚了，保住了家族的榮耀。洪秀全的孩子、他宮裡的女侍，還有太平天

---

編註1：此處係用禪治文的翻譯。《聖經》和合本譯為：
她將要生產，不料，她腹裡是一對雙生。到生產的時候，一個孩子伸出一隻手來；收生婆拿紅線拴在他手上，說：「這是頭生的。」隨後這孩子把手收回去，他哥哥生出來了；收生婆說：「你為什麼抱著出來呢？」因此就給他起名叫法勒斯。後來，他兄弟那手上有紅線的也生出來，就給他起名叫謝拉。

編註2：此處譯文用的是《聖經》和合本，禪治文譯為：「人若誘未受聘之女同室，則必聘之為妻。」「倘其父決不肯予之，則依處女之奩，權衡其金。」

國隨眾的後代永遠都不可能知道，洪秀全在性與酒的問題上曾與《聖經》有過異見，以後也不會有異見。這類事情已向天下人釐清，摩西、上帝和洪秀全的思想是合而為一的。

# 第十八章　番師

一八五七年七月二日，額爾金（Elgin）家族的第八代伯爵、金卡代（Kincardine）家族的第十二代伯爵詹姆斯・布魯斯（James Bruce)乘皇家海軍「香農號」（Shannon）戰艦抵達香港，此時石達開剛離開天京不久，而洪秀全正埋首於修改《聖經》。「香農號」令人歎為觀止，順風時航行極速，且配備強大的蒸汽鍋爐，光靠燒炭便可頂風全速航行五天；它也是遠東水域裝備最齊全的戰艦，配有六十多門大炮，能發射六十八磅炮彈，還有火炮若干，可發射二十四磅的炮彈，並配有一支人數龐大、訓練有素的皇家海軍。在額爾金勳爵的眼中，「香農號」與那些亞洲船隻比起來，直如鶴立雞群。[1]

額爾金勳爵是英國女王的特使，身負多重使命。他受命與清廷談判，若是不能達成協定就開打。不論何者，他都會提出五項「要求」：賠償在華英國臣民的「傷殘費」和廣州城外外國工廠最近所受毀壞之損失；清廷須遵守一八四二年簽訂之條約；允許英國公使駐京，並可直接致函清廷大臣；加強中英貿易以及內地與香港的貿易；允許鴉片貿易合法化，俾使洋商按固定稅率支付關稅。他也會試探清廷是否同意中國女性（男性亦然）從口岸移民，不受限制，讓在海外定居的工人能過正常的家庭生活。如果清廷不願討論這些問題，他將採取「強制性措施」，封鎖中國北方的港口，阻遏大運河與黃河、長江交會處，占領廣州或其他合適的港口和島嶼。[2]

額爾金勳爵恃才傲物。其父（第七代額爾金伯爵）曾把希臘帕特農神廟的壁椽拆下，賣給大英博物館，人們對此毀譽不一。額爾金年輕時在牛津大學即精於古典文藝，後來走上仕途，一帆風順，曾歷任牙買加總督和加拿大總督等職。[3] 一八五七年，印度發生兵變，後又與日本進行外交周旋，至一八五〇年夏天，額爾金才來到華南述職。清廷拒絕了額爾金開放廣州的要求，他便指揮英軍襲擊並占領了廣州，俘虜兩廣總督葉名琛，把他用船運往加爾各答監禁。額爾金餘氣未消，率英國艦隊北上，攻陷拱衛通往北京要道的大沽港，迫使清廷卑躬屈膝，進行談判。額爾金連戰皆捷，心中自是得意，一八五八年十月，他率艦隊返回上海，決定以首任英王代表的身份沿長江溯流而上直抵武昌，以主張英國才用武力從咸豐那裡得到的條約權，並開通與中國內地口岸的通商貿易。[4]

十年前在紫荊山，耶穌第二次降凡，借西王蕭朝貴之口與其弟洪秀全對話時，洪秀全問了耶穌一個簡單的問題：「天兄，太平時軍師是誰乎？」天兄答曰：「馮雲山、楊秀清、蕭朝貴俱是軍師也……。」洪秀全問：「他姓什麼？」耶穌說：「姓蔡。」洪又問道：「即來中國否？」耶穌說：「還在番邦也。」[5]

兩個月之後，他們又有一次相關的對話。洪秀全做了一個夢，夢見帶槍的惡魔襲擊他，是天使天將將他救走。他把這個夢講給耶穌聽，問夢是否真切。耶穌說是真的，馳援將使乃是天父所派。「其名為誰？」洪秀全句，耶穌回答：「爾後便知之也。」[6]

乘「赫爾墨斯號」、「加西尼號」或「色斯奎哈那號」到南京的洋人都不像是天父所派的人選。不管是那位稱肯能的愛爾蘭人、波士頓傭兵、義大利壯漢安東尼奧，都沒有將軍氣概。以對清朝所造成的破壞來看，此人似乎就是額爾金勳爵。

一八五八年十一月二十日，「夕陽轉眼西沉，天色秀麗怡人」，額爾金率五艘武裝戰艦經過南京。雖然他事先派了小炮艇向太平天國守軍告知無意挑釁，但還是被太平軍誤擊，一名英國水兵喪生，兩名嚴重受傷，一個斷了手臂，一個少了條腿。[7] 額爾金對此事的看法，可見於日後他在倫敦白廳對外交大臣所言：「任何人、任何障礙都不能阻擋我的前進。我們所採取的行動一旦開始，就要執行下去，這對於英國的聲望顯然至關重要。因此，我不認為這些叛軍有權阻止我，也不能採取任何有可能讓他們認為有此權利之作為。」於是，額爾金命令開火還擊，這與一八五三年「赫爾墨斯號」採取的克制大不相同。[8]

額爾金在當晚的日記中解釋了他的心境：「我們已過那座城市，但我很同意艦方的意見，我們不能就此作罷。若是如此，中國人當然會說自己占了上風，那麼我們在回程可能會遭到更嚴重的襲擊。因此，我們決定次日去摧毀幾座侮辱我們的要塞，我希望太平軍能前來聯絡，我們便能解釋無意傷人；但實在說不準這些愚蠢的中國人會做些什麼。」[9] 額爾金的秘書在日記中所記述的稍有出入：「於是，我們安排在翌晨炸毀他們的炮台，並迫使他們守軍投降。」[10]

十一月二十一日早晨，寒風刺骨，英國船艦在濃霧中悄悄駛至派定的作戰位置，有幾艘船離太平軍兩岸炮兵陣地只有數十公尺，英艦將「猛烈的彈雨傾注到防禦炮台上，相形之下，昨晚太平軍的火力有如兒戲」。額爾金的秘書爬上桅帆的橫杆，居高臨下，可眺望太平軍的堡壘，「看到太平軍的士兵穿著鮮亮的衣服聚在大炮旁」，他還看到新發明的莫莎姆（Moorsum）炮彈在太平軍陣地爆炸的效果，彈片四射，取人性命。一個半小時之後，太平軍陣地再無炮聲。[11] 天王炮船統領見識到英軍炮火如此威猛，當天晚上便致函「洋人閣下」，請求他們助太平軍船艦，出兵摧毀清廷水軍，那麼他將懇請天王授予他們太平天國貴族頭銜作為答謝。[12]

洪秀全另致函問候額爾金勳爵，信是以朱砂寫在火王詔書所用的黃綢上。洪秀全以「西洋番弟」相稱，共一百七十二行，每行七言，分為數節。詔書按太平天國的格式書寫，文中提有天父、天兄時，另起行提高兩格，洪秀全自己的名字則提高一格。額爾金的中文姓遷就詩的格律，寫成「籲」而非「蔡」。洪秀全先向額爾金簡述太平天國概況，洪秀全耶穌幼弟的身份，以及在南京建都的情況。洋人事務向由楊秀清處理，他細述楊秀清死前所受的痛楚：

爺哥帶朕宰太平。爺遣東王來贖病，眼蒙耳聾口無聲。受了無盡的辛苦，戰妖損破頸跌橫。爺爺預先降聖旨，師由外出苦難清，期至朝覲遭陷害，爺爺聖旨總成行。太兄贖罪把命捐，替出世人萬萬千。東王贖病同哥苦，瘟脫歸靈謝爺恩。[13]

洪秀全無意間提到：「爺爺聖旨降無數，略舉一二降詔宣」，因為「爺哥革內萬不知」。洪秀全用了四十四行的篇幅，向額爾金說了許久以前，在紫荊山和永安時期的上帝預言聖令，這些往事在洪秀全如在目前，所以他直接提了，並未加以說明。洪秀全寫道，這些聖令都已應驗，「早到天堂可悟之」。在預言的國度中，「太兄耶穌同爺樣」，因此「半句聖旨無差移」。[14]

詔書仍然以七言詩的形式寫成，天王到了第一百一十九行，開始觸及此信主旨：

西洋番弟聽朕詔，同頂爺哥滅臭蟲。
萬事爺哥朕作主，弟們踴躍建萬功。

朕前遊行粵東省，禮拜堂詔羅孝全。
那時朕詔上過天，天父天兄托大權。
於今孝全曾到否？到則上朝共朕言。
……
天國邇來今既來，西洋番弟把心開。
朕前上天見爺排，萬國扶朕在天台。
爺排定定今來到，替天出力該又該。
替爺替哥殺妖魔，報爺生養戰勝回。[15]

額爾金的船艦牛刀小試，洪秀全又怎會不明白，他需要與此人攜手共滅清妖？那些向太平軍陣地開火的英國人沒受懲罰，而向英軍開火的太平軍炮手則被處決。而且，太平軍的傷亡也不如在船上看到的那麼多，僅有三名軍官和大約二十名士兵陣亡。[16]信使火速逆流而上，將洪秀全的信儘快送到額爾金勳爵手中，但由於額爾金的小型艦隊全速前進，信還沒送到，他已出了太平軍控制的長江沿岸，進人官軍重新奪回的地區。攜著黃綢書卷的太平天國信差已是追趕無望了。[17]

一八五八年十二月底，額爾金結束長江溯流之行，在武昌拜會清廷官員之後，重新進入太平軍控制的水域，天王的信才送到他手上，信封上書「大英國欽差大臣伯爵額兄大人閣下玉覽」。送信的太平軍官在附函稱，天王親自委派他給額爾金送呈此信。[18]「額爾金的旗艦不幸擱了淺，他已和船員擠在一艘小炮艇上過了幾天，這幾日恰是冰雪交加，寒冷異常。他覺得這封信是個「奇怪的文件」，寫在「一卷黃絲綢上，大約有三尋長」。「詩中散發著某種狂熱，揉合了大量他們獨特的宗教神學」。[19] 他覺得，「與太平軍首領交往頗為尷尬，我不打算聽從他們的提議上岸」。額爾金身邊有個傳教士，但不是羅孝全，而是韋烈亞力（Alexander Wylie），所以沒必要回答洪秀全「於今孝全曾到否？」的問題了。

額爾金私下記錄，那些上岸的手下看到南京一派荒涼，策馬有如入公園。城門的衛兵看來大多沒帶武器，婦女在街上任意走動。店鋪雖然沒開門，但供應似乎很充足，會見他們的太平軍高級軍官姓李，廣西人，他答應英國人，如果他們在岸上過夜，將「能拜謁天國朝廷」。但沒有一個英國人理會這項邀請，時機就這麼錯過了。額爾金勳爵沒有登陸，也沒有答覆天王。[20]

# 第十九章　干王

一八五九年四月，洪仁玕抵南京，拜見了自一八四九年之後便未曾謀面的堂兄——天王洪秀全，此時額爾金探訪南京未久，而太平天國的政局正處於躊躇猶豫之中。天王又驚又喜，因為仁玕既是族人，且關係親近。洪仁玕長於鄰村，認識天王的親戚。在洪秀全的族人中，他是最早信教的，且與馮雲山有深交。洪仁玕瞭解香港，熟知洋人及其處事之道。他熟讀《聖經》，對天王的啟示、堂兄與上帝及耶穌的親緣關係深信不疑。所以，洪仁玕到了沒幾天工夫，洪秀全便封這位堂弟以「主將」的尊號，統領太平軍，又兼以「精忠軍師」、「文衡正總裁」以及「總理朝政」、「外國事務總管」等銜。一八五九年五月中，天王對他的信任無以復加，敕封洪仁玕為「干王」，取代那些已升天的建國元勳。[1]

洪仁玕自上次與堂兄分手後，過的是奇特且往往充滿危險的生活。當年洪秀全在紫荊山發展會眾，洪仁玕累試不第，考了五次都落榜。一八五〇年，官軍至花縣搜捕會眾和洪秀全的族人時，洪仁玕到廣西投奔堂兄，但他通不過官軍防線，且戰事飄忽不定，變動頗速，所以他一直無法與堂兄會合。洪仁玕有家歸不得，於是坐船到了香港，開始替外國傳教士工作。[2]

洪仁玕聽到太平軍攻陷南京，建都於此的消息之後，也像羅孝全一樣北上上海，但也無法通過官軍陣地，到太平軍本營，就連上海的三合會也幫不了他。於是，洪仁玕在上海的一間洋學堂裡學習天文和天文計測——可能師從一八四七年就到中國的天才數學家和天文學家韋烈亞力。一八五四年冬，洪仁玕決定再回香港，想辦法在教會裡找一份長期差事。洪仁玕乘的是蒸汽船，只花了四天，這對他是一大啟發，形之為詩：

船帆如箭鬥狂濤，風力相隨志更豪；
海作疆場波列陣，浪翻星月影麾旄。[3]

洪仁玕在香港住了四年，繼續學天文學，跟傳教士工作，慢慢和擠在這塊小殖民地上的洋人建立交情，其中包括最早翻譯儒家典籍的理雅各（James Legge），梁阿發啟蒙師之子、亦是馬禮遜和郭士立《聖經》譯本的修訂者威廉・米怜（William Milne）；班揚（John Bunyan）《天路歷程》（*Pilgrim's Progress*）的譯者柏恩斯（William Burns），傳教士醫師霍布森（Benjamin Hobson），他以中文寫過外、婦科的書籍。洪仁玕又遇到了羅孝全和其他幾個美國新教傳教士，其中包括裨治文（E. C. Bridgman），他曾以翻譯的身份與麥克蓮（McLane）公使共乘「色斯奎哈那號」到過南京。他還認識了一些來自日爾曼和北歐的巴塞爾傳教會（Basel Missionary Society）傳教士，包括瑞典出生的韓山文（Theodore Hamberg），他善於講道，精通客家話，他也與郭士立創立了漢會。韓山文與洪仁玕簡述了太平天國的形成，洪仁玕又向他口述了太平天國的發展與興盛。洪仁玕也常與容閎往來，容閎是最早留學美國並獲學位的中國人，此時正想辦法以他對中西的瞭解在政商方面謀發展。[4]

洪仁玕在香港所結交的朋友之中，最重要的無疑是蘇格蘭人理雅各。理雅各是亞伯丁郡的商人之子，在七個孩子中排行最小，他最初教數學，後來被委任為公理會的牧師，一八四三年秋派往香港任新教神學院院長，這所學院以「培養中國本地牧師」為目的。洪仁玕在一八五四年回香港時，理雅各正在編纂一部「被西方各國認為最齊全而重要的十九世紀漢學文獻集」。[5] 洪仁玕為理雅各工作，既解教義，助其他中國人改信基督，也做理雅各的助手。洪仁玕有幸與理雅各結交，因為理雅各信任中國人，在他們身上看見許多優點，不斷利用傳教之便，盡量學習，用理雅各自己的話：「每天花幾個小時挨家挨店地拜訪信徒，無所不談，讓他們就某一話題與我交換想法。」[6]

洪仁玕去世多年之後，理雅各想起洪仁玕，說他是「我所知中國人中最友善、最多才多藝的。一想起他，我就心懷敬意和遺憾」。理雅各還說洪仁玕「是唯一一個與我走路時勾肩搭背的中國人」。有時他們在同一個禮拜一起傳道，而當洪仁玕說起想到天京見堂兄，理雅各力勸他「就留在香港做牧師吧。」[7]

一八五七年夏天，額爾金勳爵抵達香港，理雅各此時或許正與洪仁玕一同散步，他告訴洪仁玕他對未來的看法：

> 七月二日下午，我正與一個朋友在凱恩路上散步，看到一艘汽船正穿過撒弗海峽（Sulphur Channel）。起先我們以為是郵船，後來看清楚了是「香農號」，額爾金爵士就在船上。船進港時，「香農號」與「海軍上將號」相互致意，炮聲如雷鳴，在山間迴蕩，四周景物盡陷霧中，我對同伴說：「這就是清朝的喪鐘。它對這些巨獸（leviathan）是莫之奈何的。」[8]

理雅各的中文功底扎實，在神學上識見廣博，新教傳教會已委託他與翻譯名家麥都思（Walter Medhurst）一起「推敲怎樣把上帝（Deity）之名譯成漢語」。這讓他與洪仁玕關係更近。理雅各一生著述頗豐，他始終主張用「上帝」一詞，這與太平天國的用法一樣。太平天國最初便是由「拜上帝會」而來。[9] 聖徒保羅在給希伯來人的信使書中說明了祭司國王麥基洗德（Melchizedek，譯註）的典故，理雅各以此來證明自己的神學立場。在理雅各看來，這種早期基督教的傳道方法似乎是一個完備的範例，後世的評注家可依此對《聖經》內容「存精華，補不足」。按照這個邏輯，儒家並不完全反對基督教義，因為「上帝」一詞可散見於古籍之中。因此，理雅各認為：「《聖經》經文所累積的啟示證明上帝在世上其他地方有可能也留下見證，即使這些見證隨即為其他墮落的影響所歪曲。」[10]

理雅各與郭士立等幾位傳教士都對〈以賽亞書〉第四十九章十一節、十二節中的預言，另有一番解釋：

> 我將使我諸山為途，我之大路將為高。視哉，斯人將自遠方來，視哉，斯人將自北方西方而來，斯人將自秦之地而來。（編註）

在這些傳教士眼裡，「秦」（Sinim）指的就是中國，意指上帝早在兩千多年前就已預

---

譯註：麥基洗德是古耶路撒冷的祭司國王，他向亞伯拉罕提供聖餐而從亞伯拉罕處收取什一稅。聖保羅試圖以此為例，向希伯來人證明上帝的普遍性。

編註：此處從禪治文所譯，《聖經》和合本譯做：我必使我的眾山成為大道，我的大路也被修高。看哪，這些從遠方來，這些從北方、從西方來，這些從希尼來。

言中國人也是上帝國度的子民。理雅各在一八五〇年代後半正是以此為傳教佈道的主題。[11]

香港自一八四一年建埠以來，就彌漫著悲觀氣氛，洋人和軍隊罹患熱病而喪生亦時有所聞，但是洪仁玕所處的一八五〇年代的香港已日漸繁榮，尤其是維多利亞海濱一帶。理雅各把這繁榮歸於太平天國以及廣州一帶祕密結社所造成的社會混亂，於是，一八五二年到一八五三年成了「香港繁榮的轉捩點」。當時，中國的有錢人家逃往香港避亂；房屋需求緊俏，租金上揚；原本稀落的街道，如今摩肩接踵；華人開了新的商行，為本地商業注入活力；英國皇家工程協會修建了規劃完善的道路、排水道和港口設施，英國人還種了灌木叢和竹子以改善空氣品質；加上路燈和路燈夫、壯觀的郵局以及從孟買來的園丁與郵遞員、新建教堂和堅固的房屋，種種變化讓這塊殖民地有了新風貌，只是外地人抱怨這兒的房租和唯一一家好旅館的價格過高。[12]

這塊小殖民地呈現了西方和中國最好的一面，也呈現了最壞的一面，它混合了這兩種文化。對於中國人和洋人來說，香港是一個大賭場。這裡有非法的鴉片貿易，詐騙綁架，以及幫派之間的殘酷搏殺。膽大的強盜利用新建的下水道作祕密通道，躲過地上的哨兵。香港的妓院數量曾比正當人家的房子還多。犯罪和暴力盛行意味著「經常使用絞架」，不管中國人、英國人，都是當眾絞死。[13] 不過，華商也開始在貿易、地產和航運嶄露頭角。

中國人研習英國法律。年輕的中國姑娘在特別的學校裡受訓，英語造詣頗高。雖然有些女孩後來和洋人私通，但其他的女孩仍可仿效卡德威爾（Daniel Caldwell）的路——此人曾是香港探長，負責緝捕海盜，令人聞之喪膽，後來被升為登記註冊的主管官員，他公開娶了一名皈依基督教的中國女子為妻。滿心困惑的理雅各如此說道：「有時，我會想像不列顛女神站在山頂，自豪地俯視著這座由她的兒子所建造的罪惡大城。」[14]

一八五七年一月，洪仁玕有機會目睹這塊殖民地所發生的一件較複雜的案件，有人投毒意欲謀害洋人性命，案子很快查到麵包坊一個叫阿朗的華人身上，理雅各吃過兩次有毒的麵包——清早及中餐時——但他大難不死，吃了毒麵包之後大吐不止。輿情譁然，復仇的呼聲甚囂塵上，很多人認為阿朗會被處以私刑，但結果並未如此。最後，阿朗在英國法庭上公開受審，最後無罪釋放，毒藥是麵包坊裡兩個夥計放在麵糰裡，他們可能是受了那些痛恨英國人強行入城居住的廣州人所煽動。阿朗在審判期間（以及審判剛結束時）受到保護性監禁，他在監獄裡維持秩序，負責禮拜日教會禮拜流程，預先準備禱告書，讓「所有的參加者保持良好的秩序」。[15]

洪仁玕有了傳教士給他川資，於一八五八年夏天離開香港前往南京。他之所以在這時出發，可能是因為他的母親在那年夏天過世，此後便無牽掛。不過因為此去凶吉未卜，所以他把妻兒和弟弟托理雅各家裡照看，直到他能派人來接他們。[16]

洪仁玕安置家人之後，便冒險由廣州北上，經東江到江西境內，再下贛江到華中，數百年來都是這個走法。此時已是一八五八年秋天，洪仁玕與曾國藩手下的一個部將聯繫上。官軍大敗，但洪仁玕卻無法越界與太平軍會合，反而丟了行李，不得不逃向西北，到達湖北黃梅一帶。洪仁玕機巧應變，替一個地方官的兒子看病——這或許是用霍布森（Benjamin Hobson）教給他的醫術，暫時得以棲身，籌些盤纏。洪仁玕聽說額爾金的艦隊到過武昌，正沿江而下，便托了一艘靠岸的英國船隻帶信給香港的朋友，告訴近況。一八五九年初，他用剛攢下的錢買了一批貨物，扮成商人繞過官軍防線，於一八五九年四月底到達天京。[17]

洪仁玕在香港住了這麼久，有很多事要稟告天王。一八五九年五月，他洋洋灑灑寫成一份奏章，上呈天王，奏請設立郵亭網絡，以期郵件及時送達，郵件應打成捆，按其緩急付郵資，郵件用火輪或蒸汽車派送，中途不停，直抵目的地。[18]舊房子可維持原樣，但新房要建得又高又牢，成行排列。成立銀行，印發銀紙，收取百分之三的手續費，提高辦事速度，以保護行商不受強盜打劫，因為商人身邊不帶銀兩，便沒人會想到他們身上帶了錢財。拓寬開直大路，疏浚河道，加快運輸速度。製作精巧之物則授予五至十年專利權，發明用處越大，時限越長，對發明「無益之物」者，則嚴厲懲罰。西洋番國已有保障人身財產之制度，亦可在天國實施，只要給房屋、船隻、商品、人身安全支付少許保險費，便可抵付水災、火災造成之損失。[19]

由天王在干王奏章的空白處批示看來，他都表同意，不過有關何時或如何實施的細節尚未確定。洪秀全也贊同洪仁玕的其他建議，諸如實行醫生考核，廢除奴隸，禁殺嬰兒，禁止賭博演戲，不許偷懶等。[20]

洪仁玕有兩條奏請，天王以其不可行而沒有接受。一是在各地建立訊息網絡，由天王派人管理，確保從各地送來的各類消息能迅速送到天王手中，且未經修飾。洪秀全在奏章的空白處寫道：「此策現不可行，恐招妖魔乘機反間。」等掃除妖魔之後，才可付諸實行。[21] 干王也建議死罪應歸上帝聖決，而非由人裁決，如此一來，人方可遵行第六條戒律「不可殺人」。天王批註：「爺今聖旨斬邪留正殺妖殺有罪不能免也。」[22] 雖然天王顯然支持其他改革，但當時都沒有落實。大軍壓境，將領多不在京城，洪仁玕曾對造訪南京之人言道，各路統領再集天京方可有所作為，「故必俟協定，經多數贊成，乃可實行也」。[23]

洪仁玕觀念務實，但他也對洪秀全由衷欽佩，兩者取捨不定，在前來拜見的外國傳教士面前，他也流露出這種矛盾情緒。當他從軟椅站起，向來客致意，以英語說「你好」並與他們握手時，他是個和藹的主人。但他穿的卻是龍紋花緞長袍，頭戴鑲珠鍍金冠，童子簇擁身旁，打著屏扇。下屬身著綠黃袍，頭髮飄垂，以絲帕束之，列隊在他面前敬候。[24] 洪仁玕告訴西洋教士，天王的信條他不盡同意。「如何理解」天王在一八三七年和一八四八年的兩次啟示，他完全不清楚，但那極有可能是「真」的。[25] 不過他不相信東王楊秀清的幻覺，雖然洪秀全「不許他人對此有所懷疑」。至於洪秀全是耶穌之弟的意義，在於洪秀全「認為基督是上帝最偉大的信使，洪秀全僅次於基督，排位第二」，洪秀全基於這點自認為基督之弟、上帝之子。[26]

洪仁玕解釋，太平天國信眾向上帝禱告時雖然會獻上供品——米、菜或肉之類——但應將之視為「純粹感恩，而非祭品」。（譯註）同理，吟唱禱告之後，將禱詞燒去只適用於新入教者，之後便不會這麼做了。在太平天國治下並沒有聖餐儀式，禮拜也從不喝酒。只要是虔誠信徒，都可主持浸禮——先灑清水，再洗濯胸膛。若是人們宣講天王「降凡」時，應視之以「自然誕生，但賦有神聖使命」。天王不接受上帝不賦形體的看法，他認為上帝是有形的，他「不能容忍與之相左的觀點」。而且，洪秀全也不會改變他在著作中所使用的上帝稱呼。洪仁玕認為不應用「真上帝」一詞，因為上帝沒有真假之分，但天王予以嚴厲訓斥。世間一切事物，天王都可聖裁，「但對於無關宗教之事物，天王蔑視之，認為這是『現世之物』，而非『天堂之物』。」[27]

洪仁玕曾讓一個英國訪客進入他在南京的書房，這間書房清楚反映了他以前在香港的生活和目前在天京的生活之間的文化交融。這個英國人對干王的住所狀況雖然頗有譏諷，但他還是捕捉到干王的心境與其多樣面貌：

穿過一扇小門左轉即為干王之私室，其中陳列甚富，有如博物館，這是一間很開闊光亮的屋子，對著一個花圃。主要家具是一張蘇州大床，鑲滿玉器等裝飾，上蓋黃帳。干王常來此小憩。桌子多張沿牆放著，桌上陳列各式物品甚多。有一座望遠鏡（破了），一個槍盒（槍丟了），三支手槍（均已生銹），一箱炮蓋，兩盞玻璃燈（不能點著），一塊來路貨肥皂，一本《渥爾威治的炮壘防禦法》（*Woolwich Manual of Fortification*），一本《戰爭學》，一本《聖經》，好些中國書，外國傳教士所著皆在其中，一刀黃紙，五六只錶，一座中國鐘，一個壞掉的風雨表，好些文告，幾塊石硯，多支金筆，幾塊汙髒的爛布。其他桌上則有被蟲蛀的書，一只帽盒，其中有龍冠，銀鑲的扇子，玉杯玉碟，金杯銀盃，大淺盆，筷子、吃西餐的叉子，三只英國葡萄酒瓶，另有一瓶來路貨雜酸菜。在其他各處則有英國海軍劍一把，龍帽幾頂，日本刀兩把，法國碟兩套，又有一洋雕刻品，床上則有幾塊銀元寶錠，以布包著。室中有圓雲母石桌，圍以中嵌雲母石的木椅。有一穿著白袍藍褂

譯註：太平天國禮拜時，上供品儀式與西方基督教嚴禁食物祭奠的習俗相違，故洪仁玕有此解釋。

的僕人在那裡扯風扇，讓人涼快舒適。在此干王請你吃一頓好飯，他懇求特許，謂非有酒不能吃飯，即蒙允許。[28]

在天京那種氣氛底下喝酒或許已讓人驚訝，而干王對洋人的開放與五年之前天王和楊秀清對「赫爾墨斯號」、「加西尼號」和「色斯奎哈那號」的冷漠或敵視態度卻大不相同。洪仁玕在奏章裡試著表明他對這類事情的看法，建議對待洋人的明智之道：

蓋輕汙字樣，是口角取勝之事，不是經綸實際，且招禍也。即施於枕近之暹羅、交趾、日本、琉球之小邦，亦必不服，實因人類雖下，而志不願下，即或願下，亦勢迫之耳，非忠誠獻曝也。如必欲他歸誠獻曝，非權力所能致之，必內修國政，外示信義，斯為得爾。

洪仁玕在這份奏章裡，欲以寥寥數言，勾勒各國特徵，以增廣天王對西洋的認識。英國人智巧，但「驕傲成性」，以制度與王室之穩固，而博得「最強之邦」的名聲。他們與人交往之言語文書稱「照會、交好、通和、親愛」。[30]美利堅合眾國正直、富有、強大，且不侵害鄰邦。令人吃驚的是，如果在美國發現金礦銀礦，也允許外國人去挖掘。這個國家沒有乞丐，足證其優越。所謂「邦長」服務五年（譯註），離職後則「養尊處優」，由各組成州決定所選之人，將其名投入大箱，共推新領袖。美國人認為，如此所選之領袖應是「賢能」之人，並「以多議是者為公也」。[31]

日爾曼人「有太古之風」，虔誠而良知盛。斯堪的那維亞人心胸寬而友善，髮色淺而面容「清幽」。法國一心沉潛於秘教不足取，但其技藝為其他洋人所仿效。俄國開始大力改革，以其疆土廣袤，指日必成強國。日本近來與美國通商，取得新技術更速，「將來亦必去於巧焉」。[32]

天王若是擔心洋入會趁進入中國之機，騙走太平天國之財。那麼，洪仁玕奏請，太平天國應對本國臣民給予優待：

> 與番人並雄之法，如開店兩間，我無租值，彼有租值；我工人少，彼工人多；我價平賣，彼價貴賣；是我受益，而彼受虧；我可永盛，彼當即衰；彼將何以久居乎。[33]

循此思路，洪仁玕著手研議，太平軍應大膽東進上海。一旦陷上海，太平軍可以上海

譯註：原文如此，可能是洪仁玕本人的錯誤，美國總統任期為四年。

的一百萬兩庫銀，購買一支有二十艘現代汽船的艦隊，再靠這支艦隊沿抓返回，解除官軍對南京的封鎖，重開西戰場，奪回被官軍占領的沿江重鎮。[34]

天王派李秀成負責軍事運作。這個選擇很明智。李秀成於一八五一年攻打永安時入太平軍，本是個大字不識幾個的鄉下人，但之後在西線和華中表現優異，善於用兵而獲擢升，至一八五九年十一月被封為忠王，與洪仁玕平起平坐。[35] 李秀成為人直率大方，顯然是唯一戴眼鏡的太平軍高級將領，部下與見過他的外國人都信他敬他。[36] 一八六〇年東線戰役的細節究竟是由李秀成還是洪仁玕策劃，尚不明確，但無論出自何人之手，最漂亮的部分是由李秀成負責的。數千軍隊以迅雷不及掩耳之勢穿過江南，攻占杭州，緩解了天京的局勢，接著又突然回返南京，官軍因派兵增援杭州，江南大營空虛，於是落入太平軍之手。李秀成再往東，於六月二日取下蘇州，最後再將兵力集結於上海，上海非租界區已如囊中之物。[37]

忠王李秀成對洋人抱著樂觀——這在洪仁玕上奏中亦可看出——他相信洋人會接受事實。既然洋人在太平軍與清妖之爭中兩不相幫，且太平天國也表達了與西方通商的意願（除了鴉片、酒精、菸葉之外）。所以，太平軍若是將清妖逐出上海，洋人不但沒有理由反對，反而會大加歡迎。李秀成相信上海的洋人一定會歡迎他，而上海也必如蘇州，不費吹灰之力便可拿下。[38]

一八六〇年八月中旬，李秀成率兵三千進攻上海。他致函駐上海之外國公使說明立場：洋人之住宅店面，凡掛出黃旗，便可不受干擾；所有洋人教堂——新舊教皆然——也得掛黃旗，以免受軍隊破壞（太平軍未必能從建築式樣上分辨）。李秀成為表心意，還下令處決一名曾殺過洋人的太平軍士兵——雖然這個洋人是助清妖攻打太平軍。不過，為了確保安全，太平軍攻城時，洋人最好留在屋內，等到戰火平息。[39]

結果洋人放棄中立，激戰三日，集中炮火猛轟太平軍，派小隊人馬阻止太平軍奪取上海，令李秀成大感震驚困惑，而對於洋人向他們開火，李秀成的部下也同樣毫無準備，起先呆站不動，「當彈炮傾瀉到陣地上時，他們像石頭一樣，一動不動，不回一槍」。[40]

一八六〇年八月二十一日，李秀成滿懷苦痛失望，致函英、美等各國領事：

惟本藩仍念及爾我共同崇奉耶穌，爾我關係之間，擁有共同之基礎，信仰同一之教義。次本藩前來上海，只為訂定條約，欲借通商貿易結成一致之關係，原非與爾等交戰。若竟下令攻城，殺戮百姓，則無異同室操戈，徒令妖兵冷笑耳。

再則旅滬外人，各人之量度與地位相殊，其中必有具常識、明大義而辨利害者，伊等必不致人人貪圖妖金而忘卻與我天朝通商之利益也。[41]

東線戰事至此勢如破竹，但是一八六〇年在上海受挫則是一大轉折，自此萬劫不復。太平軍為了分散清妖勢力，結果反倒分散了自己的力量，還與洋兵為敵。英、法司令官不僅要求太平軍撤退，距上海五十公里以外，且禁止洋商逆長江而上，提供太平軍補給武器。這個決定又導致太平軍失了安慶，清朝水師得英國船隻之助，不准商賈私梟在安慶卸貨，安慶的命運就此而定。在曾國藩、曾國荃兄弟的指揮下，訓練有素、紀律嚴明的湘軍把安慶圍了個水泄不通，太平軍糧斷援絕而投降，湘軍將太平軍士殺個片甲不留（總共超過一萬六千人）。一八六一年九月十二日，安慶陷落，太平軍失去了與華西、華北腹地交通的樞紐。[42]

但在一八六〇年八月，距安慶陷落還有一年多的時間，而洪秀全對東征也沒有明確的看法。他既不稱讚洪仁玕、李秀成攻占蘇州，為南京解圍；也沒有斥責他們在上海失利。洪秀全心裡還在想著再次「北伐」，說不定最後能滅了清朝，一如額爾金勳爵率軍在一八六〇年九月占領北京，火燒圓明園，逼得清朝皇帝出逃京城。李秀成不同意在此時北伐，洪秀全雖然「滿腔義憤」，但也只能由得他去。[43]

不管是在上海遭遇的問題，洋兵對抗太平軍，還是洋兵持續在長江上巡邏，都沒有動搖天王對正教的信仰。的確，洪秀全已經找到了一本書來替代他修改《聖經》的計畫，而且根據干王洪仁玕的說法，這本書極受天王喜愛。這就是班揚（John Bunyan）於一六七八年所著的《天路歷程》（*Pilgrim's progress*）。[44] 有一個洪仁玕在香港就認識的傳教士柏恩斯（William Burns）將此書譯成中文，一八五三年在廈門出版。《天路歷程》已有中文摘譯流傳，如今天王可透過全譯本細細追索克里斯蒂安（Christian）往新耶路撒冷朝聖的旅程，這個全譯本還配有十幅精心繪製的插圖。洪仁玕可能是在一八五八年得到此書，並將之獻給天王，不過此書流傳甚廣，除了一八五三年的版本之外，在一八五〇年代中，香港、上海、福州等地都有印行，所以洪秀全可能在之前就已得到一本。[45]

《天路歷程》裡頭的這個克里斯蒂安是班揚夢中的人物，但是這個夢栩栩如生，讀者可以全身全心體會主人翁在罪惡的重負下蹣跚前行，最後，信仰和照看他的福音傳道者之言令之獲得自由。克里斯蒂安拋棄了家庭的溫暖，離妻別子，飽受痛苦、折磨和死亡的考驗，向新耶路撒冷前進。許多良友死在途中，有些同伴怠惰、信仰不堅，通不過考驗。插圖更是凸顯了蘊涵在各個事件中的情緒：克里斯蒂安的兒子在母親懷裡，朝著正在遠去的父親伸手；克里斯蒂安在耶穌的十字架前祈禱，重擔從他的背上卸下；克里斯蒂安以望遠鏡眺望新耶路撒冷，衛護騎士和牧羊人圍在身旁。[46]

克里斯提安要能步入坦途，必須通過窄門，多少人在途中分心喪志，或走上歧途。[47]「苦詔普天進窄門」，洪秀全在一八六一年三月的詔書昭諭諸臣，因為「太平天日今日是；福音征驗久傳先；窄門在爺哥聖旨。」[48] 洪秀全如今足不出寶殿，寓所還有雙層黃色

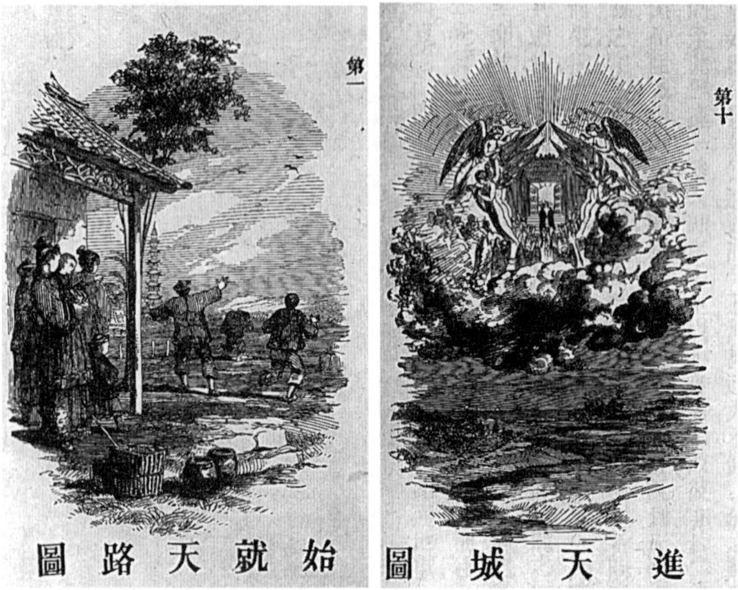


班揚的《天路歷程》中文譯本插圖，洪秀全在一八五〇年代中讀的就是這個譯本，其時方由新教傳教士譯成中文，洪秀全稱此書甚得他心。該譯本特別畫了十張插畫，此處所見者為第一張與第十張。在第一幅插畫中，克里斯蒂安卸下身上罪孽，離妻別子，開始他到天國的朝聖。鄰人歐布斯提納（Obstinate，意為「頑固」）和普萊雅伯（Pliable，意為「順從」，他於書中在Slough of Despond折返回家）出而追之，其髮辮清晰可見。在最後一幅插圖中，克里斯蒂安歷經千萬險阻，渡過死亡之河，偕友伴侯（Hopeful，意為「希望」）進入永恆天國之門，天使吹響號角，夾道歡迎。（原件藏於美國國會圖書館）

牆壁保護，但他每晨必以朱砂在黃綢上親書敕令，貼在聖殿的「真神聖天門」之上。敕命所言皆為宗教教義，包括上帝與其子之間關係及本質。[49]

洪秀全把一道詔書交給另一個來訪的新教教士，讓他帶回上海給上海的洋人看。洪秀全自言親領世人到「天堂」，往後將由其子天貴「掌管俗世之事務」。一八四八年的啟示（譯註），其意終於展現：「爺哥下凡，附體於朕幼，以建無盡太平。」因此，「天、地、人、過去、現在和未來」將融為一體。[50] 從一八六〇至一八六一年的詔書文告，可見洪秀全訴求的對象越來越廣。他起先只對家人大臣言，接著昭告「西洋眾弟妹」發表，以使「中西永遠和約章，太平一統疆土闊」，最後則是「普天下大同世一家」。[51]

洪秀全以充滿宗教意味的措詞來表達他對東征和太平天國最後勝利前景的看法。洪秀全在一八六一年六月又下了一道詔書，告諭臣民，他上了天庭，與東王和西王商討過戰事進程，一起研究策略，以期使大軍告捷。[52] 有幾次，現年十二歲的幼天王天貴也與天王、東王同行。洪秀全要兒子別害怕，因為天祖父會一直守護在身旁。洪秀全為了增強這種信念，還把兒子的名字改為「天貴福」，意為「天堂的寶貴幸福」。從此在太平天國須避「福」字，一如「耶和華」和「耶穌」這些字。書寫「福」字時，須在中間加上一劃。[53]

---

譯註：似指洪秀全之子天貴誕生一事。

天貴雖然還年輕，但他的夢也開始與父親相印證。他已經預言了一八六〇年太平軍第二次解南京之圍，他夢到兩條蛇繞城，他用劍殺了蛇。洪秀全大喜，為慶祝夢的應驗，特立節日以紀念。[51] 洪秀全並以詩文誌之，還將之與自己夢中的勝利景象聯繫起來：

父子公孫坐天朝，太平一統燒蛇虎。[55]

上帝基督帶作主，既斬蛇虎狗妖邪。爺哥降帶坐江山，同世一家奏凱還。[56]

上帝也透過洪秀全之妻又正月宮傳話。她夢到上帝諭之：「你請天王寬心胸，天下太平慢慢來，就見太平天堂通，有日南片天門開，合緊大戰永光榮。」[57]

有時，洪秀全也會把自己的夢與其母、子、妻之夢境相混。一八六〇年，洪秀全在太平軍取得蘇州大捷之前告訴信徒，他在塵世的母親看到三個已故的封王東王、西王、南王「去誅妖」，彼進軍至金龍殿前，高聲歡呼「萬歲」。[58]

一八六〇年十月某天拂曉，洪秀全記下一夢，聖父托夢給他，「朕見無數天兵將，進貢聖物寶縱橫，在朕面前處擺列，朕時含笑歡無聲」。[59] 兩天之後，上帝再次托夢洪秀全，他與兩名婦女同路而行，四隻黃虎堵在路前，洪秀全為了救婦女，轉頭回去引老虎跟著他。他赤手空拳與老虎做殊死鬥。正打著，老虎忽地變成了人，洪秀全也驚醒了。他在半夢半醒之間，得詩一首：

今有四虎盡殺開，普天臣民奏凱回，
天堂路通妖虎滅，一統乾坤天排來。[60]

洪秀全又沉沉睡去，回到打鬥的場面。此時，他看到四隻老虎癱在地上死了。但是，虎屍旁躺著兩個新的幽靈——兩條黑狗。其中一犬顯然已死，另一犬還有生機。洪秀全以手擊之，它用人話大喊：「我恐。」洪秀全回說；「朕要誅死你！」他在夢裡殺了狗。洪秀全喜極而醒，告訴信徒說，他知道了他和兒子的統治將持續千秋萬代。[61]

# 第二十章　孝全

洪秀全夢見降服惡犬虎，而羅孝全則於一八六〇年十月十三日抵達南京。許多願望和想法也隨著他的到來而交疊。洪仁玕和洪秀全在廣州一同上羅孝全的教堂，已是十三年前的舊事。[1]十一年前，洪秀全借蕭朝貴之口問耶穌：「番人羅孝全是真心誠否？」好似他仍對羅孝全拒絕為他施洗一事而耿耿於懷。他得到的回答是：「是真心也，有牽連也」。[2]七年前，洪秀全初入天京，派親信到廣州邀羅孝全到南京，向太平天國的信徒佈道。[3]近兩年前，洪秀全為了籠絡額爾金勳爵，曾問及羅孝全是否一同前來，但沒有得到答覆。[4]一年多前，洪仁玕上奏天王，購置新式武器可加強天國力量，而讓某些洋人來天國也最能符合太平天國的利益。各國「具有先進技能」和懷有「精巧方略」之人、傳教士，凡能為天國獻策，不謗議天國處事之道，應促其入太平天國。[5]

羅孝全之所以會來南京，背後有一連串的因緣際合。其中之一是額爾金勳爵在北京燒殺擄掠，迫使咸豐同意簽訂條約，允許洋人可自由進行貿易或傳教佈道。另一件事便是東征，這次雖然沒能占領上海，但取得了蘇州，使得從上海入太平天國境內較為容易。[6] 而羅孝全此時擺脫了家庭之累，也沒有經濟的問題，雖然這些原因不見得讓他心裡愉快：羅孝全的妻子體弱多病，堅持要和兩個孩子住在美國，兩人早已貌合神離；他的第一個華人助手已經去世，而第二個助手受不了羅孝全，也離他而去；不過羅孝全打了多年官司，不堪其擾的官府終於同意給他五千兩百美元，以賠償他在廣州的寓所和教堂兩次遭到暴民搶劫所造成的損失。[7]

起先，洪秀全歡天喜地，待羅孝全有如一年半之前初見洪仁玕那般。羅孝全剛到不久，洪秀全向轄下所有基督徒許諾，可自由進行崇拜。他贊同羅孝全之議，讓更多的新教傳教士到南京來，可在城裡新設十八處教堂，城外至少應有兩、三千所。羅孝全把自己看成「先行者」，寫信告訴朋友，此乃傳教的大好時機，可將福音遍傳太平天國轄下六省三千萬人，此一成功，「無疑將證明基督徒的驚歎和欽佩」。[8]

洪秀全宣布，羅孝全是外交大臣，所有涉外訟案由他負責。他提供羅孝全住處——有兩間在樓上的房間，離天王府不遠——還提供食物和薪金。他賜給羅孝全三名新婦，羅孝全辭謝不受，不過洪秀全以太平天國服飾相贈，羅孝全倒是領受了。一名傳教士在南京見到羅孝全，說他衣著華麗：「做太平天國打扮，身著藍緞長袍，外罩繡花短上衣，頭戴紅頭巾，腳蹬錦緞靴。」[9]

洪秀全當年差一點跟羅孝全受洗，但如今羅孝全和洪秀全唯一一次會見卻令人難堪。天王府中的覲見儀式很是盛大，這點無可否認；對外國訪客的敬意前所未有，見諸太平天國歷史，亦無二例。羅孝全對洪秀全印象似乎也很深：「他比我想像的還要俊。個子高大，體形勻稱，黑鬍鬚修得很細緻，聲音很好聽。」[10]官廷禮儀明訂，羅孝全見了洪秀全必須下跪。他本想拒絕，但一聲斷喝，令眾人跪拜上帝，羅孝全心裡一迷糊，自然就跪了下來。羅孝全跪下之後才明白，他跪的是洪秀全。洪秀全和羅孝全這次會面長達一小時，但是其間諸王不時又跪又唱，頌揚天王。羅孝全自始至終都是站著——根本沒人邀他就座，除了天王之外，唯一享此殊榮的是天王之子天貴。洪秀全邀羅孝全就餐，陪席的竟是其他工爺，而非天王本人。[11]

洪秀全明白表示，他希望羅孝全所宣講的基督教是太平天國的基督教，有它自己一套啟示。羅孝全來南京，本是希望能改正洪秀全的錯誤觀念，所以洪秀全這番話實是一大打擊。羅孝全暗想以美國浸禮會版《聖經》（已由一批浸禮會教士譯成中文）來代替太平天國目前所用的詹姆斯王欽訂《聖經》（*King James Bible*）的郭士立譯本。羅孝全還給洪秀全準備了〈路加福音〉的加註本，而他的兩位同道則註了〈使徒行傳〉與〈羅馬人書〉。[12]另外，羅孝全不准在寓所中接待外國訪客，這規定不近人情，雖然沒那麼嚴重，但很讓羅孝全沮喪。羅孝全所受的看護越來越嚴密，他相信南京實施的是軍事管制，在它所謂的基督教教誨之中，真理渺茫。南京的前途未明，但是太平天國對教堂的需求，渴望真正的佈道者，他們在戰場上的堅強意志，他們的坦率，還有洪秀全願意和他討論教義，都讓羅孝全大受鼓舞。[13]

每逢安息日，南京城中心有一塊空地擠滿了人，「紅黃白綠各色旗幡匯成旗海，在眾人頭頂迎風飄揚」，兩名奉命在該日主講的太平天國傳教士佈道。外地人親眼見到這等露天禮拜的場面，很難不為之動容。這兩名太平天國傳教士頭戴黃冠，燦然生輝，站在方形平台上的講壇旁輪流向人群佈講，其中一人講述軍士的職責、家庭之愛與專心祈禱，另一人解釋不准商人入城的原因以及應善待長者貧民。然後，兩名傳教士在講壇上下跪，會眾也一體下跪，齊聲默禱。太平天國的禮拜儀式一結束，羅孝全便可佈道，或以廣東話，或以南京話，宣講他所認為的「基督教要義」。他隨便挑了一名士兵來問：「何為聖靈？」答曰：「東王。」顯然羅孝全的傳道路還很漫長。[14]

羅孝全開始懷疑他能否改變洪秀全的觀念，讓他瞭解信仰的真諦，但是洪秀全對於能否改變羅孝全，卻是從未喪失信心，洪秀全在致美國浸禮會的一封信中寫道：

> 信實天父莫狐疑。勿以朕會受人欺，朕乃選民大救星，何故爾等疑朕無神論？約書亞大敗天父敵，太陽月亮止行為；亞伯拉罕坐於橡樹下，即有三人立其旁。爾等細思量，爾

等可知曉，爾等信之乎？朕實痛心於此事。朕嘗數詔宣天下，普天與朕共一家。干王抵京得啟示：知曉神諭勝受洗。感謝天父之看顧。天父上主臨下界，不知不覺有如賊。信者將獲救，爾將更見聖跡。欽此。[15]（譯按：此段乃據英文所譯。）

一八六一年春，英國傳教士艾約瑟（Joseph Edkins）也到了天京，他專研流體力學、彌爾頓（John Milton）的《失樂園》（*Paradise Lost*）和《聖經》神學，一八五四年在上海結識干王，成了朋友。[16]艾約瑟在停留天京期間，把一篇他以中文刊行的〈上帝有形為喻無形乃實論〉和其他幾篇神學短文贈給洪秀全。

艾約瑟從幾個朋友處得知，洪秀全視力不好，不讀字體太小的書，而他又不願戴眼鏡，這點與忠王李秀成不同。因此，艾約瑟送給洪秀全的文章是以清晰的大號字體印刷，他還用「大字」寫了一些自己的意見。[17]艾約瑟論辯的是上帝的無形，〈約翰福音〉第一章第十八節便是明證：「從來没有人見過上帝，只有在父懷裡的獨生子將他表明出來。」艾約瑟還大力主張耶穌基督的神性，他把〈尼森信經〉和〈阿薩納信經〉的譯本呈交洪秀全，告誡他萬萬不能誤人阿利厄斯（Arius）異教，阿利厄斯因否認耶穌的神性而受譴責。[18]

艾約瑟用大號字體寫作的設想奏效了。洪秀全親筆評註以為回應。艾約瑟雖然並不信服，但看到自己的信上「布滿了朱砂校正和注釋」，心中仍頗感欣慰。這些批註顯然是以一支「很粗的」毛筆「草草寫就」。洪秀全引述〈約翰福音〉第一章第十八節時，略去了「獨生子」的「獨」字，如此一來，便不會抵觸洪秀全是上帝之子的身份。洪秀全加註：「基督具上帝之形」，因「子如其父故也」。艾約瑟在給洪秀全的信中還從〈約翰啟示錄〉引了一段文字，解釋對上帝的描述必須解為嚴格的「比喻」。

> 此後，我看見在天有門開。始聞一聲如號筒之音，語我曰：「爾可上來此，又我示爾，斯後所將成之事也。」我即感於聖神，看天上設座，又一位坐其座焉。其坐之位像以青碧玉及瑪瑙玉，周圍其座有天虹，像似蔥玉。
>
> （〈啟示錄〉第四章第一——三節）（編註）

洪秀全在回信中把「喻」字改成「實」字。[19]

洪秀全略加評注，在此案中，法庭錯了，而阿利厄斯是對的。[20] 他表示他瞭解艾約瑟為何論及阿利厄斯，也瞭解阿利厄斯的觀點被阿薩納修斯（Athanasius）和宗教法庭駁斥的過程。洪秀全不僅屈尊讀了艾約瑟論辯，還以詩加以反駁：

> 上帝最惱是偶像，爺像不准世人望。

基督暨朕爺親生，因在父懷故見上。
爺依本像造坦盤，爾們認實亦可諒。
前朕親見爺聖顏，父子兄弟無惝恍。
爺哥帶朕坐天朝，信實可享福萬樣。21

洪秀全與這位西方傳教士的私人通信，衍生出對信眾的訓諭。洪秀全在一八六一年五月頒布諭令，說這個問題是信仰的問題，也是歷史和現實的問題。如果有二十多個人突然說上帝是父親，世人只是加以懷疑，認為這擾亂了人的關係。如果有兩百個人都說自己是天兄基督的親戚，世人會認為上帝受到藐視。因為「自古無人見上帝」，這擔憂是說得通的，因為它往往成真，世人會因無知而「作像陷沉淪」。但這種責難並不適用於洪秀全，也不能適用，因為「神爺惟神子能識，哥朕識父有耳聞」。所以天父、天兄耶穌和洪秀全這輪「明日」在高天上，遍灑其光芒：「有天有日照凡緣。爺哥在天朕真日，同創太平萬

編註：此處譯文係按《新遺詔聖書》之〈聖人約翰天啟之傳〉。《聖經》和合本為：此後，我觀看，見天上有門開了。我初次聽見好像吹號的聲音，對我說：「你上到這裡來，我要將以後必成的事指示你。」我立刻被聖靈感動，見有一個寶座安置在天上，又有一位坐在寶座上。看那坐著的，好像碧玉和紅寶石，又有虹圍著寶座，好像綠寶石。

萬年，太平天日今日是，福音征驗久傳先。」[22]

洪秀全覺得這些神聖關係有些地方眾人還沒看清楚。他與天兄自然看得見天父，但這並不是說他們可和上帝平起平坐，「朕今詔明天上地下人間，天父上帝獨尊，此開闢來最大之綱常。」洪秀全為了強調這一點，詔令「太平天國」更名為「上帝天國」。印璽皆須重刻，以反映現實。百官的稱號，日後凡有贈予，都要反映這一變化——從「太平」改為「上帝」。[23]

艾約瑟和羅孝全並未親見洪秀全聖顏，只是透過批註、詩文和詔書與之聯繫。艾、羅二人其實對此也不必驚訝，除了洪秀全的家人和心腹之外，沒有人能見著天王。外國傳教士裡頭也只有羅孝全見過天王一次，其他傳教士即使獲准觀見，按禮儀由一群手執黃旗的侍從領至宮中，也只是對著空無一人的寶座枯坐幾個時辰，耳邊聽著讚美詩，看著祭案前的米和肉，香火裊裊升起，舒卷逸散。[24] 要求履行新條約權利的西方領事官員盡可怒氣衝衝，穿過天京城裡七里長的大路，坐在天王府的客廳裡，一等就是幾個時辰，置身一籃籃木炭、一桶桶冒熱氣的水和一堆堆柴火之間，成群的男僕在旁窺看，有些膽子較大的宮女也在其中。官員聽著銅鑼聲鳴，看著寫在黃綢上的聖諭，但洪秀全就是不露面。[25]

有些外國訪客從外面看到，天王府的院門不時打開，讓宮女和侍從端著特別贈禮通過，宮門外水榭旁，泊著一艘鍍金的大龍舟，天王乘船沿江而下，到達天京。[26] 在天王府的外院，有幾只燈籠絲繩懸著，忽明忽暗，其中一只全以玻璃製作，乃是取自蘇州的巡撫衙門。庭院中坐著一名老僕，從年輕就在廣州認識了天王。他什麼人都不讓進院子。鍍金的圓柱上方有銘文一塊，上刻「真神聖天門」，反映了太平天國名稱的轉變。洪秀全告訴隨從，屬靈事務是他生活的重心，從今而後，「一般事務」由天貴福處理。[27]

天王的「屬靈事務」已為羅孝全和艾約瑟所提出的挑戰所占據。這幾個月以來（甚或這幾年來），洪秀全在新舊約《聖經》的寬邊上寫下眉批——這《聖經》已經經過天王校訂。他的這些眉批固然與《聖經》的章節相對應，但其思緒卻如天馬行空，無羈無束。洪秀全在校訂《聖經》時，多少還是受到篇幅限制，不足以抒發己見，但在眉批中則可暢所欲言，不受長度限制。[28]《聖經》有些地方讓洪秀全頗感困擾，此時他已完成修訂，而從洪秀全信手拈來、琢磨字義的自在來看，他雖然沒受過傳教士的訓練，但也能用《聖經》的內容與艾約瑟、羅孝全論辯。

洪秀全親筆在《新約全書》頁邊眉批——或許還有別的地方，比如現已佚失的〈約翰福音〉——其中有七十條傳至今日，大部分都在探討家庭關係和天父上帝特性這個二元論題。洪秀全再三強調，耶穌不可能成為上帝，也不是上帝，一如洪秀全既非上帝、不可能成為上帝，也不可能自稱為上帝。東王楊秀清是勸慰師，也是聖風所附，洪秀全常以他為例，以示聖父、聖子、聖風三位一體並非彼此平等，上帝是聖風，而楊秀清只是代上帝發言，並非上帝。洪秀全提醒信徒：「爺知新約有錯記，故降東王詔證聖神是上帝，風是東王。」同理，洪秀全寫道：「又知凡人誤認基督即上帝」，所以「基督降西王以明太子在是，你自你、子自子、兄自兄、弟自弟」。如果真有「三位一體」這種概念，那麼它指的是上帝的三個孩子——耶穌、洪秀全和楊秀清三兄弟，因為「至聖靈東王也，是上帝愛子，與太兄及朕同一老媽所生，在未有天地之先者，三位是父子一脈親」。[29]

洪秀全不斷反覆強調家族紐帶的本質。〈馬可福音〉第十二章三十五至三十七節記載了耶穌在逾越節前，與一些猶太經師在耶路撒冷殿中爭辯救世主可能是「大辟之子」（編按：「大辟」即「大衛」）的話題，洪秀全對此加以反駁：「基督即上帝，上天合為一，……緣何朕上天時將見天上有天父上帝，天母老媽，又有太兄基督，天上大嫂，今下凡又有天父、天母、天兄、天嫂乎？」[30] 洪秀全欣然接受了記載於〈使徒行傳〉（編按：《新遺詔聖書》之篇名為「聖差言行傳」）的士提反（Stephen）在殉道前所說的話，用來支持洪秀全的解釋。士提反對著人群大聲呼叫，「吾看天開，而人子豎立上帝之右矣」，洪秀全說這「反明證，上帝是神父，基督是神子」。[31] 當然，正如洪秀全在別處寫道，「上天下凡總是一樣，耳聞不若目見也。」[32]

從洪秀全其他的眉批看來，楊秀清和麥勒西（Mellersh）在「響尾蛇號」船上曾就上帝之有形無形所做過的神學論辯，他是不可能忘掉的。只要《新約全書》記載耶穌以肉身觸人時，洪秀全一定會以眉批強調，雖然上帝並非耶穌，但祂確實也在場，而耶穌正因上帝的在場而獲得力量。[33]例如在〈馬太福音〉中，耶穌以手觸摸彼得岳母之手而使她痊癒，洪秀全寫道：「上帝住臨太兄頭上，故出一言撫下手即愈也。」又如〈馬太福音〉中說到耶穌「觸摸兩個盲人的眼睛」使之復明時，洪秀全批註：「上帝住臨太兄，故摸目即見也。」[34]當耶穌救治癱瘓的男子時，上帝「在上」；耶穌觸摸並治癒了一名痲瘋病人，那是因為上帝就在耶穌「頭上」。[35]洪秀全讀到諸如耶穌「觸摸棺材」使寡婦的獨子起死回生之事，雖然他並沒有說上帝就在現場，但仍小心解釋，耶穌在此只是上帝派來的「先知」，決非上帝本人。[36]

洪秀全告訴信徒，太平天國之創建有許多不可解之謎，而《新約全書》提供了徵兆或答案。他在紫荊山與永安先後提及「凡間天堂」或「小天堂」，可從〈保羅達哥林多人前書〉（編按：《新遺詔聖書》之篇名為「聖差保羅寄哥林多人上書」）第十五章來解釋：「我們既有屬土的形狀，將來也必有屬天的形狀。」由此而言，「小天堂」或「凡間天堂」也就是南京「天朝」，它是肉身在凡間的上帝之國，而上帝的「大天堂」則是靈魂榮升之所在。[37]〈使徒行傳〉第十五章第十四至十六節有重建聖殿的預言，這也與太平天國當前的目標相吻合。《聖經》是這麼說的：

西門已述云，昔上帝顧異族類，由之擇民可教其名矣，且聖人之言與此符合。按云，造萬物之主曰，此後吾必回，顧大辟之毀堂而再建之，且吾必復興其頹瓦再起之。（編註）

如洪秀全所批註，這一段預示了「上帝基督下凡，再建上帝殿堂在天京天朝矣」。[38]洪秀全沒有告訴艾約瑟、羅孝全的是，他越來越相信自己說話有如麥基洗德，乃是上帝的最高祭司與國王。洪秀全發現《聖經》上兩段經文有關麥基洗德，說得極為明白。第一段在〈創世記〉第十四章，此處只是提到麥基洗德，但對洪秀全而言已經足矣。如〈創世記〉第十四章第十八節所寫，當亞伯拉罕凱旋歸來時，「撒冷王麥基洗德為至上之神祭司，載餅與酒而出。」（編按：此句依裨治文所譯）洪秀全對這段話已做了三處修訂，因此在《太平聖經》中，這段話便成了「天國之王麥基洗德帶饅與酒而出，他是至上帝之祭司」。洪秀全在眉批中，解釋了他所改動的地方：「此麥基洗德就是朕，朕前在天上下凡顯此實顏，以作今日下凡作主之憑據也。蓋天作事必有引。」[39]

洪秀全順著這條思路繼續眉批〈創世記〉第十五章。在這一章中，上帝答允亞伯拉罕，佑他子孫繁茂。洪秀全寫道：

爺前下凡救以色列，出麥西郭，作今日爺下凡作主開天國引子。哥前降生猶太郭，代世贖罪，作今日哥下凡作主大擔當引子。朕前下凡犒勞祝福亞伯拉罕，作今日朕下凡作主救人善引了。故爺聖旨有云：有憑有據正為多。欽此。[40]

麥基洗德第二次出現在〈保羅達希伯來書〉中。保羅寫道：「無有此望，如靈魂有錨，穩固不動，又入於簾內之所矣。夫吾之先往者耶穌，早入彼永為祭主，依麥基洗德之班列矣。」[41] 保羅認為麥基洗德「無父無母亦無族譜，無始日，無終生，成如上帝之子。」（〈希伯來書〉第七章第三節）連利未（日後的最高祭司稱其權威源自於他）在「麥基洗德迎接亞伯拉罕之時，利未尚在祖父之身」。（〈希伯來書〉第七章第十節）洪秀全在經文邊上的空白處寫道：

此麥基洗德就是朕，前在天上老媽生太兄及朕輩，朕時知爺將差太兄由亞伯拉罕後裔而生，故朕勞將兵犒勞視福亞伯拉罕，蓋亞伯拉罕善人他。爺爺聖旨云：禾王作主，救人

---

編註：譯文依《新遺詔聖書》所載，《聖經》和合本譯做：西門述說神當初怎樣眷顧外邦人，從他們中間選取百姓歸於自己的名下，眾先知的話也與這意思相合。正如經上所寫的：「此後我要回來，重新修造建立起來……。」

善一，以作今日下凡作主之憑據焉。欽此。[42]

洪秀全在《聖經》的頁邊寫道：「至朕在天上，當拉罕時，朕還頗記得。知爺將差太兄由拉罕後裔而生，故朕下救拉罕，祝福拉罕。」[43]

新教認為〈啟示錄〉第四章中以具象描述上帝，艾約瑟曾要洪秀全對此加以回應；結果洪秀全斷然駁斥，說這描述乃是「實言」。洪秀全的眉批說明了他對艾約瑟所舉例子的上下脈絡細節相當清楚。例如〈啟示錄〉第三章第十二節有一段：「與我上帝之邑名，即由我上帝自天降下之新耶路撒冷者。」洪秀全在旁邊寫著：

> 今天史至矣，天朝有天父上帝真神殿，又有太兄基督殿，既到上帝之名與基督之名也。由於父上帝自天降下之新也露撒冷，今天京是也，驗矣。欽此。[44]

洪秀全也在〈啟示錄〉中讀到七封印是如何開啟，每個封印又如何各具意義：白馬騎士征服四方；紅馬騎士能帶給世間和平；黑馬騎士帶著天秤；死神坐在灰馬背上。但洪秀全最關心的是第六封印打開時。《聖經》說：

揭開第六印的時候，我又看見地大震動，日頭變黑色毛布，滿月變紅像血，天上的星辰墜落於地，如同無落果樹被大風搖動，落下未熟的果子一樣。天就挪移，好像書卷被捲起來；山嶺海島都被挪移，離開本位。地上的君王、臣宰、將軍、官戶、壯士和一切為奴的、自主的，都藏在山洞和岩石穴裡，向山和岩石說：「倒在我們身上吧！把我們藏起來，躲避坐寶座者的面目和羔羊的忿怒，因為他忿怒的大日到了，誰能站得住呢？」

（〈啟示錄〉第六章第十二——十七節）

洪秀全在這一段的空白處寫下自己的看法，闡述經文，以啟天國陷於苦戰的信徒：

朕是太陽，朕妻太陰，（太陽）變黑（月亮）如血，是隱詔降世眾人。天將天兵是天星墜地者，隱詔降志誅妖。天去如卷卷，且各山島移本處，是隱詔天地除舊換新，太平一統，與國換新，世上長憲。自匿窩穴山岩，是隱詔今時曾蛇伏誅，殘妖絕滅。今驗矣。欽此。[46]

洪秀全最後大膽綜論這些主題，以〈啟示錄〉第十二章的開頭與信徒同閱：

天上現出大異象來：有一個婦人身披日頭，腳踏月亮，頭戴十二星的冠冕。她懷了孕，在生產的艱難中疼痛呼叫。天上又現出異象來：有一條大紅龍，七頭十角，七頭上戴著七個冠冕。它的尾巴拖拉著天上星辰的三分之一，捧在地上。龍就站在那將要生產的婦人面前，等她生產之後，要吞吃她的孩子。婦人生了一個男孩子，是將來要用鐵杖轄管萬國的。她的孩子被提到神寶座那裡去了。

（〈啟示錄〉第十二章第一—五節）

洪秀全在這段上方的空白處寫滿眉批，這情形與第十一章同，說明這婦人何以就是他母親，洪秀全何以就是祭司國王麥基洗德：

朕還記得朕入這位亞媽之胎，爺做有記號，即是穿太陽，以示身內胎生是太陽也。誰知蛇魔閻羅妖亦知得這媽身胎是朕，上帝特差生入世誅滅這蛇者，故蛇欲吞食之，翼占上帝之業。豈知上帝無所不能，生出之兒，蛇不能害。朕今誠實自證前時麥基洗德是朕太兄，升天後身穿太陽，這媽生出之兒亦是朕，故令爺哥下凡帶朕作主，專誅滅此蛇也。今蛇獸伏誅，天下太平矣，驗矣。欽此。[46]

# 第二十一章 雪降

羅孝全在一八六二年一月二十日離開南京，到停泊在長江邊的一艘英國船尋求庇護。他給報紙寫了一封信，怒氣衝衝，稱干王洪仁玕大大委屈了他，而洪秀全則是「狂人，完全不適合統治，且政府全無組織可言」。[1]《北華捷報》（*North China Herald*）在二月初報導羅孝全安全抵達上海，但字裡行間對這位牧師並無同情之意，反而戲稱他為「浦東大主教閣下」、「冒牌的狄奧根尼（Diogenes，譯註）」，日後將成傳教士裡的柏拉圖」。[2]在報紙的編輯眼裡，羅孝全誤導公眾，錯看太平天國多年，他的出逃只不過還了公眾一個如詩的公道而已。「這人最先點了火，引發這場大規模的瀆神和屠殺，最後也逃離自己所喚醒的惡魔——如浮士德逃離魔鬼梅菲斯特。」[3]

羅孝全離開天京時，李秀成正在上海城外重新集結太平軍，決心壓倒洋人以扳回在安

---

譯註：古希臘哲學家，犬儒學派的代表人物之一，主張個人的精神自我滿足並藐視一些社會習俗。

慶的慘重損失。太平軍逼近上海，有兩個洋人見識了太平軍的力量和戰備。這兩個人都打過仗，一個喝醉了，一個則是清醒的。喝醉的那人名叫高華斯頓（Charles Goverston），是停泊在上海的英艦「大英帝國號」上的水手。他事後對英國副領事解釋，一九六二年一月初，他獲准有四十八小時「自由」去查探上海，但「因酒醉」而誤了出發時間。他在沒有「完全清醒」的情況下，「帶上一個會講英語的中國人」前往察看被說得天花亂墜的太平軍，結果很快就看到了。他在距城防工事僅五六公里處，突然被一小群太平軍圍了起來，高華斯頓嚇著了，「這一驚真把他嚇醒了」。有個太平軍軍官讓他喝了很多「差點把他撐壞的甜露酒」，他又醉得不省人事了。之後他便不感害怕，也沒酒可喝，太平軍把他關起來，並透過他的中國翻譯盤問了四天，詰問上海有無法軍英軍，駐在何處，人數多少，有無重炮等等。問完之後，太平軍要高華斯頓帶一封信回去給洋人：太平軍決心占領這座城市，要求英法軍隊儘速撤離。太平軍保證不破壞，不搶劫歐洲人的財產。

高華斯頓沒醉，也不害怕，他估計光在他被監禁的地方附近，就約有太平軍一萬五千人：「附近村莊都是他們的人，每個房間都擠滿了。」很多太平軍配有外國滑膛槍，有些槍上帶有「測距儀」，有些是日耳曼造的。太平軍裡有幾個歐洲人，其中一個講英文的「阿拉伯人」還是太平軍將領的「僕役」。這阿拉伯人告訴高華斯頓，有些太平軍還配備廠歐洲最先進的恩菲來福槍（Enfield Rifle）。高華斯頓注意到，太平軍似乎供應裝備很精良，「將士伙食充足」，「氣色很好」。但太平軍對召來的苦力卻很殘忍，竟殺掉那些不堪重負的人；他們也不付錢給來幫忙的洋人，只許諾占領上海之後，他們會「得到很多東西」。[4]

一八六二年一月二十日，英國人蘭伯特（Joseph Lambert）向英國官員提供有關太平軍計劃和軍力更詳細的情報。蘭伯特跟一個歐洲「同事」在一支船隊裡當督辦，這支船隊由中國商人出資，擁有四十二條船，掛法國國旗在內地採買絲綢。這兩個洋人被太平軍捉到，關了三天，由一個講英語的廣東人審問。太平軍以死相脅，這兩人的雇主付了兩千美元，死刑也就免了。太平軍要蘭伯特回上海，替太平軍買滑膛槍和彈藥，並把四封信分送英、法、美、荷蘭四國領事。如果他不照辦的話，那麼太平軍一到上海，一定找得到他，把他的腦袋砍下。蘭伯特所送的信，措詞很兇：

> 法英若是企圖抵抗，一旦攻占上海，就會把洋人的腦袋全砍掉，且停止茶絲貿易；英法若是不干涉，白人皆可經商，且遍行無阻。

蘭伯特估計，在他被俘虜的那一帶約有近四千名太平軍。這些人裝備不足，可能十個人只有一把滑膛槍，但是他們已經建了「一座正規的鋼鐵鑄造廠」，正在澆鑄大炮炮筒。[5]

上海的外國人本已如驚弓之鳥，這個消息更是火上加油，於是加強了上海城防，沿外國租界部署四千兵力、防禦工事和炮陣，八艘英國戰船也起錨聯防上海。炮陣有三米半高，先以二十公分見方的新加坡硬木搭成，若是時間允許，再用石塊代替——聯軍的旋轉山炮可發射三十二磅炮彈。為了預防意外爆炸，備用軍火都放在一條停在河中的舊船上。為了修築這些防禦工事，洋人自掏腰包，募了八萬六千兩白銀。[6]

英國的「上海租界租地人會議」在英國領事館集會，有三、四十名富商與會。即使上海有可能失守，他們的防禦計畫打的算盤也很精，從中還可圖利。譬如護城河也能當排水渠，所以華人地主也樂於支付這筆費用。把租界變成中國富人的「避難城」，不僅房租大為提高，也鼓勵了「上層華人」「自由入股，認捐碉堡的花費」。把碉堡當成長期投資，價值可觀，因為「若有動亂，便可對付暴民」。[7]

一八六二年一月十五日，一個名叫西勒（J. C. Sillar）的人在會中提議，英國「與太平軍首領好言相談」，把上海拱手讓出，由「這些印發《聖經》的人」來接管這座「崇拜偶像的本地城市」，以「平和易手這座城市」。這麼一來，英國人不但能洗清犯下的「滔天罪行」，也能使租界上的中國難民免於災難——西勒先生誇大其詞，估計難民人數會有七十萬——否則的話，這些難民將「成千上萬地衝到馬路上來，淹死在河裡……同時街上會堵滿被踐踏的屍體」。但沒有一個人同意西勒的建議，一教士宣稱，現在是「對太平軍

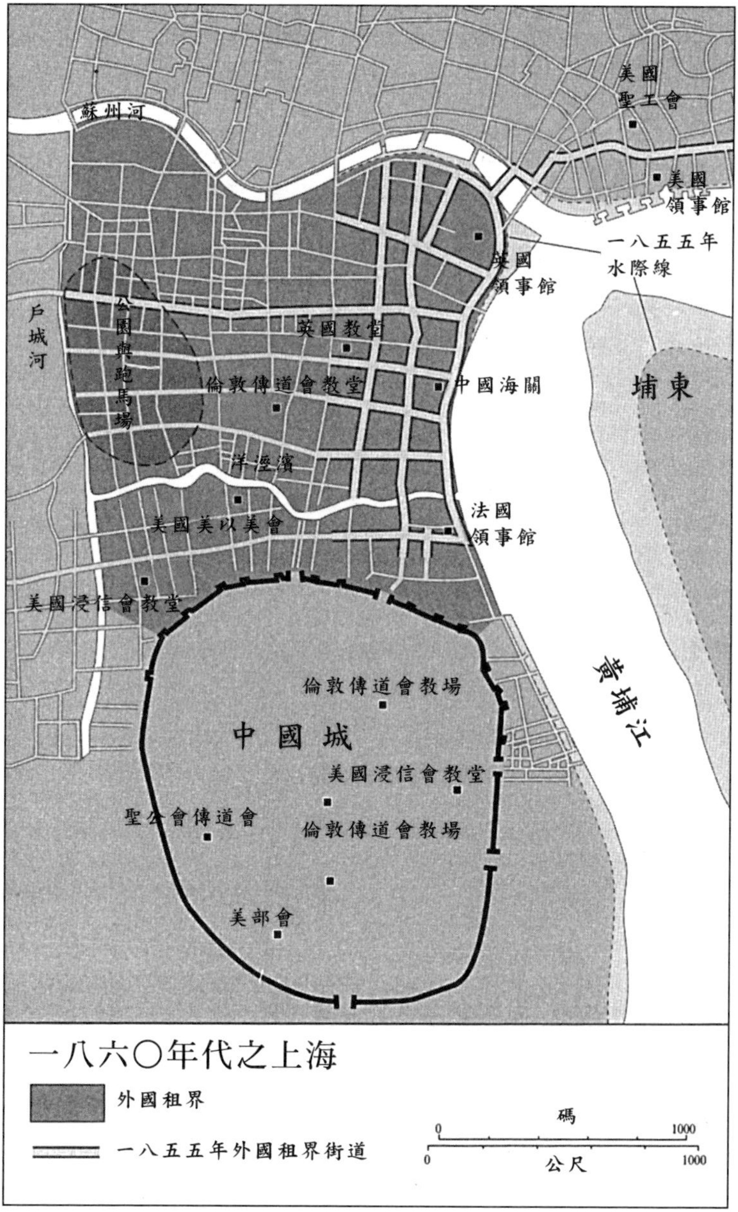
蘇州河
美國
聖工會
美國
領事館
一八五五年
水際線
英國
領事館
戶城河
公園與跑馬場
英國教堂
倫敦傳道會教堂
中國海關
浦東
洋涇濱
法國
領事館
美國美以美會
美國浸信會教堂
黃浦江
倫敦傳道會教場
中國城
美國浸信會教堂
聖公會傳道會
倫敦傳道會教場
美部會
外國租界
一八五五年外國租界街道
碼
0
1000
0
1000
公尺

一八六〇年代之上海

採取迅速而堅決行動」的時候了，這個相反的建議「在熱烈的掌聲中獲得通過」。[8]

沒人料到天時有變。一八六二年一月二十六日下起大雪，歷五十八個小時方止，積雪達七十六公分厚，經過風吹，有些地方的積雪更厚。雪停了之後又開始降溫，氣溫逐漸下降。到一月三十日，氣溫已降到攝氏零下十二度。整個原野天寒地凍，達二十多天之久，《北華捷報》稱此酷寒氣候「未嘗見諸上海的氣象記錄也」。[9]

這場大雪對太平軍乃是一大災難，他們沒有足夠的冬衣禦寒，既不能突破郊區防線，也不能打碎堵塞河道的冰塊。「我們動彈不得」，李秀成一語道之。[10]

一八六二年初這幾個月至為關鍵，太平軍的攻勢被天氣所阻，沒能突破上海業已增強的防禦工事，既沒占領非租界區，也未能打敗洋人。一八六二年晚春，曾國藩的弟弟率官軍從安慶出發向下游挺進，趁太平軍兵力空虛之際，攻占了雨花台腳下的戰略要地，扼長江江岸和南京南大門之間。李秀成放棄奪取上海的打算，一八六二年秋回師攻擊官軍在天京周邊築起的防禦工事和圍柵。他用盡辦法來破壞官軍工事，卻是勞而無功。[11]

太平軍的處境固然嚴峻，但他們所受的苦遠遠比不上這一帶的百姓，戰事無止境，百姓也家破人亡，流離失所。長江三角洲的百姓至少要對付八路來回征伐的人馬，包括太平軍的野戰部隊，與太平軍鬆散結盟的祕密社團和其他非正規軍，獨立的水陸幫匪，地方團練和農民自衛武裝，由像曾國藩弟兄之流所招募的大隊官軍，歸江蘇省官員統率的朝廷正規軍，由清廷雇傭、由美國人華爾（Frederick Ward）指揮的洋槍隊，以及由英國人指揮，以海軍上將何伯（Hope）和陸軍準將士迪佛立（Staveley）為首的西洋各國海陸聯軍。

在這一年多來，從上海經蘇州到長江邊，甚至直至南京城下的洋人和中國人，不管走的是水路還是陸路，皆可見到荒涼景象，對此已是見怪不怪了：在這片長寬各約八十公里的地區，每間房舍幾乎都被破壞，或是燒掉一角，或是拆了門板屋樑。這些木料或是充作軍隊的薪材，或是用來搭建浮橋，或是充作防禦工事，繞村而立。在這些用作短期營地的村莊裡，男丁被各方人馬強行徵用，婦女則被擄走，徒餘「炮彈殼與白森森的屍骨間雜相伴」，三五老人收拾斷垣殘壁。[12] 這些村落的「房舍盡毀；滿地污穢；屍骨或棄之於野，或於溝壑，聽任腐爛」。江邊的屋舍都遭洗劫，有時連綿數十裡而不絕，百姓頂多只能睡在簡陋的草房或蘆葦棚下。[13]

只要能拿來燒的東西，不管是木材、乾草、棉花梗、蘆葦，價格都翻了一、兩翻。村民以「老人為主，臉上滿是痛苦絕望」，[14] 站在河邊，拿出小籃，裡頭有一點雞蛋、柳丁或小塊豬肉等。在路上遇到的村民，臉上刺著「太平天國」四個字，表明他們是從戰場逃出，又被太平軍軍官抓到，以此方式警告他們不要再開溜。有些人臉頰下陷，上有疤痕，是因想用刀刮掉臉上的字。[15]

旅人遇到的難民，有些是三五成群，有些則多達三百五十人左右，男女老少皆有，還有些殘疾人，有的扛著家當，有的扛著旗子和長矛，有的空手而行。西方傳教士循陸路走過廢棄的村莊，只見屍骨四處散落，動物在殘垣間覓食。而走水路的傳教士發現，他們有時要從浮在河上的腐屍之間慢慢開出路來。[16] 一個在蘇州附近旅行的傳教士看著眼前的屍體「直想吐」，有一幅景象長駐心頭，縈繞不去，「一個小孩活活餓死，乾屍撐坐在中國人給還不會走路的小孩用的那種似椅似床的東西上。」[17]

就連那些英國退伍軍官也深有同感。他們見多識廣，早對戰爭引起的苦痛習以為常了，起先譏諷傳教士多愁善感，過於誇大苦難，到後來也有類似的看法。「在所有我們有機會去過的地方」，英國遠征軍軍需官渥西雷（Garnet Wolseley）寫道，「人民的痛苦和慘狀無法以筆墨形容。一大家子擠在用蘆葦搭成的矮棚裡，刺骨的北風從破敝處呼嘯而入，這些人衣衫襤褸，蜷縮在一起以取暖。老人沮喪不樂，太過虛弱，無法工作，而孩子的臉上餓到露出渴望的神情，凡是見過這場面的，便會永難忘懷。」[18]

人調整自己以適應周遭的現實，而日子也還在這麼繼續下去。有個洋人在大雪停了之後，隨巡邏隊到鄉下去偵察了一兩天。他們小心翼翼地繞過一名中國男子的屍體，一把長矛刺穿了他的腦殼。接著他們發現自己走在一條滿是腳印的小路上，小路積雪很深，在盡頭有一夥村民聚在一起，躲在仍在冒煙的斷垣殘壁間喝茶守歲，等候大年初一的來臨。[19]

很多中國難民湧向上海，太平軍和其他軍隊動向的流言決定了他們的步伐快慢：有時他們「匆忙沿街路狂奔，有如一群受傷的鹿」，有時則「帶著日漸減少的食物和衣服拖遝，臉上佈滿驚恐之情」。[20] 太平軍攻下杭州等城鎮時，喬裝改扮混在難民裡進城，官府為了防止舊事重演，乾脆下令關閉城門，拒絕難民人內。外國租界的濱江大道和碼頭上擠滿了人，饑荒和疾病蔓延，外國人採取隔離控制。運河上的印度兵奉命升起吊橋，外國警察實行宵禁，嚴禁中國人在晚上八點以後上街。[21] 如果遇上巡邏隊，外國人必須報上口令，而有居住權的當地中國人則須出示「通行證」。若是中國人沒有通行證，一律逮捕，逐出外國控制區。[22]

英國司令官士迪佛立將軍對無常的局勢不抱任何幻想，派皇家工兵隊的戈登（Charles Gordon）上尉去查看上海防務。他布設了防衛炮兵陣地、堡壘和壕溝，這樣英國人既可以保護自己免受外面太平軍的攻擊，又可以防範城內的中國居民和難民——「從一些居民的不滿情緒來看，恐有偶發事端。」[23] 英國偵察兵能看到焚村的火焰、太平軍駐地的旗子和軍隊，看到雪停之後、一隊太平軍滿載掠奪物品而歸，扛著米、豌豆、大麥、鍋、床和衣服，用矛趕著豬和羊，對世俗需求的規模之大，令英軍頗感驚訝。[27]

甚至到了一八六二年夏天，情勢仍無好轉。英國領事報告：「我們這兒又擠滿了難民，這次的人數比以往還多。他們居然在房子前面的江岸、石橋邊的路上紮營。無數的婦女，老人、孩童餐風露宿，他們沒有足夠的食物，令人怵目驚心。」[25] 戰事無休無止，導致缺衣少食，那些為了尋求庇護而住在上海的村民境況悲慘。一八六二年夏天，李秀成最後一次進攻不成之後，一名自稱「慈善家」的西方人寫下了他闖進中國難民麕集處之所見：難民擠在漢伯利路（Hanbury's Road）旁以竹子搭成的陋屋裡，有些人「外表又瘦又可憐」；一些人「因饑餓和疾病而處於死亡邊緣」，他們躺在爛泥地裡，每次江水漲潮都會淹在水裡；活人中間夾著「腐爛程度不等的」死屍，有時活人就和死去的親人在一起。一個還活著的母親躺在地上，虛弱到無法搬動她那兩個已死去、光著身子的孩子，他們「身上蓋著融雪和爛泥」，躺在她的身旁。這些骨瘦如柴的活人僅靠一種時而中斷的捐獻「米票」維持生活，為了買更多的糧食，那位「慈善家」呼籲上海居民捐款五百美元，他保證自己會提供其中的三分之一。[26] 一八六二年年底，氣候寒冷，所有在中國劇院裡看戲的洋人都被請求捐獻與門票相等的錢，「為饑餓、可憐的中國人提供食物」。[27]

一八六二年的大雪之後，洋人的狗開始失蹤。最早不見的是一條黑獵犬，在二月份被人從醫院附近帶走。[28] 第二條是「梯撒」（Teazer），一條淺棕色的長腿牛頭獒，尾巴短而粗，鼻嘴色黑。[29] 接著一條名叫「煙灰」（Smut）的黑褐相間的牛頭梗從皇家海軍戰艦「緊迫」（Urgent）號上失蹤了。之後是兩條在一起的母狗——一條是黑白兩色的小「日本」，另一條是長著白長毛黑耳朵的「北京」種狗，叫青青，快要生小狗了。[30] 士迪佛立將軍的狗在八月八日丟失，是一條「棕白色短毛獵犬」，掛在脖子的項圈上刻有它的中文

一八六〇年，太平軍進逼上海，促使外國人以武力自保，訓練中國兵士，組成「常勝軍」（Ever-Victorious Army）。常勝軍按西洋兵法操練，裝備齊全，皆著制服，先後由美國軍官華爾（Frederick Ward）、英國軍官賀蘭（John Holland)、戈登（Charles Gordon）指揮。法國人亦成立類似的組織，名之為常捷軍（Ever-Tiumphant Army)。這些軍隊的表現雖然有時荒腔走板，不過在建立上海周邊防衛上仍扮演要角，後來又有助於清軍在華東壓制太平軍。中國軍隊最早的照片是攝於額爾金在一八六〇年攻打直隸時。這兩張照片可能攝於一八六三、一八六四年之後，所示即在上海由華洋共組的軍隊。

名。[31]戴著黃銅項圈的「哥克」，一條白底黑點的大狗在八月十五日蹤影杳無，這天恰是那位「慈善家」闖進死亡和垂死的難民中間的日子。此後不久，第一條剛剪過毛名叫「水手」的紐芬蘭狗被人從倫敦傳教會的野犬收容所帶走。[32]一八六二年歲末，丟失的狗已不計其數了，其中有紐芬蘭狗、長毛獵狗、牛頭犬、短毛獵狗、㹻、蘇格蘭：「牛」、「骰子」、「彈簧」、「領帶」、「木偶」、「漂泊者」、「畢奇」、「托比」、「穆斯」、「格林勞」、「桃熱」、「那魯」、「比爾」……[33]

鄉村的慘狀從寵物的大量丟失一事上可見一斑。沿著長江一帶，戰事頻仍，太平天國土地制度已成了淪為徵收、捐獻或沒收稻穀之事。在長江三角洲東部一些肥沃的地區，太平軍依然被不滿的農民看成拯救者，他們樂意看到地主逃跑，也樂於拿出收成向太平軍交租納稅。[34]但在很多地方，一八六一年後農民便自行組織自衛團體驅逐太平軍，祈求自己的神靈保佑他們的戰士來抗拒「長毛」。[35]在作戰時，太平軍因往來必經的橋樑被當地農民悄悄拆除而損失慘重，官軍逼近時只能背水一戰。一群群憤怒的當地村民手持棍棒包圍太平軍，威脅其生命。當地村民還靠著人多勢眾，攔截太平軍護送糧草和軍餉的隊伍，將太平軍在激戰中急需的重要補給搶劫一空。[36]

對洋商洋兵來說，這暴雪雖讓人難過，但卻是「上天佑助」：暴雪重創太平軍，在河中巡邏的洋船也受阻於冰雪，卻仍是神恩。對於那些到過太平天國地盤的洋人來說，很多以往顯得多姿多彩或令人振奮的東西都不復昔日光彩。太平天國的服飾顯得既不精彩、也沒有創意，倒像是「庸俗的丑角服」，一種「滑稽戲裝」。[37]太平天國新封諸王穿著他們那種「江湖郎中般的黃色外衣，戴著閃閃發光的王冠」，竟猶如「懶洋洋的浪蕩公子」。[38]南京的街道上擠滿「很多容貌皎好的年輕婦女」，穿著華麗的絲綢，但她們都是從蘇州捉來的，而俘虜也經常想逃跑。恢宏的宮殿拔地而起，「在一片殘跡之中顯得格外突兀」，每一塊清空的地，四周擠著被趕出來的人家。[39]太平天國那些頑皮的小男孩在洋人眼中曾是那麼可愛迷人，而現在卻顯得凶巴巴的，或是營養不良。南京的那種寂靜曾被視為太平的先兆，現在卻顯出末日逼近的恐慌。[40]那些不可一世的太平軍戰士，近看之下，「骯髒且病態懨懨」，華麗的絲綢和叮噹作響的手鐲，掩不住身上的疤痕和正在潰爛的傷口。[41]

甚至連曾經興致盎然地與洪秀全論辯、一心想為太平天國的宗教帶來新生的艾約瑟，也逐漸放棄了定居南京的美妙幻想。艾約瑟擔心在他外出佈道時，年僅二十三歲的年輕妻子可能遭遇不測。而且，太平天國禁止按日計酬的雇工進城，艾約瑟夫婦的居住條件惡劣，氣候有損健康，水質髒污，在在讓艾約瑟非常不滿。他注意到連住在這裡多年的中國人也要在水裡加藥，才敢喝下去。對於這對年輕夫婦來說，「責任召喚他們來南京，而意願則對他們說應該北上」，最後，意願占了上風。[42]

羅孝全和艾約瑟走後，除了一些出於熱愛或為了錢而留下來的傳教士之外，天京裡幾乎沒有什麼洋人了。最後一個新教教士到南京是在一八六三年春天，他給香港報紙寫的報導與其說充滿敵意，還不如說是小心翼翼。在這位傳教士看來，南京仍然相當繁榮，城裡還種著一些莊稼。他獲准拜見了干王洪仁玕。洪仁玕對洋人的不友好行為大感困惑，洋人要是與南京兵戎相見，便以禁止一切對外貿易相脅。[43]洪仁玕與洋人打了多年交道，他說羅孝全從南京出走乃是基於「一些小誤會」。[44]不管是出於誤會，還是別的難以言明的原因，此事足以讓洪仁玕失寵。洪秀全革除洪仁玕的職位，不再負責推動太平天國的現代化，也不再讓他統率太平軍，奉命督導幼天王的教育，這個差事使他如此「焦慮」，以致「竟掉下了眼淚」。[45]

上海附近地區戰事不斷，南京日漸孤立，但這並不意味著洋人商務有所減少。其實，自從列強與清廷修訂了一八六〇年的商業外交條約，重開與長江內陸口岸漢口的內河貿易之後，上海成為絲綢、鴉片、軍火、糧食和茶葉等貨項的商貿中心。停泊在黃浦江岸邊和下游河段的船隻越來越多，於是發行了一份日報——《每日船務與貿易消息》——以補週報《北華捷報》之不足。[46]到了一八六二年九月，又發行了另一份副刊《中國運輸廣告報》，該報以中文刊行，報導中國的貿易情況，每逢周二、周四、周六出版。[47]

在上海的美國人的確有所減少。一八六一年，美國內戰的消息傳到中國，美國的「東印度艦隊」解散。艦隊司令官司百齡拒絕在接到海軍部的確認前，同意支援南部聯盟的軍官提出的辭職請求，但司百齡本人卻被華府突然解除司令職務，因為他生於南卡羅萊納州。那些有戰鬥力的美國船艦奉命馬上返回本土。此後三年，只有偶爾出現南軍「私掠船」將至的傳聞。[48] 一八六二年六月，第一艘日本船「全幸丸」入塢上海，好似填補美國的空缺。該船原為英國船「休戰號」，被日本政府用三萬四千美元買下，此番「滿載雜貨」，並「負有收集各類資訊的使命，包括商業、統計和地理資訊」。[49]

洋人湧進上海，有的身懷萬貫，有的一貧如洗，而這座城市也很快調適過來，接納了他們。最有錢的人可寄寓於提供免費午餐的「歐羅巴大飯店」，而法租界內新開張的「帝國信使酒店」也有上等客房。[50] 一家名為「克拉蘭頓」的新建豪華旅館於一八六三年七月開張，替代了原有的帝國飯店，這家新旅店現在開設了全新的保齡球房——這是剛離開的美國人留下的風尚。[51] 一個最近離開的訪客在新命名的「額爾金扶輪社」裡備受禮遇，該社是「兆華信鴿俱樂部」每周集會的總部。[52] 「亞司脫俱樂部」裡設有一個新的彈子房，而「東方彈子沙龍」則座落在教堂街和佈道路交接處上海圖書館的舊址，這裡還賣果酒和烈酒，這種種或許可以看成上海價值觀念變化的象徵。[53] 米勒旅館是最好的一家旅館，它沒有保齡球房，也沒有彈子房。在隔開英租界與中國城的洋涇濱河上，有一艘名為「海馬號」的舊雙桅船已改裝成「海馬漂遊旅館」，這個旅館是那些希望住得安靜的人的好去處，房租很合理，每月六十美元，另加一美元早、晚餐費，當然，所有住客「必須預先交納房租，不得例外」。[54]

這些新需求和新品味逐漸成為上海的娛樂風尚。福格公司正在銷售六套保齡球設備、六副彈子球和球杆，還可買到球杆皮套和防滑粉。城裡建了兩間「照相館」，除了為當地居民拍照外，還拍攝參與戰役的軍隊。[55]「萊斯雷教授（Professor Risley）和大天才藝人公司帶著十四無與倫比的馬」在城裡演出。此時不僅賽馬場大大拓寬，還從澳大利亞的雪梨運來二十匹阿拉伯賽馬和用來運貨的母馬與閹馬。[56]

港口擠滿了船，逃犯、一事無成的人、浪人也不斷湧入。警察局的日誌上記滿了他們稱為「貧民」和「流民」的騷擾、過失和無端施暴，一些犯行常是輕微得可憐，這也反映出罪犯的悲慘遭遇：一些洋人因為偷一塊麵包、一片肉、一些桃子或一些短襪而被員警登記在案，而失主都是華人小販。[57]但也有一些案件涉及不同程度的暴力，從酒後攻擊他人、蓄意強暴華洋婦女到誘拐中國男孩不一而足。[58]在破敝擁擠的棚戶區，鬥毆致傷和謀殺事件時有發生、社會所不容的人聚居在此，有些人為了躲避在「竹城」、虹橋「愛福禮酒店」、法租界內號稱「利物浦之臂」的低級公共場所，或「愛倫水手之家」周圍巡邏的巡捕（即所謂的「馬尼拉人」），越河到官府和洋人都管不到的浦東去。[59]

英國領事在虹橋區每年發行「娛樂場所」執照，企圖以此控制娛樂和暴力，但這個計畫總是不斷受阻。比如，虹橋區有一家旅館頻頻出現犯罪行為，最後才發現巡捕馬森是犯罪活動的共謀；巡捕海頓則連續幾月「收受非法賭場老闆的賄賂」。[60]在一八六三年被起訴的案件中，約有四分之一與巡捕有關，有的被控失職、工作時睡覺、酗酒、不守規章制度，有的則被控毆打良民。不少巡捕是累犯：四號巡捕因酗酒七次被捕，二八號巡捕被捕九次，三二號巡浦第十四次被捕。[61]一八六三年初，巡捕房總監對工部局抱怨，他手下可靠的巡捕只夠巡邏南北向的街道。當地的暴徒和罪犯很清楚這一點，因此他們便可恣意在東西向的街道上行搶。[62]

最難控制的是那些與太平軍做軍火交易的人。此類案件數量在一八六三年持續增加：「羅蒂，三十一歲，蘇格蘭人，家住上海，向叛軍出售武器。」「哈迪和其他人負責管理船上的軍火，協助叛軍過關。」「史都基斯，別名比奇，和其他人一起違反中立原則。」[63]軍需品唾手可得，顯然無法控制。有些軍火從遠地運來，香港甚至新加坡每年至少有三千門大炮進入國際軍火市場，各家海軍商店都出售飽和小型武器。[64]工部局雖然一再抱怨軍火貿易過熱，但它自己也促成了部分軍火的擴散，因為每當新型遠距來福槍運來配給各支志願兵部隊，工部局就把舊式的滑膛槍和雷管賣出去以籌集資金。[65]英國軍隊也在推波助瀾，士迪佛立將軍賣了第二十二旁遮普步兵團和第二孟加拉步兵團的「軍火和裝備」，以減少這兩個團隊受命回防印度時所需的調防費用。[66]

在上海的英國人把攜帶武器視為理所當然；其財產細目上除了白蘭地、香菸、家具、陶器、狗和床墊等物品外，往往還有短槍、來福槍、左輪平槍。[67]英國翻譯官密迪樂性喜冒險，但心性平和，在大多數洋人轉而對付太平軍之時，他仍對太平軍忠心耿耿。他提到他逆流而上時所帶的裝備，其中包括「一支直徑三二毫米的雅克單管來福槍；兩條單管肩背獵鳥槍；兩支配有長槍管的雙管短槍（霍克將軍用的那種）；兩條普通長度的雙管短槍；還有一對手槍皮套和兩條倫敦武器公司出產的（阿達姆式）左輪槍帶」。[68]

軍火走私者和軍火商經常從事大規模的買賣。一家「以賣軍火給叛軍而聞名」的美國公司在一八六二年裡賣給太平軍的軍火如下：二千七百八十三杆滑膛槍、六十六支卡賓槍、四支來福槍、八百九十五門大炮、四百八十四小桶火藥、一萬零九百四十七磅炮藥、一萬八千發子彈以及三百一十一萬三千五百枚雷管。這支由四個美國人、一個翻譯和十一個苦力開著兩條船組成的商隊取得了在太平天國轄區裡「水陸」均有效的通行證，這個通行證由忠王李秀成手下的軍官簽署，日期為「天父天兄天王太平天國十二年四月二日」。[69]不到兩個月的工夫，英國巡捕抓到一條船，船上有一些歐洲人，還有裝運給太平天國的一百五十五萬枚雷管和四十八杆滑膛槍。法國人截住了另一條船，上裝約五千件「軍火」；值得注意的是，法國人還沒收了「一些用以生產軍火的工具」。上海的一家報紙因此指出，這些軍火很多竟是「在我們眼皮底下，在黃浦江對岸」生產的。[70]

這類軍火買賣對太平軍來說非常重要。一八六二年夏天，一個在南京的洋人寫道，「這座城市有一些天資聰穎的能人」，在那兒造的槍炮——包括重炮——比官府造的還好。[71] 在外商與太平軍做交易時，雷管可充做貨幣。[72] 有些被截獲的軍火中，包括三百磅標著「小桶鹽醬」字樣的彈藥，而雷管標為「螺絲」甚或是「宗教冊子」，來福槍則假稱「雨傘」。[73] 大部分外國軍火走私者和不法商人是英國人或美國人，也有比利時人、瑞典人、普魯士人或義大利人。[74] 太平軍在戰場上繳獲的西洋武器包括火藥，滑膛槍，甚至還有十二磅重的榴彈槍，這些意外得來的武器被收到南京等地的軍火庫裡。[75]

一八六三年初，李秀成打算在皖北發動攻擊，以轉移曾國藩兄弟包圍南京的往意力。幾周之後，果敢出擊的忠王所部便陷在泥沼和滂沱大雨中。在長江以北的作戰區內，頻繁的戰事已耗盡糧食補給。而新莊稼還沒來得及收割。李秀成的部隊中很多人病倒；有些人吃野草，有些人則死於饑餓。安徽的官軍已記取教訓，事事謹慎，他們穩坐在防禦工事後，拒不受惑出擊。[76] 這場戰役雖然打得很勇敢，但卻以慘敗告終，一如李秀成的上海之役，而因此又抽調了好幾萬用於直接解除南京之圍和固守蘇州到上海之間各城鎮的太平軍將士。這些城鎮接二連三落入無情、裝備精良的駐滬英法陸海軍手中，與英法軍隊協力作戰的有清軍和「常勝軍」，常勝軍一開始由來自麻塞諸塞州賽勒姆鎮的華爾（Frederick Ward）統率，後來由戈登率領。[77]

一八六三年五月，李秀成放棄西征，奉天王之命，火速經由長江北岸回師南京。他在準備渡江時遇上了清軍，此時配有西式武器的官軍已實力大增。據李秀成描述：「斯時正逢大扛水漲，路道被水沖崩，無處行走。……官兵紛亂。然後將舟只先渡將官戰兵馬匹過江，將已過盡，尚有老小以及不肯上舟馬匹落在江邊。此時九洑洲又被水沒，官兵無（處）棲身，有米無柴煮食，餓死甚多，正逢九帥發水軍前來攻打。」[78]其結果慘不忍睹，一位仍效忠於太平天國的西洋傭兵如此描述：

即使天京在望，這些人的苦難還未結束，因為他們又遭到敵人突襲，損失慘重。這支疲憊饑餓的部隊一到江邊，敵軍炮艇便不斷開炮轟擊。部隊沿江岸綿延近兩英里，殺之易如反掌。他們堅守陣地，毫不畏縮，這種堅韌不拔的精神令人難以置信。敵軍的猛烈炮火向密集人群平射而來（大多是英國火炮所發），他們提起最後一口氣，一一上船……。

岸上的景象映入眼簾，其悲慘令我永難忘懷。眼看就要到達目的地，但許多兵士已經過於衰弱，已經動彈不得。他們為了回到這裡，付出了這麼多的艱苦奮鬥，忍受了這麼多的痛苦，可是現在卻不得不留下來等死。他們的人數太多，所以同伴無法一一助他們在敵人的炮火之下渡江。炮彈不斷在這些骨瘦如柴的人們中間隆隆爆炸。由於過於擁擠、許多人都被後面的人擠落江中，被江水捲起。成千的炮艇向這些擁擠在一起寸步難行的人猛烈

> 轟擊。那些筋疲力盡的殘兵在倒在地上的同伴屍體中掙扎。這些景象真是令人慘不忍睹。這些軍隊昔日軍容強盛，如今天天目睹殘部渡江，令人心感愁苦，卻又愛莫能助，敵人的無情炮火向著這些擠在江邊的無援人群轟擊，炸死了一排排的人，一切只有逆來順受。[79]

洪秀全對李秀成還是沒說什麼，既沒有安慰他，也沒有鼓勵他。洪秀全在這段時間也一直沒從天父或天兄那兒接到什麼安撫鼓勵的話語。就算洪秀全的妻、母或長子曾把他們的夢告訴他，他也不再與太平天國的忠實信徒分享了。洪秀全在南京刊印一書，在結尾回顧了每次耶穌下凡的過程，以及在紫荊山透過蕭朝貴傳達的訊息；他回顧了剛定都南京時，天父透過楊秀清及其隨從傳達的謾罵和允諾；他記錄了蕭朝貴在永安受傷後的受苦心聲：「越受苦，越威風」；他還轉錄了楊秀清死前的呼號：「放燒燒朕城了矣！未有救矣！」[80]。在那遙遠的往日，天堂的聲音是多麼頻繁啊！如今，天堂卻沉寂了下來。

由曾國藩所率的湘軍擊潰太平軍之後不久，就有十二幅圖描繪清軍節節勝利的過程。此處所選的四張圖分別描繪四場戰役：一八五四年七月二十五日，官軍在湖南洞庭湖畔的永州破太平軍，解長沙之圍。（原件藏於台北故宮博物院。）

一八五五年十月的桐城之役，自此太平軍無望再取湖南。（原件藏於台北故宮博物院。）

一八五六年十二月九日，官軍奪回武昌。（原件藏於台北故宮博物院。）

第四幅為官軍在一八六四年十月擒拿洪秀全之子洪天貴福，太平天國至此告終。（原件藏於台北故宮博物院。）

# 第二十二章　死別

李秀成眼睜睜看著部下死在長江北岸，同一個星期，在一千六百公里外的四川省，翼王石達開向官軍投降了。石達開從一八五七年離開南京後，便征戰無休，率部跨越十五個省份，跋涉了九千六百多公里的路程，起先是想找個永久的根據地，之後則只求逃生。其間，這支忠於他的部隊因疾病、死亡和逃跑而漸漸減少。六月十三日，石達開身陷重圍、孤立無援而又疲憊不堪，徒步走人官軍統帥的大營投降，希望以一死換取對那些追隨他多年的兩千舊部的生路。石達開為了不讓妻兒落入官軍手中受辱受苦，先讓五名妻妾自殺，把未成年的孩子淹死。當年曾指揮長沙保衛戰，令西王喪命的駱秉章審問石達開，六周之後便將他淩遲處死。石達開的兩千舊部被囚在當地一處大廟，也被屠殺殆盡。[1]

一八六三年七月，天王命李秀成重闢戰場以支撐蘇州防衛，此時石達開投降的消息還沒傳到南京。李秀成有一個月的時間判斷南京的局勢，他在離開前向洪秀全提出了一個他覺得唯一可行的計畫：儲存所有的糧食、武器、彈藥和火藥，好讓天京真正成為一座名符其實，牢不可破的堡壘。如此可令在西線戰場所向無敵的曾國藩和得意門生李鴻章動搖信心（李鴻章的軍隊已與洋人合作，收復了上海一帶）。[2]據李秀成的說法，這個計畫也不成，這次是因為洪秀全貪婪的親戚，不准南京居民買穀子，如果要買，須領取買將許可證和通行證——辦理證件的錢全部落入洪秀全親戚的口袋，就算有人辦好手續，設法找到了穀子，運回南京還需根據穀子的價值納稅。[3]

一八六三年十月，形勢越發嚴峻，官軍逼近天京，繳獲了上百噸太平軍儲積的糖，俘虜了一千名太平軍及其騾馬。[4]十一月，官軍統帥下令在南京南面一帶開挖了一條十六公里長的壕溝，從長江經城南蜿蜒向東。李秀成出蘇州征戰，十二月初，蘇州落人官軍之手。官軍保證赦免太平軍降將和城內平民，後來又背信棄義，悉數殺盡。十二月中，李秀成返回天京指揮城防，官軍發動了對南京的第一次攻城，在深挖的地道裡裝滿炸藥，轟開城牆的主要建築，但太平軍還是抵擋住了試圖通過破口的官軍。[5]

到了一八六三年十二月，李秀成想盡一切可能，發現絕對保不住南京，他鼓足勇氣，對仍令他敬畏的天王說：「糧道絕門，京中人心不固，老少者多，成兵無有，俱是朝官，費糧費餉者多……京城不能保守，曾帥兵困甚嚴，壕深壘固，內無糧草，外救不來，讓城別走。」[6]

洪秀全給李秀成的答覆雖含糊，卻又充滿信心：

朕奉上帝聖旨、天兄耶穌聖旨下凡，作天下萬國獨一真主，何懼之有。不用爾奏，政事不用爾理，爾欲出外去，欲在京，任由於爾。朕鐵桶江山，爾不扶，有人扶。爾說無兵，朕之天兵多過於水，何懼曾妖者乎！爾怕死，便是會死，政事不與爾幹。[7]

李秀成雖然忠於天王，但對這類話也不由得有所懷疑。在他看來，這種話顯然有擾軍事統帥。洪秀全為了向天父表達崇敬，下旨放棄「太平」二字，僅用「天國」稱之，其間的問題自此不斷加劇。李秀成後來如此描述他的不安：

天王之事，俱是那天話責人，我等為其臣，不敢與其駁，任其稱也。稱天朝、天軍、天民、天官、天將、天兵、御林兵者皆算其一人之兵，免我等稱為我隊之兵。我稱為我隊我兵者，其責之雲：爾有奸心之意。天軍、天官、天兵、天國，那有爾兵不稱天兵、天國、天官者，恐人霸占其國。[8]

天京以南仍有大批太平軍征戰，但官軍慢慢滲透到軍隊和天王之間，截斷了彼此的聯繫。干王洪仁玕於一八六四年初被派往太湖一帶徵集糧草，他「對各軍力陳趕緊援助天京之重要」，但發現他雖有名位，卻無人願意回應。「天軍為恐少了糧草，多不願回應號召。」[9]到了春天，官軍集結南京一帶，以致洪仁玕無法回到天王身邊，不得不在太湖南邊距南京二百里遠的湖州建立根據地。[10]

一八六四年一月，李秀成在天京週邊發動了另一次大膽突擊，試圖衝破官軍對穀倉常州的包圍，重續補給線。[11]李秀成突圍未成，又訂新的戰略計畫，命令分開作戰的四路軍隊南進江西，奪取糧食補給。這些軍隊雖然牽制了部分官軍，但卻擋不住曾國荃所部的步步推進。該部在配有淺水鐵甲汽船的洋兵支持下，逐城逐地驅趕太平軍。一八六四年二月底，太平軍有一批超過一萬三千六百多公斤的糧草在天京城牆邊被官軍截下。接下來的三個月，有可能助太平軍的那些糧庫相繼陷落。[12]

官軍一一占領南京四周的制高點，李秀成等太平軍將領雖然猛烈反擊，還是沒能收復山頭。官軍還在城外野地上修築雙層胸牆包圍南京，兩層胸牆間相距三百米。胸牆上每隔四百米到八百米便有一座碉堡，共有一百二十座，每座碉堡裡駐有全副武裝的官軍。[13]人在南京，如今是插翅難飛了，只有偶而有一些找野菜的太平軍士兵在官軍睜隻眼、閉隻眼的情形下，用繩子從城牆上吊下來弄些少得可憐的食物。有人三五成群，從城裡冒險逃出，闖過無人區逃到避難所，這些避難所是曾國荃的宣傳，為企圖逃跑的婦孺提供保證安全的棲身之所。看守城門的太平軍士兵並不阻止他們逃跑，但在放這些人出城之前還要對他們劫掠一番。[14]通過防線的婦女被官軍安置在特殊的圍柵裡，據戈登的觀察，這些婦女「只要村民想要，就可討來為妻」。[15]

也沒人能循水路來去，城牆和河岸之間的窪地有人巡邏守衛，而且外國領事也不准洋商以船隻運送補給到天京，只有少數極魯莽的洋人冒著被武裝官軍巡邏隊捕獲的危險，靠著偷運食物獲取暴利。此時從漢口或上海往南京運輸大米、食油或煤炭，跟前幾年那批西洋浪人販賣槍支彈藥一樣可大發橫財。若是傳聞某艘洋船已運糧返回，便會成為其他西洋亡命之徒的攻擊目標，殺死其船員，取走銀錢。[16]

官軍步步進逼城牆，許多戰事也轉到地下。官軍挖掘一條又一條地道，而太平軍則加以破壞，向官軍的地道灌水或穢物，或與官軍近身肉搏，官軍以風箱灌入毒氣，將太平軍逼出。到了一八六四年春末，三十多條地道已開挖或近乎完工，許多地道的規模相當大，一如戈登在參觀官軍環形防禦工事時所見：

我們向下走進坑裡，發現離地面四米半深的地下有條走廊，一米半寬，大約兩米高，在離城牆二十米的地方分成支路，每隔不遠還有小孔用來通風。走廊用木頭支撐加固，每天能挖大約四米半。[17]

較長的地道很容易被城牆上的太平軍發現，或是因為地道上方的植物枯死，或是因為官軍沒有地方把挖出來的土藏起來。但官軍縮小包圍，環形防禦工事離城牆更近，有些地方離城牆已不到三十米，在此集結大炮，向阻撓地道工作的太平天國護城軍發射猛烈的炮火。[18]

根據李秀成所述，他在一八六四年春天告訴洪秀全：「合城無食，男婦死者甚多，懇求降旨，應何籌謀，以安眾心。」但是，饑餓並未讓天王畏懼。他仔細讀了〈出埃及記〉第十六章，知道上帝會保護忠誠的太平軍，一如他每天清晨在地面的露水裡撒嗎哪，來保佑在西奈荒漠裡的以色列子民，達四十年之久。洪秀全從一八六二年起，下令屬下模仿以色列子民，每年存放十蒲式耳的嗎哪以佑其渡過難關。《聖經》上說是如白霜的小圓物，味道甘甜，但嗎哪到底是什麼，並不能確定，《遺詔聖書》上以甜露和甘露來形容。[19] 洪秀全回答李秀成：「合城俱食咁咁（甜）露，可以養生。」並下令：「取來做好，朕先食之。」沒人知道該怎麼遵旨，李秀成說：「我天王在其宮中闊地自尋，將百草之類，製作一團，送出宮來，要閣朝依行毋違，降詔飭眾遵行，各而備食。」[20] 天王也在宮裡吃那些結成塊的野草。

一八六四年四月，洪秀全在五十歲壽誕之後幾個月病倒了。五月，病情有所好轉，但很快又加重了。病因不詳，李秀成確信是由於「食咁露」，而且「又不肯食藥方」。他的堂弟洪仁玕說這是一次「拖了二十天的病」。其子天貴福則說他的父親「被病拖垮了」。[21]洪秀全在五月三十日的諭旨裡（或旁人以他的名義），說他去天國的時候到了，並請求天父天兄遣天兵來保衛天京。[22]

一八六四年六月一日，洪秀全安靜地去世，死時並沒有大張旗鼓。一名宮女只用黃綢屍布將遺體裹起，埋在地下，一如他教導太平軍對待死去的同胞一般。對一個很快就會升天的人來說，是不需要棺材的。其實，洪秀全不久前還下令禁用棺材，並禁止部下言及「死」字，而要用「升天」或「遷福」。[22]

洪秀全死了五日之後，幼天王天貴福坐上王座。諸大臣先向上帝祈禱，然後向新天王表示敬意效忠。官軍謹慎籌畫總攻，在這段期間幼天王坐了六個禮拜的王位，一如他所憶：「朝事都是干王掌管，兵權都是忠王掌管，所下詔旨，都是他們做現成了叫我寫的。」[24] 然而，由於干王洪仁玕一直在南邊的湖州，所以幼天王基本上是處於忠王李秀成的控制之下。李秀成說：「自幼主登基之後，軍又無糧，兵又自亂。主又幼小，提政無決斷之人才。」因此，「合城文武，無計可施」。[25]

一八六四年七月十九日的正午，官軍統帥曾國藩下令點燃南京城東牆下地道裡的炸藥。爆炸的威力炸開城牆，石塊紛飛。官軍從缺口中蜂擁而入，太平軍擋了一陣，但旋即陷人混亂、撤退和屠殺。起初，幼天王茫然站在王宮裡，四位年輕妻子絆住他，不讓他逃跑。但他突然掙脫，和兩個弟弟衝出人群，跑向忠王府，四人騎上馬，在親兵簇擁下試圖逃出城門，但試了幾個城門，都被擋了回來。他們在城西一座廢棄的廟裡藏了一段時間，這座廟建於山丘上，由此可看到城內官軍的動向。這幫忠誠的太平天國信徒換上了官軍衣服，這是為了應付這種危急情況而準備的。官軍忙著強姦婦女、搶劫錢財，或為滅跡而縱火時，他們在黑暗中抓住時機，穿過東門附近的城牆缺隙逃命。在混亂中，天貴福的兩個弟弟落在後面，在當晚與十二萬太平軍將士一起被殺。[26]

餘人騎馬向南疾奔，逃離這座烈火熊熊的城市。途中，忠王李秀成的馬倒下，其他人顧不了他，繼續疾馳。又累又困的李秀成在拂曉時分爬上一座小山，在一座破廟裡睡了過去。他醒來時發現附近村民搶走了他身藏的細軟。過了不久，其他一些人惱於他無錢打發他們走，便把他交給了官軍。李秀成受審，寫下了冗長的自白書，爾後便被處死了。死前，他請求官軍停止在南京的屠殺，赦免兩廣籍的太平軍老兵，允許他們回家去做生意。李秀成向審問他的人提出：「至肯赦者，天下聞知，無有不服。」[27]

李秀成還建議：從洋人處購買最好的大炮和最有效的炮架——因為這兩者缺一不可——然後，讓最好的中國工匠精心複製，並教會別人如何鑄造。這樣，「以一教十匠人，以十教百匠人，我國人人可悉，……欲與洋鬼爭衡，務先買大炮早備為先，與其有爭是定」。[28]至於太平天國，已經沒有未來了：「今我國末，亦是天之定數，下民應劫難，如其此劫。」那麼，他又怎麼會輔佐天王那麼久，擁護天王那麼堅決呢？李秀成托辭「實我不知之也。如知……」[29]

李秀成被俘時，一心以為幼天王已死。其實天貴福脫了險，且仍有一百多個隨從跟著他。他們繞太湖西岸到了湖州，干王洪仁玕在此領有大軍。[30]湖州也幾乎被敵軍包圍——李鴻章所率的官軍，以及一支由法國軍官率領、由中國人和菲律賓雇傭兵組成的「常捷軍」。這支軍隊之所以如此命名，是存心和「常勝軍」一較長短。常勝軍駐守上海，始由美國傭兵華爾率領，一八六二年華爾戰死，由英國軍官戈登率領。一些從前的太平軍將領也與法軍、官軍並肩作戰——他們歸降了久已對抗的朝廷，既獲取官職，也獲得保住戰利品、玩牌和安心抽鴉片的機會。讓法國軍官驚訝的是，這些叛變的太平軍將領仍然堅持四個「不容質疑的事實」，那就是洪秀全曾「升天四十日，並在那裡得到了開始他的使命所必需的指令」。[31]

湖州的氣氛嚴酷不安。一小幫外國傭兵仍在此為太平天國而奮鬥——當然他們甘心的程度各有差別，但是他們每天都會看到一、二十次行刑場面，被處死者往往是由於一些極其瑣碎的小事，而被懷疑有貳心的士兵則被綁在柴堆上活活燒死。通向湖州城的路上隨處可見一些被肢解的屍體，以此警告官軍、法軍和叛變的太平軍：一旦他們被擒獲，將是何等下場。有兩名法軍統領死了，但不是死在太平軍手裡——其中一個被一門繳來的壞炮炸了個粉碎，另一名則被自己的軍隊擊中後腦，這究竟是蓄意所為，抑或意外事故，就無人知曉了。有些法國軍官揮舞著軍刀，身先士卒，向太平軍的防護溝衝鋒，卻發現自己的部下沒人跟著衝上來，但為時已晚，於是被太平軍抓住，砍成肉泥。[32]

在湖州的傭兵中，有個名叫尼里斯（Patrick Nellis）的英國人，他指揮一支由西洋人組成的小分隊，其中有愛爾蘭人、英國人、希臘人、澳大利亞人、法國人和德國人。尼里斯心不在焉地聽干王洪仁玕作了近一小時的佈道，幾乎什麼也沒聽懂，做完禮拜後，洪仁玕親自向他打招呼，令他頗為驚訝。洪仁玕用很慢的英語問尼里斯是哪國人。尼里斯回說他是英國人，洪仁玕回想起他離開香港後那些失望的歲月，便說他「還從沒遇到過一個好洋人」。然後，洪仁玕告訴尼里斯，他很快就會離開湖州去南方，並要求他一同前往，因為尼里斯對於大炮和槍械極為內行。結果，他們沒有一起走，尼里斯也未曾見到幼天王天貴福。無人敢談論天國的新統治者，也無人敢談及天京剛發生的事情。一如尼里斯所說：「太平軍只言不提，事實上任何這類的談話是極其危險的，太平軍中那些當諸王聽差的小孩都是間諜，涉及任何這類談話的人都必死無疑。」[33]

除了像尼里斯這種傭兵之外，英國人涉入這場戰爭的程度比以往要少。英國人有一段時間放棄中立政策，和官軍站在同一邊，但在一八六四年春天，英國政府決定英國軍官畢竟不應該為了中國的利益參加戰爭，於是，由英國軍官實際掌握的「常勝軍」宣告解散。

英軍無事一身輕，靜待太平軍滅亡的消息傳來，他們以跑步、跳高、三十二磅射擊、跳越障礙、遠距離擲板球、綁袋跳躍、三人接力跑、攀纜越壕等來打發時間。[34] 對旁人來說，最受歡迎的遊戲是七十五碼蒙眼手推車競賽，互撞、翻車、摔倒的場面看起來很有趣，而當看見參賽者推車轉錯方向獨自一個人滿場亂跑時，觀眾簡直是樂不可支。[35]

然而，常捷軍依然積極作戰，渴望勝過其他外國軍隊。脫逃的太平軍諸王在湖州被圍得如鐵統一般，法軍則冒著酷暑奮力推進。天氣如此炎熱，連那些在中國征戰多年的老兵也沒遇見過；有些士兵中暑而死，有些則死於霍亂，霍亂是由遺棄在一些城鎮街巷和鄉間小道旁的屍體傳染的。[36] 法國軍官發現，按西洋療法用白蘭地和樟腦醫治的霍亂患者常常死去；而由中醫用針灸紮患者鼻、嘴、腹、前額、指縫和腿關節等處的穴道後，霍亂居然痊癒了。[37]

為了鼓舞士氣，法國人唱起故國歌謠，暢飲香檳酒，他們在陰涼處挖些小坑，灌滿從附近河裡或山泉打來的水來冰香檳。[38] 一名法國兵穿著泳衣在暖洋洋的運河裡暢遊，當他遊過一條架著木板橋的小河漢時，有個婦女孤零零地躲在遠處岸邊，表示願與他結交之意。法軍指揮官注意到這件事，後來就從一處村莊帶回了一群婦女來為部下服務。[39] 有的軍官派人將撞球桌運到前線，把它支在給碉堡遮陰的太陽篷底下，這樣，他們在等著打仗的時候，就可以打打撞球了。[40] 而那些希望能把戰爭陰影拋諸腦後的士兵，則在黃昏時分前去一個被他們叫做「忘步泉」的地方喝苦艾酒（「忘步泉」一名源自那些在北非征戰過的部隊從阿拉伯人那裡學來的俚語），這個地方是他們的瘋狂之泉，他們的遺忘之泉。[41]

官軍、法軍、太平天國叛軍配備新式武器，且人數日增，力量遠遠勝過湖州的太平軍守軍，所以到了一八六四年八月底，洪仁玕和幼天王便棄城而逃。他們繼續南行，似乎想回到太平天國運動發源的廣東。他們又在逃亡中苟活了一個月。到了十月，一隊官軍突襲營寨，洪仁玕與幼天王失散。十月九日，洪仁玕首先被擒。[42] 在受官府審訊的過程中，洪仁玕反覆申述他對天王無上權能的確信。他對他們稱，洪秀全「長予九齡」，「其天稟聖聰」。[43] 至於紫荊山之崛起，「固由歷年神跡所致」；雖然太平天國運動終告失敗，但「其享福最久者，首推天王」，因為那些跟他一起在紫荊山首事的同伴皆已過世，惟有他留存於世。十一月二十三日，洪仁玕在江西的省會南昌被處決。[44]

官軍襲擊營地，擒獲洪仁玕之時，幼天王天貴福由十個隨從陪伴，逃了出去。他們經過一座小橋，爬上附近山丘，躲進土坑。幼天王的隨從被官軍發現並帶走了，而他本人卻設法躲過搜捕，在山裡藏了四天，驚恐萬分而又孤單無援，最後餓得渾身癱軟無力，竟想自行了斷。突然，不知是幻覺抑或現實，「一個極高極大的人，渾身雪白」，給了他一個餅吃，隨即就消失了。恢復體力後，天貴福剃掉了太平軍式的長髮，幾天後，他謊稱姓張，來自湖北。在當地的一戶農家找了份活幹。農忙過後，他繼續前行，其間有人搶走了

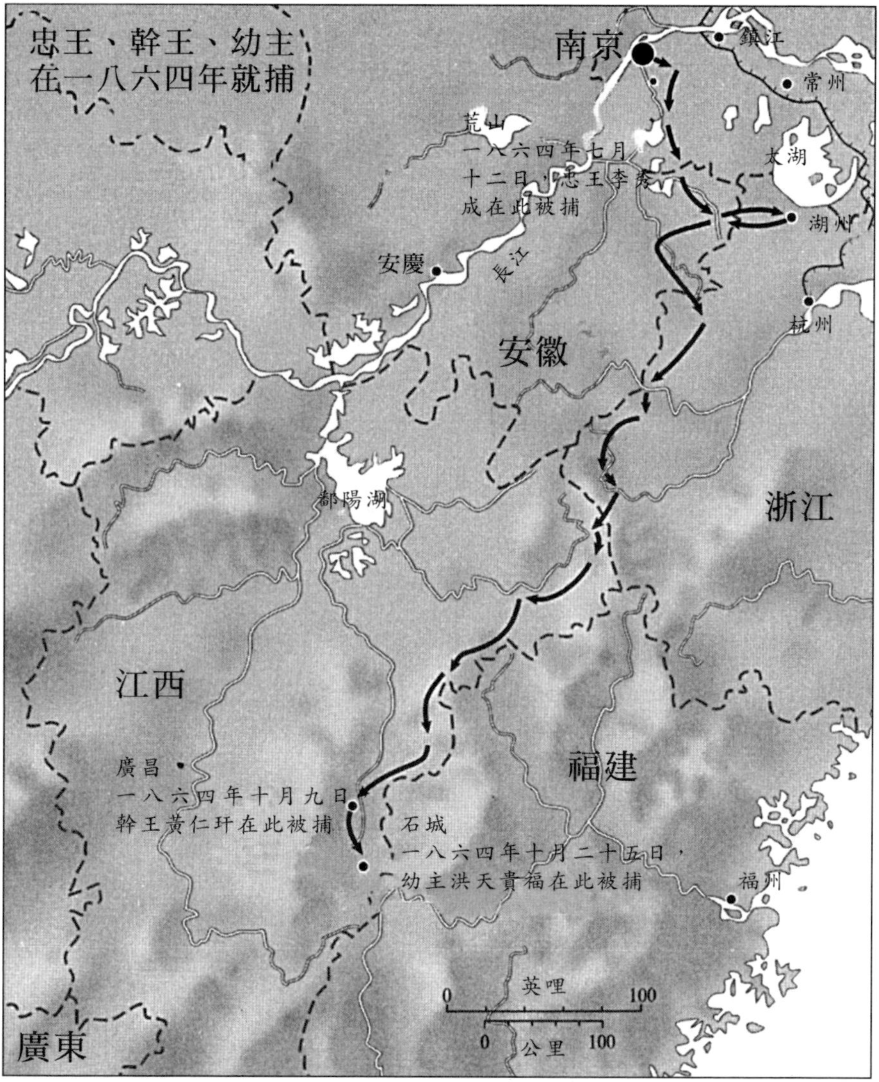
忠王、幹王、幼主
在一八六四年就捕
南京
鎮江
常州
太湖
湖州
杭州
荒山
一八六四年七月
十二日，忠王李秀
成在此被捕
安慶
長江
安徽
鄱陽湖
浙江
江西
福建
廣昌
一八六四年十月九日
幹王黃仁玕在此被捕
石城
一八六四年十月二十五日，
幼主洪天貴福在此被捕
福州
英哩
0
100
公里
0
100
廣東

他所餘的衣物，而另一個還強迫他挑竹子。[45]

洪天貴福最後於一八六四年十月二十五日被官軍抓獲。他乞求朝廷寬宥，還寫了一份簡短的供狀。他對父親的回憶很簡略：「老天王叫我讀天主教的書，不准看古書，把那古書都叫妖書。我也偷看過三十多本，所以古書名色也還記得幾種。」[46]關於整個這場漫長的戰爭以及所有的規劃，他告訴清軍的僅僅是「那打江山的事，都是老天王做的，與我無干」。他告訴審訊者，他自己最大的心願，如能獲釋，那他將靜心研習儒學，並努力去考個秀才。[47]審判他的官員得要很有幽默感，才會讓幼天王多活幾天，聽由他去考中他父親一再落第的科試，但沒有人膽敢給予這種機會。於是，一八六四年十一月十八日，幼天王被處決，是日離他十五歲生日正好還有一星期。[48]

到了一八六四年年底，不僅天王已辭世，而且所有那些他冊封於他左右的核心圈內的諸王都已死盡：北王、東王、南王、西王、翼王、干王、忠王以及洪秀全之子幼天王天貴福。即使天父皇上帝對洪秀全的離世感到傷心，也沒有任何跡象可尋。洪秀全的天兄耶穌也是默不作聲。甚至那位在生他時疼痛號叫並奮力保護嬰兒不被七頭龍吞食的天媽，此時也在天庭沉默不語。

在那些洋人正在興建的城鎮，碼頭邊商船檣桅如林，洋人在此隨意活動。三五洋人玩著走鋼索，一些人合綁著腳，東倒西歪地跑著，一些人做著手推車比賽——用布蒙上眼睛，推著車子，在滿場觀眾的喝彩聲中摸索著，衝向連自己也看不清的終點；一些人在城牆外支起遮陽篷打檯球，一心想擊敗對手。有些同伴則厭倦於無所不在的死亡氣息，離開營地，走到頗具魅力的忘步泉。他們在此手端著冰涼的酒杯，凝望天兵營寨（譯註）閃爍不定的篝火，耳邊不時傳來鑼鼓號角聲，逐漸沉醉於遺忘之中。

譯註：此處「天兵營寨」當指太平軍李世賢、汪海洋、譚體元等所部。

# 註釋

【前言】

1 在急劇變化和深受外國影響的時代中，太平天國運動的發展和其公社意識的某些方面，很符合安德森（Benedict Anderson）在《想像的共同體》（*Imagined Communities*）一書中的分析。參閱時請特別注意該書英文原著二〇、二二頁，關於「神聖」和「真諦」語言的部分；四〇頁，關於「特許的接近」和「高層中心」；五五頁，關於朝聖和「神聖地勢的中心」。

2 柯恩（Norman Cohn），《和諧》（*Cosmos*），一九—二〇頁。

3 前揭書，五五頁。

4 關於千年盛世理念的形成期，見前揭書七七、九五頁；引文則引自五六、九九頁。柯恩（1996）假設，由於瑣羅亞斯德（Zoroaster）和其他思想家的「古老生活方式與其中熟悉的確定性和保護」被毀壞，他們從這種「痛楚」中引發了千年盛世的信念。

5 威廉（譯），《易經》，頁九、二九、一二一，「乾」卦、「訟」卦和「離」卦。

6 D.C. 劉（譯），《老子道德經》，頁一〇一、一〇三。

7 參見塞德爾（Seidel），《形像》（*Image*），頁二一六、二二三。其二二五頁的引文引自〈老子轉型箴言〉（Sutra of the Transformations of Lao Tzu）。

8 區爾賀（Emil Zurcher），《月光王子》（*Prince Moonlight*），頁二—五、十二—十八、二一、五三。博德曼（Eugene P. Boardman）〈太平天國叛亂的千年盛世觀〉（Millenary Aspects of the Taiping Rebellion, 1851-64）的七〇—七一、七九頁，以柯恩的千年盛世信仰之範疇對太平天國進行了討論。

9 特爾・哈爾（Ter Harr），《白蓮教》（*White Lotus*），頁二一二、二六〇。在該書的一二〇頁，哈爾特別批駁認為摩尼教教義影響了中國的觀點。

10 關於歐洲傳統較好的入門書之一，是麥金（McGinn）的《末日觀念》（*Visions*）。關於胡斯派、塔博爾派和再洗禮派，見柯恩的《千年盛世的追求》（*Pursuit of the Millennium*）；關於清教「掘地派」和「平等派」，見伍德豪斯（Woodhouse）的《清教主義和自由》（*Puritanism and Liberty*）；關於班揚（John Bunyan）的世界思潮，見希爾（Hill）的《修理匠》（*Tinker*）。關於美國的經歷，參見布洛克（Bloch），《幻想的共和國》（*Visionary Republic*），頁二五、一二、二〇五；以及霍爾斯頓（Holstun）的《理性的千年盛世論》（*Rational Millennialism*），特別是一〇三—一六五頁，討論艾略特（John Eloit）與其「實徵千年盛世主義」的部分。魯賓斯坦（Rubinstein）的《起源》（*Origins*），對十九世紀初新教傳教士在中國的活動做了分析。

11 簡又文著作的英文版在芮瑪麗（Mary Wright）死後，由薩達德（Adrienne Suddard）續完，出版時書名定為《太平天國革命運動》（*The Taiping Revolutionary Movement*）（紐海文：耶魯大學出版社，一九七三年）。

12 這些文書被冠以《天父聖旨》和《天兄聖旨》的書名。關於王慶成對這些文書之重要性的最新分析，見〈《天父聖旨》、《天兄聖旨》和太平天國歷史〉一文，收錄於他的《太平天國的文獻和歷史》（北京：一九九三年），頁一九七—二四四頁。

13 這種觀點的有力論證見於埃舍理克（Esherick）的《起源》（*Origins*）一書，特別是三二六頁，他在此處主張，就像其他由農民組成的社會，中國也充斥著「宣揚形形色色的新迷信和新教義的教師、先知，或純粹的瘋子」，因此，「搞清楚他們從哪裡獲得了他們的觀念並不重要，重要的是理解他們的觀念是如何吸引聽眾的。」關於最新的洪秀全傳記總結，參見威爾斯（Wills），《名望之山》（*Mountains of Fame*），頁二五九—二七三。

14 關於《聖經》的翻譯和傳教這個重要領域的最新探討，是斯莫利（Smalley）所著的《翻譯以傳教》（*Translation as Mission*）

15 考察太平天國歷史最好的英文著作仍是簡又文的《太平天國革命運動》（*Revolutionary Movement*）和弗蘭茨・邁克（Frantz Michael）所著的《太平叛亂：歷史和檔案》。關於太平天國的宗教，最細緻的論述見於博爾（Bohr）的〈末世學〉（Eschatology）和瓦格納（Wagner）的《天視》（*Heavenly Vision*）。

## 【第一章】

1 《中國叢報》（*Chinese Repository*），卷二，頁一九六；關於城牆頂部，見《中國叢報》卷四，頁五三六；關於繞城散步一事，見《廣州紀錄報》（*Canton Register*）一八三六年一月二十六日；關於大火，見《廣州週報》（*Canton Press*）一八三五年十一月二十八日；關於公行的屋頂，見唐寧，《一八三六—一八三七年間中國的番鬼》（簡稱《番鬼》），卷三，頁七四。衛三畏在一封給他的兄弟弗雷德的信（一八三五年十一月二十四日寫於廣州）中談到了這場大火，見衛三畏手稿，頁五四七。

2 希拉德，《家母日記》（*Journal*）七八—八二頁；亨特，《番鬼》，頁七四；關於一八四〇年制訂的公行詳細規劃，載於馬士，《東印度公司》（*East India Company*），卷三，頁一。

3 有關鴉片貿易，見霍奇，《孔雀號》（*Peacock*），頁三四七，註二〇；關於郵件等商務點滴，見馬禮遜（Robert Morrison），《商務指南》（*Commercial Guide*），頁十一。關於奶牛，見金和克拉克合著《中國沿海報紙研究指南》（*Research Guide*）、《廣州紀錄報》一八三四年八月二十六日、亨特，《番鬼》，頁五十—五十一頁；建築的圖示，參見赫奇翁，《欽納里：其人其跡》（*Chinnery*），頁六五、七八、一〇九；關於旅店，見唐寧，《番鬼》，卷一，二五九—二六七頁。

4 亨特，《番鬼》，頁一二—一五、一一八—一一九、七八；赫奇翁，《欽納里：其人其跡》，頁六五、七八、一〇九。馬禮遜對那場大火的生動描述載於《中國叢報》，卷四，三四—三六頁。關於一七三〇—一八三二年間各時期公行及岸邊的全景，參見馬士，《東印度公司》，卷一，頁一九二、二五六；卷二，頁一四四；卷三，頁二一八、三六八；卷四，頁六四、三三六。

5 亨特，《番鬼》，頁五四—五五。

6 同5，頁四六。

7 《中國叢報》，卷四，頁四三七。

8 霍奇，《孔雀號》，頁一五八—一五九、三四三—三四四；希拉德，《家母日記》，頁一五三—一五四。

9 斯蒂夫勒，《語言學生》（*Language Students*），頁六二—六七。

10 詳見9；亨特，《番鬼》，頁一九、三七；史蒂文斯：「福音」（Gospel），頁四三二；巴雷特，《奇異的恍惚》（*Singular Listlessness*）。

11 《中國叢報》，卷四，頁五三五；馬禮遜，《商務指南》，頁四六。

12 亨特，《番鬼》，二七、三七—三九頁；《中國叢報》，卷四，頁四二八—四三五；〈廣州的混合方言〉（Jargon spoken at Canton），《廣州紀錄報》，一八三六年二月六日；馬禮遜，《商務指南》，頁xii後的辭彙表；費正清，《貿易》（*Trade*），頁一三。唐寧，《番鬼》，卷二，頁一二四。

13 《中國叢報》，卷四，頁四三二—四三三。

14 引自亨特，《番鬼》，頁二二。

15 同註14，頁八—九。

16 《中國叢報》，卷四，頁一八九；霍奇，《孔雀號》，頁一八〇—一八一。

17 《中國叢報》，卷四，頁四四、三四二。

18 《中國叢報》，卷四，頁一九二—一九三。

19 亨特，《番鬼》，頁二一—二四、三一—三二；《中國叢報》，卷五，頁四三二。

20 《中國叢報》，卷四，頁四六四—四七一；與胡六（Hoo Loo）相比，一八三一年胡六死在蓋伊醫院（Guy's Hospital）；《中國叢報》，卷三，頁四八九—四九六。

21 《中國叢報》，卷四，四六二—四六四頁、圖表、及四七二頁；九利克，《伯駕》（*Parker*）。

22 《中國叢報》，卷四，頁二四四。

23 《中國叢報》，卷四，頁一九〇。

24 《中國叢報》，卷四，頁三四二、五三五。

25 《中國叢報》，卷四，頁三八—三九、四三—四四、一九一。

26 霍奇，《孔雀號》，頁一七九。

27《中國叢報》，卷四，頁四四—四五、一〇一—一〇二、二四五。

28 霍奇，《孔雀號》，一七一—一七二頁；馬禮遜，《商務指南》，頁一三；關於書畫，包括「虎門之役」，見《中國叢報》，卷四，頁二九一—二九二。

29《中國叢報》，卷四，頁一〇二，一八三五年六月六日（星期六）的「遺棄者」（An Outcast）。

## 【第二章】

1 裨治文（Bridgman），〈訃告〉（Obituary），三一四—三一五頁；韋烈亞力（Wylie），《回憶錄》（*Memorials*），頁八四；關於搶劫，見《中國叢報》，卷四，四三六—四三七頁；關於此行程，見馬禮遜，《商務指南》，頁一二；關於廣州新較社團的詳細背景，見魯賓斯坦，《起源》，第五—八章。

2《中國叢報》，卷四，頁四五。

3 史蒂文斯，〈水手〉（Seamen），四二三—四二四頁；馬禮遜，《商務指南》，頁一三。

4《中國叢報》，卷一，頁二九二；唐寧，《番鬼》，卷一，二三九—二四四頁；《廣州紀錄報》，一八三六年十月四日〈關於「朴茨茅斯角」〉，及一九三六年十一月十五日。

5 引自唐寧，《番鬼》，卷一，頁八四；類似的對話，也見於赫奇翁，《欽納里：其人其跡》，八八—八九頁，以及寇里斯（Collis），《異鄉泥地》（*Foreign Mud*），頁三三。關於Tanka的穿著與道德風俗，見平安（Bingham），《遠征中國記事》（*Narrative*），卷二，頁二七二。

6《商務指南》，頁一二；唐寧，《番鬼》，二〇〇—二〇一頁。

7 裨治文，〈訃告〉，頁五一六。

8 同上，五一五—五一六頁。

9 梁發，《勸世良言》，頁九六、二九一；博爾（Bohr），〈梁發的追求〉（Liang Fa's Quest），三六—三八頁；史蒂文斯，〈米怜〉（Milne），頁三二二；米怜（Milne），《回憶錄》（*Memorials*），二二—三〇頁。

10 梁發，《勸世良言》，頁三〇二；韋烈亞力，《回憶錄》，頁二一；郭士立，《日記》，lxxi—lxxvii頁；伊斯（Bays），〈基督教小冊子〉（Christian Tracts），二二—二五頁。

11 梁發，《勸世良言》，頁三〇六；韋烈亞力，《回憶錄》，頁二二；馬禮遜，一八一九年十一月二十六日信，藏於「倫敦傳教士協會」檔案，「華南」第三箱第一卷。

12 梁發，《勸世良言》；麥克紐爾（McNeur），《梁阿發》（*Liang A-fa*）；博爾，〈梁發的追求〉，四〇—四六頁。

13 梁發在日記裡，談到刊印小冊子的方法；馬禮遜於一八三〇—一八三三年間的很多封信中，摘錄了梁發的一些日記。參見倫敦傳教士協會」檔案，「華南」第三箱第一—二卷。

14 關於屈昂（音譯），見韋烈亞力，《回憶錄》，一一—一二頁。

15 同上，頁二二。

16 史蒂文斯，〈福音〉，頁四三四。

17 同上，頁四三六；施萊特爾（Schlyter），《在中國傳教的郭士立》（*Gutzlaff als Missionar*），九二—九三、二九四—二九五頁。盧茨（Lutz）在〈大幻覺〉（Grand Illusion）一文中探討了郭士立在美國的巨大影響。

18 史蒂文斯，〈白雲山〉（Bohea），九二—九三頁。衛三畏手稿，一八三五年八月二十七日衛三畏致伯駕信。

19 同上，八七——八八、九三頁；史蒂文斯，〈休倫號之旅〉（Huron），三三〇——三三三頁；麥都思（Medhurst），〈休倫號日記〉（Huron）頁四〇八所載就不那麼令人興奮，該文稱在山東只散發了三千五百本書。

20 史蒂文斯，〈馬禮遜〉（Morrison），一八〇——一八一頁；關於馬禮遜和傳教背景，參見魯賓斯坦，《起源》，第一——四章。

21 亨特，《番鬼》，頁四三；盧茨，〈郭士立〉（Karl Gutzlaff），六八——六九頁；郭士立，《日記》（Journal），頁八五、八九、一〇三。郭士立穿中國服飾的畫像見《欽納里：其人其跡》，頁一〇二；也見斯蒂夫勒，〈語言學生〉，頁六四、七四、七九。

22 史蒂文斯，〈白雲山〉，頁九三。衛三畏在一封給他兄弟的信（一八三五年二月一九日寫於廣州）當中，談到了史蒂文斯的出現、郭士立目前的工作和梁發最近的離開。見衛三畏手稿，第五四七件。

23 《中國叢報》，卷四，頁三四三，提到道光皇帝的上諭。

24 《廣州紀錄報》，一八三四年四月十五日；韋烈亞力概述了米怜的原始版本，見其《回憶錄》，一九——二〇頁。德列克（Drake），〈新教徒地理〉（Protestant Geography），九五——一〇〇頁，對郭士立日記所言表懷疑的態度。

25 《廣州紀錄報》，一八三六年六月十四日，提到印刷商寇阿朝（音譯）「仍在獄中，他已在那裡待了好幾個月。」

26 史蒂文斯，〈白雲山〉，頁九四；史蒂文斯，〈休倫號之旅〉，三一七——三一九頁。

26 史蒂文斯，〈白雲山〉，九五——九六頁。

## 【第三章】

1 簡又文，《太平天國革命運動》，一二—一四頁；《廣州紀錄報》，一八三六年二月九日「大雪」和《中國叢報》卷五，頁五八一；開考時間是根據一八三五年四月一四日的《廣州紀錄報》和《中國叢報》卷一，頁四八一推算出來的；比較早的推算日期，見博德曼，《基督的影響》（*Christian Influence*），九八—九九頁，註釋一二四。

2 陳周棠的《洪氏祖譜》，頁五四，澄清了以前有關洪秀全家庭的一些不一致之處，該書表明，洪秀全的母親姓王，糾正了韓山文《太平天國起義記》所言姓朱的說法。另見王慶城，《族譜》；羅爾綱，《太平天國史》，一六九七—一六九九頁。關於洪秀全與蘇世安（音譯）之妹的第一次婚約，見陳周棠編，《廣東地區》，四六—四七頁。關於薪俸，見韓山文《太平天國起義記》，頁六。我感謝夏春濤大力幫助我搞清了這些關係。

3 《廣州紀錄報》，一八三五年九月八日。

4 《花縣志》，序；關於建治，見卷一，一二—一八頁，以及第四章，一—二六頁；關於署衙及駐軍，見卷三，一—七頁；關於田地人口，見卷二，二五—二六頁。

5 韓山文，《太平天國起義記》，頁三；王慶城，《祖譜》，四九三—四九四頁。

6 橋本（Hashimoto），《客家語》（*Hakka Dialect*），頁一。博爾在〈末世學〉一文中，對客家族的歷史背景作了很透徹的分析，見該著一四—一九、二八五—二八六頁。另外，關於客族移民的限額，見頁二九六，註釋六七。

7 《中國叢報》，卷一，頁四九四。

8 對客家族文化所作的最全面的歷史考察是羅香林的《客家》一書。高著《客家》則對目前台灣地區客家人中殘留的客家風俗作了充分的分析。

9 橋本，《客家語》，頁一六，參考了常守朋和盧非（均為音譯）在一七八三年作的研究成果。

10 陳周棠，《洪氏祖譜》，頁六、一五、二二—二三；柯恩的〈客家〉一文，對宋代以前的資料表示了懷疑。

11 陳周棠，《洪氏祖譜》，四〇—四四頁。

12 《花縣志》，卷三，三七—四六頁。

13 柯恩，〈客家〉，二四九—二五四、二七一—二七三頁；羅香林，《客家》，三三六—三四五頁、插圖二〇—二四頁。

14 韓山文，《太平天國起義記》，頁四。

15 《花縣志》，卷一，三八—四五頁。

16 魏伊格（Wieger），《道德信條》（*Moral Tenets*），一三三—一三四頁；邁爾（Mair），〈語言與意識形態〉（Language and Ideology），三三五—三四〇、三四九—三五六頁。

17 《花縣志》，卷一，頁四六、五一b—五二。

18 同上，五八—五九頁。

19 同上，頁六一。

20 《廣州紀錄報》，一八三五年四月二十八日、五月五日、五月十二日。

21 同上，一八三五年六月二日。

22 同上，一八三六年九月六日。

23 韓山文，《太平天國起義記》，頁八。

24 同上，八—九頁；《廣州府志》卷八中，載有貢院的詳細地圖和科考日期；簡又文，《太平天國革命運動》，頁一四註釋。

25 韋烈亞力，《回憶錄》，頁八四；裨治文，〈史蒂文斯訃告〉，頁五一五。

26 史蒂文斯，〈福音〉，頁四三二。

27 裨治文，〈訃告〉，頁五一四。

28 《中國叢報》卷五，頁一六九，和沈復，《浮生六記》，頁一二四，證實了廣州城門的賄賂事例。

29 史蒂文斯，〈休倫號之旅〉，頁三二六。

30 韋烈亞力，《回憶錄》，頁一二、二二。

31 馬禮遜致艾裡斯牧師（Rev. Ellis）信（一八三六年五月一五日寫於廣州），「倫敦傳教士協會」檔案，「華南」第三箱第二卷C套。

32 裨治文，〈訃告〉，頁五一七；韋烈亞力，《回憶錄》，頁八四。衛三畏於澳門寫的三封信（一八三七年二月二二日、五月一五日、一二月二六日）中，談到了史蒂文斯的去世。見衛三畏手稿，第五四七件。

33 韓山文，《太平天國起義記》，頁九。

34 關於「洪」和滅世，見梁發，《勸世良言》，第二版，頁三，第七行；關於爺火華，見頁二一三，第四行。關於中國早期的大洪水，見區爾賀，〈月光王子〉，二一—二二、二九頁。

35 《創世紀》第六章、第七章的譯文，見梁發，《勸世良言》，二一三—二二〇頁。

36 同上，索引第六行；二七一—二七四頁上，梁發意譯了所多瑪和蛾摩拉的毀滅。

## 【第四章】

1 《花縣志》，卷一，三二—三三頁；《廣州紀錄報》，一八三五年四月十四日、一八三六年二月二十三日。

2《花縣志》，卷一，三一—三三頁；《廣州紀錄報》，一八三五年九月一日。花縣志中的描述，可與魏伊格，《道德信條》，四〇五—四三九頁作個比較。

3《廣州紀錄報》，一八三五年九月二十九日、七月十九日、一八三六年十月二十五日。

4《花縣志》，卷一，三〇—三三頁。

5 同上，卷一，頁三二；《廣州紀錄報》，一八三六年二月十六日。

6 同上，卷一，頁三二b。

7 同上，卷一，三二b—三三、三五頁。

8 同上，卷一，頁三二、三三b、三四；《廣州紀錄報》，一八三五年十月十三日；關於現代客家人遵從的這些習俗，參見高著《客家》第六章及各處。

9 卡爾騰馬克（Kaltenmark），〈意識形態〉（Ideology），頁三九；威廉（Wilhelm），《易經》；魏伊格，《道德信條》，三九九—四〇〇頁。

10 德格魯特（De Groot），《宗教體系》（*Religious System*），卷六，九五三—九五五頁。

11 同上，頁九六三。

12 侯，〈災星〉，二〇九—二一九頁。

13 德格魯特，《宗教體系》，卷六，頁九五七。

14 同上，九六七—九六八頁。

15《玉曆至寶鈔》，三九—四〇頁；克拉克，〈玉曆〉，二三三—二四四頁。關於這本書與太平天國信條之間可能的聯繫，參見瓦格納（Wagner），《重定天國觀念》（*Heavenly Vision*），頁五〇—五一頁。

16 大英圖書館藏一八三九年版的《玉曆至寶鈔》（書號*15103.C35*）含有一份登錄由信徒捐贈的錢財數目和散發的抄本清單。

17 插圖引自《玉曆至寶鈔》，三三b—三四頁。

18 魏伊格，《道德信條》，頁一一九；關於編撰範圍，見「閻羅與玉曆」一文。

19 《玉曆至寶鈔》，四三—四四頁；魏伊格，《道德信條》三六三—三六七頁；克拉克，〈玉曆〉，三二四—三二七頁。

20 魏伊格，《道德信條》頁三六七；《玉曆至寶鈔》，頁四四。

21 玉帝的稱號是「玉皇大天帝」。參見瓦格納，《重定天國觀念》，三四—三五、四九—五〇頁；克拉克，〈玉曆〉，二三八—二三九頁。

22 《玉曆至寶鈔》，頁三九；魏伊格，《道德信條》，三四七—三四九頁；克拉克，〈玉曆〉，二五一—二五四頁。

23 克拉克，〈玉曆〉，頁二七二。

24 同上，頁二八九。

25 同上；《玉曆至寶鈔》和《道德信條》各書中隨處可見。

26 關於每年處決數百人，一天最多時處決十七人的史實，見《中國叢報》，卷一，頁二九一、卷四，頁三八五。

27 《廣州紀錄報》，一八三五年八月二十五日。

28 見《中國叢報》，卷四，頁三七六、三八四。

29 有關拐賣孩童橫行的事跡，參見《廣州紀錄報》，一八三五年十月二十七日；《中國叢報》，卷四，頁五三六。

30《玉曆至寶鈔》，五〇b—五一b、五八b頁；克拉克，〈玉曆〉，三九八—四〇〇頁；魏伊格，《道德信條》，頁三九一，與這些說法有所差異。

31《玉曆至寶鈔》，頁五〇；克拉克，〈玉曆〉，頁三九四；魏伊格，《道德信條》，頁三八五。

32《廣州紀錄報》，一八三六年八月三十日。

33關於黃、吳家族考試的成功，見《玉曆至寶鈔》，頁七八b、七九，以及克拉克，〈玉曆〉。關於印刷工人的短缺，見《廣州紀錄報》，一八三六年六月二十八日。

34韓山文，《太平天國起義記》，頁九；《玉曆至寶鈔》，頁五八。

35韓山文，《太平天國起義記》，頁九。

36梅谷（Franz Michael），《太平叛亂：歷史和檔案》（以下簡稱《太平叛亂》）（*The Taiping Rebellion: History and Documents*），卷二—三，頁五三。這裡的描述，基本上根據金毓黻編，《史料》，頁六，以及向達編，《資料》卷二，頁六三二，只做了些為更動。

37韓山文，《太平天國起義記》，頁九；《太平叛亂》，頁五三。這兩段資料多有交叉，但並不完全相同，儘管兩段都是由洪仁玕提供的。有關夢境的精細分析，參見瓦格納，《重定天國觀念》，一八—一九、三四頁。

38見《太平天日》抄本，翻版載於《太平天國印書》，卷一，第三件，頁四；《太平叛亂》，頁五四、一五一六；韓山文，《太平天國起義記》，頁一〇。

39《太平天日》，載於《印書》，頁四b；《太平叛亂》，頁五四。

40《太平天日》，載於《印書》，頁五b；《太平叛亂》，頁五四。

41《太平天日》，載於《印書》，頁六；《太平叛亂》，頁五五。

42《太平天日》，載於《印書》，六b—七b頁；《太平叛亂》，五四—五六頁。

43 關於寶劍和金印，見《太平天日》，載於《印書》，頁一〇b；關於寬恕閻羅王，見同書，頁一一b。

44 《太平叛亂》，五九—六〇頁。關於宮殿和家庭，見《太平天日》，載於《印書》，頁一三。

45 關於名字，見《太平天日》，載於《印書》，頁一三；《太平叛亂》，五九—六〇頁。

46 《太平天日》，載於《印書》，頁一六b；《太平叛亂》，頁六二。

47 韓山文，《太平天國起義記》，頁一二。

48 轉引自韓山文，《太平天國起義記》，頁一二，及《太平叛亂》，一五一七頁中的譯文。

49 《太平叛亂》，頁二〇；向達編，《資料》，卷二，頁八四八。庫恩〈起源〉一文（三五七—三五八頁）認為這些詩歌預示了一種「含糊但巨大的個人使命」。

50 關於他兄長的看戶，見韓山文，《太平天國起義記》，頁一二。尼格的《狂亂》一書解釋了這種錯亂的含意。

51 瓦格納，《重定天國觀念》，二一—二五頁，對這場夢的確證和類別作了相當有見地的分析。

## 【第五章】

1 韓山文《太平天國起義記》，頁一九；《太平叛亂》六三—六四頁。

2 最仔細地考察梁發的小冊子及其理論對洪秀全思想之彭響的學者中，有簡又文，見其《太平天國典制通考》，一六六五—一六九三頁（第六部分，第十八章）；博爾〈末世學〉。另見所列之瓦格納、施友忠、博德曼、巴內特、庫恩和多伊茲瑪（Doezema）等人的書著。我特別感謝劉求娣（音譯）大力幫助我理解梁發九篇小冊子的全部內容。

3 亨特，《番鬼》，八七—八九頁；費正清，《貿易》，六四—六五頁。

4 亨特，《番鬼》，頁八八。

5 關於這次搶劫見伯納德（Bernard），《復仇女神號》（*Nemesis*），卷二，頁一三，《中國叢報》，卷一〇，頁二九五。

6 魏斐德（Wakeman），《陌生人》，頁一二；費正清，《貿易》，頁八一；關於假辮子，見伯納德《復仇女神號》，卷二，一一—一二、三七—三九頁。

7 魏斐德，《陌生人》，一六—一七頁；關於偷小腳，見《中國叢報》，卷一〇，頁五三〇。

8 魏斐德，《陌生人》，一七—一九頁；伯納德，《復仇女神號》，卷二，五四—五五頁；平安《遠征中國記事》，卷二，第五章；《中國叢報》，卷一〇，三九九—四〇〇頁。

9 魏斐德，《陌生人》，一九—二一頁；伯納德，《復仇女神號》，卷二，頁五七；《中國叢報》，卷一〇，五一八—五二二頁。

10 魏斐德，《陌生人》，頁七三；《中國叢報》，卷一〇，五二七—五二八頁；《鴉片戰爭》，卷三，一一五—一一六頁。

11 《陌生人》，四八—五〇頁；關於耳朵上插木棍，見《中國叢報》，卷一〇，頁二九二。

12 《陌生人》，頁五〇。

13 伯納德，《復仇女神號》，卷二，頁三三一；費正清，《貿易》，八七—八九頁。

14 《聖經．以賽亞書》第一章，五—七節，據梁發小冊子第五行「頭」換成了「心」字；梁發《勸世良言》，四七—四八頁（第一篇，十六節）；博爾〈末世學〉第二章，對梁發小冊子的內容作了不同、但更仔細的理解。

15 關於一八四一年一月七日穿鼻之戰，見伯納德《復仇女神號》，卷一，頁二七一。

16 同上，二六四—二六五、二七二—二七三頁。

17 關於這艘船的情況，見平安，《遠征中國記事》，卷二，頁一六七，卷二，頁一五三；伯納德，《復仇女神號》，卷一，三五七—三六〇頁；也見亨特，《番鬼》，九〇—九一頁，雖然亨特似乎把穿鼻之戰與「康橋號」的沉沒搞混了，這兩件事相距有一個多月。

18 《聖經・以賽亞書》第一章，五—七節；梁發，《勸世良言》，頁五一（第一篇，十八節）。

19 梁發，《勸世良言》，頁一七（第一篇，一節）。

20 同上，一五八—一五九頁（第三篇，十三—十四節），頁六九（第二篇，一節），頁二八一（第六篇，一節）。

21 同上，頁一五八（第三篇，十三b節），頁二三（第一篇，三b—四節）。

22 同上，八〇—八一頁（第二篇，六b—七節）。

23 同上，頁一六三（第三篇，十六節）。

24 同上，頁一六三（第三篇，十六節），頁一五六（第三篇，十二b節）。

25 同上，七二—七四頁（第二篇，二b—三b節）。

26 同上，一六三—一六四頁（第三篇，十六節）。

27 同上，頁八七（第二篇，十節）。

28 《聖經・馬太福音》，第五章，十—十二節；梁發《勸世良言》，頁五二（第一篇，十八節）。

29 《聖經・馬太福音》，第六章，九—十三節；梁發《勸世良言》，頁五九（第一篇，二十二節）。

30 《聖經・馬太福音》，第七章，十五—二十節；梁發《勸世良言》，頁六四（第一篇，二十四b節）。

31 梁發，《勸世良言》，二五—二六頁（第一篇，五—六節）。我感謝劉求娣提供了這一段。

32 同上，頁八二（第二篇，七b節）。

33 同上，頁二五（第一篇，四b—五節）。

34 同上，頁三一（第一篇，八節）。

35 同上，頁三二（第一篇，八b節）。

36 同上，頁三三（第一篇，九節）。

37 同上，頁三五（第一篇，十節）。

38 同上，頁三四（第一篇，九b節）。

39 同上，二九—三〇頁（第一篇，七節）。

40 同上，頁二七（第一篇，六節）。

41 同上，頁三五九（第七篇，十七節）。

42 同上，三六二—三六三頁（第七篇，十七b—十八節）。

43 關於講客家話，見普魯頓（Pruden），〈羅孝全〉（Roberts），三五—四五、五六、六六頁；科林（Coughlin），〈陌生人〉（Strangers）；施萊特爾，《在中國傳教的郭士立》，一二九—一三〇頁。

44 梁發，《勸世良言》，頁四〇一（第八篇，三節）。

45 同上，頁八八（第二篇，十節）；《聖經‧馬太福音》，第十九章，十八—十九節；關於鴉片，見梁發，《勸世良言》，頁九六（第二篇，十四b節）。

46 梁發，《勸世良言》，四〇二—四〇四頁（第八篇，三b—四b節）。

47 同上，頁四〇七（第八篇，六b節）。

48 同上，頁四〇九（第八篇，七節）。

49 同上，四〇三—四三一頁（第八篇，十七b—十八節）。

50 《聖經・使徒行傳》，第十九章，一—八節；梁發《勸世良言》，頁四六一（第九篇，一節）。

51 梁發《勸世良言》，二九八—二九九頁（第六篇，九b—十節）。

52 同上，頁三〇二（第六篇，十一b節）、頁三〇七（第六篇，十四節）、三〇八（第六篇，十四b節）。

53 同上，頁四五六（第八篇，三十b節）。

54 同上，頁四九六（第九篇，十八b節）、四九八（第九篇，十九b節）。

55 同上，五〇〇—五〇一頁（第九篇，二十b—二十一節）。

## 【第六章】

1 韓山文，《太平天國起義記》，頁二〇；《太平叛亂》，頁四、二一、六五，回譯文；梁發，《勸世良言》，頁一四四（第三篇，六b節）。

2 韓山文，《太平天國起義記》，二四—二五頁；根據他的中文版本作了些修正。

3 同上，一九—二二頁；郭毅生，《太平天國歷史地圖集》（以下簡稱《地圖》），頁一七；梁發，《勸世良言》，三〇六—三〇七頁。

4 韓山文，《太平天國起義記》，二一—二二頁；澤克（Zurcher）的〈純潔〉（Purity）一文，探討洪秀全新信仰的淨化本質。

5 《聖經・詩篇》第十九章，三—四節；梁發，《勸世良言》，頁一六六（第三篇，十七b節）；韓山文，《太平天國起義記》頁二二，把第三行和第四行搞混了。

6 《聖經・詩篇》第十九章，九—十節；梁發，《勸世良言》，頁一六七（第三篇，十八節）；韓山文，《太平天國起義記》，二二—二三頁。

7 《聖經・詩篇》第十九章，十二節；梁發，《勸世良言》，頁一六七（第三篇，十八節）；韓山文，《太平天國起義記》，頁二三。

8 韓山文，《太平天國起義記》，頁二七。

9 《花縣志》，卷二，頁八。

10 同上，卷二，八b—十七頁。

11 韓山文，《太平天國起義記》，頁二二；維勒（Weller）著《抵抗》（*Resistance*），頁三九，對這個事件的意義作了探討；韓山文，《太平天國起義記》，二三—二四頁，似乎暗示是洪仁玕讓洪秀全的家人信了教，但他的措詞很含糊。

12 韓山文，《太平天國起義記》，頁二五，作了修改。

13 同上，頁二六，作了修改。

14 同上，頁二六；維勒，《抵抗》，頁三九。

15 《太平叛亂》，頁六六；《太平天日》，載於《印書》，頁二二。

16 《太平天日》，載於《印書》，頁二二；農曆道光十五年二月二十四日，陽曆四月二日；簡又文，《太平天國革命運動》，頁二四，暗示他們「裝成」了小販，這個說法似乎有點牽強附會。

17 《太平天日》，載於《印書》，頁二二；農曆三月十八日，陽曆五月五日。郭毅生，《地圖》，一九—二〇頁。

18 《太平叛亂》，頁六六；《太平天日》，載於《印書》，頁二二。

19 行走路線圖見郭毅生，《地圖》，頁一九。

20 《太平天日》，載於《印書》，頁二三；《太平叛亂》，頁六六，農曆四月五日。關於桂平的大致方位，見維勒著《抵抗》，四〇—四三頁。

21 《太平天日》，載於《印書》，頁二三；《太平叛亂》，頁六七；韓山文，《太平天國起義記》，頁二七。博爾的〈末世學〉一〇五—一三五頁對這些早期作品作了深刻的闡釋。洪秀全自己的作品寫作順序也成了這段歷史的重要組成部分。

22 施友忠的《太平天國思想的起源》第八章，對洪秀全早期思想中的諸儒教因素作了仔細的考察。

23 《太平詔書》，載於《印書》，頁一；《太平叛亂》，頁二五。

24 這六條可清楚地見於《太平詔書》，載於《印書》，頁二—五；《太平叛亂》，頁二六—三〇頁。

25 理雅各（Legge），《詩經》，頁一九。

26 《太平詔書》，載於《印書》，頁二，與理雅各《文選》（*Analects*），頁二五〇的「非禮事物」相對應。

27 洪秀全在《太平詔書》，載於《印書》，頁三，這一節中所引的文字載於《詩經》，見理雅各，《詩經》2/3/21, 66。

28 《太平詔書》，載於《印書》，三b—四頁；《太平叛亂》，頁二九。

29 《太平叛亂》，頁二九；《太平詔書》，載於《印書》，頁四；沃森（Watson），《孟柯》，頁一一八。

30 《太平叛亂》，頁二九；沃森，《孟柯》，頁五七。

31 《太平叛亂》，頁二九；《太平詔書》，載於《印書》，頁五；見梁發，《勸世良言》，一〇一—一〇二、四九〇頁。洪秀全在這裡可能援引了哲人荀子的思想。

32 《太平叛亂》，三〇—三一頁；《太平詔書》，載於《印書》，頁六。

33 《太平詔書》，載於《印書》，頁六，修正了《太平叛亂》頁三一上的詞句。

34 《太平天日》，載於《印書》，頁二三，對《太平叛亂》頁六七作了校正；韓山文，《太平天國起義記》，頁三八。

35 《太平天日》，載於《印書》，頁二四，對《太平叛亂》，頁六七作了校正。

36 韓山文，《太平天國起義記》，三五—三六頁。關於祈禱文句，見依薩貝爾・王（Isabel Wong），〈革命歌曲〉（Geming GEQU），一一三—一一四頁。

37 《太平叛亂》，一一五—一一六頁，以及註釋一三；與《天條書》，載於《印書》頁三稍有不同。關於祈禱人的聚會日期，見《太平叛亂》，頁一一一和博爾的〈末世學〉頁一六一的討論。

38 韓山文，《太平天國起義記》，頁二八；這種儀式與道教的「燒符」驚人地相似，希珀（Schipper），《道教團體》，頁八九，對此作了描述，當然在道教中燒符是在儀式場所以外的地方進行，且燒符人還「喃喃自語」。

39 韓山文，《太平天國起義記》，頁二八、三五—三六，《太平叛亂》，頁一一六，這兩處記載與《天條書》（載於《印書》，頁三）所載都有少許變動。

40 韓山文，《太平天國起義記》，二七—二八頁。《太平天日》，載於《印書》，二四—二五頁（《太平叛亂》，頁六八）對時間跨度的記載很不一樣，稱這位小夥子是在八月十五日獲釋的。《印書》頁二五，關於黃玉珍的名字印刷有誤。

41 《太平叛亂》，頁六八；《太平天日》，載於《印書》，二五—二六頁。

42 《太平叛亂》，頁六九；《太平天日》，載於《印書》，二五b—二六頁。

## 【第七章】

1 《太平天日》，載於《印書》，二五b—二六b頁；《太平叛亂》，頁六；韓山文，《太平天國起義記》，頁二九。

2 韓山文，《太平天國起義記》，頁二九。

3 《太平天日》，載於《印書》，頁二六；《太平叛亂》，頁六九；詳細地圖見郭毅生，《地圖》，頁二一。

4 《太平天日》，載於《印書》，二六b—二七頁；《太平叛亂》，六九—七〇頁；郭毅生，《地圖》，頁二一。

5 拉易（Laai），〈海盜〉（Pirates），頁一六七，引自日後南京拜上帝會的花名冊。

6 科溫（Curwen），《自述》（*Deposition*），頁八三、八八。

7 拉易，〈海盜〉，頁一六九。

8 默裡（Murray），《海盜》（*Pirates*），五七—五九頁。

9 同上，頁二五、六七—六八。

10 同上，七一—七三、一四九—一五〇頁。史洋也常被叫做「鄭義（音譯）嫂」。

11 福克斯（Fox），《英國海軍將領與中國海盜》（*Admirals*），八九—九一、九六—九七頁。

12 同上，九三—九五頁。

13 拉易，〈海盜〉，頁一〇九。

14 同上，頁三〇、一八二；福克斯，《英國海軍將領與中國海盜》，頁九二；斯各特（Scott），《覆沒》（*Destruction*），頁七。

15 斯各特，《覆沒》，頁四七。

16 同上，頁一〇〇，註釋一四一；拉易，〈海盜〉，頁二七、七八。

17 斯各特，《覆沒》，九七—九八、二四八—二五〇頁。

18 拉易，〈海盜〉，六八—七〇、一一二頁；平安，《遠征中國記事》，卷二，頁二六四，強調了在澳門的這些私通關係的數目。

19 斯各特，《覆沒》，二〇九—二一〇、二一七、二三四頁；拉易，〈海盜〉，七九—八〇頁。

20 斯各特，《覆沒》，關於孩子和租金，見頁二二四；槍支見二一八頁；失事船的鴉片見頁二三五；關於她的財產，見頁二二六、二三二。

21 同上，頁二二九、二三五；拉易，〈海盜〉，頁八三。

22 拉易，〈海盜〉，頁六二、九〇、一〇九、一一〇。

23 同上，頁一〇八、一一八—一一九。到一八五〇年時，僅在南寧就有十一家「米飯主堂」。

24 默裡和秦，《天地會》，一六—一九、一四三—一四四頁。

25 同上，頁一八九。

26 默裡和秦，《天地會》，一八三—一八四頁；特爾・哈爾（Ter Harr），〈救世思想〉（Messianism），頁一六九。

27 默裡和秦，《天地會》，頁四五、一八五。

28 同上，頁四四、四八。

29 同上，頁三〇、二九〇；其他一些參考該書三四四頁的索引。

30 特爾・哈爾，〈救世思想〉，頁一五九、一六五、一六九。

31 同上，頁一五六；默裡和秦，《天地會》，頁七五、一八九、一九二。

32 默裡和秦，《天地會》，六九—七六頁；拉易，〈海盜〉，一三—一四、三一—三二、一七九頁。

33 斯各特，《覆沒》，頁二四八；拉易，〈海盜〉，頁一五；斯各特，《覆沒》，頁二一九、二三三，漢語翻譯湯姆•阿契克（Tom Achik）的證詞。

34 拉易，〈海盜〉，三一—三二、三六、一一二、一七三頁。

35 同上，一八五—一八七頁。

36 同上，九二—九三頁。

37 同上，頁九六、一〇一—一〇二。

38 同上，頁一五〇、一七六。

39 科溫，《自述》，頁八八，稍有改動。

40 克拉克（P. Clarke），〈上帝之傳入廣西〉（Coming），一四八—一四九頁；施萊特爾，《在中國傳教的郭士立》，第五章。

41 克拉克，〈上帝之傳入廣西〉，頁一五三。

42 同上，頁一五二、一五四、一五八、一六六（註釋五五）、一七六（註釋八〇）、一六一、一六三—一六四。但是，茅家琦先生斷然駁斥克拉克把馮雲山也算作漢會皈依者的說法，見其著〈關於郭士立〉，頁二六九、二七一。有關「漢會」更詳細的情況，見施萊特爾，《在中國傳教的郭士立》，第六章，以及二六六—二九九頁。

43 克拉克，〈上帝之傳入廣西〉，頁一四九、一七九—一八〇。

44 不同的這些版本可見於紐約公共圖書館、大英圖書館和國會圖書館。

45 《聖經•羅馬人書》第一章，一四—一五節。

46 《太平叛亂》，三五—三六頁；理雅各，《禮記》。

47《太平叛亂》，頁三六；威廉／巴恩斯（Wilhelm / Baynes），《易經》，五六—五七頁「同人」；《太平詔書》，載於《印書》，頁一〇。

48《太平叛亂》，頁三四，修正了《太平詔書》（載於《印書》，頁八）。

49《太平叛亂》，頁三六，與《太平詔書》（載於《印書》，頁一〇）稍有修正。

50《太平叛亂》，頁三八。

51《太平叛亂》，三八—三九、四四頁；關於《玉曆記》，見《太平詔書》，載於《印書》，頁一二。

52見《太平叛亂》，頁三九、四一、四六—四七。

53細節見科林，〈陌生人〉和普魯登，〈羅孝全〉。

54關於這種浸禮過程的完整描述，見於羅孝全致郭士立的兩封信中（一八四四年七月二十一日和七月二十九日）。

55關於這位叫朱道興的助手與郭士立漢會的聯繫，見克拉克，〈上帝之傳入廣西〉，頁一七一；《太平叛亂》，頁七〇；韓山文，《太平天國起義記》，頁三一。

56韓山文，《太平天國起義記》，頁三二；科林，〈陌生人〉，二五六—二六一頁。

57韓山文，《太平大國起義記》，頁三二；《太平叛亂》，七〇—七一頁；《太平天日》，載於《印書》，頁二八。

58《廣州紀錄報》，一八三五年九月一日；也見《清實錄・道光朝》，頁二六九／三b。

59拉易，〈海盜〉，頁三六、六六—六七。

60同上，頁一一三、一四四。

61《太平天日》，載於《印書》，頁二八b；《太平叛亂》，頁七一。

62 韓山文，《太平大國起義記》，頁三三。

63 《太平天日》，載於《印書》，頁三〇b；《太平叛亂》，頁七二。

64 《太平叛亂》，頁七二，有改動；《太平天日》，載於《印書》，三〇—三一頁。與同書頁二〇b上詩句開頭的「吾」作比較。

65 日期見於《太平天日》，載於《印書》，頁三〇b、三一；《太平叛亂》，頁七二；韓山文，《太平天國起義記》，頁三四。

## 【第八章】

1 《太平天日》，載於《印書》，頁三一中，「他們寫書送人」，儘管這些書的性質並沒有特別指明；《太平叛亂》，頁七二的譯文，「寫信送人」似乎限制過多；又見王慶成，《天父天兄聖旨》，頁一五九、一九一，以及博爾，〈末世學〉，一三六—一七六頁。

2 梁發，《勸世良言》，頁三五九（7/17）；《太平叛亂》，頁四一，有所改動；《太平詔書》，載於《印書》，頁十四。這裡洪秀全將《出埃及記》第二十章，四—五節和第三十一章，十八節合併為一。

3 《詩篇》第一百一十五章，一—八節；《太平叛亂》，頁四三；《太平詔書》，載於《印書》，頁一六。洪秀全在這裡全文引用了《詩篇》第一百一十五篇，一—八節，而不是只引用《詩篇》第一百三十五篇，十六—一七節。

4 《太平叛亂》，頁四五，引自《太平詔書》，載於《印書》，頁一七b。

5 《太平叛亂》，頁五七，將《太平天日》，載於《印書》，頁一〇，略作改動，並省略了天父全稱名諱。

6 《太平叛亂》，頁六一；《太平天日》，載於《印書》，頁一五b。

7 《太平叛亂》，頁六二；將《太平天日》，載於《印書》，頁一六，略作改動。

8 《太平天日》，載於《印書》，頁二七、三一b；《太平叛亂》，六九—七〇、七三頁；郭毅生，《地圖》，頁二一。

9 韓山文，《太平天國起義記》，頁三六；《太平叛亂》，頁七三；維勒，《抵抗》，五七—五八頁，言及這些神祇的數目及惡名。

10 韓山文，《太平天國起義記》，頁三六；《太平叛亂》，頁七三；《太平天日》，載於《印書》，三一b—三二頁中，我認為合理的解釋是，採取防衛性措施的應該是那些善男信女，而非「廟中守衛」。

11 《太平天日》，載於《印書》，頁三二；《太平叛亂》，頁七三。

12 《太平叛亂》，七三—七六頁；《太平天日》，載於《印書》，三二—三五b頁；韓山文，《太平天國起義記》，頁三七；洪仁玕之轉變，見《太平叛亂》，一五一八—一五一九頁；維勒，《抵抗》，六二—六三頁。

13 簡又文，《太平天國全史》卷一，一二〇—一二三頁；簡又文，《太平天國革命運動》，三八—三九頁；李濱，《中興別記》卷一，頁六。

14 李濱，《中興別記》卷一，頁六a；夏春濤，《太平天國宗教》，頁三三。

15 李濱，《中興別記》。

16 廣西省當時背景，見孔復禮，〈太平天國叛亂〉，二六四—二六六頁；關於桂平地區的地方武裝（團練）和拜上帝教教民情況，見夏春濤，《太平天國宗教》，頁二九。

17 菊池秀明，〈太平天國前廣西省客家族精英的遷徙與壯大〉，頁七，述及有關金田地區蘭、羅兩家情況的材料；關於「客家」一詞，見稻田聖一，〈太平天國創立前的客家人〉，六一──六四頁。這裡特地向劉文文對文章的幫助表示致謝。

18 關於源起於安徽桐城和作為桂平縣令時期的統治情況，見菊池秀明〈太平天國前廣西省客家族精英的遷徙與壯大〉，頁四。

19 關於「瑤民會館」，同上，頁七。

20 同上，頁八。

21 同上，九──一一頁。

22 關於《安良諭》，同上，十二──十五、十六頁。

23 同上，頁一七；《安良諭》，三四七──三四八頁。

24 這裡的黃氏家庭和住在賜穀村的洪秀全的黃氏朋友不是一回事，見菊池秀明，〈太平天國前廣西省客家族精英的遷徙與壯大〉，一九──二〇頁。

25 同上，頁二四、二六──二七。

26 稻田聖一，〈太平天國創立前的客家人〉，頁七一。

27 同上，頁七四；《安良諭》，頁三四五。

28 同上，七六──七七頁，轉引於《安良諭》。

29 有關「公報」戶簿登記事宜，同上，七八──七九頁。

30 同上，頁七五，對於韋昌輝（後來太平天國的北王）而言，他與其父、叔擁有相當多的土地，有著極為重要的意義；同上，頁八二，述及有關韋昌輝家族象徵性地送給當地宗祠四千錢的材料；又頁七八，稻田聖一認為這裡「也許」有一個因素，即韋家是客家人。

31 見拉易，〈海盜〉，頁一六七之註釋三六、一六八之註釋三七。

32 李濱，《中興別記》卷一，頁六b；王慶成，《天父天兄聖旨》，頁一九二；簡又文，《太平天國革命運動》，三八—四〇頁；韓書瑞（Naquin），《千年盛世起義》（*Millenarian*）；孔復禮，《叫魂》（*Soulstealer*）；這些書中都提供了經過調查後懲治嫌疑犯的生動的案例。

33 王慶成，《天父天兄聖旨》，頁一九二；簡又文，《太平天國革命運動》，頁四〇。

34 如維勒在《抵抗》，七〇—七五頁中所分析。

35 夏春濤，《太平天國宗教》，三〇—三一頁；韓山文，《太平天國起義記》，頁三四，引證蕭朝貴之妻楊雲嬌，也曾做過此夢；有關洪仁玕的夢境，見《太平叛亂》，頁六九；蕭朝貴長時間處於迷幻狀態，見《天父天兄聖旨》卷一，四—五頁；博爾〈末世學〉，頁一七二中認為，洪秀全與馮雲山不在廣西期間，楊秀清與蕭朝貴通過這種「巫術式」的領導方式．對洪秀全的暗示性革命理論進行了詮釋。

36 《天兄聖旨》卷一，頁一、二、八；王慶成，《天父天兄聖旨》頁四、九。

37 《天兄聖旨》卷一，頁九；王慶成，《天父天兄聖旨》，頁一〇。

38 《天兄聖旨》卷一，頁六；王慶成，《天父天兄聖旨》，七—八頁；維勒，《抵抗》，八二—八三頁中認為，這是象徵婦女擁有權力和財富的典型代表。

39 《天兄聖旨》卷一，七—八、九b頁；王慶成，《天父天兄聖旨》，八—一一頁；一九九二年夏，筆者在桂林會見了鍾文典，言及客家方言．夏春濤在《太平天國宗教》，頁三四，就當地的宗教語言問題討論了血緣關係的重要性。

40 維勒在《抵抗》中、詳細地討論了這種混雜的情況——特別參見頁五六，言及金田地區隨時可能發生的情況；頁八四為金田地區最後的集結，所有事例均見《天兄聖旨》卷一，頁三、一〇、一二；王慶成，《天父天兄聖旨》，頁五、一一、一三，但在此文獻中，對同一事件的兩種描述卻不盡相同，如村落的名稱「思旺」與「施旺」，其確切位置，見郭毅生，《地圖》，頁二四。

41 韓山文，《太平天國起義記》，頁四五。

42 《天兄聖旨》卷一，頁二、五，先是天兄基督描繪了一番，接著是蕭朝貴。

43 《天兄聖旨》卷一，頁三；王慶成，《天父天兄聖旨》，頁五。

44 《天兄聖旨》卷一，頁五，「手指……於我看」。

45 《創世記》第三十二章，二十四節；《天兄聖旨》卷一，頁五b。「杠手橋」一詞是一九九二年鍾文典解釋給我的，指的是客家人角鬥手力的一種方式。

46 庫奇（Kutcher），〈死亡和喪葬〉（Death and Mourning）；孔復禮，《叫魂》，五八—五九、一〇二—一〇三頁。「三年」的哀悼期，通常被詮釋為二十七個月。

47 韓山文，《太平天國起義記》，頁四〇；簡又文，《太平天國革命運動》，頁四〇；王慶成，《天父天兄聖旨》，頁一九二。洪秀全之子生於道光二十年十月九日（一八四九年十一月二十三日），是在洪秀全回到官祿㘵的九個月後。

**【第九章】**

1 郭毅生，《地圖》，頁二三、二五、二七。

2 見郭廷以，《太平天國史事日誌》，六五—七〇頁所列表格。

3 格拉漢姆（Graham），《中國駐地》（China Station），第九章；海（Hay），《一八四九年南海海盜的剿滅》（*Suppression*），二七—四四頁；拉易，〈海盜〉，六六—七二頁；郭廷以，《太平天國史事日誌》，六八—六九頁。

4 《天兄聖旨》卷一，頁一六b。

5 同上，卷一，頁一七；王慶成，《天父天兄聖旨》，頁一七。
6 韓山文，《太平天國起義記》，頁四六。
7 同上，四六—四七頁；維勒，《抵抗》。
8 《天兄聖旨》卷一，頁二一，時為道光二十九年十月二十三日；王慶成，《天父天兄聖旨》，頁二二中，碰巧省略了太平天國領首不自然的回答。
9 此二人即黃韋正與吉能善（音譯）。《天兄聖旨》卷一，頁一八b，道光二十九年九月十一日；關於這些事件，見簡又文，《太平天國革命運動》，頁五四，簡認為，此事顯然發生在一八五〇年初更早一些。
10 《天兄聖旨》，卷一，頁一九a，時間為道光二十九年九月十四日。
11 同上，卷一，頁二〇b，時間為道光二十九年九月二十八日，文中「皇上帝」第一次被稱呼為「高老」。「高老」一詞參見羅爾綱〈太平天國經集考〉，頁二八；《太平叛亂》，頁九九。
12 《天兄聖旨》卷一，頁二〇b，時間為道光二十九年十月四日：又見卷一，頁三五a，時間為道光三十年一月四日；韓山文，《太平天國起義記》，頁五一；博爾，〈末世學〉，一九四—一九六頁中，敘述了有關太平軍兵民組織的情況。
13 《天兄聖旨》卷一，頁三三b，道光三十年一月四日（一八五〇年二月十五日）；王慶成，《天父天兄聖旨》，三三—三四頁。
14 同上，頁四二。
15 同上，頁四三，由漢文譯得。
16 《天兄聖旨》卷一，四一—四二頁，時間為道光三十年二月二十三日。
17 韓山文，《太平天國起義記》，頁四三。

18 同上，五五—五六頁，這些漢文用法被拉丁化了。

19 同上，頁五〇，漢字文獻中，其解釋被改動；又見《太平叛亂》，頁七七。

20 主要段落參見《天兄聖旨》卷一，二八b—三一b頁，時間為道光二十九年十二月二十七日和道光二十九年十二月二十九日；又見卷一，頁二一b，道光二十九年十月二十三日，提及洪秀全的腿傷；王慶成《天父天兄聖旨》，二九—三一頁。

21 《天兄聖旨》卷二，二〇b—二一頁，道光三十年八月十三日；郭廷以，《太平天國史事日誌》，頁八四，有石達開捲入白沙村事件及其他方面的細節。

22 《天兄聖旨》卷一，三一b—三二b頁，道光三十年一月二日。

23 同上，卷一，頁三四，道光三十年一月四日；又見卷一，三六—三七頁，道光三十年一月十六日；王慶成在《天父天兄聖旨》頁三〇中，對這些暗名作出瞭解釋，時間同樣將道光三十年一月十七日作為紀念日。

24 《天兄聖旨》卷一，頁三八b，道光三十年一月十七日。

25 同上，卷一，頁四一b，道光三十年二月二十三日。

26 同上，卷一，四二—四四b頁，道光三十年二月二十七日是為開始之時；又見卷一，頁四六b，道光三十年二月二十八日為其洗禮之日；王慶成，《天父天兄聖旨》，四一—四三、四五頁。

27 《天兄聖旨》卷一，頁二五，道光二十九年十二月一日；王慶成，《天父天兄聖旨》，頁二七；而韓山文在《太平天國起義記》中認為，女營中楷模不是別人，而是蕭朝貴的髮妻楊雲嬌。

28 《天兄聖旨》卷一，頁二六。

29 同上，卷一，頁二〇b，道光二十九年十月四日，該婦女「被拐帶」。

30 同上，卷一，頁二六，文中天兄耶穌稱她為「胞妹」；關於蕭朝貴之妻後用楊姓，見羅爾綱，

〈重考「洪宣嬌」從何而來?〉，一三四—一三六頁。

31 《天兄聖旨》卷一，頁二六，此「陳二妹」可能是一八六〇年洪秀全的宮妃中有名的「陳三妹」的姐姐，參見《太平叛亂》，頁九三一。

32 《太平叛亂》，頁三九〇；又見《天情道理書》，載於《印書》，頁二九b的譯文。

33 韓山文，《太平天國起義記》，頁四五，有洪仁玕飛遞資訊，言及洪秀全之子生於道光二十九年十月九日。簡又文，《太平天國全史》卷一，頁一二八。

34 三人分別是黃勝決、侯長伯、江隆長，參見簡又文，《太平天國全史》卷一，頁一九一；韓山文，《太平天國起義記》，頁四七、五三；《太平叛亂》，頁八一一中述及，侯長伯與黃勝決可能是指因這次行程中他們所扮演的角色或起的作用而得名。關於侯長伯，又見王慶成，《天父天兄聖旨》，頁八一及註釋一；關於一八五二年江隆長之歿，見簡又文，《太平天國革命運動》，三五二—三五三頁。

35 簡又文，《太平天國革命運動》，頁五五；簡又文，《太平天國全史》卷一，頁一九二。

36 韓山文，《太平天國起義記》．四七—四八頁。

37 《太平叛亂》，頁三七四；韓山文，《太平天國起義記》，頁四六；簡又文，《太平天國革命運動》，頁五六。

38 《太平叛亂》，三七四—三七五頁，參照《天情道理書》，載於《印書》，頁一一b，加以修改；王慶成在《天父天兄聖旨》頁一九五註釋一，解釋了為什麼他相信楊秀清是九月份得以康復，而不是《天情道理書》裡所講的十一月份。

39 有關「療毒」，見《天兄聖旨》卷二，頁一三，道光三十年八月一日；王慶成，《天父天兄聖旨》，頁六六。

40 《天兄聖旨》卷一，四六b—四七頁，道光三十年三月四日。
41 同上，卷一，頁四七，道光三十年四月二十二日。
42 同上，卷二，頁八，道光三十年七月二十六日。
43 同上，卷一，頁五二b，道光三十年六月二十日；王慶成，《天父天兄聖旨》，頁五〇；簡又文，《太平天國革命運動》四三—四四頁中，有秦、陳事跡。
44 《天兄聖旨》卷一，五四b—五五頁。
45 同上，卷一，頁五三。
46 同上，卷一，五三b—五四頁。
47 同上，卷一，頁五四。
48 《天兄聖旨》卷二，一—三b頁中，許多材料再現了這個過程是怎樣從後勤準備、爭執不休到取得成功的，日期分別為道光三十年七月五日、七月十六日、七月十八口、九月十九日及七月二十一日；王慶成，《天父天兄聖旨》，五五—五七頁。

## 【第十章】

1 《天兄聖旨》卷一，頁四八，道光三十年六月十九日（一九五〇年七月二七日）；姜濤，〈洪秀全「登基」史實辯證〉認為洪秀全登基之日為一八五〇年四月三日。
2 莊建平，〈淩十八起義及其歷史作用〉，頁一二〇有列表。
3 《天兄聖旨》卷二，頁二五，道光三十年九月十日。
4 同上，卷二，頁二六b，道光三十年九月二十五日；王慶成，《天父天兄聖旨》，頁七七；王慶成，〈金田起義〉，七二—八八頁，全面分析一八五〇年起義的過程。

5 簡又文，《太平天國革命運動》，頁四九；莊建平，〈淩十八起義及其歷史作用〉，頁一〇一。

6 《太平叛亂》，頁一三三；《太平軍目》，載於《印書》，一—二頁。

7 《太平叛亂》，一三七—一三八頁；《太平軍目》，載於《印書》，頁三二；《太平叛亂》，四一九—四二〇頁。

8 施友忠在《太平天國思想的起源、含義和影響》二五九—二六四頁中，進行了細緻地分析。

9 例如：《天父聖旨》卷二，頁二三（道光三十年八月二十日），在楊秀清生病的前後文中提到過「面子」。

10 同上，卷二，一一b—一二頁，道光三十年七月二十九日，確實「這二人對手書漢字一字不識而全憑自然的天分成以大事。」又同上，見卷二，頁一八b，道光三十年八月九日，文中有陰陽先生對他們的嘲弄。在卷二，頁三三，還有古體詩一首，太平元年三月十八日。

11 同上，卷二，頁二二，道光三十年八月十九日，儘管楊柳顯然毫無差錯地頌讀到第八條誡律，但還是被當眾責打一百鞭。

12 《太平叛亂》，頁一二三，根據《天條書》，載於《印書》，一一—一二頁，略作改動。

13 簡又文，《太平天國革命運動》，五八—六〇頁；韓山文，《太平天國起義記》，四八—四九頁；郭廷以，《太平天國史事日誌》，頁九二。

14 簡又文，《太平天國革命運動》，六七—六八頁；拉易，〈海盜〉，頁九五、一九九—二〇四；簡又文在《太平天國全史》卷一，二一四—二二〇頁，則大膽地試圖解釋清這些矛盾衝突的地方。

15 簡又文，《太平天國革命運動》，六二—六三頁；關於張釗，見簡又文，《太平天國全史》卷一，二一八—二一九頁；王慶成在《金田起義》六四—七一頁中，則不太重視這次戰鬥前的爭論，認為這些都是不可信的。

16 《天兄聖旨》卷二，頁二七，道光三十年十一月的前十日。

17 郭毅生，《地圖》，三三—三四頁。

18 《太平叛亂》，頁四二五。

19 《太平叛亂》，四二五—四二六頁。

20 此役發生時間是道光三十年十一月二十九日。郭毅生，《地圖》，三三—三四頁；簡又文，《太平天國革命運動》，六四—六五頁；簡又文，《太平天國全史》卷一，二二一—二二三頁；郭廷以，《太平天國史事日誌》，頁九七。簡又文可能將伊克坦布的名字搞混了。

21 《太平叛亂》，頁一〇三，根據《太平天國印書》頁六之《天命詔旨書》所改動；郭廷以，《太平天國史事日誌》，頁九八；孔復禮在〈太平天國叛亂〉二七三—二七四頁中，將一八五一年一月十一日洪秀全的生日視為一種標誌：「這一天，一個政權最終從洪秀全的救世主般的夢幻中得到實現。」

22 拉易，〈海盜〉，二〇四—二〇五頁；簡又文，《太平天國革命運動》，頁六八；韓山文，《太平天國起義記》，五五—五六頁；郭廷以，《太平天國史事日誌》，頁九八、一〇〇。

23 郭廷以，《太平天國史事日誌》，一〇四—一〇七頁；韓山文，《太平天國起義記》，五三—五五頁；簡又文，《太乎天國革命運動》，七一—七二頁。

24 《天兄聖旨》卷二，頁四〇，洪秀全此次「災病」，在太平元年三月二十日；郭廷以，《太平天國史事日誌》，一〇八—一一五頁；王慶成，〈金田起義〉，八四—八七頁；姜濤，〈洪秀全「登基」史實辯證〉認為確切的日期應該是更早的一八五〇年四月三日。

25 《天兄聖旨》卷二，頁三〇，太平元年二月二十八日。

26 同上，卷二，三〇—三二b頁，太平元年二月二十八日。
27《太平叛亂》，頁九九。
28《天兄聖旨》卷二，頁三五。
29 同上，卷二，三七b—三八頁，太平元年三月十八日，據《太平叛亂》，九九—一〇〇頁，作部分更動；這是《天兄聖旨》中唯一被選入《天命詔旨書》的段落。見《印書》，頁二。
30《天兄聖旨》卷二，三八b—三九頁，賴未能來參加會集；又見卷二，三九—四〇頁，有黃姓和魏姓者遲來，陳姓者應答宗教儀式問題。
31 莊建平，〈淩十八起義及其歷史作用〉，淩從未加到洪（秀全）的隊伍中來，一八五二年清軍鎮壓時身亡。一八五〇年，淩十八兩次挺進金田，引起太平軍的關注，見《天兄聖旨》卷二，四a—五b頁，道光三十年七月二十二日；卷二，頁二五b，道光三十年九月十日。淩十八轉戰情況參見郭毅生，《地圖》，頁二八、三一；淩十八迅速形成的太平觀念，見《太平叛亂》，三九二—三九三頁。
32《天兄聖旨》卷二，頁四〇b，太平元年五月十二日。
33 婦女情況，見《天兄聖旨》卷二，頁四二，太平元年六月二十七日。
34《太平叛亂》，頁四二七和註釋二。太平軍利用短語「屬第三守衛」——亦即深夜時分——作為逃離者的委婉說法。
35《天兄聖旨》卷二，頁四二，太平元年六月二十七日。
36 見《太平叛亂》，頁一〇〇，以及《天兄聖旨》卷二，頁四二，時間均為太平元年七月十三日。
37《太平叛亂》，頁一〇四，咸豐元年七月十九日，根據《太平天國印書》六—七頁之《天命詔旨書》改動。

38 柯溫，《自述》，頁八三。

39 鍾文典，《太平軍在永安》，一一一一三頁；郭毅生，《地圖》，四一一四二頁。

## 【第十一章】

1 有關洪秀全住所，參見鍾文典，《太平軍在永安》，二二—二三頁。

2 《太平叛亂》，一〇五—一〇六頁；據《太平天國印書》八—九頁之《天命詔旨書》改動。

3 鍾文典，《太平軍在永安》，二四—二六頁。

4 同上，二九—三二、三六、四二—四三頁。

5 有關聖庫與兄弟會，見施友忠，《太平天國起源、含義和影響》，一五八—一六〇頁；關於救世史與千年紀年的情況，見瓦格納，《重定天國觀念：宗教在太平天國起義中的作用》，四八—五七頁。孔復禮在〈太平天國叛亂〉頁二七六中，強調永安城內各種宗教與種族主義相混雜。博爾在〈末世學〉一九八—二〇六頁中，則述及永安出現了一個具備超凡能力之領袖人物的新情況，以及對滿族邪惡勢力的辨別方式。

6 關於「小天堂」，見《太平叛亂》頁一〇六；《天命詔旨書》，頁九b。對此，有很多學者進行了廣泛的探討，見拉易，〈海盜〉，頁二四八；蘇開華在〈小天堂新見〉中認定「小天堂」是指北京，而非南京；方之光和崔之清在〈太平天國「小天堂」內含義辨考〉中對南京的重要地位提出了置疑。又見夏春濤，《太平天國宗教》，八四—八五頁；王慶成，《太平天國的歷史和思想》，二〇八—二〇九頁；瓦格納，《重定天國觀念：宗教在太平天國起義中的作用》，六七—六九頁。

7 《太平叛亂》，三二三—三二四頁，有關討論的材料又見三二一—三二三頁；簡又文，《太平天國革命運動》，八〇—八一頁；鍾文典，《太平軍在永安》，九四—九六頁。

8 《太平叛亂》，頁一〇七；《天命詔旨書》，載於《印書》，頁一〇b。

9 《太平叛亂》，一二五—一二八頁。

10 《太平叛亂》，頁一〇八，根據《印書》頁一二之《天命詔旨書》略作改動，該文件於一八五一年一二月七日公開頒行，儘管本人以為該文件早在好幾日前就已擬好；又見《太平禮制》，載於《印書》，五—六頁，以及《太平叛亂》，頁一二九，當中已有千年的提法。

11 此字用在一八五二年的永安比較合適，見《三字經》，載於《印書》，頁二；該字在埃及字母中指的是「狂」而非「王」，在同一文件的後面部分，它們泛指所有中國的統治者。

12 《太平叛亂》，一四二—一四三頁；《頒行詔書》，載於《印書》，一—二頁；《太平叛亂》，頁一四三、一四四之註釋四。

13 見《天兄聖旨》卷二，四一—四二頁，太平元年六月二十七日。最富戲劇性的是，一八五一年七月，周錫能與其他一九〇人組織叛變，十一月事情敗露，楊秀清以他敏說的洞察力在太平軍中大肆清洗叛賣者就是一個例子；又見《太平叛亂》，八八—九七、三八二—三八四頁。

14 鍾文典，《太平軍在永安》，五三—五六頁。簡又文，《太平天國革命運動》，頁七八，估計在永安的太平軍人數約達四萬人，有一半人數可以作戰。

15 郭廷以在《太平天國史事日誌》一三六—一四〇頁，與鍾文典在《太平軍在永安》六四—七五頁一樣，都列舉了這些進攻；在《太平軍在永安》頁六一中，鍾文典認為達四萬六千次之多；在一〇七—一一〇頁中，他又考察了非法貿易問題；郭毅生，《地圖》，四三—四四頁中有詳圖。

16 郭廷以，《太平滅國史事日誌》，頁一四一，太平元年十月十八日；拉易，〈海盜〉，頁二五四。也許就像《中國的陸上朋友》（*Overland Friend of China*）在太平元年十月十八日所描述的那次戰鬥，轉引自克拉克和葛雷格利（Gregory），《西方人關於太平天國的報導文選》（*Reports*），一四——一五頁。

17 《天兄聖旨》卷二，頁四五。

18 同上，卷二，頁四五b。

19 關於「終苦」，同上，卷二，頁四七；《太平叛亂》，頁一〇二，幾乎全文引自《天命詔旨書》，載於《印書》頁五。

20 《天兄聖旨》卷二，頁四九b，天兄耶穌最後開口說話是在太平二年三月十五日，也就是一八五二年五月三日，即桂林被圍之時。

21 《太平叛亂》，頁一〇二。

22 《太平叛亂》，頁一〇八；《天命詔旨書》，載於《印書》，頁一二b。

23 《太平叛亂》，一三九——一四一頁，根據《印書》之《太平條規》改動。

24 關於永安城內印刷情況，見鍾文典，《太平軍在永安》，九九——一〇二頁。從一八五一年到一八五三年的有關目錄中，僅《印書》中的《幼學詩》、《太平救世歌》就有十三個版本。《欽定新遺詔聖書》並不包括在內。共中第九個《太平條規》有兩卷被錯印成《太平規條》，後來被更正過來，這也是太平天國早期文獻印刷方面的一個範例。

25 《太平叛亂》，一五三——一五五頁，轉引《三字經》，載於《印書》，一b——六b頁，有所改動。因為《聖經》的「嗎哪（甘露）」在漢語中釋為「甜露」，故本人在此使用「甜露」。

26 《太平叛亂》，一二一——一二二頁，轉引《天條書》，載於《印書》，七b——八頁。

27 《太平叛亂》，頁一〇九，轉引《天命詔制書》，載於《印書》，一二b——一三頁。

28 《太平叛亂》，頁一〇八，轉引《天命詔制書》，載於《印書》，頁一二b，「貴妃」。

29 《天兄聖旨》卷二，頁二八b。

30 《太平叛亂》，頁一六六，轉引《幼學詩》，載於《印書》，頁九。「夫道」一節第三行·對丈夫的形象比喻見室橋哲治《漢語詞典》的相關詞條；「妻道」，一節第三行，對妻子的形象比喻是「叱雞若司晨」，有點像英語中的成語「如女子穿褲」一般。

31 《太平叛亂》，一二九—一三〇頁；簡又文，《太平天國典制通考》第二冊，一二五一—一二五九頁，對有關論據進行了研究，並列出人員名單。《太平叛亂》，一九一—一九二頁，洪大全供詞；據洪大全估計，一八五二年洪秀全在城中有繽妃三六人，離開時，隨同者仍有三十人左右。但是，關於洪大全的身份、頭銜及其供詞真實性方面，長期以來，史學界都爭執不已。參見《太平叛亂》，一八七—一八八頁；郭廷以，《太平天國史事日誌》，一五三—一五五頁；簡又文，《太平天國革命運動》，頁八四。

32 《太平叛亂》，頁一一〇，轉引《天命詔制書》，載於《印書》，頁一四。

33 鍾文典，《太平軍在永安》，一〇六—一〇七頁。

34 《太平叛亂》，頁一〇九，轉引《天命詔制書》，載於《印書》，頁一三。

35 鍾文典，《太平軍在永安》，頁一二二、一二七。

36 簡又文，《太平天國革命運動》，八三—八六頁；鍾文典，《太平軍在永安》，頁一二七頁；《太平叛亂》，一九一—一九二頁，洪大全供詞；柯溫，《自述》，八三—八四頁。

## 【第十二章】

1 簡又文，《太平天國革命運動》，頁八五；柯溫，《太平起義：李秀成自述》，頁一八七，註六〇。

2 拉易，〈兩廣海盜在太平暴動中的作用〉，頁二五八。
3 參見鍾文典，〈太平軍在永安〉的分析。
4 簡又文，《太平天國革命運動》，頁八六；柯溫，《太平起義：李秀成自述》，頁一八七，註六一。
5 拉易，〈兩廣海盜在太平暴動中的作用〉，頁二四五、二五六。
6 同上，二五四—二五六頁。一八五二年七月，淩十八被官軍殺害。
7 郭毅生，《太平天國歷史地圖集》，四七—四八頁；拉易〈兩廣海盜在太平暴動中的作用〉，頁二〇八、二五七。大頭羊終因此次收受賄賂為清廷所殺。
8 簡又文，《太平天國革命運動》，八八—八九頁。長期以來，史學界對馮雲山所受致命之傷的確切時間意見不一。羅爾綱，《太平天國史》第三冊，卷四三，與簡又文的意見相同；而茅家琦，《太平天國通史》第一冊，三〇七—三一二頁，則對馮雲山第一次在全州致傷持懷疑態度。這裡，本人特此感謝夏春濤對這一問題的闡述。
9 簡又文，《太平天國革命運動》，八九—九〇頁。
10 郭廷以，《太平天國史事日誌》，頁一八一。
11 孔復禮，〈太平天國叛亂〉，一〇六—一〇七頁；蔡少卿，〈太平天國革命前夕雷再豪和李元法起義的幾個問題〉，認為這些起義並非天地會起義。
12 孔復禮，〈太平天國叛亂〉，一〇六—一一一頁。
13 同上，一一三—一一五頁；《清代中國要人錄》，一三六—一三七頁。
14 此為簡又文親自考察該地區得出的結論，見簡又文，《太平天國全史》卷一，三三八—三八九頁；拉易，〈兩廣海盜在太平暴動中的作用〉，頁二五八。

15 郭毅生，《太平天國歷史地圖集》，四九—五〇頁；簡又文，《太平天國革命運動》，九〇—九二頁；郭廷以估計的日期略晚，約在六月十日，見《太平天國史事日誌》，頁一八二；拉易，〈兩廣海盜在太平暴動中的作用〉，二五八—二五九頁。

16 郭毅生，《太平天國歷史地圖集》，頁五三；柯溫，《太平起義：李秀成自述》，頁一八八，註六五。

17 《太平叛亂》，頁一四三、一四八。

18 《太平叛亂》，頁一四四。

19 鍾文典，〈太平軍大旗聯語與歌謠口號〉，二四六—二四七頁；又見《太平天國詩歌淺探》，一三—一七、五〇頁。

20 《太平叛亂》，頁一四六，據《頒行詔書》，載於《印書》，頁五b。

21 《太平叛亂》，頁一四八，據《頒行詔書》，載於《印書》，頁七b。

22 《太平叛亂》，一四六—一四七頁，據《頒行詔書》，載於《印書》，頁六。

23 《太平叛亂》，一四五—一四六頁，據《頒行詔書》，載於《印書》，四b—五頁。

24 《太平叛亂》，頁一四七，據《頒行詔書》，載於《印書》，頁六b；威廉／貝恩斯（譯），《易經》，頁九。太平天國早期的旗幟上也有類似的標語口號，見鍾文典，〈太平軍大旗聯語與歌謠口號〉，二四四—二四五頁。

25 《太平叛亂》，頁一五一；《頒行詔書》，載於《印書》，頁一〇b。

26 柯溫，《太平起義：李秀成自述》，頁八四；王慶成，〈壬子二年太平軍進攻長沙之役〉，頁一六六。

27 柯溫，《太平起義：李秀成自述》，頁八四、一八八，註六五；拉易，〈兩廣海盜在太平暴動中的作用〉，頁二六一。

28 王慶成，〈壬子二年太平軍進攻長沙之役〉，一六四—一六九頁；郭廷以，《太平天國史事日誌》，一八六—一九二頁；簡又文，《太平天國革命運動》，頁九八。隨著馮雲山、蕭朝貴先後去世，諸王已由五人減至三人；儘管蕭朝貴身亡的消息在太平軍各級軍士中人所共知，但洪秀全還是按常規將去世諸王的名字公佈出來。官軍是從抓到太平軍俘虜那裡得到這個消息的，這些囚犯將蕭朝貴的墓葬洩露出來，蕭朝貴的屍首被挖出來，碎屍萬段。參見程演生，《太平天國史料，一八五〇—一八六四年》，頁三一。

29 王慶成，〈壬子二年太平軍進攻長沙之役〉，頁一七〇。

30 相關人數的計算，參見王慶成，〈壬子二年太平軍進攻長沙之役〉，頁一七二。

31 《清代中國要人錄》，頁五三七；《清史列傳》卷四五，頁二四。

32 《清史列傳》卷四五，二五b—二六頁。

33 拉易，〈兩廣海盜在太平暴動中的作用〉，頁二六二；關於石達開事跡，參見王慶成，〈壬子二年太平軍進攻長沙之役〉，一七九—一八二頁；郭毅生，《太平天國歷史地圖集》，頁五五。

34 柯溫，《太平起義：李秀成自述》，頁一八九、一九一，述及各種圍攻戰戰術；王慶成，〈壬子二年太平軍進攻長沙之役〉，一八二—一八三頁。

35 柯溫，《太平起義：李秀成自述》，頁一八九。

36 在戰略思想上，以前曾做過海盜的羅大綱與東王楊秀清看上去不謀而合，參見拉易，〈兩廣海盜在太平暴動中的作用〉，二四一—二四二、二六三頁。

37 《太平叛亂》，四二一—四二二頁。

38 《太平叛亂》，四二三—四二四頁。

39 《太平叛亂》，頁四二一；據《行軍總要》，載於《印書》，頁五，略作改動。

40 柯溫，《太平起義：李秀成自述》，頁八三，所述加入水軍的鄉民，離開家鄉一百里後仍分不清方位。

41 《太平叛亂》，四一七—四一八頁；據《行軍總要》，載於《印書》，頁一，略有改動。

42 《太平叛亂》．三九一—三九二頁。

43 簡又文，《太平天國革命運動》，一〇〇—一〇二頁；拉易，〈兩廣海盜在太平暴動中的作用〉，二六四—二六八頁。

44 陳會元，《武昌記事》，五八七—五九〇頁。

45 趙德輿，《論太平天國的城市政策》，四九—五〇頁；陳會元，《武昌記事》，五九三—五九六頁。

46 程演生，《太平天國史料，一八五〇—一八六四年》，二七—三〇頁。

47 拉易，〈兩廣海盜在太平暴動中的作用〉，二六八—二六九頁。

48 柯溫，《太平起義：李秀成自述》，一九三—一九四頁，註八六。

49 簡又文，《太平天國革命運動》，一〇八—一一二頁。

50 《太平叛亂》，一八五—一八六頁。

51 《太平叛亂》，一八三—一八四頁，略作修改、轉譯。

52 雷特（Rait），《陸軍元帥郭富子爵的生平與戰役》（*Gough*）卷一，二七八—二七九頁；德庇時（Davis），《戰爭時期和締約以來的中國》（*China during the War*）卷一，頁二八九。

53 簡又文，《太平天國革命運動》，一一六—一一八、一二四頁；張汝南，《金陵省難紀略》，六九二—七〇五頁；威瑟斯（Withers），〈天京：一八五三—一八六四年間太平天國統治下的南京〉（Heavenly Capital），五八—六二頁。

## 【第十三章】

1 《太平叛亂》，三一四—三一五、三二〇頁；《天朝田畝制度》，載於《印書》，二b—三、七b頁。博爾，〈末世學〉，二一九—二六六頁，太平天國早期的南京政權被視為「千年王國」。

2 《太平叛亂》，三一四—三一五頁；《天朝川畝制度》，載於《印書》，二b—三頁；孔復禮，〈太平天國叛亂〉，頁二七九，孔復禮指出問題的複雜性就在於這一土地制度從未涉及到土地再分配的觀念。

3 《太平叛亂》，三一四—三一五頁。

4 《太平叛亂》，頁三二〇；《天朝田畝制度》，載於《印書》，頁八。

5 《太平叛亂》，三一八—三一九頁。

6 謝介鶴，《金陵癸甲記事略》，頁六五一；張汝南，《金陵省難紀略》，頁六九五。

7 《太平叛亂》，五六四—五六五頁，簡又文的文集中還保存有其他一些家冊的原件。

8 《太平叛亂》，五六六—五六九頁。

9 威瑟斯，〈天京：一八五三—一八六四年間太平天國統治下的南京〉，一九九—二〇〇頁；趙德興，〈論太平天國的城市政策〉，五〇—五二頁。

10 有關漢口商人吳福成（音譯），見簡又文，《太平天國革命運動》，一二一—一二二頁；威瑟斯在〈天京：一八五三—一八六四年間太平天國統治下的南京〉中，則述及了婦女的衣著打扮。

11 《太平叛亂》，四四八—四五〇頁；金毓黻，《太平天國史料》，一三〇—一三三頁；簡又文文集。

12 威瑟斯，〈天京：一八五三——一八六四年間太平天國統治下的南京〉，八七—九〇頁。

13 韋烈亞力（Alexander Wylie）一八五九年的報告，引自克拉克和格里戈利，《西方人關於太平天國的報導文選》，頁二二〇。

14 見默西埃（Mercier），《一八五一——一八五四年中國海城的「剿匪」戰役》中的報告，頁二六八—二八九；關於這場混亂，又見威瑟斯，〈天京：一八五三——一八六四年間太平天國統治下的南京〉，五三—五四頁。

15 見默西埃，《一八五一——一八五四年中國海域的「剿匪」戰役》的報告，二六八—二六九頁。

16 更令人出乎意料的是，有的彈藥作坊被安置在關帝廟裡。參見威瑟斯，〈天京：一八五三—一八六四年間太平天國統治下的南京〉，頁一〇四、一〇七—一〇八；簡又文，《太平天國革命運動》，頁一二六；祁龍威，〈太平天國文書史略〉和王慶成，〈關於「旨准頒行詔書總目」和太平天國印書諸問題〉兩篇論文，就印書和頒行諸問題進行了討論。

17 儘管在一些太平天國的文獻中，認定舊約全書《欽定舊遺詔聖書》頒行於一八五二年，但王慶成堅持時間是一八五三年，見〈關於「旨准頒行詔書總目」和太平天國印書諸問題〉，一九〇、一九六—一九七頁。而在《太平天國宗教》，頁九一之註二中，夏春濤認為頒行時間應有所變化；又見《太平叛亂》，頁二二一，引用《北華捷報》一八五三年六月十六日。

18 參見大英圖書館版《欽定舊遺詔聖書》，及《印書》，頁二四；夏春濤《太平天國宗教》，九六—九七頁。儘管西方的神學觀念遠比洪秀全的思想複雜得多，但這樣的事實是不可改變的，即摩押是羅得的後裔，而路得（波阿斯之妻）正是摩押的後裔。在此，我非常感謝多拉馬建（George Doramajian）所作的頗具價值的解釋。

19 關於《馬太福音》印刷品的數目，費煦班（Fishbourne）的《中國的印象和目前的革命，它的進展與前景》頁三九一中，認為是四百套；而《在華五年》三六九——三七〇頁中，戴作士（Taylor）認為是六百套；又見《太平叛亂》，二二二——二二四頁。

20 簡又文，《太平天國革命運動》，一六五——一六六頁，郭毅生，《太平天國歷史地圖集》，頁六七、七三。

21 《太平叛亂》，頁二五三；載於《印書》的《建天京於金陵論》（頁一），將其略作修正。其他參考文獻見於《太平叛亂》，二五四——二七六頁。

22 《太平叛亂》，頁二九六、三〇七。

23 《太平叛亂》，二九八——二九九頁。

24 《太平叛亂》，頁三〇五、三〇七。

25 「遷善省」，見《太平叛亂》，二七七——二七八頁；《貶妖穴為罪隸論》，載於《印書》，頁一。

26 《太平叛亂》，頁二八九、二九一。

27 《太平叛亂》，頁二九一；《貶妖穴為罪隸論》，載於《印書》，頁九b；關於喬的地位身份，見《太平叛亂》，頁二五二。

28 史式，〈太平天國的造字與改字〉，頁一五七、一五九。

29 同上，頁一五七。

30 同上，一五八——一五九頁。

31 同上，頁一五七；一五一——一五五頁中，史式對七十八個太平天國新字進行分析，分成兩大類，二十二個為新創字，五十六個為替代字；頁一六〇中，他又增加了九個變化不大的新字。太平天國時期這方面的有關文獻，見張汝南，《金陵省難紀略》，頁七一八、七二二；張德堅，《賊情彙纂》，二四二—二四四頁；《欽定禁筆字樣》；謝介鶴，《金陵癸甲記事略》，頁六五四；羅爾綱，〈太平天國經集考〉，二七—二八頁。關於文字禁忌背後的原因，參見格里戈利，《大不列顛和太平軍》，頁一八二。

32 《太平叛亂》，頁三九四、三九六。

33 《太平叛亂》，頁四五八。

34 《太平叛亂》，五八〇頁；張德堅，《賊情彙纂》，頁二三一。

35 《太平叛亂》，頁四五七。

36 《太平叛亂》，頁五六三，引自郭廷以，《太平天國史事日誌》卷一，頁二三二；威瑟斯，〈天京：一八五三—一八六四年間太平天國統治下的南京〉，一〇五—一〇六、一〇八頁。

37 張汝南，《金陵省難紀略》，頁六九五。

38 同上，頁七一六；趙德興，〈論太平天國的城市政策〉，頁五〇、五二—五三。

39 關於投毒陰謀，見《太平叛亂》，頁四七四；關於陰謀叛亂，見《太平叛亂》，頁四七三。

40 《太平叛亂》，頁四五一，有稍許變動。

41 簡又文，《太平天國革命運動》，一三九—一四〇頁；對應的部門、機構，見《太平叛亂》，五四八—五五五頁。

42 《太平叛亂》，頁四五二；張德堅，《賊情彙纂》，頁二〇四。

43 《太平叛亂》，頁四六六。

44 《太平叛亂》，頁四六六；金毓黻，《太平天國史料》，頁一三三。

45 克拉克和格里戈利，《西方人關於太平天國的報導文選》，頁一八五中，提及三個醫生；又見威瑟斯，〈天京：一八五三—一八六四年太平天國統治下的南京〉，一〇八—一一〇頁的觀點。

46 郭毅生，《太平天國歷史地圖集》，五九—六四頁；《太平叛亂》，頁五三三；張汝南，《金陵省難紀略》，七〇五—七〇六頁。

47 有關宮殿材料，參見《太平叛亂》，頁四五九、四八七；關於洪秀全、楊秀清的府第，見張汝南，《金陵省難紀略》，頁七〇五、七〇六；太平天國藝術文獻，參見《太平天國藝術》；對太平天國文化藝術的分析，見奧德麗・斯皮羅（Audrey Spiro）的論文〈太平天國的繪畫：叛亂及其保守藝術〉（Paintings of the Heavenly Kingdom）。

48 張汝南，《金陵省難紀略》，頁七一〇；簡又文，《太平天國革命運動》，頁一三〇；威瑟斯，〈天京：一八五三—一八六四年太平天國統治下的南京〉，頁一七四。

49 關於一八五三年六月鎮江的情況，見戴作士，《在華五年》，三四一—三四二頁；關於竹簽的材料，見《太平叛亂》五七八—五七九頁；張德堅，《賊情彙纂》，頁一三四—一三六中，對木柵、竹簽的安置作了細緻的描述。

50 《太平叛亂》，頁四三六，載自《行軍總要》。

51 《御制千字詔》，載於《印書》，一—二頁；《太平叛亂》，頁四〇九。

52 《太平叛亂》，頁四一五，據《印書》之《御制千字詔》，一三b—一四頁，略作改動。

## 【第十四章】

1 J. Y. 王，《一八三九—一八六〇年間的中英關係：英國外交部檔案中的中文文件一覽表》，頁二二五頁，第四條；BPP/IUP頁十二、十三中記有三艘船上的狀況；默西埃（Mercier），《一八五一—一八五四年中國海域的「剿匪」戰役》（*Cassini*），頁二二八，記載文翰和赫爾墨斯號於三月二十一日到達；同上，頁二二九，記載色斯奎哈那號的出現；同上，頁二二二，記載加西尼號於三月十五日停泊上海；同上，頁二二四，中國官方允許加西尼號前往南京，日期為三月十七日和十九日；頁二三一，記載四月五日加西尼號再度前往南京。

2 默西埃，《一八五一—一八五四年中國海域的「剿匪」戰役》，頁二二九。

3 同上，頁二三一、二三三。

4 同上，頁二三七。

5 《北華捷報》，一八五三年四月二日；默西埃，《一八五一—一八五四年中國海域的「剿匪」戰役》，頁二四五；BPP/IUP，頁二四。

6 《北華捷報》，一八五三年四月九日。

7 默西埃，《一八五一—一八五四年中國海域的「剿匪」戰役》，頁二五一、二五四。

8 克拉克和格里戈利，《西方人關於太平天國的報導文選》，三—三五頁，記錄了這些資料的一例。

9 同上，一九—二〇頁；韋烈亞力，《向中國人傳教的新教傳教士回憶錄》，頁九五。

10 BPP/IUP，頁二三。

11 同上，頁一一，一八五三年三月二十八日。

12 同上，一二—一三頁；格里戈利，《大不列顛和太平軍》，一五—二四頁，記錄了這項使命的摘要；默西埃，《一八五一—一八五四年中國海域的「剿匪」戰役》，頁二二一，葡萄牙人如此行事。

13 BPP/IUP，頁一五。

14 同上，頁二六。

15 同上，頁二六、二八。

16 同上，頁四〇。
17 同上，頁三四、三八。
18 同上，頁三八。
19 同上，頁三七。
20 同上。
21 費熙班，《中國的印象和目前的革命，它的進展與前景》，一四一—一四四、一五二、一五四—一五五頁。
22 BPP/IUP，四五—五四頁，可查密迪樂（Meadows）。
23 BPP/IUP，四一—四二頁；《太平叛亂》，五一五—五一七頁亦有引用。
24 BPP/IUP，四二—四三頁。
25 同上，頁三二、三五。
26 同上，頁三二、五四。
27 《北華捷報》，一八五三年五月十四日。
28 J. Y. 王，《一八三九—一八六〇年間的中英關係：英國外交部檔案中的中文文件一覽表》，二二八—二二九頁，第二三和二六條。
29 默西埃，《一八五一—一八五四年中國海域的「剿匪」戰役》，頁一七、一八。
30 同上，二三—二四、二九—三〇、四二—四四、五二—五三頁。
31 同上，二二九—二三一頁。
32 BPP/IUP，一九—二五頁，見防守一節。
33 默西埃，《一八五一—一八五四年中國海域的「剿匪」戰役》，頁三二〇。

34 同上，頁三一八、三二六、三二八。對法國而言，麻煩依然存在，這一點在一八五四年三月十九日艾頓（Edan）領事寫給阿禮國（Alcock）的信中顯示出來。信件收藏於PRO/FO頁六七一／二裡。
35 默西埃《一八五一—一八五四年中國海域的「剿匪」戰役》，頁二二二、三二五、三六六頁。
36 同上，頁二五八、三三八—三三九。
37 同上，三四〇—三四三頁。
38 在克拉克和格里戈利，《西方人關於太平天國的報導文選》，頁九四中，葛必達對此有引用。
39 同上，頁九六。
40 同上，九四—九六頁。
41 同上，一〇六—一〇九頁。
42 同上，頁九七。
43 同上。
44 同上，頁一〇〇；簡又文，《太平天國革命運動》，二七三—二七四頁。
45 克拉克和格里戈利，《西方人關於太平天國的報導文選》，頁一〇一。
46 默西埃，《一八五一—一八五四年中國海域的「剿匪」戰役》，頁三五六。
47 克拉克和格里戈利，《西方人關於太平天國的報導文選》，頁九〇，法國外交部檔案中引用。
48 此信由作者自默西埃，《一八五一—一八五四年中國海域的「剿匪」戰役》，三六三—三六五頁中翻譯而來。
49 同上，三七二—三七三頁。
50 同上，頁二二九。

51 唐德剛，《一八四四—一八六〇年間美國在華外交》，頁一二二註釋八、頁一二六；默西埃，《一八五一—一八五四年中國海域的「剿匪」戰役》，頁二四六、二五一。

52 默西埃，《一八五一—一八五四年中國海域的「剿匪」戰役》，頁二五七、二九四、三七〇；關於馬沙利和佩里，參見羅伯‧約翰遜（R. E. Johnson），《遙遠的中國駐地：亞洲水域的美國海軍，一八〇〇—一八九八》（China Station），六三—六六頁；唐德剛，《一八四四—一八六〇年間美國在華外交》，一二一—一二五頁。

53 《太平叛亂》，頁一二五。

54 鄧元充，《羅孝全牧師與太平天國起義》，頁六〇，韋烈亞力，《向中國人傳教的新教傳教士回憶錄》，頁九五。

55 鄧元充，《羅孝全牧師與太平天國起義》，頁六〇。

56 同上，頁六一。

57 國家檔案館，一八四三—一九〇六年間美國駐華公使發回的信函，縮印膠捲九二，卷一〇，一八五四年四月八日澳門；一八五四年六月十四日上海；鄧元充，《羅孝全牧師與太平天國起義》，頁六一；唐德剛，《一八四四—一八六〇年間美國在華外交》，一四八—一四九頁。

58 國家檔案館，一八四三—一九〇六年間美國駐華公使發回的信函，縮印膠捲九二，卷一〇，布嘉南船長一八五四年五月二十六日的信和麥蓮六月十四日的信裝在一起，標有「Exhibit A」；《太平叛亂》，五二一—五二二頁亦有引用。

59 克拉克和格里戈利，《西方人關於太平天國的報導文選》，頁一〇九；《太平叛亂》，頁五二五。

60 《太平叛亂》，頁五二六。

61 此處所言乃據包令（Lewin Bowring）之回憶，見克拉克和格里戈利，《西方人關於太平天國的報導文選》，頁一六八。

62 《太平叛亂》，五二八—五二九頁。

63 《太平叛亂》，五二九—五三〇頁，引自國家檔案館，一八四四—一九〇六年間美國駐華公使發回的信函，縮印膠捲九二，卷一〇，與麥蓮（一八五四年）六月十四日信函裝在一起，但係自漢語原文翻譯而來。

64 《太平叛亂》，頁五二七。

65 國家檔案館，一八四四—一九〇六年間美國駐華公使發回的信函，一八五四年六月一日備忘錄，與麥蓮（一八五四年）六月十四日信函裝在一起，標有「Exhibit C」，信函號為六，由副醫師福布斯（Charles F. Forbes）所寫。

66 參考克拉克和格里戈利，《西方人關於太平天國的報導文選》，頁一九九中引用的愛爾蘭雇傭兵。

67 國家檔案館，一八四四—一九〇六年間美國駐華公使發回的信函，一八五四年六月一日，「Exhibit C」。

68 《太平叛亂》頁五三一。

69 克拉克和格里戈利，《西方人關於太平大國的報導文選》，頁一三一。

70 麥蓮（一八五四年）六月十四日信函，同上之頁一三三中引用。

71 同上，頁一三五。

72 同上，一三六—一三七頁。

## 【第十五章】

1 簡又文，《太平天國革命運動》，頁一七一、一七五。

2 同上，一八五—一八八頁。

3 同上，一八二—一八三頁。

4 同上，一九三—一九四頁；郭毅生，《太平天國歷史地圖集》，六七—六八頁。

5 芮瑪麗（Wright），《中國保守主義的最後拼搏：一八六二—一九七四年的同治中興》，第九章；孔復禮《太平天國觀念的起源：一場中國叛亂的文化交叉範疇》，第四章。

6 簡又文，《太平天國革命運動》，二三七—二三八頁。陳玉成是陳承瑢的侄子。

7 同上，二〇二—二〇三、二一〇—二一二頁；郭毅生，《太平天國歷史地圖集》，七三—七四、七七頁。

8 簡又文，《太平天國革命運動》，一九六—一九八、二五四—二五六頁；魏斐德（Wakeman）《城門口的陌生人：一八三九—一八六一年間華南的社會騷動》（Strangers），第十四、十五章；郭毅生，《太平天國歷史地圖集》，頁九七。

9 簡又文，《太平天國革命運動》，一三一—一三二頁；威廉斯，〈天京〉，一七八—一八〇頁。

10 郭廷以，《太平天國史事日誌》附錄，四一—四四頁。

11 簡又文，《太平天國革命運動》，二〇六—二〇七頁，對交通的論述；以及頁二〇九。

12 《太平叛亂》，一九九—二〇〇、二〇三頁。

13 《太平叛亂》，頁二〇〇、二〇四、二一三。

14 《太平叛亂》，頁二〇五、二一五、二一七。蕭朝貴借耶穌之口，對洪秀全虐待妻子提出警告，早在一八四九年就已出現過；見《天兄聖旨》卷一，頁一三b。

15 《太平叛亂》，二〇五—二〇七頁，記錄了這時期的一個變化。

16 《太平叛亂》，二一四—二一五頁。

17 《太平叛亂》，頁二一七；《天父下凡詔書》第二集，載於《印書》，頁一九。

18 見《天兄聖旨》卷一，頁五，即道光二十八年（一八四八）十一月中旬中的復述。

19 同上，卷一，頁一三，道光二十九年一月十八日。

20 同上，卷二，頁一四，道光三十年八月一日。

21 《太平叛亂》，頁二一七；《天父下凡詔書》第二集．載於《印書》，頁一九。

22 《天兄聖旨》卷一，三b—四頁，道光二十八年十月二十四日。

23 麥都思（W. H. Medhurst）是這個漢語文本的第一個作者，經過小心謹慎的增刪，他把它譯成了英文，洪秀全講話的完整內容在一八五五年九月二十二日、九月二十九日、十月六日《北華捷報》上。亦見《太平叛亂》，三四四—三六四頁。

24 《太平叛亂》，二〇一—二〇三、二一九頁；《天父下凡詔書》第二集，載於《印書》，頁二〇b；《聖經·約翰福音》，第五章，七節；《太平叛亂》，頁二三四；簡又文，《太平天國革命運動》．一五九—一六〇頁。

25 《太平叛亂》，頁二〇四；《天父下凡詔書》第二集，載於《印書》，頁七，其中記載頂天侯秦日綱要攙扶或「肩負」東王，同時韋昌輝要扶送或「陪護」洪秀全至天王府。

26 《太平叛亂》，頁二一八，係據《天父下凡詔書》第二集，載於《印書》，頁二〇修改而來。

27 《太平叛亂》，頁二一四；《天父下凡詔書》第二集，載於《印書》，頁一七。

28 費熙班，《中國的印象和目前的革命，它的進展與前景》，頁二三九註釋，將洪天貴作為三兄；《太平叛亂》，二〇二頁註釋，引用太平天國統治時期一個名叫謝捷和之南京居民的說法，將馮雲山稱為三兄。

29《太平叛亂》，三七七——三七八頁。

30《太平叛亂》，頁三七九、三九一；夏春濤，《太平天國宗教》，頁九三。

31《天父聖旨》，頁五——九，所標日期為太平曆四年（譯按：即一八五四年）一月二十七日。拷起來的是陳承瑢、蒙得恩和石達開的岳父黃玉昆；受譴責之後得到寬恕的是盧賢拔；盧賢拔參與制定十款天條，見簡又文，《太平天國革命運動》，頁一六一；被處死的是陳宗揚。

32見《天父聖旨》，頁七，上帝（楊秀清）特意使人憶起早期黃日鎮和周錫能兩案件。周錫能案件亦見《太平叛亂》，八九——九七頁；黃日鎮案件見《太平叛亂》，頁一〇二、四四三。

33《天父聖旨》，三——四頁；亦見瓦格納，〈中國公眾領域的運作：神學和太平天國宣傳技術〉，一三三——一三四頁，翻譯和分析上略有不同。

34《天兄聖旨》卷一，五b——六頁；王慶成，《天父天兄聖旨》，頁七；瓦格納，〈中國公眾領域的運作：神學和太平天國宣傳技術〉，頁一三一。

35《太平叛亂》，二〇〇——二一六頁，證明楊秀清引用四處《論語》中的不同篇章，引用《大學》中的一處。

36簡又文，《太平天國革命運動》，二三〇——二三一頁，這段譯文最初由簡又文翻譯，然後據簡又文《太平天國全史》卷二，一〇八四頁漢文稍作改動而來。

37簡又文，《太平天國革命運動》，二六六——二六七頁；《太平天國全史》卷二，一二七一——一二七六頁。

38格里戈利，《大不列顛和太平軍》，頁一七三；這個報導的大部分由包令和麥都思寫成，包含在克拉克和格里戈利的《西方人關於太平天國的報導文選》，一五七——一七一頁中。他們的完整長篇手稿，經刪節和修改後保存在PRO/FO六七一／二中。

39 PRO/FO一七／二一四，一九八v—一九九頁，在格里戈利的《大不列顛和太平軍》中，一八〇一—一八六頁全文也引用此段話，引文在一八一頁；關於信封，見克拉克和格里戈利，《西方人關於太平天國的報導文選》，頁一七〇。

40 PRO/FO一七／二一四，頁二〇三r、二〇三v；格里戈利，《大不列顛和太平軍》，頁一八六。這段中兩個關鍵討論，見瓦格納，《重定天國觀念：宗教在太平天國起義中的作用》，四四—四六、六五頁，以及夏春濤，《太平天國宗教》，一〇三—一〇八頁。

41 格里戈利，《大不列顛和太平軍》，一八七—一八八頁。

42 同上，一九〇—一九一頁。

43 PRO/FO一七／二一四，頁二〇七v；格里戈利，《大不列顛和太平軍》，一八九—一九〇頁；克拉克和格里戈利，《西方人關於太平天國的報導文選》，頁一七一，記錄了包令在「宗教會議」上的發言。

44 格里戈利，《大不列顛和太平軍》，頁一九三。

45 克拉克和格里戈利，《西方人關於太平天國的報導文選》，頁一六五、一六八。

46 《天父聖旨》，一二b—一三頁，日期為太平曆四年（即一八五四年）六月一日；夏春濤，《太平天國宗教》九八—一〇〇頁；瓦格納《中國公眾領域的運作：神學和太平天國宣傳技術》，一三六—一三七頁。

47 《天父聖旨》，一二b—一三b頁，日期為太平曆四年（即一八五四年）六月一日。

## 【第十六章】

1 《天父聖旨》，頁一五，日期為太平曆五年（即一八五五年）三月十九日；克拉克和格里戈利，《西方人關於太平天國的報導文選》，頁一八七。

2 《太平叛亂》，頁四二二，據向達等人編《太平天國資料叢刊》卷三，頁一九一改寫而成；《天父聖旨》，頁一六，日期為太平五年六月十七日。

3 見《天父聖旨》中的七個例子，日期為太平四年八月二十四日，四年十二月十三日，五年二月十三日，五年六月七日，五年六月十七日，五年八月十七日，及五年十一月二日。

4 這些過程可參見《天父聖旨》．二〇—二四b頁，日期為太平五年七月十九日，以及三二b—三三頁，日期為太平六年三月五日。

5 見《天父聖旨》，二五b—二七b頁，日期為太平五年八月二十六日；克拉克和格里戈利，《西方人關於太平天國的報導文選》，頁一九六，記載了一個洪秀全親赴東王府的例子。

6 《天父聖旨》，頁二六b，日期為太平五年八月二十六日。

7 同上，頁三一b，日期為太平五年九月五日。

8 同上，頁二九，日期為太平五年八月二十七日，稱上帝為「天公」。

9 見郭廷以，《太平天國史事日誌》附錄，頁二一，一八五四年他們的王號是「燕王」和「豫王」；《天父聖旨》，頁一四，日期為太平四年十二月十三日；簡又文，《太平天國革命運動》，頁二九二，取消兩個王號。

10 《天父聖旨》，一四b—一五頁，日期為太平五年二月十三日。

11 《太平叛亂》，三八五—三八六頁，李玉松案件；關於懲罰，見張汝南，《金陵省難紀略》，頁七一六。

12 《太平叛亂》，三九三—三九四頁，李奉先案件。

13 《天父聖旨》，一六—一九頁，日期為太平五年六月二十八日，記錄了四個類似的案例。

14 同上，一九—二〇頁，日期為太平五年六月三十日。

15 簡又文，《太平天國革命運動》，二七八—二八六頁；克拉克和格里戈利，《西方人關於太平天國的報導文選》，一八一—一八五頁。

16 簡又文，《太平天國革命運動》，二九〇—二九一頁；柯溫，《太平起義：李自成自述》，頁八六。

17 柯溫，《太平起義：李自成自述》，頁一九八；克拉克和格里戈利，《西方人關於太平天國的報導文選》，頁一八〇；麥高文在給一八五七年四月二十五日《北華捷報》所寫的一篇文章中，給這個人起了個綽號叫「肯能」（Canny），但並沒有懷疑他描述的準確性。文翰在寫給一八五七年一月二日《北華捷報》的早期信件中，也說「沒有理由懷疑」這位愛爾蘭人經歷的「準確性」。整篇報導分印在一八五七年《中國的陸上朋友》連續三期上：一月十五日，號一，頁二；一月二十一日，號二，頁一〇；一月三十日，號三，增刊。這些將分別以#1、#2、#3引用。我特別感謝尼克拉斯・史賓斯（Nicholas Spence）幫我取得這些文件的複印件。

18 J. Y. 王，《一八三九—一八六〇年間的中英關係：英國外交部檔案中的中文文件一覽表》，二二八—二二九頁，第二十六件。

19 格里戈利《大不列顛和太平軍》，頁二〇八，引用麥勒西一八五四年六月二十四日記錄；另一個「黑人」在一八五三年加入太平軍，此事在克拉克和格里戈利的《西方人關於太平天國的報導文選》，頁一八二提及。

20 格里戈利，《大不列顛和太平軍》，頁三四。

21 克拉克和格里戈利，《西方人關於太平天國的報導文選》，頁八二；引用威廉斯一八五三年六月三十日記錄。

22 格里戈利，《大不列顛和太平軍》，頁三五；魏斐德，《城門口的陌生人：一八三九—一八六一年間華南的社會騷動》，頁一四七。

23 包令於一八五五年一月二十五日寫給克拉蘭頓（Clarendon）的信，引用於格里戈利，《大不列顛和太平軍》，頁二一五，註釋一二。

24 默西埃，《一八五一—一八五四年中國海域的「剿匪」戰役》，頁二二五、二八四。

25 克拉克和格里戈利，《西方人關於太平天國的報導文選》，頁一八一、一八六。

26 克拉克和格里戈利，《西方人關於太平天國的報導文選》，頁一八二。

27 《中國的陸上朋友》，#1；克拉克和格里戈利，《西方人關於太平天國的報導文選》，頁一八一。

28 《中國的陸上朋友》，#1；克拉克和格里戈利，《西方人關於太平天國的報導文選》，頁一八二。

29 克拉克和格里戈利，《西方人關於太平天國的報導文選》，頁一八三、一八五、一八九。

30 同上，一八四—一八五頁。

31 同上，一八六—一八七頁。

32 《中國的陸上朋友》，#2；克拉克和格里戈利，《西方人關於太平天國的報導文選》，頁一八七。

33 《中國的陸上朋友》，#3；克拉克和格里戈利，《西方人關於太平天國的報導文選》，頁一九六。

34 克拉克和格里戈利，《西方人關於太平天國的報導文選》，一八七—一八八、一九九頁。

35 同上，頁一九五、一九九。

36 同上，頁一九六；《中國的陸上朋友》，#3。

37 克拉克和格里戈利，《西方人關於太平天國的報導文選》，頁一九三。

38 《天父聖旨》，頁三四，日期為太平六年七月九日。

39 《中國的陸上朋友》，#2，克拉克和格里戈利，《西方人關於太平天國的報導文選》，頁一八八。

40 簡又文，《太平天國革命運動》，二九四—二九五頁；柯溫，《太平起義：李秀成自述》，頁八六、一九六—一九八。我同意簡又文關於李秀成的說法，秦日綱也參與其中，而不贊同郭廷以的說法；見柯溫，《太平起義：李秀成自述》，頁八九、二〇九註釋。

41 克拉克和格里戈利，《西方人關於太平天國的報導文選》，頁一八九。

42 《中國的陸上朋友》，#2；克拉克和格里戈利，《西方人關於太平天國的報導文選》，一九〇—一九一頁。

43 《中國的陸上朋友》，#2、#3，其中記載被砍頭的婦女達五百人，而楊秀清部下遭殺戮的達四萬人之多，這個數字駭人聽聞，也不大屬實；克拉克和格里戈利，《西方人關於太平天國的報導文選》，一九〇—一九二、一九六頁。

44 簡又文，《太平天國革命運動》，二九九—三〇〇頁；克拉克和格里戈利，《西方人關於太平天國的報導文選》，頁一九一；柯溫，《太平起義：李秀成自述》，八六—八七、一九八頁。

45 克拉克和格里戈利，《西方人關於太平天國的報導文選》，頁一九三，記錄了秦日綱離開長江軍營。

46 《中國的陸上朋友》，#2；克拉克和格里戈利，《西方人關於太平天國的報導文選》，頁一九五。
47 《中國的陸上朋友》，#3；克拉克和格里戈利，《西方人關於太平天國的報導文選》，頁一九五。

## 【第十七章】

1 《太平叛亂》，頁九三一，註釋一。
2 《太平叛亂》，九八九—九九一頁；簡又文，《太平天國革命運動》，頁一五八，註釋五二。
3 郭廷以，《太平天國史事日誌》，頁七五五，以及附錄，頁二〇；《太平叛亂》，頁九三一。
4 簡又文，《太平天國革命運動》，三〇一—三〇二頁；郭廷以，《太平天國史事日誌》附錄，頁二〇、二二。
5 克拉克和格里戈利，《西方人關於太平天國的報導文選》，頁一九四。
6 柯溫，《太平起義：李秀成自述》，頁八七、九一；《太平叛亂》，頁一四〇一，採用一八六五年《北華捷報》的說法。
7 《太平叛亂》，頁六九七，據向達等人編《太乎天國資料叢刊》卷二，頁六九四，略有改動。
8 柯溫，《太平起義：李秀成自述》，頁九二。
9 孔復禮，《晚期中華帝國中的叛亂及其敵人：軍事化及其社會結構．一七九六—一八六四》第四部分；芮瑪麗，《中國保守主義的最後拼搏：一八六二—一八七四年的同治中興》，七三—七七頁。
10 《清代檔案史料叢編》卷一，頁二、七、一〇、一四、二〇、二九。

11 同上，五七—五八頁，咸豐七年三月二十三日和咸豐七年八月五日；同上，六二—六三頁，咸豐八年六月二十四日，顯示了作為進一步的節儉措施，一八五八年取消了每年的滿洲冬獵。

12 這一點由李秀成證實，柯溫的《太平起義：李秀成自述》，頁九二中曾引用。

13 郭廷以，《太平天國史事日誌》附錄，頁一九、二三；《太平叛亂》，九八一—九八二頁。

14 簡又文，《太平天國革命運動》，三五二—三五三頁；郭廷以，《太平天國史事日誌》附錄，頁二三、二四、三八，記載「國宗」名單和一八五六年、一八五七年的日期。「國宗」一欄內亦包括其他王的親戚。

15 《英國議會檔案》中國卷第三十二卷，頁一五三；《太平叛亂》，頁九八五亦有引用。

16 《太平叛亂》，頁一五三〇，記載洪天貴的供詞。其他同時代人暗示總共一四八或更多的妻妾——見《太平叛亂》，頁五八五；張德堅，《賊情彙纂》，頁三一〇。所有這些妃妾都被授以「娘娘」或「高級妃子」的尊稱，但她們並沒有像清帝國流行的那樣按職階形成一套階級制。見簡又文，《太平天國革命運動》，頁一三八。

17 這段供詞見《太平叛亂》，頁一五三一。

18 《太平叛亂》，頁八九八—九〇〇頁，《幼主詔書》；這些記憶見《太平叛亂》，頁一五三一。

19 《天父詩》，載於《印書》卷一四，標注年份為一八五七年；《太平叛亂》，五八五—六六六頁，其中引用的詩節編號，中英文版本是一致的。

20 第一三九、一五七、三五八節。

21 第一三四—一三七、二四三—二四五節。

22 第二一八、三〇四、一五一、二三〇節。

23 第一四八、三九四、四七〇、二一二節；第一八九節中記錄了「風琴」這種樂器。

24 第一七〇、二六〇、四一六節。
25 關於垃圾見第一二九節；痲瘋病見第四四六、四九〇節；痰盂見第一五二、一五四、二九六節；害蟲見第一五八、一五九、二四一節；扇子見第一七七、二六三節。
26 第一九二、三〇三節。
27 第一七九—一八〇節，一八八、二九七、二二四、二八一節。
28 關於身體，見第二八三節；臉見第四八五、二〇〇、三九三節；腳見第一七四節；肚臍見第四八五節。
29 第二一六、一九七、二三七節。
30 第二六七、三三七、三三八、三一〇節。
31 第四六、一〇七、一五三、二八一節。
32 第二八四、三九三、二八六、四一〇—四一一、九、二八二節。
33 第四一二節。
34 第二一七、二四七、四一四、四一五、四二二、四二三、四二六節。
35 《太平叛亂》，頁一五三一，「幼主供詞」。
36 第二六五、四二七節。
37 第二七五、三〇節。
38 第三九二、三六四、三九〇、三七五節。
39 《天父詩》，載於《印書》，頁二八，第三一三節；《太平叛亂》，頁六三六，有不同的譯文。
40 第五五、三一二節。同樣的資訊在第一八七、三五四節中則隱晦不彰。
41 第三七八、三八九節。

42 第一六四、二六四節。

43 第二六四、三二八節。

44 關於錯誤見第三二七節；歡笑見第二一二、三四三、三六二節；杖罰見第一七、一八、一一一、一八九節；死刑見第三四〇節；女侍洗浴見第四二九、四三二節。

45 第二一節。

46 倫敦英國國家圖書館東方及印度分館之收藏部，擁有早期兩個版本的太平天國聖經：略有改動的郭士立版本《舊遺詔聖書》（僅括《創世記》第一章至二八章，編號15116.b.9），以及已知僅存的《欽定舊遺詔聖書》複印本（從《創世記》到《約書亞記》）包含了洪秀全的全部修改內容（編號15117.e.20）。為了簡捷起見，這裡的引文分別稱之為《聖經A》和《聖經B》。完整的修改目錄表在吳良祚和羅文奇參考價值很高的論文〈太平天國印書校勘記〉，二六七—二七三頁中列出。

47 《天父詩》，第四四八節；《太平叛亂》，頁六五七。

48 吳良祚和羅文奇，〈太平天國印書校勘記〉，頁二六七。

49 同上，頁二六八；在《創世記》第十八篇一六、二二節，和第四十八篇一六節中，也加入了相似的內容。

50 洪秀全在《創世記》第三十八篇一二節，以及第四十三篇二九節中，也這樣修改。

51 吳良祚和羅文奇，〈太平天國印書校勘記〉，頁二七四。

52 見《聖經A》和《聖經B》，第一篇三六—三七b節；吳良祚和羅文奇，〈太平天國印書校勘記〉，頁二六七。

53 《創世記》，第二十篇二—一三節，《印書》，二四b—二五頁；吳良祚和羅文奇，〈太平天國印書校勘記〉，二六八—二六九頁。《創世記》，第二十六篇七—九節中，關於亞比米勒看到以撒和利百加「戲玩」的相似故事，用同樣的詞清除了以撒的欺騙行為；吳良祚和羅文奇，〈太平天國印書校勘記〉，頁二六九。

54 Divide在漢語中就是「分」。《創世記》，第二十五篇三一—三四節，《聖經A》和《聖經B》，第一篇三四b節；吳良祚和羅文奇，〈太平天國印書校勘記〉，頁二六九。

55 《聖經A》和《聖經B》，第一篇三六—三七b節；吳良祚和羅文奇，〈太平天國印書校勘記〉，二七〇—二七一頁。洪秀全清除了另外一些以酒作奉禮的地方，例如《利未記》，第二十三篇一三節；《民數記》第六篇二〇節，和第十八篇二七節。

56 吳良祚和羅文奇，〈太平天國印書校勘記〉，頁二八一。

57 所有這些修改見吳良祚和羅文奇，〈太平天國印書校勘記〉，二七二—二七三頁。

58 同上，頁二七五。為了增加自己重寫的篇幅，洪秀全將〈出埃及記〉第二十二篇一八節全部刪除了。

## 【第十八章】

1 「抵任」，《議會檔案／額爾金》，頁一九；「裝備」，沃爾龍德（Walrond），《額爾金》，頁一九〇、一九二、一九五、一九八，以及《議會檔案／額爾金》，頁三五、四〇。

2 克拉蘭頓（Clarendon）伯爵致額爾金的信（一八五七年四月二十日），《議會檔／額爾金》，二—三、五頁。關於導致額爾金赴中國的使命的直接原因「亞羅號戰爭」（Arrow War）的分析，見費正清，《貿易》，以及《亞羅號戰爭》。

3 關於額爾金父子，見《全國人名詞典》，一〇四—一〇六、一三〇—一三一頁。

4 俄理範（Oliphant），《額爾金赴中國和日本的使命》（Narrative），卷一，二九二—三五〇頁；沃爾龍德，《額爾金》，二一〇—二五七頁。

5《天兄聖旨》卷一，頁三，日期為道光二十八年十月二十四日。

6 同上，卷一，頁一二b，日期為道光二十九年一月十六日。

7《議會檔案／額爾金》，頁四四四；沃爾龍德，《額爾金》，頁二八五。

8《議會檔案／額爾金》，頁四四四。

9 沃爾龍德，《額爾金》，頁二八五。

10 俄理範，《額爾金赴中國和日本的使命》，卷二，頁三一一。

11 引文出處同上，三一三—三一四頁；又見沃爾龍德，《額爾金》，頁二八五；《議會檔案／額爾金》，頁四五五。

12《議會檔案／額爾金》，頁四五四；《太平叛亂》，頁七一三。

13《議會檔案／額爾金》，四七一—四七二頁；經威妥瑪大幅度修改；《太平叛亂》，頁七一七。

14《太平叛亂》，七一八—七一九頁；《議會檔案／額爾金》，四七二—四七三頁；金毓黻，《史料》，九五—九七頁。

15 中文見金毓黻，《史料》，九七—九八頁；部分按照威妥瑪在《議會檔案／額爾金》，頁四七三中的翻譯，以及《太平叛亂》，頁七二〇。

16 俄理範，《額爾金赴中國和日本的使命》，卷二，頁四六一。

17 同上，頁四五四。

18 金毓黻，《史料》，一三八—一三九頁；《議會檔案／額爾金》，頁四七〇；《太平叛亂》，七二一—七二二頁。

19 沃爾龍德，《額爾金》，三〇一—三〇二頁；關於旅途部分，見《議會檔案／額爾金》，頁四七〇；俄理範，《額爾金赴中國和日本的使命》，卷二，四四七—四四八頁。

20 《議會檔案／額爾金》，頁四五一，威妥瑪的描述。

## 【第十九章】

1 簡又文，《太平天國革命運動》，三五六—三五七頁；郭廷以，《史事》附錄，頁二三。

2 簡又文，《太平天國革命運動》，三五一—三五六頁。

3 向達，《資料》卷二，頁八四六，根據《太平叛亂》，頁一五一一，略作改動。

4 《太平叛亂》，頁七五九註釋七、七六〇—七六一註釋八—一〇；又見韋烈亞力，《回憶錄》，一五九—一六〇頁，關於韓山文的記述；關於柏恩斯（Burns）的記述，見一七五—一七六頁；關於理雅各的記述，見一一七—一二二頁；關於霍布森（Hobson）的記述，見一二五—一二八頁；容閎，《西學東漸記》，頁一〇八。容閎是耶魯大學一八五四年的學生。

5 皮菲斯特（Pfister），〈理雅各〉（Legge），第二部分，頁三四。

6 理雅各，〈殖民地〉（Colony），頁一六九。

7 皮菲斯特，〈理雅各〉，第二部分，頁四四；理雅各，〈殖民地〉，頁一七二。

8 理雅各，〈殖民地〉，一七一—一七二頁。

9 韋烈亞力，《回憶錄》，頁一一八；皮菲斯特，〈理雅各〉，第一部分，頁四五。其他傳教士也主張使用「上帝」的稱呼，儘管它仍然沒有被大多數人認可。各種爭議的簡介可見於麥都思，《論中國人神學》。

10 對理雅各觀念的概括，見皮菲斯特，〈理雅各〉，第一部分，四八—四九頁。

11 同上，第二部分，三五—三六頁。

12 韋爾什（Welsh），《香港》（*Hong Kong*），頁一六九；理雅各，〈殖民地〉，一六五—

一六六、一七一頁
13 理雅各，〈殖民地〉，一六七—一六八頁；韋爾什，《香港》，一六四—一六六、二一八頁。
14 理雅各，〈殖民地〉，頁一六五；韋爾什，《香港》，頁二一二，有關於卡德威爾的敘述，以及頁一五二，有關於企業家的敘述。
15 理雅各，〈殖民地〉，頁一七一。
16 皮非斯特，〈理雅各〉，第一部分，頁四四；簡又文，《太平天國革命運動》，頁三五六。
17 《太平叛亂》，頁一五一二；簡又文，《太平天國革命運動》，頁三五七，同時引用吟唎，《太平》卷一，頁二二六；韋烈亞力，《回憶錄》，二一七—二一八，有關於收信者查爾摩斯（Chalmers）的敘述，當時理雅各正好不在。
18 《太平叛亂》，頁七六五、七六七；洪仁玕，《資政新篇》，載於《印書》，頁一四、一六。
19 《太平叛亂》，關於保險，頁七六九；關於房屋，頁七七一；關於銀行，七六五—七六六頁；關於大路，頁七六四、七六五；關於專利權，頁七六六。
20 《太平叛亂》，七六八—七六九頁。
21 《太平叛亂》，頁七六七；關於洪秀全相當近似的批註，見頁七六四。
22 《太平叛亂》，頁七七二，與《資政新篇》，載於《印書》，頁二一稍有不同。
23 容閎，《西學東漸記》，頁一一〇。
24 波頓（J. S. Burdon）的報導，載於克拉克和格里戈利《西方人關於太平天國的報導文選》，頁二四〇；富賜禮，〈在家裡的太平軍〉，《北華捷報》一八六一年十月十九日，被收錄於上書，頁三六〇。
25 〈最近向干王提出的問題〉，《北華捷報》一八六〇年八月十一日，同時被收錄於克拉克和格里戈利，《西方人關於太平天國的報導文選》，頁二四一。

26 《北華捷報》，一八六〇年八月十一日。

27 同上。

28 富賜禮，〈在家裡的太平軍〉，把「干王」翻譯成「天王」。這篇文章也被收錄於布萊基斯頓（Blakiston），《五個月》，頁五一。

29 《太平叛亂》，頁七五八，與《資政新篇》，載於《印書》，頁八b稍有不同。

30 《太平叛亂》，頁七五八。

31 《太平叛亂》，頁七五九；《資政新篇》，載於《印書》，頁九。

32 《太平叛亂》，有關日本，頁七六三；有關德意志，頁七六〇。有關斯堪地那維亞和法蘭西，頁七六一；有關俄羅斯，頁七六二。

33 《太平叛亂》，頁七七三，根據《資政新篇》，載於《印書》，頁二二，有所改動。

34 柯溫，《太平起義：李自成自述》，頁二三四註釋七七；《太平叛亂》，頁一五二五。

35 柯溫，《太平起義：李自成自述》，四處可見；郭廷以，《史事》附錄，頁二一。

36 克拉克和格里戈利《西方人關於太平天國的報導文選》．頁二三三，有關於李秀成「熱情的小臉」以及眼鏡的敘述。

37 柯溫，《太平起義：李自成自述》，一〇九—一一五、二三〇—二三三頁；《太平叛亂》，一五二四—一五二五頁。

38 柯溫，《太平起義：李自成自述》，一一七—一一九頁。

39 白倫（Brine），《太平》，二五三—二五四頁；《太平叛亂》，九二三—九二四頁，有關天主教堂的敘述，以及一一一九—一一二〇頁。

40 根據呤唎，《太平》卷一，頁二九八頁的轉引：這幅「想像的畫面」出自瓦格納，《天國觀念》，頁一一三。

41 白倫，《太平》，二五八—二五九頁，把「Shanghae」改為「Shanghai」，把「imps」改為「demons」；《太平叛亂》，頁一一二四。

42 簡又文，《太平天國革命運動》，四〇三—四二八頁，有關安慶戰役的精彩分析；李秀成的失敗是相當偶然的——柯溫，《太平起義：李自成自述》，頁一三〇、二六〇—二六四，同時引用來自趙烈文日記一針見血的陳述；洪仁玕把失敗歸罪於李秀成，見《太平叛亂》，頁一五一三、一五二五—一五二六。

43 柯溫，《太平起義：李自成自述》，頁一二一、二四四註釋四二。

44 《北華捷報》，一八六〇年八月十一日，也收錄於克拉克和格里戈利，《西方人關於太平天國的報導文選》，頁二四三，根據呤唎，《太平》卷一，頁二九四的轉引，表明楊格非（Griffith John）贊同這一說法；瓦格納，《天國觀念》，五九—六〇頁。

45 一八五三年的廈門版本《天路歷程》，收藏在國會圖書館（華盛頓特區），而一八五五年的香港版本，收藏於大英圖書館，東方卷集。簡寫本共十三頁，一八五一年由繆爾黑（Muirhead）出版，這一說法乃根據韋烈亞力，《回憶錄》，頁一六八。其他版本，見上書，一七五—一七六、二八二頁；關於柏恩斯翻譯之班揚（Bunyan）的續集，敘述了克里斯蒂安（Christian）的妻子克里斯蒂安娜（Christiana）的旅程，一八六六年於北京出版。

46 見班揚，《天路歷程》的正文和插圖一、三、八・以及瓦格納，《天國觀念》，五九頁的詮釋。瓦格納認為，最早的影響來自米怜一八六一年的摘要；但在《北華捷報》（一八六〇年八月十一日）洪仁玕致艾約瑟（Joseph Edkins）的信中特別指出，洪秀全喜歡讀的是一八五三年首次出現之班揚著作的譯本，這封信亦收錄於克拉克和格里戈利，《西方人關於太平天國的報導文選》，頁二四三。

47 班揚，《天路歷程》，頁九、二一；見瓦格納，《天國觀念》，頁五九的評論；夏春濤，《宗教》，一五一—一五二頁．亦討論了「窄門」以及它與《天路歷程》的關係。

48 《太平叛亂》，頁九三九。

49 艾約瑟，〈訪問南京記事〉（Narrative），頁二七九。

50 由傳教士花蘭芷（J. L. Holmes）翻譯的詔書的其餘大部分，過於斷章取義，以致無法反映詔書的實質意思。《太平叛亂》，一一二六—一一二七頁重新翻譯，取自白倫，《太平》，二六六—二六七頁。我則用「Young Monarch」代替「Junior Lord」。

51 《太平叛亂》，頁九三九、九四一、九四三、九四五。

52 同上，頁九四四、九四五。

53 同上，頁九四五、九四六。

54 《北華捷報》，一八六一年三月二日，根據「一個本地基督徒」的觀察和報告，並且由金能亨（William G. E. Cunnyngham）翻譯，他當時正造訪於南京。

55 同上，頁九三六。

56 同上，頁九四〇，一八六一年四月四日的詔書。

57 同上，九四五—九四六頁。

58 同上，頁九三一。

59 同上，頁九三一。

60 同上，頁九三三，根據金毓黻，《史料》，一〇六頁，略作改動。

61 金毓黻，《史料》，頁一〇七；《太平叛亂》，頁九三四。

## 【第二十章】

1 韓山文，《太平天國起義記》，三一—三二頁。

2 《天兄聖旨》卷一，頁一四，道光二十九年一月二十一日。我把「牽連」翻譯成「connected together」。又見艾約瑟在〈訪問南京記事〉，頁二六五中，對羅孝全的善良所下的評論：「由上帝告訴洪秀全，所以他相信了。」

3 《太平叛亂》，五七三—五七五頁，關於信差的陳述見於克拉克和格里戈利《西方人關於太平天國的報導文選》，七五—八〇頁，其中耶・哈伯（Yeh. A. Happer）記載了信差送信的過程。曾經有一封信被稱為洪秀全真正的邀請函，現在認為有可能是後來捏造的。見《太平叛亂》，五〇九—五一〇頁。

4 《議會檔案／額爾金》，頁四七三。

5 《太平叛亂》，頁七五八。

6 見羅孝全一八六〇年九月二十九月的信，載於《北華捷報》，一八六〇年十月二十七日，以及他致《中國陸上的郵件》的信，見克拉克和格里戈利，《西方人關於太平天國的報導文選》，頁二五三。

7 關於羅孝全妻子生病的記述，見普魯登，〈羅孝全〉，頁二一五、二八四，以及鄧元充，〈羅孝全〉，頁六一；普魯登，〈羅孝全〉，頁一六四，有關於他的第二個助手阿春的情況，一〇八—一一八、二八四頁，有關於官司的記述。他的第一個助手春死於一八四五年，羅孝全用感人的筆調描寫了他的過世，這封信寫於一八四五年四月六日，見於《南方浸禮會對外傳教部檔案》，維吉尼亞的里斯曼，羅孝全的文章〈春在廣州的所作所為〉，第十五號標簽，第一七六〇盤膠片，

第四九篇。關於羅孝全的妻子維吉尼亞厭惡丈夫的記述，見她於一八六七年十月六日寫的信，同上，信件，第一號標簽。感謝勞拉・馬克丹尼爾（Laura McDaniel）提供的這一條以及其他參考資料，感謝美國浸禮會對外傳教社團提供的幫助。

8 《美國浸禮會對外傳教部檔案》，賓夕法尼亞州福格谷，羅孝全，卷七五之五，南京，一八六〇年十一月八日，和一八六〇年十二月一日，致兄弟會會長信函附件；普魯登，〈羅孝全〉，二八九—二九〇頁。

9 庫格林，〈陌生人〉，頁二七四；普魯登，〈羅孝全〉，二九〇—二九一頁；艾約瑟，〈訪問南京記事〉，頁二六五、二六七；《北華捷報》，一八六一年九月七日。羅孝全以前的同事高第丕於一八六一年春訪問南京時，寫信給一個朋友說，他看到羅孝全「穿著首領們丟棄的袍子」，「是我所見過的衣著最油膩的白人」，這句話引自庫格林的〈陌生人〉，頁二七六；牧師霍伯森認為那是「一件髒的黃色中國袍子——邋遢和不整潔的可悲展覽」——引自克拉克和格里戈利，《西方人關於太平天國的報導文選》，頁二九八。容閎很久前在郭士立太太的澳門學校裡遇到過羅孝全，發現他看起來老了，儘管「穿著雙笨重的中國鞋悠閒地」走來走去（《西學東漸記》，一〇七頁）。

10 羅孝全的信，收錄在克拉克和格里戈利，《西方人關於太平天國的報導文選》，頁二五四。

11 同上，頁二五五。

12 《北華捷報》，一八六一年九月七日；韋烈亞力，《回憶錄》，頁九七，第五項。關於羅孝全的合著者查理・華盛頓・蓋拉（Charles Washington Gaillard）和羅斯威爾・荷巴特・格雷斯（Rosewell Hobart Graves），見韋烈亞力，《回憶錄》，頁二三〇、二四〇—二四一，以及普魯登，〈羅孝全〉，頁二〇五、二八五。羅孝全的《聖經》手寫本保存於布朗大學圖書館。

13 關於約西亞（Josiah Cox），收錄於克拉克和格里戈利，《西方人關於太平天國的報導文選》，頁三一三，有關於管制的記述。羅孝全致《北華捷報》的信（一八六一年三月三十日）也收錄於《西方人關於太平天國的報導文選》，二六二—二六四頁。

14 艾約瑟，〈訪問南京記事〉，二七六—二七七頁。

15 艾約瑟在〈訪問南京記事〉中把干王譯成「Shield King」。「主的日子來到·好像夜間的賊一樣」（帖撒羅尼迦書第五篇，第二節），這種說法洪秀全最先從梁阿發的譯本中看到；見簡又文，《全史》，四六九—四七一頁。洪秀全在《聖經•啟示錄》第二十二章，一七—二〇節的批註中，把這些話應用到自己身上，見《太平叛亂》，頁二三七。

16 韋烈亞力，《回憶錄》，一八七—一九一頁；關於彌爾頓以及他在科學上的成就見該書，頁一八九。

17 艾約瑟，〈訪問南京記事〉，二九四—二九六頁，包括兩條洪秀全對自己眼病的說法。眼病被楊格非在致他弟弟的信中證實，這封信收錄於克拉克和格里戈利，《西方人關於太平天國的報導文選》，頁二九七。又見瓦格納，《天國觀念》，頁九九。

18 艾約瑟，〈訪問南京記事〉，頁二九五。

19 艾約瑟，〈訪問南京記事〉，頁二九五；蕭一山，《詔諭》，第二項（第六盤），包括洪秀全寫有批註及標有重點的艾約瑟文章的圖片。原稿藏於大英圖書館，東方部分第八一四三紮第五八九六（J）卷。藍紙黑字寫得很清楚。

20 艾約瑟，〈訪問南京記事〉，頁二七二之註釋，提到洪秀全從《中國月刊》上看到艾約瑟寫於一八五七年的相關文章。這篇文章有可能是艾約瑟的〈主與耶穌一體〉，發表於《華陽河和通書》（中西曆一致的曆書），文章被提到是在韋烈亞力的《回憶錄》，頁一八九註釋八。

21 這首詩別出心裁，是洪秀全用朱砂寫在艾約瑟文章最後一頁的（參見註19）。文件大約有一半的字能夠辨識清楚，後面有太平天國的方印為證。在簡又文的贈書第二十二頁上，有重新整理過之文章及印章的照片。這首詩的影印件載於蕭一山的《詔諭》卷二，頁二，第七幅照片，抄本在向達編的《資料》卷二，頁六七二，這與我從《太平叛亂》頁一二〇五上看到的有較大出入。

22 《太平叛亂》，頁九三九。

23 同上，頁九三八。

24 關於花蘭芷，見《北華捷報》，一八六〇年九月一日，轉載於克拉克和格里戈利，《西方人關於太平天國的報導文選》，頁二五〇。

25 關於巴夏禮（Parkes），一八六一年四月二日，《英國議會檔案》，愛爾蘭大學出版社地區研究系列，頁一二二，函五附件二，海軍上將致漢門德（Hammond）的信，一八六一年六月一五日。

26 富賜禮，〈南京和那裡的居民〉。

27 同上，以及《英國議會檔案》，愛爾蘭大學出版社地區研究系列，頁一〇〇。

28 評論可見修訂過的太平聖經《欽定舊遺詔聖書》和《欽定前遺詔聖書》，均保存於大英圖書館。儘管標明洪秀全批註所寫的日期是不可能的，但富賜禮在看《聖經》手稿時，於他的文章〈洪秀全的基督教〉頁一九〇、二〇〇中指出，我們現在所看到的那些批註日期不會晚於一八六一年一〇月。夏喜濤，《宗教》，頁一四二，則爭辯說應為一八六〇年。

29 金毓黻，《史料》，頁八五，根據《太平叛亂》，頁二三四，稍有改動。

30 金毓黻，《史抖》，頁八〇；《太平叛亂》，頁二三〇。

31 《聖經•使徒行傳》，第七章，五六節；金毓黻，《史料》，頁八一；《太平叛亂》，頁二三一；博爾，〈末世學〉，頁三六二。

32 金毓黻，《史抖》，頁八五；《太平叛亂》，頁二三五。

33 《聖經・馬太福音》，第八章，一—五節；金毓黻，《史料》，頁七七；《太平叛亂》，頁二二七。

34 《聖經・馬太福音》，第九章，二—九節；金毓黻，《史料》，頁七七；《太平叛亂》，頁二二八。

35 《聖經・馬太福音》，第二章，三—五節；金毓黻，《史料》，頁七九；《太平叛亂》，頁二二九；以及《聖經・馬太福音》，第八章，三節；金毓黻，《史料》，頁七七，「upon the head」意為頭上；《太平叛亂》，頁二二七。

36 《聖經・路加福音》，第七章，一四—一五節；金毓黻，《史料》，頁八〇；《太平叛亂》，頁二三〇。

37 《聖經・哥林多人前書》，第十五章，四九—五三節；《太平叛亂》，頁二三二；金毓黻，《史料》，頁八三。

38 《聖經・使徒行傳》，第十五章，一四—一六節；《太平叛亂》，頁二三一；金毓黻，《史料》，頁八一。

39 金毓黻，《史料》，頁七五，部分根據《太平叛亂》，頁二二五；吳良祚和羅文奇，〈印書〉，頁二八三，指出在原印本裡把「王」誤印為「主」，而且金毓黻誤把這段話放在《聖經・創世紀》第十五章裡。

40 金毓黻，《史料》，七五—七六頁，部分根據《太平叛亂》，頁二二五。

41 《聖經・希伯來書》，第六章，一九—二〇節。在《聖經・詩篇》第一一〇章第四節裡（Key-in註：原字「裡」）也有一條批註，但在《太平天國舊約聖經》裡沒有印《詩篇》，而以《約書亞記》結束。

42 《太平叛亂》，頁二三三，根據金毓黻的《史料》，頁八四作了修改，而且把「Hewong」改為「Hong」。

43 《太平叛亂》，頁二三六，根據金毓黻的《史料》，頁八六作改動。

44 《太平叛亂》，頁二三五，根據金毓黻的《史料》，頁八六稍作改動。

45 《太平叛亂》，頁二三五，根據金毓黻的《史料》，頁八六稍作改動。

46 《太平叛亂》，頁二三六；金毓黻的《史料》，頁八七。按照我的理解，洪秀全用的「胎」字有兩種不同含義，第一意為「子宮」，第二意為「胎兒」。

## 【第二十一章】

1 《英國議會檔案》，愛爾蘭大學出版社地區研究系列，一八六二年一月二十二日羅孝全的信，函四四附件六，一八六二年二月七日麥都思致羅塞爾（Russell）的信；轉載於克拉克和格里戈利《西方人關於太平天國的報導文選》，三一四—三一五頁。

2 《北華捷報》，一八六一年九月七日。

3 《北華捷報》，一八六二年二月八日；《每日船務與貿易消息》，一八六二年二月三日，列出與羅孝全一起於二月二日乘「威廉號」到上海的乘客名單。羅孝全接下來的信件和對洪仁玕的指控，有部分收錄在《北華捷報》（一八六二年三月六日），以及《英國議會檔案》，三七〇—三七一頁。呤唎（Lindley）在《太平天國革命親歷記》卷二，五六六—五六八頁，對羅孝全在南京的活動不遺餘力地進行攻擊。

4 《英國議會檔案》，二三五—二三六頁，關於查理斯・高華斯頓（C. Goverston）對副領事馬可漢

（Markham）說的話，一八六二年一月一八日，上海，函四一附件一一，麥都思致羅塞爾的信，一八六二年一月二三日。領事麥都思早在一八六二年月一月十四日就已瞥告英國臣民要反對這類「冒險活動」。《英國議會檔案》，二二七頁。

5 《英國議會檔案》，二三二—二三七頁，約瑟夫・蘭伯特（Joseph Lambert）對副領事馬可漢說的話，一八六二年一月二十日，函四一附件一二，麥都思致羅塞爾的信，一八六二年一月二三日。

6 《英國議會檔案》，二三一—二三二頁，一八六二年一月十五日的特殊會議記錄，上海，函四一附件九；《北華捷報》，一八六二年二月一日；《英國議會檔案》，頁二五六。

7 《英國議會檔案》，頁二二九，一八六二年一月三日的會議記錄，函四一附件七。

8 《英國議會檔案》，二三三—二三四頁，函四一附件九。同一個會議在《北華捷報》（一八六二年一月二十五日）上有記載。

9 《北華捷報》，一八六二年二月一日、十五日。《英國議會檔案》，頁二五六，有一八六二年二月四日麥都思致卜魯斯的信。

10 柯溫，《太平起義：李自成自述》，頁一三〇，有關於冰與雪的記述，頁一三八、二七三，顯示一八六二年年底冬衣缺乏。

11 簡又文，《太平天國革命運動》，五一八—二一一頁。

12 《北華捷報》，一八六一年三月二日，〈一個本地基督徒〉；克拉克和格里戈利，《西方人關於太平天國的報導文選》，二三七—二三九頁。

13 〈本地基督徒〉，刊印於《北華捷報》；《北華捷報》，一八六一年三月二日、三月二三日、四月六日。

14 《英國議會檔案》，頁二六一；容閎，《西學東漸記》，頁一〇一。容閎把這一景象看成是發生於一八五九年十一月，但因為它發生於蘇州陷落後．以及從其他內在證據來看．我們認為他指的是一八六〇年十一月。

15 〈本地基督徒〉，《北華捷報》。

16 同上；關於楊格非，見克拉克和格里戈利，《西方人關於太平天國的報導文選》，二三一—二三二頁。

17 關於花蘭芷，同上，二三〇頁。

18 沃爾斯利（Wolseley），《記事》（*Narrative*），頁三五〇，頁三三五亦有提及。關於太平天國起義在這個階段裡人員損失的綜合分析，見何炳棣的《人口》，二三六—二四二頁。同書的二七四頁記錄了學者、太平軍俘虜汪士鐸對黯淡前途的分析。

19 《每日船務與貿易消息》，一八六二年二月三日。

20 《英國議會檔案》，頁二三九。

21 同上，二三八—二四一頁，函四二附件二。

22 《每日船務與貿易消息》，一八六二年一月二十七日、二月二十四日。

23 《中國：一八五四——一八六四年，信函，綜合》．戈登（Gordon）致士迪佛立將軍（Staveley）的報告，一八六二年六月。

24 《每日船務與貿易消息》，一八六二年三月二七日。

25 《英國議會檔案》，頁三九二，麥都思致卜魯斯的信，上海，一八六二年六月九日。

26 《每日船務與貿易消息》，一八六二年八月十五日。

27 《每日船務與貿易消息》，一八六二年十二月一日。

28 《每日船務與貿易消息》，一八六二年二月二十一日。

29 《每日船務與貿易消息》，一八六二年三月十一日。

30 《每日船務與貿易消息》，一八六二年三月三十日、七月七日。

31 《每日船務與貿易消息》，一八六二年八月八日。

32 《每日船務與貿易消息》，一八六二年八月十五日、九月二十六日。

33 所有這些丟失的狗的主人，均在一八六二年十月二日和一八六三年五月二十七日的《每日船務與貿易消息》上登有尋狗廣告。

34 白凱（Katherine Bernhardt），《租稅》，第三章，特別是在一〇六—一〇九頁；柯溫，《太平起義：李自成自述》，頁一三三、二四三。

35 科爾，《包立生》，特別見於二六—二九、四一—四三頁。

36 柯溫，《太平起義：李自成自述》，頁一一八、一二四—一二五。

37 《英國議會檔案》，二八八—二八九頁。

38 同上，頁一一六。

39 同上，頁一一五、三七〇。

40 富賜禮，〈明陵〉，載於《北華捷報》，一八六一年七月六日。

41 《英國議會檔案》，頁一七〇。

42 艾約瑟，〈訪問南京記事〉，頁二九一；艾金思（Jane Edkins）《中國的風土與人民》，頁二〇一、二〇四。由其信件顯示，他們為做此決定所進行的爭論，遠多於她的丈大在〈訪問南京記事〉中所提到的。

43 關於羅伯茨德（W. Lobschied），他曾遊過南京，並致信香港的《日報》，記載於呤唎的《太平》，卷二，五九八—六〇三頁。

44 《太平叛亂》，頁一五二七。

45 同上，頁一五一三。

46 《每日船務與貿易消息》由《每日船務》發展而來，最早於一八六二年出版。見金和克拉克（King and Clarke），《指南》（*Guide*），頁七七、一七七。

47 《上海新報》來源於《北華捷報》，一八六二年九月二十六日。關於上海早期的商業以及繁榮時期的情況，均詳細記載於琳達・庫克・約翰遜（Linda Cooke Johnson）的〈上海〉（Shanghai）。

48 羅伯特・歐文・約翰遜（R. E. Johnson），《中國駐地》（*China Station*），一〇九—一一三頁。

49 《英國議會檔案》，頁三九二，麥都思致卜魯斯的信，上海，一八六二年六月九日。

50 《每日船務與貿易消息》，一八六二年十二月一日、一八六三年四月十日。

51 《每日船務與貿易消息》，一八六三年六月三日；《北華捷報》，一八六三年七月四日。

52 《每日船務與貿易消息》，一八六二年十一月二十二日。

53 《每日船務與貿易消息》，一八六三年五月二十六日，一八六二年九月二十六日。

54 《每日船務與貿易消息》，一八六二年十二月一日。

55 關於福格公司，見《每日船務與貿易消息》，一八六三年一月八日；關於照相館，見《每日船務與貿易消息》，一八六二年一月二十七日，一八六二年二月二十一日，一八六二年六月三日。這兩家照相館是J紐曼和C.&W.沙德斯。

56 關於萊斯雷（Risley），見《每日船務與貿易消息》，一八六二年九月二十六日；關於賽馬，見《每日船務與貿易消息》，一八六三年二月十四日，五月二十九日。

57 「上海領事館巡捕名單，一八六三年十二月三十一日除夕」，第二五二、三二七、一二〇、三二八號案宗。

58 「一八六二年上海巡捕房名單」，第三〇、六三、一〇六號案宗，以及「上海領事館巡捕名單，一八六三年十二月三十一日除夕」，第三四六號案宗，有關於對蘇珊・切雪兒（Susan Cheshire）的襲擊。

59 《每日船務與貿易消息》，一八六二年二月二十八日；《北華捷報》，一八六二年三月十五日、一八六四年六月二十三日。

60 關於執照，見《每日船務與貿易消息》，一八六二年十二月一日；關於馬森（Mason），見《每日船務與貿易消息》，一八六三年五月三十日；關於海頓（Hayden），見「一八六二年上海巡捕房名單」，第一一二號案宗。

61 「上海領事館巡捕名單，一八六三年十二月三十一日除夕」，四處可見，以及第三一四、三二一、三四四號案宗，有生動的重犯者記錄。關於一宗令人吃驚的員警濫用權力毆打上海「紳士」，打得他在爛泥地裡打滾的案件，見《每日船務與貿易消息》，一八六三年五月二十日、五月二十一日。

62 《每日船務與貿易消息》，一八六三年二月十八日。

63 「上海領事館巡捕名單，一八六三年十二月三十一日除夕」，第一七、五五、二〇二號案宗。

64 《英國議會檔案》，頁四二四，卜魯斯致羅塞爾的信，一八六二年七月十四日。

65 《每日船務與貿易消息》，一八六三年二月二十三日。

66 「《英國議會檔案》，愛爾蘭大學出版社地區研究系列，頁五二一，士迪佛立致卜魯斯的信，上海，一八六二年十一月十三日，函一〇三附件三。

67 根據《每日船務與貿易消息》（一八六二年七月七日）報導，一位元紳士提到自己有「五支卡爾特式手槍」和一條大警犬。

68 《北華捷報》，一八六〇年十月二十七日。

69《英國議會檔案》，頁四六九，海軍上將何伯致海軍部的信，一八六二年十月，函七四附件一。

70《每日船務與貿易消息》，一八六二年五月三十日。

71《北華捷報》，一八六二年六月二十八日；柯溫，《太平起義：李自成自述》，一六一—一六二頁。

72《英國議會檔案》，四四二—四四三頁。

73關於鹽醬，《每日船務與貿易消息》，一八六二年九月二十六日；《北華捷報》，一八六二年二月一日。後者具有諷刺意味，標有日期「一九六二」以及「C'est moi」字樣。

74關於比利時人，見《英國議會檔案》，頁四五八；關於瑞典人，《北華捷報》，一八六一年六月十五日；關於普魯士人，《北華捷報》，一八六四年六月十六日；關於義大利人，《英國議會檔案》，頁四八九。

75柯溫，《太平起義：李自成自述》，頁一一八、一三五、一三六；簡又文，《太平天國革命運動》，頁四五八；關於榴彈炮，《英國議會檔案》，頁一〇一、二四七、二五九、三八三。

76柯溫，《太平起義：李自成自述》，一三八—一三九頁。

77簡又文，《太平天國革命運動》，四五二—四六〇頁；史密斯（Smith），《雇傭軍》（*Mercenaries*），四處可見；柯溫，《太平起義：李自成自述》，二三八—二四二頁。關於華爾最新的研究，見卡爾（Carr）《惡魔戰士》（*Devil Soldier*）。

78柯溫，《太平起義：李自成自述》，一三九—一四〇頁，有很大改動。

79吟唎，《太平》卷二，六二三—六二四頁。

80參見《天兄聖旨》卷二，頁四九b，以及《天父聖旨》，頁三四a。這兩本書裡洪秀全的所作所為與瓦格納《天國觀念》頁一一〇的描述比較一致，一八五三年後「幻覺沒有提供更多的指導」，隨之「用透視法顯示」「未來事件的發生」。關於書中所記述的洪仁玕，見夏春濤，《宗教》，一八〇—一八一頁。唯一保存下來的《天父天兄聖旨》，存於大英圖書館，沒標注日期。太平天國頒行詔書總目印在第一卷，總目中的《前遺詔聖書》的「前」字代替了原來的「新」字，由此，《天父天兄聖旨》的寫作可能早於《前遺詔聖書》，而流通晚於《前遺詔聖書》。夏春濤的《宗教》，頁一四二、一四八據此下結論說，這本書是在太平天國第二十九本書之後，一八六一年之前印刷的。第二十九本書是洪秀全的哥哥們描述弟弟的啟示，其所列之書目中的《新遺詔聖書》仍用「新」字，而在一八六一年的《太平天曆》頒布之前，「前」字作為一個常用字頻頻出現。這是常識。但是如果它出版時間晚，為什麼《天兄聖旨》不標為第三十卷，仍不清楚，而且為什麼它的版式與其他太平天國書卷包括第二十九卷和一八六一年的年曆相當不同。即使富禮賜得到其他的印書，包括《舊遺詔聖書》和《前遺詔聖書》，卻沒有在一八六一年或一八六二年獲得此書，顯然它在那時流傳不廣。

## 【第二十二章】

1 簡又文，《太平天國革命運動》，三一八—三一九頁；關於石達開的行進路線，見該書三〇四—三一七頁，以及郭毅生，《地圖》，一一五—一二〇頁。

2 柯溫，《太平起義：李自成自述》，頁一三六；該書，頁八七的內容顯示出一八六四年李秀成仍然不知道石達開的命運；關於李鴻章部隊的發展，見斯佩克特（Spector）之《李鴻章》，以及《大平起義》，第六章。

3 柯溫，《太平起義：李自成自述》，頁一二二、一四六。

4 簡又文，《太平天國革命運動》，頁五二四，講到貯藏的穀物共超過五萬擔——一擔約為一百三十磅。

5 簡又文，《太平天國革命運動》，頁五二五。

6 柯溫，《太平起義：李自成自述》，頁一四〇。

7 同上，一四一頁；夏春濤，《宗教》，頁二七三，記述了這段富有敵意的話的宗教背景。

8 柯溫，《太平起義：李自成自述》，一四七—四八頁。

9 《太平叛亂》，頁一五一三。

10 日意格（Prosper Giquel）引用逃兵的證詞，認為洪仁玕到湖州是一八六四年五月，但洪仁玕有可能幾個月前就已到了那兒；洪仁玕在自述裡也沒有給出準確的日期；見日意格，《日記》（Journal）頁八〇、八七；《太平叛亂》，一五一三—一五一四頁。

11 柯溫，《太平起義：李自成自述》，頁二八九註釋八三；簡又文，《太平天國革命運動》，頁五二六。

12 柯溫，《太平起義：李自成自述》，頁一四五；簡又文，《太平天國革命運動》，頁五二七。

13 戈登的報告，見柯溫，《太平起義：李自成自述》，頁二九八。

14 同上，有關尋野菜之太平軍的記述；同上，頁一五一、二九四—二九五註釋二四—二六，有關於逃亡者的記述。

15 柯溫，《太平起義：李自成自述》，頁二九八。

16 簡又文，《太平天國革命運動》，頁五二五。見大衛・威廉斯（David Williams）的證言，他曾化名托馬斯・賽鄂斯（Thomas Sayers）、查利（Charlie）、查理斯（Charles），刊於《北華捷報》，一八六三年十月三日。

17 柯溫，《太平起義：李自成自述》，頁二九五註釋二七；引言來自該書，頁二九九註釋四二

18 同上，頁二九七註釋四一。

19 同上，頁二九一；《舊遺詔聖書》，《聖經・出埃及記》，載於《印書》，頁二六b。

20 柯溫，《太平起義：李自成自述》，一四五——一四六頁；《太平叛亂》，一四七四——一四七五頁，關於洪秀全的話有另一種說法。

21 關於李秀成的話，見柯溫，《太平起義：李自成自述》，頁一五三；關於洪仁玕的話，見《太平叛亂》，頁一五一三；關於天貴福的話，見《太平叛亂》，頁一五三一。

22 郭廷以，《史事》卷二，頁一〇七二；簡又文，《太平天國革命運動》，頁五二八。

23 關於註釋版的死者禱文，見《太平叛亂》，頁一一一八，與載於《印書》第八頁的《天條書》有差別；曾國藩向皇帝報告說，洪秀全的屍體用黃緞「龍袍」裹埋，於七月三十日找到並挖出，隨後被斬首、焚燒。曾國藩補充說，屍體的頭上已沒有頭髮，但仍留有灰色的小鬍子。見李華達，《自傳》，頁八二、九五。關於洪秀全的葬禮，見夏春濤，《宗教》，二九九——三〇二頁。

24 《太平叛亂》，頁一五三一。

25 柯溫，《太平起義：李自成自述》，頁一五三。

26 簡又文，《太平天國革命運動》，五三〇——五三一頁；《太平叛亂》，頁一五三一，幼天王的自述；柯溫，《太平起義：李自成自述》，頁一五四、二九九——三〇〇頁，引用了趙烈文的日記，詳細描述擒獲過程。

27 簡又文，《太平起義：李自成自述》，一五七——一五八頁。

28 同上，一六一——一六二頁。

29 同上，頁一八二、三〇五註釋八四。柯溫書中的附錄一和附錄二，有關於李秀成和清朝軍官的對話，包括同趙烈文的對話。附錄三是對李秀成供詞之不同版本的綜合分析。

30 柯溫，《太平起義：李自成自述》，頁一五五；郭毅生，《地圖》，頁一四三，有準確的行軍路線以及日期。

31 有關歸王鄧光明的描述，見日意格，《日記》，頁七二、七五。關於常捷軍的源起，見萊博（Leibo），《轉讓技術》（*Transferring Technology*），二六—三一、三六—三八頁。

32 關於屍體的描述，見日意格，《日記》，頁三二、七八；該書，頁三五、三六，有關於被殺的統領和軍官的描述。

33 〈帕特里克・尼里斯的敘述〉，《北華捷報》，一八六四年十一月十二日。又見同一報紙的〈馬克・可龍的聲明〉。

34 理查德・史密斯（Richard Smith）《雇傭軍》（*Mercenaries*），一三一—一三二、一五五—一五六頁。

35 《北華捷報》，一八六四年五月二十一日。這種蒙眼手推車競賽，是用真車跑過長長的路段，從十九世紀三〇年代起在英國流行；其他種類的手推車比賽，在古怪而又具有吸引力的《獨輪推車閒話》（*Causeries brouettiques*），二一二—二二〇頁中有描述；該書，二三六—二四〇頁，有關中國式的獨輪車賽的描述。

36 日意格，《日記》，七七、八三、八八—八九頁。關於湖州戰役的總體看法，見萊博，《轉移技術》，五一—六〇頁。

37 日意格，《日記》，八八—八九頁。

38 同上，頁七七、八四、九八。

39 同上，頁九九、一〇二。

40 同上，頁八四。

41 同上，頁八五、一五二註釋四六。

42 《太平叛亂》，頁一五〇七。

43 同上，頁一五一四。

44 同上，頁一五二一、一五二九；簡又文，《太平天國革命運動》，頁五三六。

45 《太平叛亂》，頁一五三二，根據向達《資料》卷二，頁八五六稍作改動。

46 《太平叛亂》，頁一五三一。

47 《太平叛亂》，頁一五三二。

48 簡又文，《太平天國革命運動》，頁五三六。這些太平軍將領死後的一段時間裡，各太平軍餘部在福建以及廣東北部繼續作戰，在南京陷落時，他們正外出尋找糧草補給；一八六六年二月，這些殘餘的太平軍被清軍擊敗。見簡書五三七—五四四頁。簡又文在頁五三五及五三六提到，洪仁玕與李秀成各有一個兒子得以逃脫，並長大成人。簡又文進一步斷言，洪秀全的兩個兒子也倖存下來，但研究太平天國史的學者們大部分不同意這一觀點。

# 參考書目

D. C. 勞譯，《老子道德經》，紐約，一九六三年。

PRO/FO 17/214：「包令致克拉倫敦伯爵函，第七十八號，一八五四年七月」（Despatch no. 78 of Sir John Bowring to the Earl of Clarendon, July 1854）。

PRO/FO 17/405：「一八六二年上海巡捕房名單」，「一八六三年八月卜魯斯第一三六號信函附件」（Shanghai Police Sheets for 1862. Enclosure in Sir F. Bruces no. 136, Agu. 1863）。

PRO/FO 671/2：「中國：一八五四—一八六四年，信函，綜合，包括一八五八年包令和麥都思致額爾金的報告手稿，以及戈登致士迪佛立將軍關於上海防的報告」（China: 1854-1864. Correspondence, General. Includes Lewin Bowring and W. H. Medhurst, Jr. draft Report of 1858, and Gordeon report on Shanghai defensed to General Staveley）。

PRO/FO 672/2：「上海戶籍—死亡—一八五一年三月至一八六四年十二月/T日」（Shanghai Registers-Deaths-7 March 1851 to 3 Dec. 1864）。

PRO/FO 97/108：「上海領事館巡捕名單，一八六〇年十二月三十一日除夕」（Shanghai Consulate Police Sheet, Year Ending 31st December, 1860）。

PRO/FO 97/109：「上海領事館巡捕名單，一八六一年十二月三十一日除夕」（Shanghai Consulate Police Sheet, Year Ending 31st December, 1861）。

PRO/FO 97/111：「上海領事館巡捕名單，一八六三年十二月三十一日除夕」（Shanghai Consulate Police Sheet for Year Ending 31st December, 1863）。

PRO/FO 97/113：「上海領事館巡捕名單，一八六四年十二月三十一日除夕」（Shanghai Consulate Police Sheet for Year Ending 31 st Dec. 1864）。

PRO/FO：倫敦檔案局，外交部檔案，倫敦，丘加敦。

## 三—四劃

《三字經》，一八五二年，載於《太平天國印書》，第四卷，第二件。

久利克（Edward V. Gulick）：《伯駕與中國的開放》（*Peter Parker and the Opening of China*），麻州劍橋，一九七三年。

中文傳教著作集耶魯大學斯特林紀念圖書館二〇七室（此處也收有朝鮮語小冊子）。

《中國之友》（*Overland Friend of China*），香港，一八五七年，倫敦柯林戴爾，英國圖書館。

《中國叢報》（*Chinese Repository*），二〇卷，廣州和澳門，一八三一—一八五一年。

《天父下凡詔書》，一八五三年，第一集，一八五二年，載於《太平天國印書》，第三卷，第一件；第二集，一八五三—一八五四年，載於同上書，第十一卷，第一件。

《天父聖旨》，第一卷，一八六〇—一八六一年，與第二卷《天兄聖旨》紮在一起，英國圖書館，東方與印度分部，黑盒裝#15293.e.29。

《天父詩》，一八五七年，載於《太平天國印書》，第十四卷。

《天兄聖旨》，兩卷，一八六〇——一八六一年，與兩卷《天父聖旨》紮在一起，英國圖書館，東方與印度分部，黑盒裝#15293.e.29。
《天命詔制書》，一八五二年，載於《太平天國印書》，第三卷．第三件。
《天情道理書》，一八五四年，一八五八年修改，載於《太平天國印書》，第十二卷，第二件。
《天條書》，一八四七年，載於《太平天國印書》，第一卷，第二件。
《天理要論》，原著由麥都思發表於一八三四年，一八五四年經修改重印為太平聖書。載於《太平天國印書》，第十二卷，第一件。
《天朝田畝制度》，一八五三年，載於《太平天國印書》，第九卷，第三件。
《太平天日》，一八四八年編，載於《太平天國印書》，第一卷，第三件。
《太平天國文獻資料集》，中國社會科學院編，北京，一九八二年。
《太平天國印書》，太平天國歷史博物館編，第二〇卷，南京，一九六一年。
《太平天國革命時期廣西農民起義資料》，第二卷，北京，一九七八年。
《太平天國詩歌淺探》，天津市歷史博物館編，北京，一九七八年。
《太平天國藝術》，南京，一九五九年。
《太平軍目》，載於《太平天國印書》，第二卷，第四件。
《太平救世歌》，據稱為楊秀清作於一八五三年，載於《太平天國印書》，第四卷，第三件。
《太平條規》，一八五二年，載於《太平天國印書》，第二卷，第三件。
《太平詔書》，一八四四——一八四六年，載於《太平天國印書》，第一卷，第一件。
《太平禮制》，一八五一——一八五二年，載於《太平天國印書》，第十五卷，第三件。
孔復禮（Philip Kuhn）：〈太平天國觀念的起源：一場中國叛亂的文化交叉範疇〉（Origins of the

Taiping Vision: Cross-cultural Dimensions of a Chinese Rebellion），載於《社會與歷史比較研究》（*Comparative Studies in Society and History*），第十九卷（一九七七年），頁三五〇—三六六。
孔復禮：〈太平天國叛亂〉，載於《劍橋中國史》，第十卷，第一部，頁二六四—三一七。
孔復禮：《叫魂：一七六八年中國的巫術驚案》（*Soulstealers: The Chinese Sorcery Scare of 1768*），麻省劍橋，一九九〇年。
孔復禮：《晚期中華帝國中的叛亂及其敵人：軍事化及其社會結構，一七九六—一八六四年》（*Rebellion and Its Enemies in Late Imperial China: Miliarization and Its Social Structure, 1796-1864*），麻州劍橋，一九七〇年。
巴內特（Suzanne Wilson Barnett）、威爾遜（Suzanne Wilson）與費正清（John King Fairbank）合編：《中國的基督教：早期新教傳教士作品》（*Christianity in China: Early Protestant Missionary Writings*），麻州劍橋，一九八五年。
巴克（Janos M. Bak）和貝內克（Gerhard Benecke）編：《宗教和農民革命》（*Religion and Rural Revolution*），曼徹斯特，一九八四年。
巴雷特（T. H. Barnett）：《奇異的恍惚：漢語書籍和英國學者簡史》（*Singular Listlessness: A Short History of Chinese Books and British Scholars*），倫敦，一九八九年。
戈達德（Francis Wayland Goddard）：《應召赴華》（*Called to Cathy*），紐約，一九八四年。
方之光和崔之清：〈太平天國「小天堂」內含辯考〉，載於《太平天國學刊》，第一期（一九八三年），頁二〇九—二二三。
日意格（Prosper Giquel）著，雷伯（Steven A. Leibo）編：《中國內戰日記，一八六四年》（*A Journal of the Chinese Civil War, 1864*），檀香山，一九八五年。

王（J. Y. Wong）：《一八三九—一八六〇年間的中英關係：英國外交部檔案中的中文文件一覽表》（*Anglo-Chinese Relations, 1839-1860: A Calendar of Chinese Documents in the British Foreign Office Records*），牛津，一九八三年。

王，伊薩貝爾（Isabel K. F. Wong）：〈革命歌曲：教育民眾的歌曲〉（Geming Gequ: Songs for the Education of the Masses），載於麥克杜格爾（Boonie S. Mcdougal）編，《中華人民共和國的通俗文學和表演藝術，一九四九—一九七九年》（*Popular Chinese Literature and Performing Arts in the People's Repblic of China, 1947-1979*），加州柏克萊，一九八四年。

王：〈致命的夢想：中國的鴉片、帝國主義和一八五六—一八六〇的「亞羅號」戰爭〉（Deadly Dreams: Opium, Imperialism and the "Arrow War"〔1856-1860〕in China），未發表手稿。

王爾敏：〈一八五四年上海「泥城之戰」原圖〉，載於《中央研究院近史所簡報》，第十四卷（一九八五年），頁三七一—三七五。

王慶成：〈壬子二年太平軍進攻長沙之役〉，載於王慶成，《太平天國的歷史和思想》，頁一六四—一九二。

王慶成：〈金田起義的準備和日期諸問題史述〉，載於《太平天國學刊》，第一輯（一九八三年），頁四十一—八十八。

王慶成：〈關於「旨准頒行詔書總目」和太平天國印書諸問題〉，載於《太平天國學刊》，第五輯（一九八七年），一七八—二二三。

王慶成：〈關於洪秀全族譜〉，載於王慶成，《太平天國的歷史和思想》，頁四八七—四九九。

王慶成：《天父天兄聖旨》，遼寧，一九八六年。

王慶成：《太平天國的文獻和歷史》，北京，一九八三年。

王慶成：《太平天國的歷史和思想》，北京，一九八五年。

## 五—六劃

《北華捷報》（*The North China Herald*），上海再版，一八五一—一八六五年間各期。

卡勒里（Joseph M. Callery）和伊萬（M. Yvan）：《中國武裝暴動史》（*History of the Insurrection in China*），奧克森福德（John Oxenford）譯，紐約，一八五三年。

卡爾（Celeb Carr）：《惡魔戰士》（*The Devil Soldier*），紐約，一九九一年。

卡爾格倫（Berhard Karlgren）：《〈周禮〉和〈左傳〉所記的早期歷史》（*The Early History of the Chou Li and Tso Chuan Texts*），斯德哥爾摩，一九三一年。

卡爾騰馬克（Max Kaltenmark）：〈「太平經」的意識形態〉（The Ideology of the Taiping Ching），載於韋爾奇和塞德爾編：《道教面面觀》，頁十九—四五。

史式：〈太平天國的造字與改字〉，載於《太平天國學刊》，第四輯（一九八七年），頁一四八—一六四。

史密斯（Richard J. Smith）：〈清朝中國的預言〉（Divination in Ching Dynasty China），載於史密斯和誇克（D. W. Y. Kwok）編：《宇宙論、本體論和人類靈念：中國思想論文集》（*Cosmology, Ontology, and Human Efficacy: Essays in Chinese Thought*），檀香山，一九九三年，頁一四一—一七八。

史密斯：《雇傭軍和滿大人：十九世紀中國的常勝軍》（*Mercenaries and Mandarins: The Ever Victorious Army of Nineteenth Century China*），紐約州米爾伍德，一九七八年。

史蒂文斯（Edwin Stevens）：〈米怜牧師生平與工作述略〉（A Brief Sketch of the Life and Labors of the Late Rev. William Milne, D.D），載於《中國叢報》，第一卷（一八三二年），頁三一六—三二五。

史蒂文斯：〈白雲山探奇〉（Expedition to the Bohea [Wooe]），載於《中國叢報》，第四卷（一八三五年），頁八十二—九十六。

史蒂文斯：〈休倫號之旅〉（Voyage of the Huron），載於《中國叢報》，第四卷（一八三五年），頁三〇八—三三五。

史蒂文斯：〈在中國散播福音〉（Promulgation of the Gospel in China），載於《中國叢報》，第三卷（一八三五年），頁四二八—四三八。

史蒂文斯：〈馬禮遜牧師訃告，附其生平和工作簡歷〉（Obituary Notice of the Reverend Robert Morrison, D.D., with a Brief View of His Life and Labors），載於《中國叢報》，第三卷（一八三四年），頁一七七—一八四。

史蒂文斯：〈廣州港的水手〉（Seaman in the Port of Canton），載於《中國叢報》，第二卷（一八三四年），頁四二二—四二五。

尼爾斯（Patricia Neils）編：《美國對華態度及政策：美國傳教士的影響》（*United States Attitudes and Policies toward China: The Impact of American Missionaries*），紐約阿爾孟克，一九九〇年。

布洛克（Ruth H. Bloch）：《幻覺中的共和國：美國思想中的千年盛世主題，一七五六—一八〇〇年》（*Visionary Republic: Millennial Themes in American Thought, 1756-1800*），劍橋，一九八五年。

布朗（Carolyn T. Brown）編：《精神分析漢學：中國文化中的夢幻世界》（*Psycho Sinology: The Universe of Dreams in Chinese Culture*），華盛頓，一九八八年。

布萊基斯頓（Thomas Blakiston）：《揚子江上的五個月》（*Five Months on the Yangtse*），倫敦，一八六二年。
布羅曼（Sven Broman）：《周禮研究》（*Studies on the Chou Li*），斯德哥爾摩，一九六一年。
平安（J. Elliot Bingham）：《遠征中國記事，從戰爭開始到目前……》（*Narrative of the Expedition to China from the Commencement of the War to the Present Period...*），共兩卷，倫敦，一八四二年。
《幼主詔書》，一八六〇年，載於《太平天國印書》，第二〇卷，第二件。
《幼學詩》，一八五一年，載於《太平天國印書》，第二卷，第二件。
《玉曆至寶鈔》，李維舒等編，北京，一八九〇年（也見克拉克和魏伊格著書）。
《玉曆抄傳經釋》，一八三九年，倫敦大英圖書館藏。
瓦格納（Rudolf G. Wagner）：〈各國大家庭中的上帝之國：太平天國國際關係原則中的現代主義邏輯〉（God's Country in the Family of Nations: The Logic of Modernism in the Taiping Doctrine of International Relations），載於巴克和貝內克編：《宗教和農民起義》，頁三五四—三七二。
瓦格納：〈中國公眾領域的運作：神學和太平天國宣傳技術〉（Operating in the Chinese Public Sphere: Theology and Technique of Taiping Propaganda），載於黃純節和澤克編：《中國的規範和國家》，頁一〇四—一三八。
瓦格納：〈中國的帝國夢〉（Imperial Dreams in China），載於布朗編：《精神分析漢學》，頁十一—二十四。
瓦格納：《重定天國觀念：宗教在太平天國起義中的作用》（*Reenacting the Heavenly Vision: The Role of Religion in the Taiping Rebellion*），加州柏克萊，一九八二年。

白倫（Lindesay Brine）：《中國的太平叛亂：其興起和發展實錄》（*The Taiping Rebellion in China: A Narrative of Its Rise and Progress*），倫敦，一八六二年。

白凱（Kathryn Bernhardt）：《地租、稅收和農民的抵制：一八四〇—一九五〇年間的長江下游地區》（*Rent, Taxes, and Peasant Resistance: The Lower Yangzi Region, 1840-1950*），加州史丹佛，一九九二年。

白黎明（Bai Limin）：〈啟蒙讀本與範本：對作為中華帝國晚期工業化之先決條件的啟蒙教育之比較研究〉（Primers and Paradigms: A Comparative Approach to Understanding Elementary Education as a Precondition for Industrialization in Late Imperial China），博士學位論文，拉•特勞勃大學，一九九三年。

伍德豪斯（A. S. P. Woodhouse）：《清教主義和自由思想》（*Puritanism and Liberty*），倫敦，一九六一年。

《全國人名詞典》（*The Dictionary of National Biography*）。

向達等人編：《太平天國資料叢刊》，八卷，上海，一九五二年。

多伊徹馬（William R. Doezema）：〈東方異端的西方根源：新教復興思潮對……洪秀全的影響，一八三六—一八六四年〉（Western Seeds of Eastern Heterodoxy: The Impact of Protestant Revivalism on…Hung Hsiu-chuan, 1836-1864），載於《宗教和歷史》（Fides et Historian），第二十五卷，第一期，一九九三年，頁七三—九八。

《安良諭》，一八四五年為桂平縣金田村所編。載於《太平天國文獻資料集》，頁三四五—三四八。

安德森（Benedict Anderson）：《想像共同體：反思民族主義的起源和傳播》（*Imagined*

*Communities: Reflections on the Origin and Spread of Nationalism*），倫敦，一九八五年。
艾金思（Jane R. Edkins）：《中國的風土與人民》（*Chinese Scenes and People*），倫敦，一八六三年。
艾約瑟（Joseph Edkins）：〈訪問南京記事〉（Narrative of a Visit to Nanjing），作為附錄收錄在艾金思《中國的風土與人民》中，見該書頁二三九—三〇七。
《行軍總要》，一八五五年，載於《太平天國印書》，第十三卷，第二件。
亨特（William Hunter）：《舊中國拾零》（*Bits of Old China*），上海，一九一一年。
亨特：《條約時代以前的廣州「番鬼」，一八二五—一八四四年》（*The "Fan Kwae", at Canton, before Treaty Days, 1825-1844*），一八八二年版，上海，一九三八年再版。

七—八劃

何炳棣（Ho Ping-ti）：《中國人口研究，一三六八—一九五三年》（*Studies on the Population of China, 1368-1953*），麻州劍橋，一九五九年。
伯納德（W. D. Bernard）和哈爾（W. H. Hall）：《「復仇女神號」航行作戰記：一八四〇—一八四三年……》（*Narrative of the Voyages and Services of the Nemesis, from 1840-1843*...），共兩卷，倫敦，一八四四年。
克拉克（G. W. Clark）：〈玉曆〉（The Yu-li or Precious Records），載於《亞洲文會中國支部雜誌》（*Journal of the China Branch of the Royal Asiatic Society*），第二八卷（一八九三—一八九四年卷），頁二三三—四〇〇。
克拉克（Prescott Clarke）：〈上帝之傳入廣西……郭士立和漢會……〉（The Coming of God to

Kwangsi... Karl Gutzlaff and the Chinese Union...），載於《遠東歷史文集》（*Papers on Far Eastern History*），坎培拉，澳大利亞國立大學，第七期（一九七三年三月），頁一四五—一八一。

克拉克（Prescott Clarke）和格里戈利（J. S. Gregory）：《西方人關於太平天國的報導文選》（*Western Reports on the Taiping: A Selection of Documents*），坎培拉，一九八二年。

吳良祚：〈略論太平天國避諱的研究和利用〉，載於《太平天國學刊》，第五輯（一九八七年），頁二四八—二七四。

吳良祚和羅文奇：〈太平天國印書校勘記〉，載於《太平天國學刊》，第三輯（一九八七年），頁二六六—三〇〇頁。

希拉德（Katharine Hillard）：《家母日記〔哈麗雅特・勞〕：一八二九年—一八三四年五年間一位年輕女士在馬尼拉、澳門和好望角諸地生活的日記》（*My Mother's Journal*〔*Harriet Low*〕: *A Young Lady's Diary of Five Years Spent in Manila, Macao, and the Cape of Good Hope, from 1829-1834*），波士頓，一九〇〇年。

希珀（Kristofer Schipper），杜瓦爾（Karen Duval）譯：《道教團體》（*The Taoist Body*），加州柏克萊，一九九三年。

希爾（Christopher Hill）：《一個窮修理匠：約翰・班揚和他的教會，一六二八—一六八八年》（*A Tinker and a Poor Man: John Bunyan and His Church, 1628-1688*），紐約，一九八九年。

李華達（W. T. Lay）：《忠王自傳》（*The Autobiography of the Chung-wang*），上海，一八六五年。

李濱：《中興別記》，一九一一年。

《每日船務與貿易消息》（*Daily Shipping and Commercial News*）（中國上海）：從一八六二年一月二十七日（第七卷第二二一四號）到一八六三年六月三日（第八卷第二六三三號）期間的各期。

倫敦科林戴爾，英國圖書館。

沙克（Jehu Shuck）：〈概述玉皇大帝，中國神話中的最高神靈之一〉（Sketch of Yuhwang Shangte, One of the Highest Deities of the Chiese Mythology），載於《中國叢報》，第十卷（一八四一年），頁三〇五—三〇九。

沈復：《浮生六記》，倫敦，一九八三年。

沃森（Burton Watson）編譯：《孟軻：中國歷史與傳說中的著名插曲》（*Meng Chiu, Famous Episodes from Chinese History and Legend*），東京和紐約，一九七九年。

沃爾龍德（Theodore Walrond）編：《第八代額爾金伯爵詹姆斯的書信和日記》（*Letters and Journals of James, Eighth Earl of Elgin*），倫敦，一八七三年。

貝斯（Daniel H. Bays）：〈基督教小冊子：兩個朋友〉（Christian Tracts: The Two Friends），載於巴內特與費正清合編：《中國的基督教》，頁十九—四三。

周錫瑞（Joseph W. Esherick）：《義和團起義的起源》（*The Origins of the Boxer Uprising*），加州柏克萊，一九八七年。

祁龍威：〈太平天國文書史略〉，載於《太平天國學刊》，第五輯（一九八七年），頁二二四—二二九。

《花縣誌》，四卷，一六八七年和一八九〇年編撰，一九六七年台北翻印。

金（Frank H. H. King）和克拉克（Prescott Clarke）：《一八二二—一九一一年間中國沿海報刊研究指南》（*A Research Guide to China Coast Newspapers, 1822-1911*），麻州劍橋，一九六五年。

金能亨（W. G. E. Cunnyngham）譯，〈「一個本地基督徒」、「上海到南京之旅」，一八六一年一月十五日〉（"Native Christian" "A Journey from Shanghai to Nanking", January 15, 1861"），《北華

捷報》，第五五三期（一八六一年三月二日）
金毓黻：《太平天國史料》，北京，一九五五年。
呤唎，《太平天國革命親歷記》，兩卷，倫敦，一八六六年。
芮瑪麗（Marry Wright）：《中國保守主義的最後拼搏：一八六二—一八七四年的同治中興》（*The Last Stand of Chinese Conservatism: The Tung-chih Restoration, 1862-1874*），加州史丹佛，一九五七年。

## 九—十劃

侯清朗（Hou Ching-lung）：〈中國人對於災星的信念〉（The Chinesv Belief in Baleful Stars），載於韋爾奇（Welch）和塞德爾（Seidel）編：《道教面面觀》（*Facets of Taoism*），頁一九三—二二八。
俄理範（Laurence Oliphant）：《額爾金赴中國和日本的使命》（*Narrative of Earl of Elgin's Mission to China and Japan in the Year 1857, 1858, 1859*），二卷，愛丁堡和倫敦，一八五九年。
南方浸禮會對外傳教部檔案（Southern Baptist Foreign Mission Board, Archives.），維吉尼亞里斯曼。
哈爾（Barend Ter Harr, Jr.）：〈救世思想與天地會：天地會經文探究〉（Messianism and the Heaven and Earth Society: Approaches to Hetven and Earth Society Texts），載於奧恩比和海德休斯編：《「秘密社會」再考察》，頁一五三—一七六。
哈爾：《中國宗教史上的白蓮教》（*The White Lotus Teachings in Chinese Religious History*），萊頓，一九九二年。
姜濤：〈洪秀全「登基」史實辯證〉，載於《歷史研究》（一九九三年），第一期，頁一四六—

一四七。

威廉（Richard Wilhelm）譯，貝恩斯（Cary Banes）英譯：《易經》，紐澤西普林斯頓，一九六七年。

威瑟斯（G. J. Wolseley）：〈天京：一八五三—一八六四年間太平天國統治下的南京〉（The Heavenly Capital: Nanjing under the Taiping, 1853-1864），耶魯大學一九八三年博士學位論文。

威瑟斯：《一八六〇年對華戰爭記事》（*Narrative of the War with China in 1860*），倫敦，一八六二年。

威爾斯（John E. Wills, Jr.）：《名望之山：中國歷史畫像》（*Mountain of Fame: Portraits in Chinese History*），紐澤西普林斯頓，一九九四年。

威爾遜（Thomas A. Wilson）：《追根求源：中華帝國晚期儒教傳統的建構和運用》（*Genealogy of the Way: The Construction and Use of the Confucian Tradition in Late Imperial China*），加州史丹佛，一九九五年。

室橋哲治：《漢語詞典》，十二卷，日本，一九六一—一九六九年。

《建天京於金陵論》，一八五三—一八五四年，載於《太平天國印書》，第十卷，第一件。

恆慕義（Arthur W. Hummel）編，《清代中國名人錄》（*Eminent Chinese of the Ch'ing Period*），兩卷，華盛頓，一九四三年。

拜奧（Edouard Biot）譯，《周禮》，兩卷，巴黎，一八五一年。

施友忠（Vincent C. Y. Shih）：《太平天國思想起源、含義和影響》（*The Taiping Ideology: Its Sources, Interpretatons, and Influences*），西雅圖，一九六七年。

施萊特爾（Herman Der Schlyter）：《在華傳教士郭士立和他的故鄉背景》（*China missionar Karl

Gutzlaff und seine Heimatbasis），隆德，一九七六年。
施萊特爾：《在中國傳教的郭士立》（*Karl Gutzlaff als Missionar in China*），隆德，一九四六年。
柯溫（G. A. Curwen）：《太平起義：李秀成自述》（*Taiping Rebel: The Deposition of Li Hsiu-cheng*），劍橋，一九七七年。
科利斯（Maurice Collis）：《異鄉泥地：十八世紀三〇年代廣州的鴉片糾葛實錄》（*Foreign Mud Being an Accoimt of the Opium linbmgho at Canton in the 1830s*），紐約，一九七四年。
科恩（Myron L. Cohen）：〈客家人：作為中國西南地區社會文化變數的方言〉（The Hakka or Guest People¡: Dialect as a Sociocultural Variable in Southeastern China），載於《人種史研究》（*Ethnohistory*），第十五卷，一九六八年，頁二三七—二九二。
科爾（James H. Cole）：《人民與太平軍：包立生的「東幹義軍」》（*The People Versus the Taipings: Bao Lisheng's "Righteos Army of Dongan"*），加州柏克萊，一九八一年。
約翰遜（David Johnson）、黎安友（Andrew J. Nattan）和羅友枝（Evelyn S. Rawski）等編：《中華帝國晚期的通俗文化》（*Popular Culture in Late Imperial China*），加州柏克萊，一九八五年。
約翰遜（Linda Cook Johnson）：〈上海：浮現中的江南口岸，一六八三—一八四〇年〉（Shanghai: An Emerging Jiangnan Port. 1683-1840），載於約翰遜（Linda Cook Johnson）編：《帝國晚期的江南城市》（*Citics of Jiangnan in Late Imperial China*），紐約州的阿爾巴尼，一九九三年。
約翰遜（Robert Erwin Johnson）：《遙遠的中國駐地：亞洲水域的美國海軍，一八〇〇—一八九八年》（*Far China Station: The US. Navy in Asian 1800-1898*），安納波裡斯，一九七九年。
美國浸信會對外傳教協會檔案（American Baptist Forcin Mission Society Archives），賓夕法尼亞州福吉谷，羅孝全文檔和信件。

茅家琦：〈關於郭士立和馮雲山的關係問題〉，載於《太平天國學刊》，第一輯（一九八三年），頁二六七—二七一。

茅家琦：《太平天國通史》，三卷，南京，一九九一年。

《英國議會檔案：有關額爾金勳爵一八五七—一八五九年赴中國和日本的特別使命的文書》，簡稱《議會檔案／額爾金》（*BPP/Elgin: British Parliamentary Papers. Correspondence Relative to the Earl of Elgin's Special Missions to China and Japan, 1857-1859*），倫敦，一八五九年。

《英國議會檔案》，愛爾蘭大學出版社地區研究系列，中國卷第三十二卷：《有中國一八五二—一八六四年太平天國起義的信件、備忘錄、樞密院指令和其他文件》（*Correspondence, Memorials, Orders in Council, and Other Papers respecting the Taiping Rebellion in China, 1852-1864*），香農，一九七一年。

韋烈亞力（Alexander Wylie）：《向中國人傳教的新教傳教士回憶錄……》（*Memorials of Protestant Missionaries to the Chinese...*），上海，一八六七年。

韋爾什（Frank Welsh）：《一個借來的地方：香港歷史》（*A Borrowed Place: The History of Hong Kong*），紐約，一九九三年。

韋爾奇（Holmes Welch）和塞德爾（Anna Seidel）編：《道教面面觀：中國宗教論文集》（*Facets of Taoism: Eassays in Chinese Religion*），康乃狄克州紐海文，一九七九年。

倫敦船教協會檔案：「華南和恆河以遠卷，一八〇七—一八七四年」，收藏於倫敦大學東方與非洲研究院，世界傳教收藏品分部。

唐甯（C. Toogood Downing）：《一八三六—一八三七年間在中國的番鬼》（*The Fan-qui in China in 1836-1837*），三卷，倫敦，一八三八年。

唐德剛（Tong Te-kong）：《一八四四—一八六〇年間美國在華外交》（*United Slates Diplomacy in China. 1844-1860*），西雅圖，一九六四年。
埃伯哈德（Wolfram Eberhard）：《客家民間故事研究》（*Studies in Hakka Folktales*），台北，一九七四年。
埃利奧特（Mark C. Elliott）：〈旗人和市民：十九世紀江南的種族緊張關係〉（Bannerman and Townsman: Ethnic Tension in Nineteenth Century Jiangnan），載於《清史公報》（*Late Imperial China*），第十一卷，第一期（一九九〇年六月），頁三六—七四。
夏春濤：〈太平天國對聖經態度的演變〉，載於《歷史研究》（一九九二年），第一期，頁一三九—一五四。
夏春濤：《太平天國宗教》，南京，一九九二年。
容閎（Yung Wing）：《西學東漸記》（*My Life in China and America*），紐約，一九〇九年。
庫奇（Norman Alan Kutcher）：〈一五五〇—一八〇〇年間中國的死亡和喪葬〉（Death and Mourning in China, 1550-1800），耶魯大學，一九九一年博士學位論文。
庫恩（Norman Cohn）：《和諧、混亂和來世：啟示信仰的古代根源》（*Cosmos, Chaos, and the World to Come: The Ancient Roots of Apocalyptic Faith*），康乃狄克，紐海文，一九九三年。
庫恩：《千年盛世的追求》（*The Pursuit of the Millennium*），倫敦，一九五七年。
庫格林（Margaret Morgan Collis）：〈屋裡的陌生人：沙克和羅孝全，最早來中國的美國浸禮會傳教士〉（Strangers in the House: J. Lewis Shuck and Issachar Roberts, First American Baptist Missionaries to China），維吉尼亞大學博士學位論文，一九七二年。
晏保民（P. M. Yap）：〈太平天國首領洪秀全的心理疾病〉（The Mental Illness of Hung Hsiu-

chuan, Leader of the Taiping Rebellion），載於《遠東季刊》（*Far Eastern Quarterly*），第十三卷（一九五四年），頁二八七—三〇四。

格里戈利（J. S. Gregory）：《大不列顛和太平軍》（*Great Britain and the Taipings*），倫敦，一九六九年。

格拉漢姆（Gerald S. Graham）：《中國駐地：戰爭和外交，一八三〇—一八六〇年》（*The China Station: War and Diplomacy, 1830-1860*），牛津，一九七八年。

海爾（John C. Dalrymple Hay）：《一九四九年南海海盜的剿滅》（*The Suppression of Piracy in the China Sea, 1849*），倫敦，一八八九年。

班揚（John Bunyan）著，柏恩斯（William Burns）譯：《天路歷程》，一八五三年廈門版，一八五五年香港版，一八五六年上海版。

馬士（Hosea Ballou Morse）：《一六三五—一八三四年間東印度公司對華貿易記事》（*The Chronicles of the East India Company Trading to China, 1635-1834*），五卷，牛津，一九二六—一九二九年。

馬士：《中華帝國對外關係，一八三四—一九一一年》（*The International Relations of the Chinese Empire, 1834-1911*），卷一，上海，一九一〇年，卷二、三，倫敦，一九一八年。

馬倫（S. C. Malan）：《三字經》（*San tsze king or the Triliteral Classic of China*），倫敦，一八五六年。

馬蒂（Martin E. Marty）和阿普爾比（R. Scott Appleby）編：《原教旨主義評論》（*Fundamentalisms Observed*），芝加哥，一九九一年。

馬禮遜（John Robert Morrison）：《中國商務指南》（*A Chinese Commercial Guide*），廣州，

一八三四年。
高先知：《客家舊禮俗》，台北，一九八六年。
勒昂（Angela Ki-Che Leung）：〈純化社會：清代寡居的發展，一七七三—一九一一年〉（To Chasten Society: The Development of Widow Flames in the Qing, 1773-1911），載於《清史公報》（*Late Imperial China*），第十四卷，第二期（一九九三年），頁一—三十二。
國家檔案館，一八四三—一九〇六年間美國駐華公使發回的信函。國務院文件，第九十二系列微縮膠捲。華盛頓特區。
國家檔案館，外交訓令，中國方面，第一卷，一八四三—一八六七年。國務院文件，第七十七系列微縮膠捲。華盛頓特區。
密迪樂（Thomas Taylor Meadows）：《中國人和他們的反叛……》（*The Chinese and Their Rebellions...*），倫敦，一八五六年。

## 十一—十二劃

張汝南：《金陵省難紀略》，載於向達等人編《太平天國資料叢刊》，卷四，頁六八三—七二二頁。
張德堅：《賊情彙纂》，載於向達等人編《太平天國資料叢刊》，卷三，頁二十五—三四八。
《御制千字詔》，一八五四年，載於《太平天國印書》，第十三卷，第一件。
梁發：《勸世良言》，廣州，一八三二年，台灣一九六五年再版。
梅谷（Franz Michael）和張仲禮（Chang Chung-li）編：《太平叛亂：歷史和檔案》（*The Taiping Rebellion: History and Documents*），第一卷，「歷史篇」，西雅圖，一九六六年。第二、三卷，

「文件和評注篇」，西雅圖，一九七一年。第二、三卷頁碼連續，本書縮寫為《太平叛亂》。
梅爾（Victor H. Mair）：〈聖經通俗讀本中的語言和意識型態〉（Language and Ideology in the Written Populations of the Sared Edict），載於約翰遜等人編：《中華帝國晚期的通俗文化》，要三二五—三五九。
《清代檔案史料叢編》，北京，一九七八年，第一卷，頁一—八十一。
《清史列卷》，共八十卷，十冊裝，台北重印，無出版日期。
理雅各（James Legge）譯：《理雅各英譯七經》（*The Chinese Classics*），第二次修訂版七卷，一八九二年，台北，一九六三年再版。
理雅各：〈香港殖民地〉（The Colony of Hong Kong），載於《中國評論》，第一卷（一八七二年），頁一六三—一七六。
莫爾（Archdeacon Moul）：《本人對太平天國起義的回憶，一八六一—一八六三年》（*Personal Recollections of the Taiping Rebellion, 1861-1863*），上海，一八九八年。
莊建平，〈淩十八起義及其歷史作用〉，載於《歷史檔案》，第一期（一九九三年），頁一〇〇—一〇七。
郭士立（Charles [Karl] Gutzlaff）：《一八三一、一八三二和一八三三年，三次沿中國海岸航行日誌》（*Journal of Three Voyage along the Coast of China, in 1831, 1832, and 1833*），倫敦，一八三四年。
郭廷以：《太平天國史事日誌》，二卷，一九四六年出版，一九七六年台北再版。
郭毅生：《太平天國歷史地圖集》，北京，一九八九年。
陳周棠：《洪氏宗譜》，杭州，一九八二年。
陳周棠編：《廣東地區太平天國史料選編》，廣州，一九八六年。

陳徽言：《武昌記事》，載於向達等編：《太平天國資料叢刊》，第四卷，五七七—六〇六頁。
麥卡利維（H. Mcaleavy）：《王韜：一個流亡者的生活和著作》（*Wang Tao: The Life and Writings of A Displaced Person*），倫敦，一九五三年。
麥克紐爾（George Hunter McNeur）：《中國的第一個傳教人梁阿發，一七八九—一八五五年》（*China's First Preacher, Liang A-fa, 1789-1855*），上海，一九三四年。
麥金（Bernard McGinn）：《末日觀念：中世紀的啟示傳統》（*Visions of the End: Apocalyptic Traditions in the Middle Ages*），紐約，一九七九年。
麥基弗（D. A. MacIver）：《漢英詞典，客家方言》（*Chinese-English Dictionary, Hakka Dialect*），上海，一九二六年。
麥基弗：《翟理思……和威爾斯·威廉斯編漢英辭典的客家語索引》（*A Hakka Index to the Chinese-English Dictionary of Herbert A. Giles... and S. Wells Williams*），上海，一九〇四年。
麥都思（W. H. Medhurst）：《論中國人神學》（*A Dissertation on the Theology of the Chinese*），上海，一八四七年。
麥都思：〈一八三五年麥都思在休倫號上的日記手稿摘錄〉（Extract from the Manuscript Journal of the Reverend W.H. Medhurst in the Huron [in] 1835），載於《中國叢報》，第四卷（一八三六年一月），頁四〇六—四一一。
博爾（P. Richard Bohr）：〈梁發的道德力量追求〉（Liang Fa's Quest for Moral Power），載於巴內特與費正清合編：《中國的基督教》，頁三五—四六。
博爾：〈末世學政治：洪秀全和太平天國的興起，一八三七—一八五三年〉（The Politics of lEschatoiogy: Hung Hsiu-chuan and the Rise of the Taiping. 1837-1853），博士學位論文，加州大學戴

維斯分校，一九七八年。
博德曼（Eugene Powers Boardman）：《基督教對太平天國起義意識形態的影響，一八五一—一八六四年》（*Christian Influence upon the Ideology of the Taiping Rebellion, 1851-1864*），威斯康辛州，麥迪遜，一九五二年。
博德曼：〈太平天國起義（一八五一—一八六四年）的千年盛世觀〉（Millenary Aspects of the Taiping Rebellion〔1851-1864〕），載於思拉普（Sylvia Thrupp）編：《實踐中的千年盛世夢想：革命性宗教運動研究》（*Millennial Dreams in Action: Studies in Revolutionary Religious Movements*），紐約，一九七〇年，頁七〇—七九。
富賜禮（Robert James Forrest）：〈洪秀全的基督教：太平書籍評論〉（The Christianity of Hun Tsiu Tsuen: A Review of Taiping Books），載於《亞洲文會華北支部雜誌》（*Journal of the North China Branch of the Royal Asiatic Society*），第四期（一八六七年十二月），頁一八七—二〇八。
富賜禮：〈在家裡的太平軍〉（The Taiping at Home），載於《北華捷報》（*North China Herald*），第五八六卷（一八六一年十月十九日）。
富賜禮：〈明陵〉（The Ming Tombs），載於《北華捷報》，第五七一卷（一八六一年七月六日）。
富賜禮：〈南京和那裡的居民〉（Nanking and the Inhabitants Thereof），載於《北華捷報》，第五七〇卷（一八六一年六月二十九日）。
富賜禮：〈蘇州到南京〉（From Soochow to Nanking），載於《北華捷報》，第五六四卷（一八六一年三月八日），第五六七卷（一八六一年六月八日）。
斯皮羅（Andry Sipro）：〈太平天國的繪畫：叛亂及其保守藝術〉（Paintings of the Heavenly

Kingdom: Rebellion and Its Conservative Art），未發表論文，一九九二年。

斯佩克特（Stanley Spector）：《李鴻章和淮軍：十九世紀中國地方主義研究》（*Li Hun-Chang and the Huai Army: A Studyin Nineteeth Century Chinese Regionalism*），西雅圖，一九六四年。

斯科特（Beresford Scott）：《海盜名梟崔阿樸（音譯）和謝尼崽（音譯）……屬下艦隊覆沒記》（*An Account of the Destruction of the Fleets of the Celebrated Pirate Chieftains Chui Apoo and Shap Ng Tsai...*），肯特郡的吉林厄姆，一八五一年。

斯莫利（William A. Smalley）：《作為傳教手段的翻譯：近代傳教運動中的「聖經」翻譯》（*Translation as Mission: Bible Translation in the Modern Missionary Movement*），喬治亞馬孔，一九九一年。

斯蒂夫勒（Susan Reed Stifler）：〈東印度公司廣州分行的語言學生〉（The Language Students of the East India Company's Canton Factory），《亞洲文會華北支部雜誌》（*Journal of the North China Branch of the Royal Asiatic Society*），第六十九卷（一九三八年），頁四十六—八十二。

斯蒂文（Leibo Steven）：《向中國轉讓技術：日意格和洋務運動》（*Transferring Technology to China: Prosper Giquel and the Self-Strengtheninig Movement*），加州柏克萊，一九八五年。

普魯登（George Blackburn, Pruden Jr.）：〈羅孝全與太平天國叛亂時期的美國在華外交〉（Issachar Jacox Roberts and American Diplomacy in China during the Taiping Rebellion），一九七七年美利堅大學博士學位論文。

《欽定前遺詔聖書》（缺《約翰福音》），大英圖書館，東方與印度分部，黑盒裝#15117.e.19。

《欽定禁筆字樣》，載於《太平天國印書》，第二〇卷，第三件，無頁碼，無日期。

《欽定舊遺詔聖書》，大英圖書館，東方與印度分部，黑盒裝#15117.e.20。

無名氏：《前馬六甲傳教士米伶回憶錄》（*Memoir of Rev. William Milne, D. D., Late Missionary at Malacca*〔*anon*〕），都柏林，一八二五年。
程演生：《太平天國史料，一八五〇—一八六四年》，香港，一九六三年。
菊池秀明：〈太平天國前廣西省客家族精英的遷徙與壯大〉，載於《史學雜誌》，第一〇一卷，第九號（一九九二年），頁一—三六。
費正清：《中國沿海的貿易和外交：條約口岸的開放，一八四二—一八五四年》（*Trade and Diplomacy on the China Coast: The Opening of the Treaty Ports, 1842-1854*），加州史丹佛，一九六九年。
費正清主編，《劍橋中國史》，第十卷，第一部《晚清時期，一八〇〇—一九一一年》，劍橋，一九七八年。
費熙班（E. G. Fishbourne）：《中國的印象和目前的革命，它的進展與前景》（*Impressions of China and the Present Revolution, Its Progress and Prospects*），倫敦，一八五五年。
《貶妖穴為罪隸論》，一八五三—一八五四，載於《太平天國印書》，第十卷，第二件。
黃（Vivien W. Ng）：《中華帝國晚期的狂亂：從疾病到瘋癲》（*Madness in Late Imperial China: From illness to Deviance*），奧克拉荷馬州的諾曼，一九九〇年。
黃純節（Huang Chun-chieh）和澤克（Erik Zurcher）編：《中國的規範和國家》（*Norms and the State in China*），萊頓，一九九三年。

## 十三—十四劃

塞德爾（Anna Seidel）：〈早期道教救世思想中完美統治者的形象：老子和李尋〉（The Image of the Perfect Ruler in Early Taoism Messianism: Lao tzu and Li Hung），載於《宗教史》（*History of*

*Religions*），第九卷（一九六九—一九七〇年），頁二一六—二四七。
奧恩比和海德休斯編：《「秘密社會」再考察：近代早期華南和東南亞社會史透視》（*"Secret Societies" Reconsidered: Perspectives on the Social History of Early Modern South China and Southeast Asia*），紐約州阿爾孟克，一九九三年。
《資政新編》，洪仁玕，一八五九年，載於《太平天國印書》，第十六卷，第一件。
道格拉斯（Robert K. Douglas）：《大英博物館圖書館館藏中文印書、手稿和書畫目錄》（*Catalogue of Chinese Printed Books, Manuscripts and Drawings in the Library of the British Museum*），倫敦，一八七七年。
雷特（Robert S. Rait）：《陸軍元帥郭父子爵的生平與戰役》（*The Life and Campaigns of Hugh First Viscount Gough, Field Marshal*），兩卷，倫敦，一九〇三年。
《頒行詔書》，一八五一年。載於《太平天國印書》，第三卷，第二件。
《實錄：大清歷朝代實錄，道光朝》，台北重印，無出版日期。
榮孟源：〈閻羅和玉曆〉，載於《太平天國學刊》，第一輯（一九三八年），頁一八九—二〇〇。
福克斯（Grace Fox）：《英國海軍將領與中國海盜，一八三二—一八六九年》（*British Admirals and Chinese Pirates, 1832-1869*），，倫敦，一九四〇年。
維勒（Robert P. Weller）：《中國的抵抗、混亂和控制：太平叛亂、台灣幽靈和天安門》（*Chaos and Control in China: Taiping Rebels, Taiwanese Ghosts and Tiananmen*），西雅圖，一九九四年。
裴宜禮（Elizabeth J. Perry）：《一八四五—一九四五年間華北的叛亂者和革命黨人》（*Rebels and Revolutionaries in North China, 1845-1945*），加州史丹佛，一九八〇年。
裴宜禮：〈太平軍和三合會：宗教在叛亂者相互關係中的作用〉（Taipings and Triads: The Role

of Religion in Interrebel Relations），載於巴克和貝內克編：《宗教和農民起義》，頁三四二—三五三。

裨治文（Elijah Bridgeman）：〈原廣州港水手牧師埃德溫·史蒂文斯的訃告〉（Obituary of the [sic] Edwin Stevens, Late Seaman's Chaplain in the Port of Canton），《中國叢報》（*Chinese Respository*），第五期（一八三七年三月），頁五一三—五一八。

赫奇翁（Robin Hutcheon）：《秦納里：其人其跡》（*Chinnery: The man and the Legend*），香港，一九七五年。

趙德興：〈論太平天國的城市政策〉，載於《歷史研究》（一九九三年），第二期，頁四十九—六十二。

《廣州府志》，一六三卷，一八七九年。

《廣州紀錄報》（*Canton Register*），一八三四年一月至一八三六年十二月收藏於耶魯大學拜內克圖書館；一八三七年一月至十二月收藏於倫敦科林威爾，英國圖書館。

《廣州週報》（*Canton Press*），一八三五年九月至一八三七年十二月。倫敦科林威爾，英國圖書館。

## 十五—十六劃

德·格魯特（J. J. M. De Groot）：《中國的宗教體系》（*The Religious System of China*），六卷，一八九二年出版，一九八九年台北再版

德庇時（John Francis Davis）：《中國人：中華帝國及其居民概述》（*The Chinese: A General Description of the Empire of China and Its Inhabitants*），兩卷，倫敦，一八三六年。

德庇時：《戰爭時期和締約以來的中國》（*China during the War and since the Peace*），兩卷，倫敦一八五二年。

德雷克（Fred W. Drake）：〈中國的新教地理：裨治文對西方的描述〉（Protestant Geography in China: E.C. Bridgeman's Portrayal of the West），載於巴內特與費正清合編：《中國的基督教》，頁八九—一〇六。

稻田聖一：〈太平天國創立前的客家人〉，載於名古屋大學《東方歷史學刊》，第十一卷（一九八八年），頁六〇—九一。

範・比克（Walter E. A. Van Beck）編：《追求純潔：清教運動的勢力》（*The Quest for Purity: Dynamics of Puritan Movements*），柏林，一九八八年。

蔡少卿：〈太平天國革命前夕雷再浩和李沅發起義的幾個問題〉，載於《太平天國學刊》，第二輯（一九八五年），頁三五〇—三六二。

衛三畏（Samuel Wells Williams）：《通信集》（*Correspondence*），藏於衛家文件。耶魯大學，斯特林紀念圖書館，手稿和檔案MS 547。

鄧元充：〈羅孝全牧師與太平天國起義〉（Reverend Issachar Jacox Roberts and the Taiping Rebellion），載於《亞洲研究雜誌》（*Journal of Asian Studies*），第二十三卷，第一期（一九六三年），頁五五—六七。

鄧嗣禹（Teng Ssu-yu）：《太平軍起義史史學》（Historiography of Taiping Rebellion），麻州劍橋，一九六二年。

鄧嗣禹：〈太平天國宰相洪仁玕及其現代化計畫〉（Hung Jen-Kan, Prime Minister of the Taiping Kingdom and His Modernization Plans），載於《聯合學院學報》（*United College Journal*）〔香

港〕，第八卷（一九七〇—一九七一年），頁八七—九五。

鄧嗣禹：《太平天國史新論》（*New Light on the History of the Taiping Revellion*），麻州劍橋，一九五〇年。

魯賓斯坦（Murray Rubinstein）：《英美在華傳教事業的起源：廣州時期，一八〇七—一八四〇年》（*The Origins of the Anglo-American Missionary Enterprise in China: The Canton Years, 1807-1840*），美國神學圖書館協會即將出版。

橋本滿太郎（Mantaro Hashimoto）：《客家方言：對其音韻、句法和詞彙的語言研究》（*The Hakka Dialect: A Linguistic Study of its Phonology, Syntax and Lexicon*），劍橋，一九七三年。

澤克（E. Zurcher）：〈「月光王子」：中世紀早期中國佛教中的救世主義和漢視思想〉（Prince Moonlight': Messianism and Eschatology in Early Medieval Chinese Buddhism），載於《通報》（*Toung Pao*），一九八二年，頁一—五九。

澤克：〈太平起義中的純潔〉（Purity in the Taiping Rebellion），載於範・比克編，《追求純潔》，頁二〇一—二一五。

《獨輪推車閒話》（*Causeries brouettiques*〔*Wheelbarrow talk*〕），馬德里，一九二五年。

盧茨（Jessie Lutz）：〈大幻覺：郭士立與十九世紀三〇年代美國的對華傳教熱〉（The Grand Illusion: Karl Gutzlaff and Popularization of China Missions in the United States during the 1830's），載於尼爾斯（Patricia Neils）編：《美國的態度》（*United States Attitudes*），頁四六—七七。

盧茨：〈郭士：傳教倡導人〉（Gutzlaff: Missionary Entrepeneur），載於巴內特與費正清合編：《中國的基督徒》，頁六一—八七。

蕭一山：《太平天國詔諭及書函》，前言中署刊於一九三五年北平，一九六一年台北重印。

賴（Lai Yi-fai）：〈兩廣海盜在太平暴動中的作用〉（The Part Played by the Pirates of Kwangtung and Kwangsi Provinces in the Taiping Insurrection），一九五〇年加州大學博士學位學位論文。
霍奇（Nan Powell Hodges）：《「孔雀號」之旅：海軍軍醫本納亞・蒂克納的日記》（*The Voyage of the Peacock: A Journal by Benajah Ticknor, Naval Surgeon*），密西根安納堡，一九九一年。
霍爾斯頓（James Holstun）：《理性的千年盛世論：十七世紀英國和美國的清教烏托邦》（*A Rational Millenium Purtan Utopias of Seventeenth Century England and America*），劍橋，一九八七年。
默西埃（V. Nercuer）：《一八五一—一八五四年中國海域的「剿匪」戰役?》（*Campagne du "Cassini" dans les mers de China, 1851-1854*），巴黎，一八八九年。
默里（Dian Murray）：〈遷徙、保護和敲詐：天地會在中國的擴散〉（Migration, Protection, and Racketeering: The Spread of the Tiandihui within China），載於奧恩比和海德休斯編：《「秘密社會」再考察》，頁一七七—一八九。
默里：《一七九〇—一八一〇年間華南沿海的海盜》（*Pirates of the South China Coast, 1790-1810*），加州史丹佛，一九九四年。
默里和秦寶琦：《天地會的起源：傳說中和歷史上的三合會》（*The Origins of Tiandihui: The Chinese Triads in Legend and History*），加州史丹佛，一九九四年。

十七劃以上

戴作士（Charles Taylor）：《在華五年》（*Five Years in China, with Some Accouunt of the Great Rebellion*），田納西州納什維爾，一八六〇年。
謝介鶴：《金陵癸甲記事略》，載於向達等人編，《太平天國資料叢刊》，卷四，頁六四九—

六八二。
鍾文典：〈太平軍大旗聯語與歌謠口號〉，載於《太平天國學刊》，第五輯（一九八七年），頁二四四—二四七。
鍾文典：〈有關太平軍永安突圍後進軍路線的幾個問題〉，載於《歷史檔案》．第三期（一九八八年），頁九十五—九十七頁。
鍾文典：《太平軍在永安》，北京，一九六二年。
韓山文：《太平天國起義記》，香港，一八五四年。
韓書瑞（Susan Naquin）：《千年盛世起義：一八一三年八卦教〔天理教〕起義》（*Millenarian Rebellion in China: The Eight Trigrams Uprising of 1813*），康乃狄克州的紐海文，一九七六年。
韓書瑞和孔復禮：〈帝國的衰落和叛亂的根源〉，載於《劍橋中國史》，第十卷，第一部，頁一〇七—一六二。
簡又文：《太平天國全史》，三卷，香港，一九六二年。
簡又文：《太平天國典制通考》，三卷，香港，一九五八年。
簡又文：《太平天國革命運動》（*The Taiping Revolutionary Movement*），紐海文，耶魯大學出版社，一九七三年。
簡又文贈太平天國革命運動圖書。耶魯大學，斯特林紀念圖書館。
《舊遺詔聖書》，一八五二—一八五三年，載於《太平天國印書》，第五—八卷。（有關太平天國早期的《創世記》版本，也見英國圖書館，書號15116.b.9）
魏伊格（Leon Wieger）著，達弗洛（L. Davrout）譯：《中國的道德信條和習俗》（*Moral Tenets and Customs in China*），河間府，一九一三年。

魏伊格譯：〈玉曆抄傳：寶律〉（Yu Li Chao Chuan: The Precious Regulations），載於魏伊格，《道德信條》，頁三三二—四〇二。

魏斐德（Frederic Wake man, Jr.）：《城門口的陌生人：一八三九—一八六一年間華南的社會騷動》（*Strangers at the Gate: Social Disorder in South China, 1839-1861*），加州柏克萊，一九六六年。

羅孝全（Issachar Jacox Roberts）：「廣州春天的事務」（Chuns Doings in Canton），南方浸禮會對外傳教部檔案，維吉尼亞的里斯曼。

羅香林：《客家史料彙編》，香港，一九六五年。

羅爾綱：〈「太平天國經集考」和「後記」〉，載於《學院》，第二卷，第一號（一九四八年），頁十三—二十八；第三號，頁六十六。

羅而綱：〈重考「洪宣嬌」從何而來〉，載於《歷史研究》（一九八七年），第五期，頁一三二—一三七。

羅爾綱：《太平天國史》，四卷，北京，一九九一年。

蘇開華：〈小天堂新見〉，載於《太平天國學刊》第四輯（一九八七年），頁二九〇—二九四。

〈編後記〉

# 忘步泉旁的史學家

## ——史景遷的敘事史學與《聖經》的詮釋循環

溫洽溢、吳家恆

在《太平天國》，史景遷再次以魔幻的「敘事歷史」手法[1]，拼貼出洪秀全詭譎奇突的一生，勾勒出一部波瀾壯闊的史詩。

史景遷無意循馬克思主義學派的路數，挖掘太平天國運動所烙印的經濟結構矛盾，或是揭櫫這場運動潛藏的階級意識；也不似國家中心主義者的結構分析，意欲探索清廷國家機器穿透、回應社會能力的弱化，而導致王朝的崩解。史景遷的論述重心在於爬梳洪秀全本人的心靈世界如何受到聖經的啟示，真摯相信能在塵世締造人間天堂，而這種認知更與當時中國華南動盪的時代脈絡合拍，最後竟造成無數生靈的塗炭，逼使清廷窮十年之力來鎮壓這場史無前例的運動。

誠如西方漢學巨擘魏斐德（Frederic Wakeman, Jr.）的評述，《太平天國》乃是史景遷敘事史學的登峰造極之作。[2] 史景遷是這麼結束《太平天國》的：

到了一八六四年年底，不僅天王已辭世，而且所有那些他冊封於他左右的核心圈內的諸王都已死盡：北王、東王、南王、西王、翼王、干王、忠王以及洪秀全之子幼天王天貴福。即使天父皇上帝對洪秀全的離世感到傷心，也沒有任何跡象可尋。洪秀全的天兄耶穌也是默不作聲。甚至那位在生他時疼痛號叫並奮力保護嬰兒不被七頭龍吞食的天媽，此時也在天庭沉默不語。

在那些洋人正在興建的城鎮，碼頭邊商船檣桅如林，洋人在此隨意活動。三五洋人玩著走鋼索，一些人合綁著腳，東倒西歪地跑著，一些人做著手推車比賽——用布蒙上眼睛，推著車子，在滿場觀眾的喝彩聲中摸索著，衝向連自己也看不清的終點；一些人在城牆外支起遮陽篷打檯球，一心想擊敗對手。有些同伴則厭倦於無所不在的死亡氣息，離開營地，走到頗具魅力的忘步泉。他們在此手端著冰涼的酒杯，凝望天兵營寨閃爍不定的篝火，耳邊不時傳來鑼鼓號角聲，他們逐漸沉醉於遺忘之中。

懷特（Hayden White）曾說，對於歷史學家而言，一個真實的敘事，其實就是對真實事件之結構和過程的「擬真」。從這段引言亦可發現，史景遷對於這段歷史材料的處理，也許除了「用布蒙上眼睛」之外，其細節已經細膩到點出法國軍營裡「忘步泉」（Fountain of Maboul）的程度。雖然情節安排蘊含了豐富的、擬真的歷史性，但這段終幕的勾勒效果卻又不僅止於此。箇中原因是：史景遷已將他的視野融入到條約港口和戰場的廣角鏡之中，而省略了在從事歷史研究時所必須交代的前因後果；其次，史景遷又以小說「倒敘」的訣竅，將讀者的思緒拉回到一八六四年，十四歲的洪天貴福被殺的前幾個月。這種利用小說倒敘的手法，彰顯了存在於虛構和真實之間的多重張力。於是我們可以看到，蘊含小說筆觸的史景遷，和身為歷史學家的史景遷，各自從想像與事實、虛構與歷史的領域啟程，而在歷史的敘事中遭遇。

當然，雖說小說旨在「創造」，歷史強調「發現」，但這並不表示歷史沒有創造的要素。在史景遷的歷史敘事之中，虛構既參與了歷史，又被歷史所形塑，而偉大的歷史篇章總是能夠通過這種虛構—歷史的循環關係，創造一種穿越時空制約的幻覺。史景遷在論及洪秀全在證明自己是上帝在中國之子時，所使用的手法便是這種魔幻般再現過去的效果：

> 科舉考試百無用處，散播可望不可及的企望，一錯百錯。洋人雖在賣鴉片，雖然有一些人性情暴躁，但他們的心念是好的，或許可救國於危厄。偶像是罪惡，而中國人一年到

頭的那些節慶並沒有對最神聖的上帝表達應有的崇敬。罪惡橫行世間，而那些和尚道士、姦淫之徒和寫淫書的人則是助紂為虐。洪秀全在天上剖腹換心的儀式是他受洗禮的預兆。世上仍有妖魔待斬殺，因為罪惡已深入人心。既然耶穌是上帝之子，也是洪秀全的兄長，那麼，洪秀全自然就是上帝在中國的兒子。

套用李克爾（Paul Ricoeur）的說法，這種「準歷史性」（quasi-historical character）的虛構，能夠賦予流逝的過往生動的記憶，所以曠世的歷史巨構同時也是偉大的文學作品。無怪乎，Caryn James曾在《紐約時報》上發表書評，評論幾位作家及其作品時，即認為史景遷再重塑歷史人物時，不經意地泯除了真實與虛幻之間的界線，別具創意，而把他和《胡若望的疑問》（*The Question of Hu*）一書與其他文學家和文學作品並列。

其次，就技巧層次而言，敘事體史學的難處在於妥善處理各種情節的轉折，而又能使歷史事件的進展保持「連貫且持續」。在英文的寫作中，往往是運用動詞的時態，來把一個敘事與另一個敘事相結合，以便用更為複雜的闡釋方法來表現事件，同時又不失虛構本身所具有的直觀效果。但是在時態的選擇上，史景遷的《太平天國》卻又大膽採取讓西方讀者頗為不習慣的「現在式」來呈現歷史進程。這樣的技巧突出了「敘事」與「評論」的區別，它提醒讀者對這個敘事必須保持適當的距離，以放鬆的態度面對之，而不是預先自設價值立場地捲入評述，令人過度的緊張和投入。這樣的技巧讓現今的讀者能自然而然地把過去和現在接續起來，也使得歷史學家得以游移於人類真實經歷過的歷史和文字記載的歷史之間。

當然，譯成中文之後，時態的差別變得很不明顯，失去了在英文環境中的意義，但是史景遷述及一八六〇年代英國人對香港的建設、中國難民的湧入、房價的高漲，或是干王洪仁玕奏請天王洪秀全設郵局快捷、吸引外資、以關稅保護本土產業之時，提點的又是可與現狀呼應的接續點，中文讀者讀了很容易生出「今夕是何夕」之感。

闡釋洪秀全太平天國的崛起，乃至於席捲中國半壁江山，當然不能不涉及洪秀全對於《聖經》的解讀，以及他又是如何從經文中得到啟示的力量。但有趣的是，誠如史景遷提醒讀者的，洪秀全所讀的《聖經》自然不是原文，而是經由西方傳教士文化轉介之後的中文譯本。《聖經》的翻譯不僅是不同文字間精準轉換的問題，從深層的文化互動、宗教傳播而論，它還涉及了西方傳教士在華的傳教策略，以及他們作為歐洲漢學「論述社群」（society of discourse）的文化霸權壟斷，各個教派勢力的爭奪，乃至於對中國總體圖象的理解和建構。

耶穌會傳教士利瑪竇抵華之後，隨即採取文化「調適主義」（accommondation）的傳教策略，以阿奎那（Thomas Aquinas）的神學理論，註解中國的儒學思想。利瑪竇認為，儒學乃是建立在「自然理性」的哲學原則之上，而「理性之光來自上天，人的一切活動都必須聽從理性的命令」，所以儒學與天主教在原理上是互通的。

根據利瑪竇的說法，儒學原本是建立在「自然理性」原則之上的一種哲學體系，而在原始儒學思想或「古儒」之中其實蘊含有唯一至上的神、靈魂不朽以及神的賞善罰惡等宗教概念，但「古儒」的這種真理之光，卻因為後來宋代理學揉合佛、道的觀念而被遮蔽了。有鑑於宋代理學吸收佛、道的概念，所推演出的太極、理氣二元論、天人合一的宇宙論，是與天主教的重要神學概念，如上帝的唯一性和必然存在、靈魂不朽、天堂與地獄之說格格不入，所以利瑪竇對儒家思想作出「古儒」、「今儒」之分的詮釋，目的正是要清除蘊含在宋明理學之中的佛道思想，以建立他的「基督化」儒學體系。

所以，在經典的位階上，利瑪竇貶抑了宋學所宗的「四書」，而重新界定「五經」的經典位階，並期許耶穌會教士建立本身詮釋儒學經文的權威，而重新喚醒被遺忘的古中國的真理。於是，利瑪竇大量援引五經中述及「上帝」、「天」的材料，為其「基督化」儒學樹立天主教的解釋權威，以論證利瑪竇所謂「吾國天主，乃古經中所稱上帝也」之說。

於是，利瑪竇說道：

周頌曰：「執競武王，無競為烈。不顯成康，上帝是皇」……商頌云：「聖敬日躋，昭假遲遲，上帝是祇」。雅云：「維此文王，小心翼翼，昭事上帝」。易曰：「帝出於震」，夫帝者飛天之謂，蒼天者抱八方，何能出於一乎？禮云：「五者被當，上帝其飨」……湯誓曰：「夏氏有罪，予畏上帝，不敢不正。」

利瑪竇對儒學、士大夫的重視，也反映了耶穌會在歐洲特有的傳教策略。耶穌會創始人羅耀拉（Ignatius Logola）即認為，耶穌會接近上流階級，就可以更加促進上帝的偉大榮耀。所以，利瑪竇一抵華，即從西僧的身分變為西儒，透過學術傳教的途徑，博取像徐光啟、李之藻等士大夫階層的好感和認同，俾以達到「滾雪球的效應」。

正是在這種文化「調適主義」的策略下，傳教士將中國文化「本質化」（essentialized），並「再現」為儒家思想，而使孔子、儒家思想成為一種「符號象徵」（symbol）。隨後，又經歷十七世紀歐洲啟蒙運動的「中國熱」風潮，傳教士進一步把中國、儒家思想投射出穩定有序的君主制度和社會結構，具有神性的理性科學和至高無上的內在德行，以折射出後西發利亞時代（post-Westphalian）歐洲仍在萌芽中的民族國家，其生活的跌宕起伏和分崩離析。

同時，隨著歐洲的知識論體系從過去的單純信仰，轉向以實驗和觀察作為可靠的知識基礎，身處中國、擁有中國第一手資料的傳教士，又被賦予民族學的權威。在這種知識論脈絡之下，傳教士一方面壟斷了有關中國知識的霸權，另一方面，傳教士和他們的文本無形之中又成為檢視宗教普遍性權威的「科學」證明，弔詭地解決了自然神學試圖以科學理性補充神學所可能產生的棘手矛盾。結果，利瑪竇和其追隨者始料未及地取得了在地性與國際性、神學與自然科學及民族學的雙重權威。

所以，西方世界對於中國地理、語言、政府體制、歷史文化、社會活動的解釋，乃至於對中國圖像的建構，是通過傳教士的中介。無論是對璀璨中國文明抱持狂熱之情的思想家，如伏爾泰、萊布尼茲，或者嘲弄質疑「中國熱」觀點者，如孟德斯鳩、亞當斯密，他們分析、批判的立論基點，通常係取材自傳教士有關中國的翻譯、論述、旅遊見聞，或者直接與在華傳教士的書信往返。事實上，往往能跳脫歷史時空侷限性，而對異質文化間交融常抱懷關懷的史景遷，其筆下芸芸眾生的歷史人物之中，常以西方傳教士作為論述的主角，例如利瑪竇（Matteo Ricci）、湯若望（Adam Schall）、南懷仁（Ferdinand Verbiest）、伯駕（Peter Parker）。

有趣的是，西方傳教士這種文化調適主義策略，正是洪秀全「中國化」基督教的太平天國運動得以壯大並深入中國民間社會的原因之一。利瑪竇的文化調適主義策略至康熙年間引發了西方傳教士之間的「禮儀之爭」，羅馬教宗隨即禁止以「上帝」來稱呼「獨一真神」。但是，洪秀全、馮雲山在創教之初卻反其道援引利瑪竇的策略，使用「上帝」一詞，並引經據典論證中國人在上古時期即已崇拜上帝，只是種種因緣際會而對上帝視若無睹，甚至褻瀆上帝。所以，上帝憐憫世人，才派遣洪秀全在人間傳達正道。除了對經典的再詮釋之外，而將基督教的神與中國的傳統信仰結合起來之外，在某些太平天國的宗教儀式上，也摻雜了中國傳統信仰的做法，例如受洗時須點明燈、供清茶等。

但是利瑪竇的文化調適主義，終究是立足歐洲文化、在中國典籍之中尋線索，而洪秀全則是立足於儒家思想與粗雜了釋道的民間信仰之上，剪裁摘取基督教神學，兩者雖然都用「上帝」一詞來指涉Deo，但是分別所處的脈絡已經大不相同，不能混為一談。

在利瑪竇與洪秀全之間，已歷經了雍正一朝禁教，利瑪竇「由上而下」的傳教之途幾乎斷絕。到了洪秀全所處的清朝中葉，基督教的傳教是「由下而上」，透過梁發這等城鎮中下階層在進行，而傳教士也由利瑪竇等「舊教」（天主教）傳教士，轉而有英、美的「新教」傳教士登場，這背後又涉及歐美諸國國勢的消長，在此不表。

重要的是，從宗教改革以降的個人主義精神，也透過英、美新教傳教士而傳到洪秀全身上：各人是各人的教士。《聖經》是最終的準繩（從前面的敘述可見，它或許是最終的，但絕不是唯一的），但是個人的體會與詮釋可以各不相同。這是洪秀全得以與傳教士、外國商賈論辯經義，而不被目之為「異端」的基礎。這種由個人的體會而建立信仰意義的閘門一開，就會造成如建造「巴別塔」[3]的場面，對此，史景遷的體會是極深的，一如他在本書「前言」所說：

> 這等於再次說明了在沒有引導的情形下，傳遞這麼一本有爆炸性的書籍（《聖經》），是非常危險的……；它也助我瞭解洪秀全最後得到《聖經》時，為何將之據為己有。也因為《聖經》是洪秀全的，所以他想了一段時間之後，覺得可以照自己的意思來進行修改，如此便能以「更純正」的方式把上帝的旨意傳達給信眾。

在歐洲歷史上，宗教改革所樹立的「巴別塔」造成了爭戰殺戮無數，而在十九世紀，洪秀全任意曲解《聖經》，以及後續的文化、武裝衝突，又造成千萬生靈塗炭。宗教上的「眾聲喧嘩」，其力量的根源都來自《聖經》。

史景遷在感嘆之餘，最後竟又以一個「眾聲喧嘩」的世俗景象，來結束整段史詩般的敘述。太平天國猶未滅，但英國「常勝軍」已卸下軍事任務，以各種娛樂來消磨時光，這種嘻鬧的場面令人想起法蘭德斯畫家布魯各（Pieter Brueghel, 1529-69）所繪的「童戲」（Kinderspelen），成年人陶醉各種孩童的嬉戲之中，似乎說明了這個世界的荒謬性。而史景遷以上帝的沉默、冰涼的美酒、遠處的營火與鼓號、嬉鬧聲拼貼成一個非幻非真的氛圍，而至沉醉在遺忘之中，其中又透露出一股難以言喻的悲劇感。

1 所謂「敘事歷史」（narrative history），是指史家將歷史素材依時間順序排列，寫成首尾連貫的故事，且在主要內容之外還包括不同層次的附帶情節。就特點而論，敘事體歷史側重的是描述而不是分析；其次，它的焦點集中在人物角色的刻畫，而不是對外在的環境的邏輯推論。

2 有關魏斐德對史景遷敘事體歷史的評價，詳見Frederic Wakeman, Jr., Telling Chinese History，該文收錄在*Modern China*。

3 〈創世紀〉第九章第七至九節：我們下去，在那裡變亂他們的口音，使他們的語言，彼此不通。於是耶和華使他們從那裡分散在全地上，他們就停工，不造那城了。因為耶和華在那裡變亂天下人的言語，使眾人分散在全地上，所以那城名叫巴別。（就是變亂的意思）

歷史與現場 235

# God's Chinese Son: The Taiping Heavenly Kingdom of Hong Xiuquan

# 太平天國


作者——史景遷（Jonathan D. Spence）
譯者——朱慶葆、鄭安、李永剛、計秋楓、蔣捷虹
審訂——溫洽溢
核譯——吳家恆
責任編輯——鍾岳明
校對——江秉憲
美術設計——Poulenc
行銷企劃——劉凱瑛

董事長——趙政岷
出版者——時報文化出版企業股份有限公司
108019台北市和平西路三段二四〇號四樓
發行專線——（〇二）二三〇六——六八四二
讀者服務專線——〇八〇〇——二三一——七〇五
（〇二）二三〇四——七一〇三
讀者服務傳真——（〇二）二三〇四——六八五八
郵撥——一九三四四七二四時報文化出版公司
信箱——10899台北華江橋郵局第九十九信箱
時報悅讀網——http://www.readingtimes.com.tw
電子郵件信箱——books@readingtimes.com.tw
人文科學線臉書——http://www.facebook.com/jinbunkagaku
法律顧問——理律法律事務所 陳長文律師、李念祖律師
印刷——家佑實業股份有限公司
二版一刷——二〇一六年三月十八日
二版七刷——二〇二四年五月八日
定價——新台幣五五〇元



時報文化出版公司成立於一九七五年，
並於一九九九年股票上櫃公開發行，於二〇〇八年脫離中時集團非屬旺中，
以「尊重智慧與創意的文化事業」為信念。


太平天國
史景遷(Jonathan D. Spence)著；朱慶葆等譯.
-- 二版. -- 台北市：時報文化, 2016.03
面； 公分. -- (歷史與現場；235)
譯自：God's Chinese son : the Taiping Heavenly Kingdom of Hong Xiuquan
ISBN 978-957-13-6563-3(平裝)

1.太平天國

627.74 105002289





ISBN 978-957-13-6563-3
Printed in Taiwan